Mémoires De Goldoni: Pour Servir a L'histoire De Sa Vie Et a Cellede Son Théatre, Volumes 1-2

Carlo Goldoni

MÉMOIRES

DE

GOLDONI,

POUR SERVIR

A L'HISTOIRE DE SA VIE,

ET

A CELLE DE SON THÉATRE.

ECRITS PAR LUI-MÊME.

EN DEUX VOLUMES.

TOME I.

PARIS;

ET LONDRES CHEZ COLBURN LIBRAIRE,

CONDUIT-STREET, HANOVER-SQUARE.

1814.

A Londres: De l'Imprimerie de J. Gillet, Crown-court, Fleet street.

PRÉFACE.

IL n'est pas d'auteur, bon ou mauvais, dont la vie ne soit ou à la tête de ses ouvrages, ou dans les mémoires de son tems.

Il est vrai que la vie d'un homme ne devroit paroître qu'après sa mort ; mais ces portraits faits après-coup, ressemblent-ils aux originaux ? Si c'est un ami qui s'en charge, les éloges alterent la vérité ; si c'est un ennemi, on trouve la satyre à la place de la critique.

Ma vie n'est pas intéressante ; mais il peut arriver que, d'ici à quelque tems, on trouve dans un coin d'une ancienne bibliothèque, une collection de mes œuvres. On sera curieux, peut-être, de savoir qui étoit cet homme singulier qui a visé à la reforme du théâtre de son pays, qui a mis sur la scène et sous la presse cent cinquante comédies, soit en vers, soit en prose, tant de caractère que d'intrigue, et qui a vu, de son vivant, dix-huit éditions de son théâtre. On dira sans doute : *cet homme devoit être bien riche ; pourquoi a-t-il quitté sa patrie ?* Hélas ! il faut bien instruire la postérité que Goldoni n'a trouvé qu'en France son repos, sa tranquillité, son bien-être, et qu'il a achevé sa carrière par une comédie Françoise, qui, sur le théâtre de cette nation, a eu le bonheur de réussir.

J'ai imaginé que l'auteur pouvoit lui seul tracer une idée sûre, et complette de son caractère, de ses anecdotes et de ses écrits ; et j'ai cru qu'en faisant publier de son vivant les mémoires de sa vie, et n'étant pas démenti par ses contemporains, la postérité pourroit s'en rapporter à sa bonne foi.

C'est d'après cette idée, qu'en 1760, voyant qu'après ma première édition de Florence, mon théâtre étoit au pillage partout, et qu'on en avoit fait quinze éditions sans mon aveu, sans m'en faire part, et ce qui est encore pis, toutes très mal imprimées, je conçus le projet d'en donner une seconde à mes frais, et d'y placer dans chaque volume, au lieu de préface, une

partie de ma vie, imaginant alors qu'à la fin
de l'ouvrage l'histoire de ma personne, et
celle de mon théâtre, auroient pu être complettes.

Je me suis trompé ; quand je commençai
à Venise cette édition de Pasquali, in-octavo.
avec figures, je ne pouvois pas me douter
que ma destinée étoit de traverser les Alpes.

Appellé en France en 1761, je continuai
à fournir les changemens et les corrèctions
que je m'étois proposés pour l'édition de
Venise ; mais le tourbillon de Paris, mes
nouvelles occupations et la distance des
lieux, ont diminué l'activité de mon côté,
et ont mis de la lenteur dans l'exécution de
la presse, de manière qu'un ouvrage qui
devoit être porté jusqu'à trente volumes, et
qui devoit être achevé dans l'espace de huit
années, n'est encore, au bout de vingt ans,
qu'au tome XVII, et je ne vivrois pas assez
pour voir cette édition terminée.

Ce qui m'inquiète et me presse pour le
moment, c'est l'histoire de ma vie. Elle
n'est pas intéressante, je le répete ; mais ce
que j'en ai donné jusqu'à présent dans les
dix-sept premiers volumes, a été si bien

reçu, que le public m'engage à le continuer, d'autant plus que ce que j'ai dit jusqu'ici ne regarde que ma personne, et ce qui me reste à dire doit traiter de mon théâtre en particulier, de celui des Italiens en général, et en partie de celui des François, que j'ai vu de près. Les mœurs des deux nations, leurs goûts mis en comparaison, tout ce que j'ai vu et tout ce que j'ai observé, pourroit devenir agréable, et même instructif pour les amateurs.

Je prends donc la tâche de travailler tant que je pourrai, et je le fais avec un plaisir inexprimable, pour arriver le plutôt possible à parler de mon cher Paris, qui m'a si bien reçu, qui m'a si bien amusé et si utilement occupé.

Je commence par fondre, et mettre en François tout ce qu'il y a dans les préfaces historiques des dix-sept volumes de Pasquali. C'est l'abrégé de ma vie, depuis ma naissance jusqu'au commencement de ce qu'on appelle en Italie la réforme du théâtre Italien. On verra comment ce génie comique qui m'a toujours dominé, s'est annoncé, comment il s'est développé, les efforts

inutiles que l'on a faits pour m'en dégoûter,
et les sacrifices que j'ai fait à cette idole
impérieuse qui m'a entraîné. Ceci formera
la première partie de mes Mémoires.

La seconde partie doit comprendre l'historique de toutes mes pièces, le secret des
circonstances qui m'en ont fourni l'argument,
la réussite, bonne ou mauvaise, de mes
comédies, la rivalité que mes succès m'ont
excitées, les cabales que j'ai méprisées, les
critiques que j'ai respectées, les satyres
qu'en silence j'ai supporteés, les tracasseries
des comédiens que j'ai surmontées.   On
verra que l'humanité est la même par-tout,
que la jalousie se rencontre par-tout, et que
par-tout l'homme tranquille et de sang-froid
vient à bout de se faire aimer du public, et
de lasser la perfidie de ses ennemis.

La troisième partie de ces Mémoires
contiendra mon émigration en France. Je
suis si enchanté de pouvoir en parler à mon
aise, que j'ai été tenté de commencer par-là
mon ouvrage ; mais il faut de la méthode
en tout. J'aurois été obligé, peut-être, de
retoucher les deux parties précédentes, et
je n'aime pas à revenir sur ce que j'ai fait.

Voilà tout ce que j'avois à dire à mes lecteurs : je les prie de me lire, et de me faire la grace de me croire ; la vérité a toujours été ma vertu favorite, je me suis toujours bien trouvé avec elle ; elle m'a épargné la peine d'étudier le mensonge, et m'a évité le désagrément de rougir.

TABLE DES CHAPITRES

CHAPITRE XV.

CHAPITRE XVI.

CHAPITRE XVII.

CHAPITRE XVIII.

DEUXIÈME PARTIE.

MÉMOIRES DE GOLDONI.

PREMIÈRE PARTIE.

CHAPITRE I.

Ma Naissance et mes Parens. Mon premier Voyage. Mes Humanités. Nouvel Amusement comique. Arrivée de ma Mère à Perouse.

JE suis né à Venise, l'an 1707, dans une grande et belle maison, située entre le pont de Nomboli et celui de Donna-Onesta, au coin de la rue de Cà cent' anni, sur la paroisse de S. Thomas.

Jules Goldoni, mon père, étoit né dans la même ville ; mais toute sa famille étoit de Modène.

Charles Goldoni, mon grand-père, fit ses études au fameux College de Parme. Il y connut deux nobles Vénitiens, et se lia avec eux de la plus intime amitié. Ceux-ci l'engagèrent à les suivre à Venise. Son père étoit mort ; son oncle qui étoit colonel et gouverneur du Final, lui en accorda la permission ; il suivit ses camarades dans leur patrie ; il s'y établit, il fut pourvu d'une commission très honorable et très lucrative à la chambre des cinq sages du commerce, et il épousa en premières noces Mademoiselle Barili, née à Modène, fille et sœur de deux conseillers d'état du Duc de Parme. C'étoit ma grande-mère paternelle.

Celle-ci vint à mourir : mon grand-père fit la connoissance d'une veuve respectable qui n'avoit que deux filles ; il épousa la mère, et fit épouser la fille aînée à son fils. Elles étoient de la famille Salvioni ; et sans être riches, elles jouissoient d'une honnête aisance. Ma mère étoit une jolie brune : elle boitoit un peu, mais elle étoit fort piquante ; tout leur bien passa entre les mains de mon grand-père.

C'étoit un brave homme, mais point économe. Il aimoit les plaisirs, et s'accommodoit très bien de la gaîté Vénitienne. Il avoit loué une belle maison de campagne appartenante au Duc de Massa-Carrara, sur le Sil, dans la Marque-Trevisanne, à six lieues de Venise ; il y faisoit bombance ; les terriens de l'endroit ne pouvoient pas souffrir que Goldoni attirât les villageois et les étrangers chez lui ; un de ses voisins fit des démarches pour lui ôter la maison ; mon grand-père alla à Carrare, il prit à ferme tous les biens que le Duc possédoit dans l'état de Venise. Il revint glorieux de sa victoire ; il renchérit sur sa dépense. Il donnoit la comédie, il donnoit l'opéra chez lui ; tous les meilleurs acteurs, tous les musiciens les plus célèbres étoient à ses ordres ; le monde arrivoit de tous les côtés. Je suis né dans ce fracas, dans cette abondance ; pouvois-je mépriser les spectacles ? Pouvois-je ne pas aimer la gaîté ?

Ma mère me mit au monde presque sans souffrir : elle m'en aima davantage ; je ne m'annonçai point par des cris, en voyant le jour pour la première fois ; cette douceur sembloit, dès-lors, manifester mon caractère pacifique, qui ne s'est jamais démenti depuis.

J'étois le bijou de la maison ; ma bonne disoit que j'avois de l'esprit ; ma mère prit le soin de mon éducation, mon père celui de m'amuser. Il fit bâtir un théâtre de marionnettes : il les faisoit mouvoir lui-même, avec trois ou quatre de ses amis ; et je trouvois, à l'âge de quatre ans, que c'étoit un amusement délicieux.

En 1712, mon grand-père vint à mourir ; une partie de plaisir lui causa une fluxion de poitrine, qui, en six jours, le conduisit au tombeau. Ma grande-mère le suivit de près. Voilà l'époque d'un changement terrible dans notre famille, qui tomba tout d'un coup de l'aisance la plus heureuse, dans la médiocrité la plus embarrassante.

Mon père n'avoit pas eu l'éducation qu'il auroit dû avoir ; il ne manquoit pas d'esprit, mais on avoit manqué de soin pour lui. Il ne put conserver

l'emploi de son père ; un Grec adroit sut le lui
enlever.

Les biens libres de Modène étoient vendus, les
biens substitués étoient hypothéqués.

Il ne restoit que les biens de Venise, qui étoient
la dot de ma mère et l'apanage de ma tante.

Pour surcroît de malheur, ma mère mit au monde
un second enfant, Jean Goldoni, mon frère. Mon
père se trouva très embarrassé ; mais comme il
n'aimoit pas trop à s'appesantir sous le poids de
réflexions tristes, il prit le parti de faire un voyage
à Rome pour se distraire. Je dirai dans la suite
ce qu'il y fit, et ce qu'il est devenu. Revenons à
moi, car je suis le héros de la piece.

Ma mère resta seule à la tête de la maison, avec
sa sœur et ses deux enfans. Elle envoya son cadet
en pension ; et s'occupant uniquement de moi,
elle voulut m'élever sous ses yeux. J'étois doux,
tranquille, obéissant ; à l'âge de quatre ans je lisois,
j'écrivois, je savois mon catéchisme par cœur, et
on me donna un précepteur.

J'aimois beaucoup les livres : j'apprenois avec
facilité ma grammaire, les principes de la géogra-
phie et ceux de l'arithmétique ; mais ma lecture
favorite étoit celle des auteurs comiques. Il n'y
en avoit pas mal dans la petite bibliothèque de
mon père ; j'en lisois toujours dans les momens
que j'avois à moi, et j'en copiois même les mor-
ceaux qui me faisoient le plus de plaisir. Ma
mère, pourvu que je ne m'occupasse pas à des

joujous d'enfant, ne prenoit pas garde au choix de
mes lectures.

Parmi les auteurs comiques que je lisois et que
je relisois très-souvent, Ciccognini étoit celui que
je préférois. Cet auteur Florentin, très-peu connu
dans la république des lettres, avoit fait plusieurs
comédies d'intrigue, mêlées de pathétique lar-
moyant et de comique trivial ; on y trouvoit
cependant beaucoup d'intérêt, et il avoit l'art de
ménager la suspension, et de plaire par le dénouement. Je m'y attachai infiniment : je l'étudiai
beaucoup ; et à l'âge de huit ans, j'eus la témérité
de crayonner une comédie.

J'en fis la première confidence à ma bonne, qui
la trouva charmante ; ma tante se moqua de moi ;
ma mère me gronda et m'embrassa en même tems ;
mon précepteur soutint qu'il y avoit plus d'esprit
et plus de sens commun que mon âge ne compor-
toit ; mais ce qu'il y eut de plus singulier, ce fut
mon parrain, homme de robe, plus riche d'argent
que de connoissances, qui ne voulut jamais croire
que ce fût mon ouvrage. Il soutenoit que mon
précepteur l'avoit revue et corrigée : celui-ci
trouva le jugement indécent. La dispute alloit
s'échauffer : heureusement une troisième personne
arriva dans l'instant, et les appaisa.

C'étoit M. Vallé, depuis l'Abbé Vallé, de Bergame. Cet ami de la maison m'avoit vu travailler
à cette piece : il avoit été témoin de mes enfan-
tillages et de mes saillies. Je l'avois prié de n'en

parler à personne : il m'avoit gardé le secret ; et dans cette occasion faisant taire l'incrédule, il rendit justice à mes bonnes dispositions.

Dans le premier volume de mon édition de Pasquali, j'avois cité, pour preuve de cette vérité, l'Abbé Vallé, qui vivoit encore en 1770, me doutant bien qu'il y auroit d'autres parrains qui ne me croiroient pas.

Si le lecteur me demandoit quel étoit le titre de ma pièce, je ne pourrois pas le satisfaire ; car c'est une bagatelle à laquelle je n'avois pas pensé en la faisant. Il ne tiendroit qu'à moi de lui en donner un aujourd'hui ; mais j'aime à dire les choses comme elles sont, plutôt que de les embellir.

Enfin cette comédie, ou pour mieux dire cette folie enfantine, a couru dans toutes les sociétés de ma mère. On en envoya une copie à mon père ; voici l'instant de revenir à lui.

Mon père ne devoit rester à Rome que quelques mois, il y resta quatre ans ; il avoit dans cette grande capitale du monde chrétien, un ami intime, M. Alexandre Bonicelli, Vénitien, qui venoit d'épouser une Romaine très riche et qui jouissoit d'un état très brillant.

M. Bonicelli reçut avec sensibilité son ami Goldoni ; il le logea chez lui, il le présenta à toutes ses sociétés, à toutes ses connoissances, et il le recommanda vivement à M. Lancisi, premier médecin et camérier secret de Clément XI. Ce célèbre docteur, qui a enrichi la république des lettres et la faculté d'excellens ouvrages, s'attacha singulièrement à mon père, qui avoit de l'esprit et qui cherchoit de l'occupation.

Lancisi lui conseilla de s'appliquer à la médecine : il lui promit sa faveur, son assistance, sa protection. Mon père y consentit ; il fit ses études au Collége de la Sapience, et fit son apprentissage dans l'hôpital du Saint-Esprit. Au bout de quatre ans il fut reçu docteur, et son Mécène l'envoya à Perouse faire ses premières expériences.

Le début de mon père fut très-heureux : il avoit l'adresse d'éviter les maladies qu'il ne connoissoit pas ; il guérissoit ses malades, et le docteur Vénitien étoit fort à la mode dans ce pays-là.

Mon père qui étoit peut-être bon médecin, étoit aussi très agréable dans la société ; il réunissoit à l'aménité naturelle de son pays, l'usage de la bonne compagnie, où il avoit vécu. Il gagna l'estime et l'amitié des Bailloni et des Antinori, deux des plus nobles et des plus riches familles de la ville de Perouse.

C'est dans ce pays et dans cette heureuse position qu'il reçut le premier essai des bonnes dispositions de son fils aîné. Cette comédie, toute informe qu'elle devoit être, le flatta infiniment ; car, calculant d'après les principes de l'arithmétique, si neuf ans donnoient quatre carats d'esprit, dix-huit pouvoient en donner douze ; et par progression successive, on pouvoit arriver jusqu'au degré de la perfection.

Mon père se décida à me vouloir auprès de lui : ce fut un coup de poignard pour ma mère ; elle résista d'abord, elle hésita ensuite, et finit par céder. Il se présenta une occasion la plus favorable du monde : notre maison étoit très liée avec celle du Comte Rinalducci de Rimini, qui, avec sa femme et sa fille, étoit alors à Venise. Le Père Abbé Rinalducci, Bénédictin, et frère du Comte, devoit aller à Rome ; il s'engagea de passer par Perouse, et de m'y conduire.

Les paquets sont faits, l'instant arrive, il faut partir. Je ne vous parlerai pas des pleurs de ma tendre mère ; tous ceux qui ont eu des enfans connoissent ces cruels momens. J'étois très attaché aussi à celle qui m'avoit porté dans son sein, qui m'avoit élevé, qui m'avoit caressé ; mais l'idée d'un voyage est pour un jeune homme une distraction charmante.

Nous nous embarquâmes, le Père Rinalducci et moi, au port de Venise, dans une espèce de félouque, appellée peota-zuecchina, et nous fîmes voile pour Rimini. La mer ne me fit aucun mal ; au contraire, j'avois un appétit excellent ; nous mîmes pied à terre à l'embouchure de la Marecchia, où il y avoit des chevaux qui nous attendoient.

Quand on me proposa de monter à cheval, je me vis dans le plus grand embarras. A Venise, on ne voit point de chevaux dans les rues ; il y a deux académies, mais j'étois trop jeune pour en profiter. J'avois vu, dans mon enfance, des chevaux à la campagne, je les craignois et je n'osois pas m'en approcher.

Les chemins de l'Ombrie que nous devions traverser, étoient montagneux : le cheval étoit la voiture la plus commode pour les passagers : il *fallut s'y soumettre.* On me prend à travers le corps, on me flanque sur la selle....miséricorde ! des bottes, des étriers, une bride, un fouet ! Que faire de tout cela ? J'étois balloté comme un sac ; le révérend père rioit de tout son cœur, les domestiques se moquoient de moi, j'en ris moi-même. Peu-à-peu je fis connoissance avec mon bidet : je le régalois de pain et de fruits ; il devint mon ami, et en six jours de tems nous arrivâmes à Perouse.

Mon père fut content de me voir, encore plus de me voir bien portant ; je lui dis d'un air d'importance que j'avois fait ma route à cheval : il m'applaudit en riant, et m'embrassa tendrement.

Je trouvai notre logement fort triste dans une rue escarpée et très-vilaine : je priai mon père de déménager ; il ne le pouvoit pas, la maison étoit attenante à l'hôtel d'Antinori ; il ne payoit point de loyer, et il étoit tout près des religieuses de Sainte Catherine, dont il étoit le médecin.

Je vis la ville de Perouse : mon père me conduisit lui-même par-tout ; il commença par la superbe église de Saint Laurent, qui est la Cathédrale du pays, où l'on conserve et l'on expose l'anneau avec lequel Saint Joseph épousa la

Vierge Marie. C'est une pierre d'un transparent bleuâtre et d'un contour très épais : voilà comme je l'ai vu ; mais on dit que cet anneau change miraculeusement de couleur et de forme aux différens yeux qui l'approchent.

Mon père me fit remarquer la citadelle que Paul III. fit bâtir, du tems que Perouse jouissoit de la liberté républicaine, sous prétexte de régaler les Perousins d'un hôpital pour les malades et les pélerins : il y fit introduire des canons dans des charretes chargées de paille ; ensuite on cria : qui vive ? Il fallut bien répondre : Paul III.

Je vis de beaux hôtels, de belles églises, de jolies proménades ; je demandai s'il y avoit une salle de spectacle, on me dit que non ; tant pis, répondis-je, je n'y resterois pas pour tout l'or du monde.

Au bout de quelques jours, mon père se détermina à me faire continuer mes études ; c'étoit juste, je le voulois bien ; les Jésuites étoient en vogue, il m'y proposa : j'y fus reçu sans difficulté.

Les classes des humanités en Italie ne sont pas partagées comme en France ; il n'y en a que trois : Grammaire inférieure, Grammaire supérieure, ou humanité proprement dite, et Rhétorique. Ceux qui profitent et emploient bien leur tems dans l'espace de trois ans, peuvent terminer leur cours.

J'avois fait à Venise ma première année de

Grammaire inférieure : j'aurois pu entrer dans la
supérieure ; mais le tems que j'avois perdu, la
distraction du voyage, les nouveaux maîtres que
j'allois avoir, tout engagea mon père à me faire
recommencer mes études, et il fit très bien ; car
vous allez voir, mon cher lecteur, comme ce
grammairien Vénitien, qui ne manquoit pas de se
vanter d'avoir composé une pièce, se trouva rape-
tissé en un instant.

L'année littéraire étoit avancée, on me reçut
dans la classe inférieure comme un écolier très
fait, très instruit pour la supérieure. On m'in-
terrogea, je répondis mal ; on me fit traduire, je
bégayois ; on me fit faire du Latin, beaucoup de
barbarismes et de sollécismes. On se moqua de
moi : j'étois devenu le jouet de mes camarades ;
ils se plaisoient à me défier ; tous mes combats
étoient des chûtes ; mon père étoit au désespoir ;
j'étois étonné, mortifié ; je me crus ensorcelé.

Le tems des vacances s'approchoit : on devoit
donner le devoir qu'on appelle en Italie le Latin
du passage ; car ce petit travail doit décider du
mérite des écoliers pour les faire monter à une
autre classe, ou pour les faire rester dans la
même ; c'étoit le sort auquel, tout au plus, je
devois m'attendre.

Le jour arrive : le régent dicte ; les écoliers
écrivent ; chacun fait de son mieux. Je rassemble toutes mes forces, je me représente mon honneur, mon ambition, mon père, ma mère ; je vois

mes voisins qui me regardent du coin de l'œil, et
qui rient ; *facit indignatio versum.* La rage, la
honte m'enflamment ; je lis mon thême, je sens
ma tête fraîche, ma main légère, ma mémoire
féconde ; je finis avant les autres, je cachete mon
papier, je l'apporte au régent, et je m'en vais content de moi.

Huit jours après, on appelle et on rassemble
les écoliers : on publie la décision du collége.
Première nomination, Goldoni en supérieure ;
voilà un brouhaha général dans la classe ; on
tient des propos indécens. On lit ma traduction
à haute voix, pas une faute d'ortographe ; le
régent m'appelle à la chaire : je me leve pour y
aller, je vois mon père à la porte, je cours l'embrasser.

Le père régent voulut me parler en particulier :
il me fit compliment ; il me dit que, malgré les
fautes grossières que je faisois de tems en tems
dans mes leçons ordinaires, il avoit deviné que je
devois avoir de l'esprit par des traits de justesse
qu'il rencontroit par-ci, par-là, dans mes thêmes
et dans mes versions. Il ajouta que ce dernier
essai l'avoit convaincu que je m'étois caché
par malice, et il badina sur la ruse des Vénitiens.

Vous me faites trop d'honneur, mon révérend
père, lui dis-je, j'ai trop souffert pendant trois
mois pour m'amuser à mes dépens ; je ne faisois
pas l'ignorant, je l'étois ; c'est un phénomène
que je ne saurois expliquer.

Le régent m'exhorta de continuer à m'appliquer ; et comme il devoit passer lui-même à la
classe supérieure où j'allois entrer, il m'assura de
sa bienveillance.

Mon père, content de moi, tâcha de me récompenser et de m'amuser pendant le tems des
vacances. Il savoit que j'aimois les spectacles,
il les aimoit aussi : il rassembla une société de
jeunes gens ; on lui prêta une salle dans l'hôtel
d'Antinori, il y fit bâtir un petit théâtre ; il dressa
lui-même les acteurs, et nous y jouâmes la comédie.

Dans les états du pape (excepté les trois lé-
gations), les femmes ne sont pas tolérées sur la
scène. J'étois jeune, je n'étois pas laid, on me
destina un rôle de femme, on me donna même le
premier rôle, et on me chargea du prologue.

Ce prologue étoit une pièce si singulière, qu'il
m'est resté toujours dans la tête, et il faut que
j'en régale mon lecteur. Dans le siècle dernier,
la littérature Italienne étoit si gâtée, que prose et
poésie, tout étoit ampoulé ; les métaphores, les
hyperboles et les antithèses, tenoient la place du
sens commun. Ce goût dépravé n'étoit pas
encore tout-à-fait extirpé en 1720 : mon père y
étoit accoutumé ; voici le commencement du
beau morceau qu'on me fit débiter.

Benignissimo Cielo ! (je parlois à mes audi-
teurs,) *ai rai del vostro splendidissimo sole, eccoci
qual farfalle, che spiegando le deboli ali de'*

nostri concetti, portiamo a si' bel lume il volo,
&c. Cela voudroit dire bêtement en François :
*Ciel très-benin, aux rayons de votre soleil très-
éclatant, nous voilà comme des papillons qui, sur
les foibles ailes de nos expressions, prenons notre
vol vers votre lumière,* &c.

Ce charmant prologue me valut un boisseau de
dragées, dont le théâtre fut inondé et moi presqu'aveuglé. C'est l'applaudissement ordinaire
dans les états du pape.

La pièce dans laquelle j'avois joué étoit *la So-
rellina di don Pilone :* je fus beaucoup applaudi ;
car dans un pays où les spectacles sont rares, les
spectateurs ne sont pas difficiles.

Mon père trouva que j'avois de l'intelligence,
mais que je ne serois jamais bon acteur ; il ne se
trompa point.

Nos représentations durèrent jusqu'à la fin des
vacances. A l'ouverture des classes, je pris ma
place ; à la fin de l'année je passai en Rhétorique,
et j'achevai mes humanités, ayant gagné l'amitié
et l'estime des Jésuites, qui me firent l'honneur
de m'offrir une place dans leur société, que je
n'acceptai pas.

Pendant ce tems-là, il arriva beaucoup de
changemens dans notre famille ; ma mère ne pouvoit pas soutenir l'éloignement de son fils aîné,
elle pria son époux de revenir à Venise, ou qu'il
lui permît d'aller le rejoindre où il étoit.

Après beaucoup de lettres et beaucoup de

débats, il fut décidé que Madame Goldoni viendroit avec sa sœur, et avec son cadet, se réunir au reste de sa famille ; tout cela fut exécuté.

Ma mère, dans Perouse, ne put jouir d'un seul jour de bonne santé, l'air du pays lui étoit fatal ; née et habituée dans le climat tempéré de Venise, elle ne pouvoit soutenir les frimats d'un pays montagneux.

Elle souffrit beaucoup ; elle fut réduite presque à la mort, et elle sut surmonter les peines et les dangers tant qu'elle crut ma demeure nécessaire dans cette ville, pour ne pas m'exposer à interrompre mes études qui étoient si bien avancées.

Mes humanités finies et ma rhétorique achevée, elle engagea mon père à la satisfaire, et il s'y prêta de bon cœur. La mort de son protecteur *Antinori* lui avoit causé des désagrémens, les médecins de Perouse ne le regardoient pas de bon œil; il prit le parti de quitter le Perousin, et de se rapprocher des marais de la mer Adriatique.

CHAPITRE II.

Mon Voyage à Rimini—Ma Philosophie—Ma première Connoissance avec les Comédiens—La Barque des Comédiens—Surprise de ma Mère —Lettre intéressante de mon Père—Retour de mon Père—Dialogue entre mon Père et moi— Mes nouvelles Occupations—Trait de Jeunesse.

LE projet fut exécuté en peu de jours ; on acheta un carrosse à quatre places, mon frère y étoit par-dessus le marché ; nous prîmes la route de Spoleti, qui étoit plus commode, et nous arrivâmes à Rimini, où toute la famille du Comte Rinalducci se trouvoit rassemblée, et où nous fûmes reçus avec des transports de joie.

Il étoit nécessaire pour moi que je ne misse pas une seconde fois des lacunes dans mes applications littéraires, mon père me destinoit à la médecine, et je devois étudier la philosophie.

Les Dominicains de Rimini étoient en grande réputation pour la logique, qui ouvre la carrière de toutes les sciences physiques et spéculatives, le Comte Rinalducci nous fit faire la connoissance du Professeur Candini, et je fus confié à ses soins.

M. le Comte ne pouvant pas me garder chez lui,

on me mit en pension chez M. Battaglini, négociant et banquier, ami et compatriote de mon père. Malgré les remontrances et les regrets de ma mère, qui n'auroit jamais voulu se détacher de moi, toute ma famille prit la route de Venise, où je ne devois la rejoindre que lorsqu'ils auroient jugé à propos de me rappeller.

Ils s'embarquèrent pour Chiozza, dans une barque de ce pays-là ; le vent étoit favorable, ils arrivèrent en très peu de tems ; mais ma mère étoit fatiguée, et ils s'y arrêtèrent pour se reposer.

Chiozza est une ville à huit lieues de Venise, bâtie sur des pilotis comme la capitale ; on y compte quarante mille ames, tout peuple ; des pêcheurs et des matelots, des femmes qui travaillent en grosse dentelle, dont on fait un commerce considérable, et il n'y a qu'un petit nombre de gens qui s'élèvent au-dessus du vulgaire. On range dans ce pays-là tout le monde en deux classes, riches et pauvres ; ceux qui portent une perruque et un manteau sont les riches, ceux qui n'ont qu'un bonnet et une capote sont les pauvres ; et souvent ces derniers ont quatre fois plus d'argent que les autres.

Ma mère se trouvoit très bien dans ce pays-là, l'air de Chiozza étoit analogue à son air natal ; son logement étoit beau, elle jouissoit d'une vue agréable et d'une liberté charmante ; sa sœur

TOME I. c

étoit complaisante, mon frère étoit encore un enfant qui ne disoit rien, et mon père qui avoit des projets, fit part de ses réflexions à sa femme, qui les approuva.

Il falloit, disoit-il, ne retourner à Venise que dans une position à n'être à charge à personne ; il falloit, pour cet effet, qu'auparavant il allât lui-même à Modène pour y arranger les affaires de la famille ; cela fut exécuté : voilà mon père à Modène, ma mère à Chiozza et moi à Rimini.

Je tombai malade, la petite vérole se déclara : elle étoit bénigne ; M. Battaglini n'en fit part à mes parens que quand il me vit hors de danger ; il n'est pas possible d'être mieux soigné, mieux servi que je le fus dans cette occasion.

A peine étois-je en état de sortir, mon hôte, très attentif et très zélé pour mon bien, me pressa d'aller revoir le Père Candini.

J'y allois malgré moi : ce professeur, cet homme célèbre m'ennuyoit à périr ; il étoit doux, sage, savant : il avoit beaucoup de mérite, mais il étoit Thomiste dans l'ame, il ne pouvoit pas s'écarter de sa méthode ordinaire ; ses détours scholastiques me paroissoient inutiles, ses barbara, ses baraliptons me paroissoient ridicules. J'allois écrire sous sa dictée ; mais au lieu de repasser mes cahiers chez moi, je nourrissois mon esprit d'une philosophie bien plus utile et plus agréable ; je lisois Plaute, Térence, Aristophane, et les fragmens de Menandre.

Je ne brillois pas, il est vrai, dans les cercles qui se tenoient journellement : j'avois l'adresse cependant de faire comprendre à mes camarades que ce n'étoit ni la lourde paresse, ni la crasse ignorance qui me rendoient indifférent aux léçons du maître, dont *la longueur me fatiguoit* et me révoltoit ; il y en avoit plusieurs qui pensoient comme moi.

La philosophie moderne n'avoit pas encore fait les progrès considérables qu'elle a fait depuis, et il falloit se tenir (les ecclésiastiques surtout), à celle de Saint Thomas ou à celle de Scot, ou à la péripatéticienne, ou à la mixte, qui toutes ensemble ne font que s'écarter de la philosophie du bon sens.

J'avois bon besoin, pour soulager l'ennui qui m'accabloit, de me procurer quelque distraction agréable : j'en trouvai l'occasion, j'en profitai ; et l'on ne sera pas fâché, peut-être, de passer avec moi des cercles de la philosophie à ceux d'une troupe de comédiens.

Il y en avoit une à Rimini qui me parut délicieuse ; c'étoit pour la première fois que je voyois des femmes sur le théâtre, et je trouvai que cela décoroit la scène d'une manière plus piquante. Rimini est dans la légation de Ravenne, les femmes sont admises sur le théâtre, et on n'y voit point, comme on voit à Rome, des hommes sans barbe ou des barbes naissantes.

J'allois les premiers jours à la comédie fort modestement au parterre, je voyois de jeunes gens comme moi dans les coulisses : je tentai d'y parvenir, je n'y trouvai point de difficulté ; je regardois du coin de l'œil ces demoiselles, elles me fixoient hardiment. Peu à peu je m'apprivoisai ; de propos en propos, de question en question, elles apprirent que j'étois Vénitien. Elles étoient toutes mes compatriotes, elles me firent des caresses et des politesses sans fin ; le directeur lui-même me combla d'honnêtetés : il me pria à dîner chez lui, j'y allai ; je ne vis plus le révérend père Candini.

Les comédiens alloient finir leur engagement, et devoient partir ; leur départ me faisoit vraiment de la peine. Un vendredi, jour de relâche pour toute l'Italie, hors l'Etat de Venise, nous fîmes une partie de campagne ; toute la compagnie y étoit, le directeur annonça le départ pour la huitaine ; il avoit arrêté la barque qui devoit les conduire à Chiozza.... A Chiozza ! dis-je, avec un cri de surprise !—Oui, Monsieur ; nous devons aller à Venise, mais nous nous arrêterons quinze ou vingt jours à Chiozza pour y donner quelques représentations en passant. Ah, mon Dieu ! ma mère est à Chiozza, et je la verrois avec bien du plaisir.—Venez avec nous ;—oui, oui, (tout le monde crie l'un après l'autre), avec nous, avec nous, dans notre barque ; vous y serez bien, il ne vous en coûtera rien ; on joue, on rit, on chante, on s'amuse, &c. Comment résister à tant d'agrément? pourquoi perdre une si belle occasion? J'accepte, je m'engage et je fais mes préparatifs.

Je commence par en parler à mon hôte, il s'y oppose très vivement: j'insiste, il en fait part au Comte Rinalducci; tout le monde étoit contre moi. Je fais semblant de céder, je me tiens tranquille; le jour fixé pour partir, je mets deux chemises et un bonnet de nuit dans mes poches; je me rends au port, j'entre dans la barque le premier, je me cache bien sous la proue; j'avois mon écritoire de poche, j'écris à M. Battaglini, je lui fais mes excuses; c'est l'envie de revoir ma mère qui m'entraîne, je le prie de faire présent de mes hardes à la bonne qui m'avoit soigné dans ma maladie, et je lui déclare que je vais partir. C'est une faute que j'ai faite, je l'avoue; j'en ai fait d'autres, je les avouerai de même.

Les comédiens arrivent.—Où est M. Goldoni? Voilà Goldoni qui sort de sa cave; tout le monde se met à rire: on me fête, on me caresse, on fait voile; adieu Rimini.

Mes comédiens n'étoient pas ceux de Scaron; cependant l'ensemble de cette troupe embarquée présentoit un coup d'œil plaisant.

Douze personnes, tant acteurs qu'actrices, un souffleur, un machiniste, un garde du magasin, huit domestiques, quatre femmes-de-chambre, deux nourrices, des enfans de tout âge, des chiens, des chats, des singes, des perroquets, des oiseaux, des pigeons, un agneau ; c'étoit l'arche de Noé.

La barque étoit très vaste, il y avoit beaucoup de compartimens, chaque femme avoit sa niche avec des rideaux ; on avoit arrangé un bon lit pour moi à côté du directeur, tout le monde étoit bien.

L'intendant général du voyage, qui étoit en même tems cuisinier et sommelier, sonna une petite cloche qui étoit le signal du déjeûner ; tout le monde se rassembla dans une espèce de sallon qu'on avoit ménagé au milieu du navire pardessus les caisses, les malles et les ballots ; il y avoit sur une table ovale du café, du thé, du lait, des rôties, de l'eau et du vin.

La première amoureuse demanda un bouillon, il n'y en avoit point, elle étoit en fureur ; on eut toute la peine du monde à l'appaiser avec une tasse de chocolat ; c'étoit la plus laide et la plus difficile.

Après le déjeûner, on proposa la partie, en attendant le dîner. Je jouois assez bien le tresset ; c'étoit le jeu favori de ma mère, qui me l'avoit appris.

On alloit commencer un tresset et un piquet, mais une table de pharaon qu'on avoit établi sur le tillac, attira tout le monde ; le banque annonçoit plutôt l'amusement que l'intérêt, le directeur ne l'auroit pas souffert autrement. On jouoit,

on rioit, on badinoit, on se faisoit des niches : la
cloche annonce le dîner, on s'y rend.

Des macaroni ! tout le monde se jette dessus,
on en dévore trois soupières ; du bœuf à la mode,
de la volaille froide, une longe de veau, du dessert
et du vin excellent ; ah, le bon dîner ! il n'est
chère que d'appétit.

Nous restâmes quatre heures à table ; on joua
de différens instrumens, on chanta beaucoup ; la
soubrette chantoit à ravir, je la regardois attentivement, elle me faisoit une sensation singulière ;
hélas ! il arriva une aventure qui interrompit
l'agrément de la société ; un chat se sauva de sa
cage, c'etoit le minet de la première amoureuse,
elle appella tout le monde au secours ; on courut
après lui : le chat qui étoit farouche comme sa
maitresse, glissoit, sautoit, se cachoit par tout ; se
voyant poursuivi, il grimpa sur le mât.   Madame
Clarice se trouva mal : un matelot monte pour le
ravoir, le chat s'élance dans la mer et il y reste ;
voilà sa maitresse au désespoir, elle veut tuer
tous les animaux qu'elle apperçoit, elle veut jetter
sa femme de chambre dans le tombeau de son
cher minet ; tout le monde prend le parti de la
femme de chambre ; la querelle devient générale :
le directeur arrive, il en rit, il badine, il fait des
caresses à la dame affligée : elle finit par rire elle-
même et voilà le chat oublié.

Mais c'est assez, je crois ; et c'est peut-être trop

abuser de mon lecteur en l'entretenant de ces misères, qui n'en méritent pas la peine.

Le vent n'étoit pas favorable, nous restâmes trois jours sur mer; toujours les mêmes amusemens, les mêmes plaisirs, le même appétit; nous arrivâmes à Chiozza le quatrième jour.

Je n'avois pas l'adresse du logement de ma mère, mais je n'ai pas cherché longtems. Madame Goldoni et sa sœur portoient une coëffe; elles étoient dans la classe des riches, et tout le monde les connoissoit.

Je priai le directeur de m'y accompagner; il s'y prêta de bonne grace, il y vint: il s'y fit annoncer, je restai dans l'antichambre. Madame, dit-il à ma mère, je viens de Rimini, j'ai des nouvelles à vous donner de M. votre fils.—Comment se porte mon fils?—Très bien, Madame.—Est-il content de sa position?—Pas trop, Madame; il souffre beaucoup.—De quoi?—D'être éloigné de sa tendre mère.—Le pauvre enfant! je voudrois bien l'avoir auprès de moi. (J'entendois tout cela, et le cœur me battoit.)—Madame, continua le comédien, je lui avois offert de le conduire avec moi.—Pourquoi, Monsieur, ne l'avez-vous pas fait?—L'auriez-vous trouvé bon?—Sans doute.—Mais ses études?—Ses études! ne pouvoit-il pas y retourner? D'ailleurs, il y a des maîtres par-tout.—Vous le verriez donc avec plaisir?—Avec la plus grande joie.—Madame, le voilà. Il ouvre la

porte, j'entre: je me jette aux genoux de ma mère;
elle m'embrasse, les larmes nous empêchent de
parler. Le comédien, accoutumé à de pareilles
scènes, nous dit des choses agréables, prit congé
de ma mère et s'en alla. Je reste avec elle, j'avoue
avec sincérité la sottise que j'avois faite; elle me
gronde et m'embrasse; nous voilà contens l'un
de l'autre. Ma tante étoit sortie: quand elle
rentre, autre surprise, autres embrassemens: mon
frère étoit en pension.

Le lendemain de mon arrivée, ma mère reçut
une lettre de M. Battaglini, de Rimini; il lui
faisoit part de mon étourderie, il s'en plaignoit
amèrement, et lui annonçoit qu'elle recevroit
incessamment un porte-manteau chargé de livres,
de linge et de hardes, dont sa gouvernante ne savoit que faire.

Ma mère en fut très fâchée, elle pensa me
gronder; mais à propos de lettre, elle se souvint
qu'elle en avoit une de mon père, très-intéres-
sante: elle alla la chercher, me la remit, et en
voici le précis:

"Pavie, 17 Mars, 1721.

" Ma chère femme,

" J'ai une bonne nouvelle à te donner, elle
regarde notre cher fils: elle te fera beaucoup de
plaisir. J'ai quitté Modène, comme tu sais, pour
aller à Plaisance, et pour y arranger les affaires
avec M. Barilli, mon cousin, qui me doit encore
un reste de dot de ma mère; et si je peux réunir

cette somme aux arrérages que je viens de toucher
à Modène, nous pourrons nous rétablir à notre
aise.

" Mon cousin n'étoit pas à Plaisance, il étoit
parti pour Pavie, pour assister au mariage d'un
neveu de sa femme. Je me trouvois en route, le
voyage n'étoit pas long, je pris le parti de venir le
rejoindre à Pavie. Je le trouve, je lui parle, il
avoue la dette, et nous nous sommes arrangés. Il
me payera en six années ; mais voici ce qui vient
de m'arriver en cette ville.

" Je vais descendre en arrivant à l'hôtel de la
Croix-rouge : on me demande mon nom, pour en
faire la consigne à la police ; le lendemain, l'aubergiste me présente un valet-de-pied du gouverneur, qui me prie très poliment de me rendre à
mon aise à l'hôtel du gouvernement. Malgré le
mot *à votre aise*, je n'étois pas à mon aise dans ce
moment-là, et je ne pouvois pas deviner ce qu'on
vouloit de moi.

" J'allai d'abord en sortant chez mon cousin ;
et après l'arrangement de nos affaires, je lui fis
part de cette espèce d'invitation, qui ne laissoit
pas de m'inquiéter, et je lui demandai s'il connoissoit le gouverneur de Pavie personnellement ;
il me dit que oui, qu'il le connoissoit depuis long-
tems, que c'étoit le Marquis de Goldoni-Vidoni,
une des bonnes familles de Crémone, et sénateur
de Milan.

" A ce nom de Goldoni, je bannis toute crainte,

je conçus des ideés flatteuses, et je ne me trom-
pois pas.

" J'allai voir, dans l'après-midi, le gouverneur ;
il me fit l'accueil le plus honnête et le plus gracieux : c'étoit ma consigne qui lui avoit donné
l'envie de me connoître ; nous causâmes beaucoup, je lui dis que j'étois originaire de Modène ;
il me fit l'honneur de m'observer que la ville de
Crémone n'étoit pas bien éloignée de celle de
Modène ; il arriva du monde, il me pria à dîner
pour le jour suivant.

" Je ne manquai pas de m'y rendre, comme tu
peux croire ; nous n'étions que quatre personnes
à table, on dîna fort bien ; les deux autres convives partirent après le café, nous restâmes seuls
M. le sénateur et moi.

" Nous parlâmes de bien des choses, principalement de ma famille, de mon état et de ma position
actuelle ; enfin, pour abréger ma lettre, il me
promit qu'il tâcheroit de faire quelque chose pour
mon fils aîné.

" Il y a à Pavie une université aussi fameuse
que celle de Padoue, et il y a plusieurs colléges où
on ne reçoit que des boursiers ; M. le Marquis
s'engagea de m'obtenir une de ces places dans le
collége du pape ; et si Charles se conduit bien,
il aura soin de lui.

" N'écris rien de tout cela à ton fils, à mon retour je le ferai revenir, et je veux me ménager le
plaisir de l'en instruire moi-même.

" Je ne tarderai pas, j'espère, &c."

Tout ce que contenoit cette lettre étoit fait pour me flatter, et pour me faire concevoir les espérances les plus étendues.

Je sentis alors l'imprudence de mon équipée ; je craignois l'indignation de mon père, et qu'il ne se méfiât de ma conduite dans une ville encore plus éloignée, et où j'aurois beaucoup plus de liberté.

Ma mère m'assura qu'elle tâcheroit de me garantir des reproches de mon père, qu'elle prendroit tout sur elle, d'autant plus que mon repentir lui paroissoit sincère.

J'avois vraiment assez de raison pour mon âge ; mais j'étois sujet à des escapades inconsidérées : elles m'ont fait beaucoup de tort, vous le verrez, et vous me plaindrez peut-être quelquefois.

Ma mère vouloit me produire et me présenter à ses connoissances ; mais je n'avois pour tout habillement qu'un vieux surtout qui m'avoit servi sur mer d'habit, de robe de chambre et de couvre-pieds.

Elle fit venir un tailleur, je fus bientôt en état de paroître.

J'employai mes premiers pas à aller voir mes compagnons de voyage, ils me virent avec plaisir : ils étoient retenus pour vingt représentations ; j'avois mes entrées, je m'étois proposé d'en profiter, sous le bon plaisir de ma tendre mère.

Elle étoit fort liée avec l'Abbé Gennari, chanoise de la cathédrale. Ce bon ecclésiastique étoit un peu rigoriste. Les spectacles en Italie ne sont pas proscrits par l'église Romaine, les comédiens ne sont point excommuniés ; mais l'Abbé Gennari soutenoit que les comédies qu'on donnoit alors, étoient dangereuses pour les jeunes gens ; il n'avoit peut-être pas tort, et ma mère me défendit le spectacle.

Il falloit bien obéir ; je n'allois pas à la comédie, mais j'allois voir les comédiens, et la soubrette plus fréquemment que les autres. J'ai toujours eu par la suite un goût de préférence pour les soubrettes.

Au bout de six jours, mon père arrive ; je tremble, ma mère me cache dans le cabinet de toilette, et se charge du reste. Il monte, ma mère va au-devant de lui, ma tante aussi ; voilà les embrassemens de coutume. Mon père paroît fâché, sourcilleux : il n'a pas sa gaîté ordinaire ; on le croit fatigué, ils entrent dans la chambre ; voici les premiers mots de mon père : Où est mon fils ? Ma mère répond de bonne foi : notre cadet est à sa pension. Non, non, répliqua mon père en colère, je demande l'aîné, il doit être ici ; vous me le cachez, vous avez tort, c'est un impertinent qu'il faut corriger. Ma mère interdite ne savoit que dire : elle prononça des mots vagues ; mais . . . . . comment ? . . . . . Mon père l'interrompt en frappant des pieds : Oui, M. Battaglini m'a instruit de tout, il m'a écrit à Medène, j'ai retrouvé la lettre en y repassant. Ma mère le prie, d'un air affligé, de m'écouter avant que de me condamner. Mon père, toujours en colère, redemande où j'étois. Je ne puis plus y tenir, j'ouvre la porte vitrée, mais je n'ose pas avancer. Sortez, dit mon père à sa femme et à sa sœur, laissez-moi seul avec ce bon sujet. Elles sortent, je m'approche en tremblant ; ah, mon père !—Comment, Monsieur ! par quel hazard êtes-vous ici ?—Mon père . . . . on vous aura dit.—Oui, on m'a dit que, malgré les remontrances, les bons conseils, et en dépit de tout le monde, vous avez eu l'insolence de quitter Rimini brusquement.—Qu'aurois-je fait à Rimini, mon père ? c'étoit du tems perdu pour moi.—Comment, du tems perdu ! l'étude de la philosophie, c'est du tems perdu ?—Ah ! la philosophie scholastique, les syllogismes, les enthymêmes, les sophismes, les nego, probo, concedo ; vous en souvenez-vous, mon père ? (il ne peut s'empêcher de faire un petit mouvement de lèvres qui annonçoit l'envie qu'il avoit de rire ; j'étois assez fin pour m'en appercevoir, et je pris courage). Ah, mon père ! ajoutai-je, faites-moi apprendre la philosophie de l'homme, la bonne morale, la physique expérimentale.—Allons, allons ; comment es-tu venu jusqu'ici ?—Par mer.—Avec qui ?—Avec une troupe de comédiens.—Des comédiens ?—Ce sont d'honnêtes gens, mon père.—Comment s'appelle le directeur ?—Il est Florinde sur la scène, et on l'appelle Florinde des Maccaroni.

—Ah, ah ! je le connois ; c'est un brave homme :
il jouoit le rôle de Don Juan dans le Festin de
Pierre ; il s'avisa de manger les maccaroni qui appartenoient à arlequin, voilà l'origine de ce sur-
nom.—Je vous assure, mon père, que cette troupe.
. . . . Où est-elle allée cette troupe ?—Elle est ici.
—Elle est ici ?—Oui, mon père.—Joue-t-elle la
comédie ici ?—Oui, mon père.—J'irai la voir.—
Et moi, mon père ?—Toi, coquin ! Comment s'appelle la première amoureuse ?—Clarice.—Ah, ah,
Clarice ! . . . . . excellente, laide, mais beaucoup
d'esprit.—Mon père.—Il faudra donc que j'aille
les remercier ?—Et moi, mon père ?—Malheureux !
—Je vous demande pardon.—Allons, allons ; pour
cette fois-ci . . . .

Ma mère entre, elle avoit tout entendu ; elle est
très contente de me voir raccommodé avec mon père.

Elle lui parle de l'Abbé Gennari, non pas pour
m'empêcher d'aller à la comédie, car mon père
l'aimoit autant que moi, mais pour lui annoncer
que ce chanoine, attaqué de différentes maladies,
l'attendoit avec impatience ; qu'il avoit parlé à
toute la ville de ce fameux médecin Vénitien, élève
du célèbre Lancisi, qu'on attendoit incessamment,
et qu'il n'avoit qu'à se montrer pour avoir plus de
malades qu'il n'en sauroit désirer.

Cela arriva en effet ; tout le monde vouloit du
Docteur Goldoni ; il avoit les riches et les pauvres,
et les pauvres payoient mieux que les riches.

Il loua donc un appartement plus commode, et

il s'établit à Chiozza pour y rester tant que la fortune lui seroit favorable, et jusqu'à ce que quelque autre médecin à la mode vînt le supplanter.

Me voyant oisif, et manquant dans la ville de bons maîtres pour m'occuper, mon père voulut faire lui-même quelque chose de moi.

Il me destinoit à la médecine ; et en attendant les lettres d'appel pour le collége de Pavie, il m'ordonna de le suivre dans les visites qu'il faisoit journellement ; il pensoit qu'un peu de pratique avant l'étude de la théorie, me donneroit une connoissance superficielle de la médecine, qui me seroit très utile pour l'intelligence des mots techniques et des premiers principes de l'art.

Je n'aimois pas trop la médecine ; mais il ne falloit pas être récalcitrant ; car on auroit dit que je ne voulois rien faire.

Je suivis donc mon père : je voyois la plus grande partie de ses malades avec lui ; je tâtois le pouls, je regardois les urines, j'examinois les crachats, et bien d'autres choses qui me révoltoient. Patience ; tant que la troupe continua ses représentations, qu'elle porta même jusqu'à trente six, je me croyois dédomagé.

Mon père étoit assez content de moi, et ma mère encore davantage. Mais un des trois ennemis de l'homme, et peut-être deux, ou tous les trois, vinrent m'attaquer et troubler ma tranquillité.

Mon père fut appellé chez une malade fort jeune et fort jolie ; il m'emmena avec lui, ne se doutant pas de quelle maladie il s'agissoit. Quand il vit qu'il falloit faire des recherches et des observations locales, il me fit sortir ; et depuis ce jour-là, toutes les fois qu'il entroit dans la chambre de mademoiselle, j'étois condamné à l'attendre dans un sallon *fort petit et fort sombre.*

La mère de la jeune malade, très polie et bien honnête créature, ne souffroit pas que je restasse tout seul : elle venoit me tenir compagnie, et me parloit toujours de sa fille.

Grace au talent et aux soins de mon père, son enfant étoit hors d'affaire ; elle se portoit bien, et la visite de ce jour-là devoit être la dernière.

Je lui fis compliment : je la remerciai de sa complaisance pour moi, et je finis par dire, si je n'ai plus l'honneur de vous voir ..... —Comment, me dit-elle, nous ne vous verrons plus ?—Si mon père n'y vient pas.—Vous y pourrez bien venir.— Pourquoi faire ?—Pourquoi faire ! Ecoutez ; ma fille se porte bien, elle n'a plus besoin de M. le Docteur ; mais je ne serois pas fâchée qu'elle eût de tems à autre une visite d'amitié, pour voir.... si les choses vont bien...., si elle n'auroit pas besoin.... de se purger....; si vous n'avez rien de mieux à faire, venez-y quelquefois, je vous en prie.—Mais, mademoiselle voudroit-elle de moi ? —Ah ! mon cher ami, ne parlons pas de cela ; ma fille vous a vu, elle ne demanderoit pas mieux que de lier connoissance avec vous.—Madame, c'est beaucoup d'honneur pour moi ; mais si mon père

venoit à le savoir?—Il ne le saura pas ; d'ailleurs
ma fille est sa malade, il ne peut pas trouver mauvais que son fils vienne la voir.—Mais, pourquoi
ne m'a-t-il pas laissé entrer dans la chambre ?—
C'est que . . . la chambre est petite ; il fait chaud.
—J'entens remuer ; mon père sort, je crois.—
Allons, allons ; venez nous voir.—Quand ?—Ce
soir, si vous voulez.—Si je le peux.—Ma fille en
sera enchantée.—Et moi aussi.

Mon père sort : nous nous en allons ; je rêve
toute la journée, je fais des réflexions, je change
d'avis à chaque instant. Le soir arrive, mon père
alloït à une consultation ; et moi, à la nuit tombante, je vais regagner la porte de le malade qui
se porte bien.

J'entre : beaucoup de politesses, beaucoup de
gentillesses ; on m'offre de me refraîchir, je ne
refuse rien ; on cherche dans le garde-manger, il
n'y a plus de vin ; il faudroit en aller chercher, je
mets la main à la poche. On frappe, on ouvre ;
c'est le domestique de ma mère, il m'avoit vu
entrer, il connoissoit ces canailles-là ; c'est un
ange qui l'a envoyé. Il me dit un mot à l'oreille ;
je reviens en moi-même, et je sorts dans l'instant.

CHAPITRE III.

Mon Départ pour Venise—Coup-d'œil de cette Ville—Mon Installation chez le Procureur—Mon Départ pour Pavie—Mon Arrivée à Milan—Première Entrevue avec le Marquis de Goldoni—Difficultés surmontés—Mon Installation au Collége—Mes Dissipations.

REVENU de cet aveuglement où m'avoit plongé l'effervescence de la jeunesse, je regardois avec horreur le danger que j'avois couru.

J'étois naturellement gai, mais sujet, depuis mon enfance, à des vapeurs hypocondriaques ou mélancoliques, qui répandoient du noir dans mon esprit.

Attaqué d'un accès violent de cette maladie léthargique, je cherchois à me distraire, et je n'en trouvois pas les moyens ; mes comédiens étoient partis, Chiozza ne m'offroit plus d'amusement de mon goût, la médecine me déplaisoit ; j'étois devenu triste, rêveur : je maigrissois à vue d'œil.

Mes parens ne tardèrent pas à s'en appercevoir ; ma mère me questionna la première : je lui confiai mes chagrins.

Un jour que nous étions à table en famille, sans convives étrangers et sans valets, ma mère fit tomber la conversation sur mon compte, et il y eut un débat de deux heures ; mon père vouloit absolument que je m'appliquasse à la médecine : j'avois beau me remuer, faire des mines, bouder, il n'en démordoit pas ; ma mère enfin prouva à mon père qu'il avoit tort, et voici comment.

. Le Marquis de Goldoni, dit elle, veut bien prendre soin de nôtre enfant. Si Charles est un bon médecin, son protecteur pourra le favoriser, il est vrai ; mais pourra-t-il lui donner des malades ? Pourra-t-il engager le monde à le préférer à tant d'autres ? Il pourroit lui procurer une place de professeur dans l'université de Pavie ; mais, combien de tems et combien de travail pour y parvenir ! Au contraire, si mon fils étudioit le droit, s'il étoit avocat, un sénateur de Milan pourroit faire sa fortune sans la moindre peine et sans la moindre difficulté.

Mon père ne répondit rien : il garda le silence pendant quelques minutes ; il se tourna ensuite de mon côté, et me dit en plaisantant : Aimerois-tu le code et le digeste de Justinien ? Oui, mon père, répondis-je, beaucoup plus que les aphorismes d'Hippocrate. Ta mère, reprit-il, est une femme : elle m'a dit de bonnes raisons, et je pourrois bien m'y rendre ; mais en attendant, il ne faut pas rester sans rien faire, tu me suivras, toujours. Me voilà encore dans le chagrin. Ma

mère alors prend vivement mon parti ; elle conseille mon père de m'envoyer à Venise, de me
placer chez mon oncle Indric, un des meilleurs
procureurs du barreau de la capitale, et se propose de m'y accompagner elle-même et d'y rester
avec moi jusqu'à mon départ pour Pavie. Ma
tante appuie le projet de sa sœur ; je leve les
mains et je pleure de joie : mon père y-consent ;
j'irai donc incessamment à Venise.

Me voilà content : mes vapeurs se dissipent
dans l'instant. Quatre jours après nous partons
ma mère et moi : il n'y a que huit lieues de traversée ; nous arrivons à Venise à l'heure de dîner ;
nous allons nous loger chez M. Bertani, oncle
maternel de ma mère, et le lendemain nous nous
rendons chez M. Indric.

Nous fûmes reçus très honnêtement. M. Paul
Indric avoit épousé ma tante paternelle. Bon
mari et bon père, bonne mère et bonne femme,
des enfans très bien élevés : c'étoit un ménage
charmant. Je fus installé dans l'étude ; j'étois le
quatrième clerc, mais je jouissois des priviléges
que la consanguinité ne pouvoit pas manquer de
me procurer.

Mon occupation me paroissoit plus agréable
que celle que mon père me donnoit à Chiozza ;
mais l'une devoit être pour moi aussi inutile que
l'autre.

En supposant que je dusse exercer la profession d'avocat à Milan, je n'aurois pas pu profiter

de la pratique du barreau de Venise, inconnue à
tout le reste de l'Italie ; on n'auroit jamais pu
deviner que, par des aventures singulières et
forcées, j'aurois plaidé un jour dans ce même
palais, où je me regardois alors comme un
étranger.

Faisant exactement mon devoir et méritant
les éloges de mon oncle, je ne laissois pas de
profiter de l'agréable séjour de Venise, et de m'y
amuser.   C'étoit mon pays natal ; mais j'étois
trop jeune quand je l'avois quitté, et je ne le connoissois pas.

< Venise est une ville si extraordinaire, qu'il
n'est pas possible de s'en former une juste idée
sans l'avoir vue.   Les cartes, les plans, les modèles, les descriptions, ne suffisent pas, il faut la
voir.   Toutes les villes du monde se ressemblent
plus ou moins : celle-ci ne ressemble à aucune ;
chaque fois que je l'ai revue, après de longues
absences, c'étoit une nouvelle surprise pour moi ;
à mesure que mon âge avançoit, que mes connoissances augmentoient, et que j'avois des comparaisons à faire, j'y découvrois des singularités
nouvelles et de nouvelles beautés.

Pour cette fois-ci, je l'ai vue comme un jeune
homme de quinze ans qui ne pouvoit pas approfondir ce qu'il y avoit de plus remarquable, et qui
ne pouvoit la comparer qu'à des petites villes
qu'il avoit habitées.   Voici ce qui m'a frappé
davantage.   Une perspective surprenante au pre-

mier abord, une étendue très considérable de
petites îles si bien rapprochées et si bien réunies
par des ponts, que vous croyez voir un continent
élevé sur une plaine, et baigné de tous les côtés
d'une mer immense qui l'environne.

Ce n'est pas la mer, c'est un marais très vaste
plus ou moins couvert d'eau ; à l'embouchure de
plusieurs ports, avec des canaux profonds qui
conduisent les grands et les petits navires dans la
ville et aux environs.

Si vous entrez du côté de Saint Marc, à travers
une quantité prodigieuse de bâtimens de toute
espèce, vaisseaux de guerre, vaisseaux marchands,
frégates, galères, barques, bateaux, gondoles, vous
mettez pied à terre sur un rivage, appellé la Piaz-
zetta (la petite place,) où vous voyez d'un côté
le palais et l'eglise ducales, qui annoncent la
magnificence de la République ; et de l'autre, la
Place Saint Marc, environnée de portiques élevés
sur les dessins de Palladio et de Sansovin.

Vous allez par les rues de la Mercerie jusqu'au
pont de Rialto, vous marchez sur des pierres
quarrées de marbre d'Istrie, et piquetées à coups
de ciseau pour empêcher qu'elles ne soient glis-
santes ; vous parcourez un local qui représente
une foire perpétuelle, et vous arrivez à ce pont
qui, d'une seule arche de quatre-vingt-dix pieds
de largeur, traverse le grand canal, qui assure par
son élévation le passage aux barques et aux

bateaux dans la plus grande crue du flux de la mer, qui offre trois différentes voies aux passagers, et qui soutient sur sa courbe vingt quatre boutiques avec logemens et leurs toits couverts en plomb.

J'avoue que ce coup-d'œil m'a paru surprenant ; je ne l'ai pas trouvé rendu tel qu'il est par les voyageurs que j'ai lus. Je demande pardon à mon lecteur ; si je me suis un peu délecté.

Je n'en dirai pas davantage pour le présent : je me réserve de donner quelqu'idée des mœurs et des usages de Venise, de ses loix et de sa constitution, à mesure que les circonstances m'y rameneront, et que mes lumières auront acquis plus de consistance et de précision. Je finirai donc, par une relation succinte de ses spectacles.

Les salles de spectacles en Italie s'appellent théâtres. Il y en a sept à Venise, portant chacun le nom du saint titulaire de sa paroisse.

Le théâtre de Saint Jean Chrisostôme étoit alors le premier de la ville, où l'on donnoit les grands opéras, où débuta Métastase par ses drames, Fetarinello, Faustine, et la Cozzoni, dans le chant.

Aujourd'hui c'est celui de Saint Benoît qui a pris le premier rang.

Les six autres s'appellent Saint Samuel, Saint Luc, Saint Ange, Saint Cassian, et Saint Moïse,

De ces sept théâtres, il y en a ordinairement deux de grands opéras, deux d'opéra comique, et trois de comédies.

Je parlerai de tous en particulier, quand je deviendrai l'auteur à la mode de ce pays-là ; car il n'y en a pas un seul qui n'ait eu de mes ouvrages, et qui n'ait contribué à mon profit et à mon honneur.

Je m'acquittois assez bien dans mon emploi chez le procureur à Venise : j'avois beaucoup de facilité pour faire le sommaire et le résumé d'un procès ; mon oncle auroit bien voulu me garder, mais une lettre de mon père vint me rappeler à lui.

La place dans le collége du pape étoit devenue vacante : elle avoit été arrêtée pour moi ; le Marquis de Goldoni nous en faisoit part, et nous conseilloit de partir.

Nous quittâmes Venise, ma mère et moi, et nous nous rendîmes à Chiozza. Les paquets furent faits, les coffres cordés, ma mère en pleurs, ma tante aussi ; mon frère, qu'on avoit fait sortir de sa pension, auroit bien voulu partir avec moi ; la séparation fut d'un pathétique touchant ; mais la chaise arrive, il faut se quitter.

Nous prîmes la route de Rovigo et Ferrare ; et de-là nous arrivâmes à Modène, où nous restâmes, pendant trois jours, logés chez M. Zavarisi, notaire très accrédité dans cette ville, et notre proche parent du côté des femmes.

Ce brave et digne garçon avoit entre ses mains toutes les affaires de mon père : c'étoit lui qui touchoit nos rentes à l'Hôtel-de-ville, et le loyer des maisons ; il nous fournit de l'argent, et nous allâmes à Plaisance.

Là, mon père ne manqua pas d'aller visiter son cousin Barilli, qui n'avoit pas rempli tout-à-fait ses engagemens, et le conduisit doucement à s'acquitter des arrérages des deux années révolues qu'il nous devoit ; de manière que nous étions assez bien munis d'argent comptant ; il nous a été très utile dans les circonstances imprévues où nous nous sommes trouvés depuis.

En arrivant à Milan, nous prîmes notre logement à l'auberge des Trois-Rois, et le jour suivant nous allâmes faire notre visite au Marquis et Sénateur Goldoni.

Nous fûmes reçus on ne peut pas plus agréablement ; mon protecteur parut content de moi : je l'étois parfaitement de lui. On parla de collége, on destina même le jour que nous devions nous rendre à Pavie ; mais M. le Marquis me regardant plus attentivement, demanda à mon père et à moi pourquoi j'étois en habit séculier, pourquoi je n'avois pas le petit collet.

Nous ne savions pas ce que cela vouloit dire ; bref, nous fûmes instruits pour la première fois que, pour entrer dans le collége Ghislieri, dit le collége du pape, il falloit de toute nécessité, 1. que les boursiers fussent tonsurés ; 2. qu'ils eus-

sent un certificat de leur état civil et de leur conduite morale ; 3. autre certificat de n'avoir pas
contracté de mariage ; 4. leur extrait de baptême.

Nous restâmes interdits mon père et moi, personne ne nous en avoit prévenus ; M. le Sénateur
étoit persuadé que nous devions en être instruits,
il en avoit chargé son secrétaire ; il lui avoit
donné une note pour nous l'envoyer. Le secrétaire l'avoit oublié : cette note étoit restée dans
son bureau. Bien des excuses, bien des pardons ;
son maître étoit bon : nous n'aurions rien gagné
à faire les méchans.

Il falloit y remédier : mon père prit le parti
d'écrire à sa femme. Elle se transporta à Venise,
sollicita de tous les côtés : les certificats d'état
libre et de bonnes mœurs n'offroient aucune difficulté, l'extrait de baptême encore moins ; le grand
embarras étoit celui de la tonsure, le patriarche de
Venise ne vouloit pas accorder des lettres dimissoriales sans la constitution du patrimoine ordonné
par les canons de l'église. Comment faire ? Les
biens de mon père n'existoient pas dans l'états de
Venise, ceux de ma mère étoient des biens substitués ; il falloit recourir au sénat pour en avoir la
dispense. Que de longuers ! que de contradic-
tions ! combien de tems perdu ! M. le secrétaire
sénatorial, avec ses excuses et sa gaucherie, nous a
coûté bien cher. Patience ; ma mère se donna
des soins qui lui réussirent enfin ; mais pendant
qu'elle travaille pour son fils à Venise, que ferons-
nous à Milan ? Voici ce que nous avons fait.

Nous restâmes pendant quinze jours à Milan,
dînant et soupant tous les jours chez mon protecteur, qui nous faisoit voir ce qu'il y avoit de plus
beau dans cette ville magnifique, qui est la capitale
de la Lombardie Autrichienne. Je ne dirai rien
de Milan pour l'instant : je dois le revoir, et j'en
parlerai à mon aise quand je serai plus digne d'en
parler.

Pendant ce tems-là, on me fit changer de costume : je pris le petit collet ; nous partîmes ensuite pour Pavie, bien munis de lettres de recommandation. Nous nous logeâmes et nous mîmes
en pension dans une bonne maison bourgeoise, et
je fus présenté au supérieur du collége où je devois être reçu.

Nous avions une lettre du Sénateur Goldoni
pour M. Lauzio, professeur en droit : il me conduisit lui-même à l'université ; je le suivis dans
la classe qu'il occupoit, et je ne perdois pas mon
tems en attendant le titre de collégien.

M. Lauzio étoit un jurisconsulte du plus grand
mérite. Il avoit une bibliothèque très riche ;
j'en étois le maître comme je l'étois de sa table,
et madame son épouse avoit beaucoup de bontés
pour moi. Elle étoit encore assez jeune, et elle
auroit dû être jolie, mais elle étoit furieusement
défigurée par un goître monstrueux qui lui pendoit
du menton à la gorge. Ces bijoux ne sont pas
rares à Milan et à Bergame ; mais celui de Madame Lauzio étoit d'une espèce particulière, car il
avoit une petite famille de petits goîtres autour de

lui. La petite vérole est un grand fléau pour les femmes ; mais je ne crois pas qu'une jeune personne qui en seroit picotée, troquât ses piqûres contre un goître Milanois.

Je profitai beaucoup de la bibliothèque du professeur : je parcourus les Instituts du Droit Romain, et je meublai ma tête des matières pour lesquelles j'étois destiné.

Je ne m'arrêtois pas toujours sur les textes de la jurisprudence ; il y avoit des tablettes garnies d'une collection de comédies anciennes et modernes, c'étoit ma lecture favorite ; je me proposois bien de partager mes occupations entre l'étude légale et l'étude comique, pendant tout le tems de ma demeure à Pavie ; mais mon entrée au collége me causa plus de dissipation que d'application, et j'ai bien fait de profiter de ces trois mois que je dus attendre les lettres dimissoriales et les certificats de Venise.

J'ai relu avec plus de connoissances et avec plus de plaisir les poëtes Grecs et Latins, et je me disois à moi-même : Je voudrois bien pouvoir les imiter dans leurs plans, dans leurs styles, pour leur précision ; mais je ne serois pas content si je ne parvenois pas à mettre plus d'intérêt dans mes ouvrages, plus de caractères marqués, plus de comique et des denouemens plus heureux.

Facile inventis addere.

Nous devons respecter les grands maîtres qui

nous ont frayé le chemin des sciences et des arts ;
mais chaque siècle a son génie dominant, et
chaque climat a son goût national. Les auteurs
Grecs et Romains ont connu la Nature, et l'ont
suivie de près ; mais ils l'ont exposée sans gaze
et sans ménagement.

C'est pourquoi les pères de l'eglise ont écrit
contre les spectacles, et les papes les ont excommuniés ; la décence les a corrigés, et l'anathême
a été révoqué en Italie ; il devroit l'être bien plus
en France, c'est un phénomène que je ne puis
concevoir.

Fouillant toujours dans cette bibliothèque, je
vis des théâtres Anglois, des théâtres Espagnols et
des théâtres François ; je ne trouvai point de
théâtres Italiens.

Il y avoit par-ci, par-là, des pièces Italiennes
de l'ancien tems, mais aucun recueil, aucune
collection qui pussent faire honneur à l'Italie.

Je vis avec peine qu'il manquoit quelque chose
d'essentiel à cette nation, qui avoit connu l'art
dramatique avant toute autre nation moderne ; je
ne pouvois pas concevoir comment l'Italie l'avoit
négligé, l'avoit avili et abâtardi : je desirois avec
passion voir ma patrie se relever au niveau des
autres, et je me promettois d'y contribuer.

Mais voici une lettre de Venise qui nous apporte les dimissoriales, les certificats et mon extrait
de baptême. Cette dernière pièce manqua nous
mettre dans un nouvel embarras.

Il falloit attendre deux ans pour que je parvinsse à l'âge requis pour ma réception au collége ; je ne sais pas quel a été le saint qui a fait le miracle, mais je sais bien que je me suis couché un jour n'ayant que seize ans, et que le lendemain à mon réveil j'en avoit dix-huit.

Ma mère avoit rémédié avec adresse au défaut de patrimoine pour obtenir les lettres dimissoriales du patriarche de Venise ; un secrétaire du sénat (M. Cavanis) les fit expédier, à condition que, si j'étois dans le cas d'embrasser l'état ecclésiastique, il y auroit une rente constituée en ma faveur.

Je reçus donc la tonsure des mains du Cardinal Cusani, archevêque de Pavie, et j'allai avec mon père, en sortant de la chapelle de son eminence, me présenter au collége.

Le Supérieur, qu'on appelle le préfet, étoit l'Abbé Bernerio, professeur en droit canon à l'université, protonotaire apostolique ; et en vertu d'une bulle de Pie V., jouissant du titre de prélat sujet immédiat du Saint Siege.

Je fus reçu par le préfet, le vice-préfet et l'aumônier. On me fit un petit sermon ; on me présenta aux plus anciens des elèves. Me voilà installé : mon père m'embrasse, il me quitte, et le lendemain *il* prend la route de Milan pour s'en retourner chez lui.

J'abuse un peu trop, peut-être, mon cher lecteur, de votre complaisance ; je vous entretiens de misères qui ne doivent pas vous intéresser, et qui

ne vous amusent pas davantage ; mais je voudrois
bien vous parler de ce collége où j'aurois dû faire
ma fortune, et où j'ai fait mon malheur.   Je voudrois vous avouer mes torts, et en même tems
vous prouver qu'à mon âge, et dans la position où
j'étois, il falloit une vertu supérieure pour les
éviter.   Ecoutez-moi avec patience.

Nous étions bien nourris dans ce collége, et
très bien logés ; nous avions la liberté de sortir
pour aller à l'université, et nous allions par tout :
l'ordonnance étoit de sortir deux à deux et de
rentrer de même ; nous nous quittions à la première rue qui tournoit, en nous donnant rendez-vous pour rentrer ; et si nous rentrions seuls,
le portier prenoit la pièce et ne disoit mot.   Cette
place lui valoit celle d'un suisse de ministre d'état.

Nous étions bien mis aussi élégamment que les
abbés qui courent les sociétés ; drap d'Angleterre,
soie de France, broderies, dentelles, avec une espèce de robe de chambre sans manches par-dessus
l'habit, et une étole de velours attachée à l'épaule
gauche, avec les armes Ghislieri brodées en or et
argent, surmontées par la thiare pontificale et les
clefs de Saint Pierre. Cette robe, appellée sovrana,
qui est la devise du collége, donne un air d'importance qui relève la coquetterie du jeune homme.
Ce collége n'étoit pas, comme vous voyez, une
communauté d'enfans : on faisoit précisément tout
ce que l'on vouloit ; beaucoup de dissipations
dans l'intérieur, beaucoup de liberté au dehors.

C'est là où j'ai appris à faire des armes, la danse, la musique et le dessin : c'est là aussi où j'ai appris tous les jeux possibles de commerce et de hasard. Ces derniers étoient défendus, mais on ne les jouoit pas moins, et celui de la prime me coûta cher.

Quand nous étions sortis, nous regardions l'université de loin, et nous allions nous fourrer dans les maisons les plus agréables ; aussi les collégiens à Pavie sont regardés par les gens de la ville comme les officiers dans les garnisons ; les hommes les détestent, et les femmes les reçoivent.

Mon jargon Vénitien plaisoit aux dames, et me donnoit quelqu' avantage sur mes camarades ; mon âge et ma figure ne déplaisoient pas ; mes couplets et mes chansonnettes n'étoient pas mal goûtées.

Est-ce ma faute si j'ai mal employé mon tems ? Oui ; car parmi les quarante que nous étions, il y en avoit quelques-uns de sages et morigenés que j'aurois dû imiter ; mais je n'avois que seize ans : j'étois gai, j'étois foible : j'aimois le plaisir, et je me laissois séduire et entraîner.

En voilà assez pour cette première année de collége ; les vacances vont s'approcher : elles commencent vers la fin de Juin, et on me revient qu'à la fin d'Octobre.

CHAPITRE IV.

*Mes premières Vacances—Lecture intéressante—
Mon Départ pour Modène—Aventure comique—
Route pour Pavie—Bonne Fortune à Plaisance
—Entrevue avec le Marquis de Goldoni—Se-
cond Année du Collége—Charmant Voyage—
Sermon de ma Façon—Retour à Pavie par la
Lombardie—--Agréable Rencontre——Danger
d'Assassinat—Station à Milan chez le Marquis
de Goldoni.*

QUATRE mois de vacances! soixante lieues
pour aller chez moi, et autant pour revenir! On
ne payoit pas de pension dans ce collége; mais
cette dépense n'étoit pas indifférente.

J'aürois pu rester en pension à Pavie, mais
aucun collégien étranger n'y restoit. On ne porte
pas la sovrana dans ce tems-là; et n'ayant pas les
armes du pape sur nos épaules, il y avoit à craindre
que les bourgeois de Pavie ne voulussent nous
contester certains droits de préférence dont nous
étions accoutumés de jouir.

J'étois sûr d'ailleurs que je ferois le plus grand
plaisir à ma mère, si j'allois la rejoindre. Je pris
donc ce parti-là; et étant court d'argent, je fis la

route par eau, ayant pour mon domestique et mon guide un frère du sommelier du collége. Ce voyage n'eut rien de remarquable. J'avois quitté Chiozza en habit séculier, j'y revins en habit ecclésiastique : mon petit collet n'inspiroit pas trop la dévotion ; mais ma mère qui étoit pieuse, crut recevoir chez elle un apôtre. Elle m'embrassa avec une certaine considération, et me pria de corriger mon frère qui lui donnoit du chagrin.

C'étoit un garçon très vif, très emporté, qui fuyoit l'école pour aller à la pêche, qui à onze ans se battoit comme une diable et se moquoit de tout le monde. Mon père, qui le connoissoit bien, le destinoit à la guerre ; ma mère vouloit en faire un moine ; c'étoit entr'eux un sujet continuel de dispute.

Je m'embarrassois fort peu de mon frère : je cherchois à me distraire, et je n'en trouvois pas les moyens ; Chiozza me parut maussade plus que jamais. J'avois autrefois une petite bibliothèque : je cherchai mon ancien Ciccognini, et je n'en ai trouvé qu'une partie ; mon frère avoit employé le reste à faire des papillotes.

Le chanoine Gennari étoit toujours l'ami de la maison : mon père l'avoit guéri de tous les maux qu'il avoit et qu'il n'avoit pas : il étoit plus chez nous que chez lui. Je le priai de me procurer quelques livres, mais dans la genre dramatique, si c'étoit possible. M. le chanoine n'étoit pas familiarisé avec la littérature ; il me promit cependant

qu'il feroit son possible pour m'en trouver, et il
me tint parole.

Il m'apporta, quelques jours après, une vieille
comédie reliée en parchemin; et sans se donner
la peine de la lire, me la confia, et me fit bien promettre de la lui rendre incessamment; car il l'avoit
prise sans rien dire dans le cabinet d'un de ses
confrères.

C'étoit la Mandragore de Macchiavelli. Je ne
la connoissois pas; mais j'en avois entendu parler;
et je savois bien que ce n'étoit pas une pièce très
chaste.

Je la dévorai à la première lecture, et je l'ai
relue dix fois. Ma mère ne faisoit pas attention
au livre que je lisois, car c'étoit un ecclésiastique
qui me l'avoit donné; mais mon père me surprit
un jour dans ma chambre, pendant que je faisois
des notes et des remarques sur la Mandragore. Il
la connoissoit: il savoit combien cette pièce étoit
dangereuse pour un jeune homme de dix-sept ans;
il voulut savoir de qui je la tenois, je le lui dis;
il me gronda amèrement, et se brouilla avec ce
pauvre chanoine qui n'avoit péché que par non-
chalance.

J'avois des raisons très justes et très solides
pour m'excuser vis-à-vis de mon père; mais il ne
voulut pas m'écouter.

Ce n'étoit pas le style libre ni l'intrigue scan-
daleuse de la pièce qui me la faisoient trouver
bonne; au contraire, sa lubricité me révoltoit, et

je voyois par moi-même que l'abus de confession
étoit un crime affreux devant Dieu et devant les
hommes ; mais c'étoit la première pièce de caractère qui m'étoit tombée sous les yeux, et j'en étois
enchanté.

J'aurois desiré que les auteurs Italiens eussent
continué, d'après cette comédie, à en donner
d'honnêtes et décentes, et que les caractères puisés
dans la Nature eussent remplacé les intrigues
romanesques.

Mais il étoit réservé à Molière l'honneur d'en-
noblir et de rendre utile la scène comique, en
exposant les vices et les ridicules à la dérision et
à la correction.

Je ne connoissois pas encore ce grand homme,
car je n'entendois pas le François ; je me proposois de l'apprendre, et en attendant, je pris l'habitude de regarder les hommes de près, et de ne
pas échapper les originaux.

Déjà les vacances tiroient à leur fin : il falloit
partir ; un abbé de notre connoissance devoit aller
à Modène, mon père profita de l'occasion, et me
fit prendre cette route, d'autant plus volontiers,
que dans cette ville on devoit me fournir de
l'argent.

Nous nous embarquâmes, mon compagnon de
voyage et moi, avec le courier de Modène ; nous
y arrivâmes en deux jours de tems, et nous
allâmes loger chez un locataire de mon père qui
louoit en chambres garnies.

Il y avoit dans cette maison un servante qui
n'étoit ni vieille ni jeune, ni laide ni jolie : elle
me regardoit d'un œil d'amitié, et prenoit soin de
moi avec des attentions singulières ; je badi-
nois avec elle, elle s'y prétoit de bonne grace, et
de tems en tems elle laissoit tomber quelques
larmes. Le jour de mon départ, je me leve de
bonne heure pour achever mes paquets ; voilà
Toinette (c'étoit le nom de la fille), qui vient
dans ma chambre, et qui m'embrasse sans autres
préliminaires ; je n'étois pas assez libertin pour en
tirer parti : je l'évite ; elle insiste, et veut partir
avec moi.—Avec moi!—Oui, mon cher ami, ou
je me jette par la fenêtre.—Mais, je vais en chaise
de poste.—Eh bien, nous ne serons que nous deux.
—Mon domestique.—Il est fait pour monter derrière.—Le maître et la maitresse cherchent Toinette
par-tout. Ils entrent : ils la trouvent fondant en
larmes.—Qu'est-ce que-c'est?—Ce n'est rien. Je
me dépêche : il faut partir. J'avois destiné un
sequin pour Toinette : elle pleure, je ne sais comment faire ; j'allonge le bras, je lui offre la pièce :
elle la prend, la baise ; et tout en pleurant, la met
dans sa poche.

J'avois bien de quoi payer la poste jusqu'à
Pavie ; mais n'ayant pas trouvé à Modène mon
cousin Zavarisi, qui avoit ordre de me donner
quelqu'argent, je serois resté au depourvu dans
mon collége, où MM. les boursiers ont besoin
d'une bourse pour leurs menus plaisirs.

J'arrive le même jour sur le soir à Plaisance, j'avois une lettre de recommandation de mon père pour le conseiller Barili; je vais le voir, il me reçoit poliment, il m'offre de me loger chez lui: j'accepte, comme de raison. Il étoit malade, il avoit envie de se reposer, et moi aussi; nous soupâmes à la hâte, et nous nous couchâmes de bonne heure.

Je rêvois toujours sur ma position, j'étois tenté d'emprunter cent écus à mon cher parent, qui me paroissoit si bon et si honnête; mais il ne devoit plus rien à mon père, il s'étoit acquitté envers lui avant même l'échéance des deux derniers payemens, et je craignois que mon âge et ma qualité d'écolier ne fussent pas des garans biens surs pour lui inspirer de la confiance.

Je me couchai avec mes irrésolutions et mes craintes; mais, graces au Ciel, ni les embarras, ni les chagrins, ni les réflexions, n'ont jamais pris sur mon appétit, non plus que sur mon sommeil, et je dormis tranquillement.

Le lendemain M. le conseiller me fait proposer si je veux venir déjeûner avec lui. J'étois coëffé et habillé; je descends, tout étoit prêt. Un bouillon pour mon hôte, une tasse de chocolat pour moi; et tout en déjeûnant, et tout en causant, voici comment la conversation devint intéressante.

Mon cher enfant, me dit-il, je suis vieux, j'ai eu une attaque dangereuse, et j'attends tous les

jours les ordres de la Providence pour déloger de
ce monde. Je voulois lui dire les choses honnêtes que l'on dit en pareil cas, il m'interrompit,
en disant : point de flatterie, mon ami ; nous
sommes nés pour mourir, et ma carrière est très
avancée. J'ai satisfait, continua-t-il, M. votre
père, pour un reste de dot que ma famille devoit
à la sienne ; mais en feuilletant dans les papiers
et dans les registres de mes affaires domestiques,
j'ai trouvé un compte ouvert entre M. Goldoni
votre grand-père et moi. (Oh, ciel! me disois-je
à moi-même, est-ce que nous lui devrions quelque
chose?) J'ai bien examiné, ajouta M. le conseiller ; j'ai bien collationné les lettres et les livres,
et je suis sûr que je dois encore une somme à sa
succession. Je respire ; je veux parler : il m'interrompt toujours, et continue son discours.

Je ne voudrois pas mourir, dit-il, sans m'en
acquitter ; j'ai des héritiers qui n'attendent que
mon trépas pour dissiper les biens que je leur ai
ménagés, et M. votre père auroit bien de la peine
à se faire payer. Ah! continua-t-il, s'il étoit ici,
avec quel plaisir je lui donnerois cet argent !

Monsieur, lui dis-je, d'un air d'importance, je
suis son fils : Pater et filius censentur una et
eadem persona. C'est Justinien qui le dit ; vous
le savez mieux que moi. Ah, ah! dit-il, vous
étudiez donc le droit? Oui, Monsieur, répondis-
je, et je serai licencié dans peu ; j'irai à Milan, et
je compte y exercer la profession d'avocat. Il me

regarde en souriant, et me demande : Quel âge
avez-vous? J'étois un peu embarrassé, car mon
extrait de baptême et ma réception au collége
n'alloient pas d'accord ; je répondis cependant
avec assurance, et sans mentir: Monsieur, j'ai
dans ma poche les lettres-patentes de mon collége,
voulez-vous les voir? Vous verrez que j'ai été
reçu à dix-huit ans passés ; voici ma seconde
année ; dix-huit et deux font vingt, je touche au
vingt-unième : annus inceptus habetur pro com-
pleto ; et selon le code Vénitien, on acquiert la
majorité à vingt-un ans. (Je cherchois à em-
brouiller la chose ; mais je n'en avois que dix-
neuf.)

M. Barilli n'en fut pas la dupe ; il voyoit bien
que j'étois encore dans la minorité, et qu'il auroit
hasardé son argent. Il avoit cependant, en ma
faveur, une recommandation de mon père, pourquoi m'auroit-il cru capable de le tromper? Mais
il changea de discours ; il me demanda pourquoi
je n'avois pas suivi l'état de mon père, et ne parloit plus d'argent.

Je répondis que mon goût n'étoit pas pour la
médecine ; et revenant tout de suite au propos
qui m'intéressoit : Oserois-je, Monsieur, vous demander, lui dis-je, quelle est la somme que vous
croyez devoir à mon père? Deux mille livres,
dit-il ; deux mille livres de ce pays-ci, (environ
six cents livres tournois) ; l'argent est là dans ce
tiroir ; mais il n'y touchoit pas. Monsieur,

ajoutai-je avec une curiosité un peu vive, est-ce
en or ou en argent? C'est en or, dit-il, en sequins
de Florence, qui, après ceux de Venise, sont les
plus recherchés. C'est bien commode, dis-je,
pour les transporter. Voudriez-vous, me dit-il,
d'un air goguenard, vous en charger? Avec plaisir,
Monsieur, répondis-je: je vais vous faire ma reconnoissance; j'en donnerai avis à mon père, et je
lui en tiendrai compte. Le dissiperez vous, dit-il,
le dissiperez vous cet argent? Hélas, Monsieur!
repris-je avec vivacité, vous ne me connoissez
pas; je ne suis pas capable d'une mauvaise action:
l'aumônier du collége est le caissier que mon père
m'a destiné pour mon petit revenu; sur mon honneur, Monsieur, en arrivant à Pavie, je mettrai les
sequins entre les mains de ce digne abbé.

Enfin, dit-il, je veux bien m'en rapporter à votre
bonne fois: écrivez, faites-moi la reconnoissance,
dont voici le modèle que j'avois déjà préparé. Je
prends la plume; M. Barilli ouvre le tiroir, mets
les sequins sur le secrétaire: je les regarde avec
attendrissement. Mais, arrêtez, me dit-il, vous
êtes en voyage, il y a des voleurs. Je lui fais
remarquer que je vais en poste, qu'il n'y a rien
à craindre; il me croit seul, il y voit toujours
du danger; je fais entrer mon guide, le frère du
sommelier: M. Barilli en paroît content; il lui
fait un sermon aussi bien qu'à moi: je tremble
toujours; enfin il me donne l'argent, et me voilà
consolé.

Nous dînons, M. le conseiller et moi: après le dîner les chevaux arrivent: je fais mes adieux, je pars et je prends la route de Pavie.

A peine arrivé dans cette ville, je vais remettre entre les mains de mon caissier les sequins: j'en demande six pour moi, il me les donne; et je sus si bien ménager le reste de cette somme, que j'en eus suffisamment pour toute mon année au collége et pour mon retour.

J'étois cette année-là un peu moins dissipé que l'autre; je suivois mes leçons à l'université, et j'acceptois rarement les parties de plaisir qu'on me proposoit.

Il y eut dans le mois d'Octobre et dans celui de Novembre, quatre de mes camarades licenciés. Il semble qu'en Italie on ne puisse faire aucune cérémonie qu'elle ne soit décorée d'un sonnet. Je passoit pour avoir de facilité pour les vers, et j'étois devenu le panégyriste des bons et des mauvais sujets.

Dans les vacances de Noël, M. le Marquis de Goldoni vint à Pavie, à la tête d'une commission du sénat de Milan, pour visiter un canal dans le Pavois, qui avoit donné lieu à plusieurs procès; il me fit l'honneur de me demander et de m'emmener avec lui. Au bout de six jours, je revins au collége glorieux de la partie honorable que je venois de faire. Cette ostentation me fit un tort infini; elle excita l'envie de mes camarades, qui,

peut-être, dès-lors méditèrent contre moi la vengeance qu'ils firent éclater l'année suivante.

Deux d'entr'eux me tendirent un piege qui
manqua de me perdre. Ils m'emmenèrent dans
un mauvais lieu que je ne connoissois pas ; j'en
voulois sortir, les portes étoient fermées : je sautai
par la fenêtre, cela fit du bruit, le préfet du collége le sut. Je devois me justifier, et je ne pouvois le faire qu'en chargeant les coupables ; dans
pareil cas, sauve qui peut. Il y en eut un d'ex-
pulsé, l'autre fut aux arrêts ; mais voilà bien du
monde contre moi!

Les vacances arrivent, j'avois bien envie d'aller
les passer à Milan, et prévenir mon protecteur du
désagrément qui m'étoit arrivé ; mais deux personnes de mon pays que je rencontrai par hasard
au jeu de paume, me firent changer d'avis.

C'étoient le secrétaire et le maître-d'hôtel du
résident de la république de Venise à Milan. Ce
ministre (M. Salvioni) venoit de mourir, il falloit
que sa suite et ses équipages fussent transportés à
Venise ; ces deux messieurs étoient à Pavie pour
louer un bateau couvert, ils m'offrirent de m'emmener avec eux ; ils m'assurèrent que la société
étoit charmante, que je ne manquerois ni de bonne
chère, ni de parties de jeu, ni de bonne musique,
et tout cela *gratis;* pouvois-je me refuser à une
si belle occasion ?

J'acceptai sans hésiter un instant ; mais comme

ils ne partoient pas de sitôt, je devois attendre,
et le collége alloit se fermer. Le préfet, très
honnêtement, et pour plaire, peut-être, a mon
protecteur, voulut me garder auprès de lui ; voilà
un nouveau crime envers mes confrères : cette
partialité du supérieur pour moi les irrita davantage ; les méchans! J'en ai été bien puni.

Aussi-tôt que la compagnie fut prête à partir,
on m'envoya chercher. Je me rendis au bord du
Tesino, et j'entrai dans le bateau couvert, où tout
le monde s'étoit rende.

Rien de plus commode, rien de plus élégant
que ce petit bâtiment appellé burchiello, et que
l'on avoit fait venir exprès de Venise. C'étoit
une salle et une anti-salle couvertes en bois, surmontées d'une balustrade, éclairées des deux
côtés, et ornées de glaces, de peintures, de sculp-
tures, d'armoires, de bancs et de chaises de la plus
grande commodité. C'étoit bien autre chose que
la barque des comédiens de Rimini.

Nous étions dix maîtres et plusieurs domestiques. Il y avoit des lits sous la proue et sous
la poupe ; mais on ne devoit voyager que de jour ;
on avoit de plus décidé qu'on coucheroit dans de
bonnes auberges, et qu'on il n'y en auroit pas,
on iroit demander l'hospitalité aux riches béné-
dictins qui possédent des biens immenses sur les
deux rives du Po.

Tous ces messieurs jouoient de quelqu'instru-
ment. Il y avoit trois violons un violoncelle,

deux hauts-bois, un cor-de-chasse et une guitarre.
Il n'y avoit que moi qui n'étoit bon à rien, j'en
étois honteux, et pour tâcher de réparer le défaut
d'utilité, je m'occupois pendant deux heures tous
les jours, à mettre en vers, tant bons que mauvais,
les anecdotes et les agrémens de la veille.　Cette
galanterie faisoit grand plaisir à mes compagnons
de voyage, et c'étoit leur amusement et le mien
après le café.

　La musique étoit leur occupation favorite.　A
la chute du jour ils se rangeoient sur une espèce
de tillac qui faisoit le toît de l'habitation flottante,
et là faisant retentir les airs de leurs accords harmonieux, ils attiroient de tous côtés les nymphes
et les bergers de ce fleuve qui fut le tombeau de
Phaéton.

　Diriez-vous, mon cher lecteur, que je donne
un peu dans l'emphase ? Cela peut-être ; mais
voilà comme je peignois dans mes vers notre sérénade.　Le fait est, que les rives du Po (appellé
par les Poëtes Italiens le roi des fleuves) étoient
bordées de tous les habitans des environs, qui
venoient en foule nous entendre ; les chapeaux
en l'air et les mouchoirs déployés, nous saisoient
comprendre leur plaisir et leurs applaudissemens.

　Nous arrivâmes à Crémone sur les six heures
du soir.　On étoit prévenu que nous devions y
passer, les bords de la rivière etoient remplis de
monde qui nous attendoit.

　Nous mîmes pied-à-terre.　Nous fûmes reçus

avec des transports de joie ; on nous fit entrer dans
une superbe maison qui tenoit à la campagne et à
la ville, on y donna un concert, des musiciens de
la ville en augmentèrent l'agrément ; il y eut un
grand souper, on dansa toute la nuit, et nous ren-
trâmes avec le soleil dans notre niche, où nous
trouvâmes nos matelas délicieux.

La même scène à-peu-près fut répétée à Plaisance, à la Stellada et à les Bottrigues, chez le
Marquis de Tassoni ; et ainsi parmi les ris, les
jeux et les amusemens, nous arrivâmes à Chiozza,
où je devois me séparer de la société la plus
aimable, et la plus intéressante du monde.

Mes compagnons de voyage voulurent bien me
faire l'amitié de descendre avec moi. Je les présentai à mon père, qui les remercia de bon cœur ;
il les pria même à souper chez lui, mais ils devoient se rendre le soir à Venise. Ils me prièrent
de leur donner les vers que j'avois fait sur notre
voyage, je demandai du tems pour les mettre au
net ; je leur promis de les envoyer, et je n'y manquai pas.

Me voilà donc à Chiozza, où je m'ennuyois
comme à l'ordinaire ; je me dépêcherai de dire le
peu que j'y fis, comme j'aurois voulu me dépêcher
d'en partir.

Ma mère avoit fait la connoissance d'une religieuse du couvent de Saint François. C'étoit
Dona Maria-Elisabetta Bonaldi, sœur de M'Bonaldi, avocat et notaire de Venise. On avoit

reçu de Rome dans ce couvent une relique de leur
séraphique fondateur ; on devoit l'exposer avec
pompe et avec édification ; il y falloit un sermon,
la dame Bonaldi s'en rapportant à mon petit collet,
me croyoit déjà moraliste, théologien, et orateur.
Elle protégeoit un jeune abbé qui avoit de la grace
et de la mémoire, et elle me pria de composer un
sermon, et de le confier à son protégé, sûre qu'il
le débiteroit à merveille.

Mon premier mot fut de m'excuser et de refuser ; mais faisant réflexion depuis, que tous les
ans on faisoit dans mon collége le panégyrique de
Pie V., et que c'étoit un boursier pour l'ordinaire
qui s'en chargeoit, j'acceptai l'occasion de m'exercer dans un art, qui d'ailleurs ne me paroissoit
pas extrêmement difficile.

Je fis mon sermon dans l'espace de quinze jours.
Le petit abbé l'apprit par cœur, et le débita comme
auroit pu faire un prédicateur très habitué. Le
sermon fit le plus grand effet ; on pleuroit, on
crachoit à tort et à travers, on se remuoit sur les
chaises. L'orateur s'impatientoit, il frappoit des
mains et des pieds ; les applaudissemens augmentoient, ce pauvre petit diable n'en pouvoit plus ;
il cria de la chaire—silence, et silence fut fait.

On savoit que c'étoit moi qui l'avois composé ;
que de complimens ! que d'heureux présages !
J'avois bien flatté les religieuses : je les avois
apostrophées d'une manière délicate, en leur donnant toutes les vertus, sans le défaut de la bigot-

terie (je les connoissois, et je savois bien qu'elles n'étoient pas bigottes), et cela me valut un présent magnifique en broderie, en dentelles, et en bombons.

Le travail de mon sermon, et le *pour* et le *contre* qui s'en suivirent, m'occupèrent pendant si long tems, que mes vacances touchoient à *leur* fin. Mon père écrivit à Venise pour qu'on me procurât une voiture qui me conduisît à Milan ; l'occasion se présenta à point nommé, nous allâmes mon père et moi à Padoue ; c'étoit un voiturier de Milan qui étoit sur le point de s'en retourner : l'homme étoit très-connu, on pouvoit s'y fier, je partis seul dans une chaise avec lui.

Quand nous fûmes hors de la ville, mon conducteur trouva un de ses camarades qui devoit faire la même route que nous, et qui n'avoit aussi qu'une seule personne dans la chaise.

Cette personne étoit une femme qui me parut jeune et jolie ; j'étois curieux de la voir de près, et à la première dînée ma curiosité fut satisfaite.

C'étoit une Venitienne que j'ai jugée de trente ans, très polie et très aimable ; nous fîmes connoissance ensemble, et nous nous arrangeâmes d'accord avec nos voituriers, que pour ne pas être balloter dans les mauvais chemins nous occuperions la même chaise, et deux chevaux iroient à vuide alternativement.

Nos conversations étoient très agréables, mais très décentes : je voyois bien que ma compagne

TOME I.   F

de voyage n'étoit pas une vestale ; mais elle avoit
le ton de la bonne compagnie, et nous passions les
nuits dans des chambres séparées avec la plus grande
régularité.

En arrivant à Desenzano, au bord du Lac de
Garda, entre la ville de Brescia et celle de Verona,
on nous fit descendre dans une auberge qui donnoit
sur le lac.

Il y avoit beaucoup de passagers ce jour-là, et
il n'y eut qu'une chambre à deux lits pour madame et pour moi. Que faire ? Il falloit bien s'y
arranger; la chambre étoit forte grande, les lits ne se
touchoient pas ; nous soupons, nous nous souhai-
tons le bon-soir, et nous nous mettons chacun
dans nos draps.

Je m'endors très promptement comme à mon
ordinaire, mais un bruit violent interrompt mon
sommeil, et je me réveille en sursaut ; il n'y avoit
point de lumière, mais au clair de lune à travers
des croisées sans volets et sans rideaux, je vis une
femme en chemise et un homme à ses pieds ; je
demande ce que c'est ; ma belle héroïne tenant un
pistolet à la main, me dit d'un ton fier et moqueur,
ouvrez la porte, Monsieur l'abbé, criez au voleur,
et puis allez vous coucher. Je n'y manquai pas,
j'ouvre, je crie, il arrive du monde, le voleur est
pris : je fais des questions à ma camarade, elle ne
daigne pas me rendre compte de sa bravoure.
Patience ! je me recouche, et je dors jusqu'au
lendemain.

Le matin nous partons, je remercie bien ma
compagne ; elle badine toujours ; nous continuons
notre route par Brescia, et nous arrivons à Milan.
Là nous quittâmes très poliment, moi très content
de sa retenue, elle mécontente, peut-être, de ma
continence.

J'allai descendre chez M. le Marquis de Goldoni, et je restai six jours chez lui en attendant la
fin des vacances. Mon protecteur me tint des
propos très flatteurs, qui étoient faits pour me donner beaucoup d'espérance et beaucoup d'ardeur ;
je me croyois au comble du bonheur, et je touchois
à ma perte.

CHAPITRE V.

Troisième Année de Collége.—Ma première et ma
dernière Satyre.—Mon Expulsion du Collége.—
Triste Voyage.—Mes Desseins manqués.—Ren-
contre singulière.—Mon Arrivée à Chiozza.—
Suite des Anecdotes du Révérend Père.—Mon
Voyage à Udine.—Essai sur cette Villeet sur la
Province du Frioul.

J'avois appris à Milan la mort du supérieur de
mon collége, et je connoissois M. l'Abbé Scara-
belli, son successeur. J'allai dès mon arrivée à
Pavie, me présenter au nouveau préfet, qui étant
très lié avec le Sénateur de Goldoni, m'assura de
sa bienveillance.

J'allai aussi rendre visite au nouveau doyen des
élèves, qui, après les cérémonies de convenance,
me demanda si je voulois soutenir ma thèse de
droit civil cette année ; il ajouta que c'étoit mon
tour, mais que si je n'étois pas pressé, il seroit
bien aise de faire passer un autre à ma place. Je
lui dis très franchement, que puisque mon tour
étoit arrivé, j'avois de bonnes raisons pour ne pas
le céder ; il me tardoit de finir mon tems et d'aller
m'établir à Milan. Je priai le même jour notre
préfet de vouloir bien faire tirer au sort les points

que je devois défendre ; le jour fut pris, les articles
me furent destinés, et je devois soutenir ma thèse
pendant les vacances de Noël.

Tout alloit à merveille : voilà un brave garçon
qui a envie de se faire honneur, mais en même
tems il falloit bien s'amuser. Je sors deux jours
après pour faire des visites ; je commence par la
maison qui m'intéressoit le plus (il n'y a point de
portiers en Italie), je tire la sonnette, on ouvre, on
vient au-devant de moi.—Madame est malade, et
Mademoiselle ne reçoit personne.—J'en suis fâché,
bien des complimens.

. Je vais à une autre porte ; je vois le domestique.
—Peut-on avoir l'honneur de voir ces dames ?—
Monsieur, tout le monde est à la campagne ; (et
j'avois vu deux bonnets à la fenêtre) je n'y comprends rien ; je vais à un troisième endroit, il n'y
a personne.

J'avoue que j'étois très piqué, que je me crus
insulté, et je ne pouvois pas en deviner la cause ;
je cessai de m'exposer à de nouveaux désagrémens,
et, le trouble dans l'esprit et la rage dans l'ame, je
rentrai chez moi.

Le soir au foyer où les élèves se rendent ordinairement, je contai d'un air plus indifférent que
je ne l'étois, l'aventure qui m'étoit arrivée. Les
uns me plaignirent, les autres se moquèrent de
moi ; l'heure du souper arrive, nous allons au
réfectoire, et ensuite nous montons dans nos
chambres.

Pendant que je rêvois aux désagrémens que je venois d'éprouver, j'entends frapper à ma porte, j'ouvre, et quatre de mes camarades entrent et m'annoncent qu'ils avoient des affaires serieuses à me communiquer ; je n'avois pas assez de chaises à leur offrir, le lit tint lieu de canapé ; j'étois prêt à les écouter, tous les quatre vouloient parler à la fois, chacun avoit son aventure à conter, chacun son avis à proposer. Voici ce que je pus comprendre.

Les bourgeois de Pavie étoient les ennemis jurés des écoliers, et pendant les dernières vacances, ils avoient fait une conspiration contre nous ; ils avoient arrêté dans leurs assemblées, que toute fille qui en recevroit chez elle ne seroit jamais demandée en mariage par un citoyen de la ville, et il y en avoit quarante qui avoient signé. On avoit fait courir cet arrêté dans chaque maison ; les mères et les filles s'étoient allarmées, et tout d'un coup l'écolier devint pour elles un objet dangereux.

L'avis général de mes quatre confrères étoit de se vanger. Je n'avois pas grande envie de m'en mêler ; mais ils me traitèrent de lâche et de poltron, et j'eus la bêtise de me piquer d'honneur, et de promettre que je ne quitterois pas la partie.

Je croyois avoir parlé à quatre amis, et c'étoit des traîtres qui ne desiroient que ma perte ; ils m'en vouloient de l'année précédente, ils avoient nourri leur haine dans le cœur pendant une année, et ils cherchoient à profiter de ma foiblesse pour la faire éclater ; j'en fus la dupe, mais je touchois à peine à ma dix-huitième année, et j'avois à faire à des vieux renards de ving-huit à trente ans.

Ces bonnes gens étoient dans l'usage de porter des pistolets dans leurs poches; je n'en avois jamais touché ; ils m'en fournirent très généreusement ; je les trouvois jolis, je les maniois avec plaisir, j'étois devenu fou.

J'avois des armes à feu sur moi, et je ne savois qu'en faire. Aurois-je osé forcer une porte ? Indépendamment du danger qu'il y avoit à courir, l'honnèteté, la bienséance s'y opposoient. Je voulois me défaire de ce poids inutile ; mes bons amis venoient souvent me visiter, et rafraîchir la poudre du bassinet ; ils me racontoient les exploits inouis de leur courage, les obstacles qu'ils venoient de surmonter, les rivaux qu'ils avoient terrassés ; et moi à mon tour j'avois franchi des barrières, j'avois soumis des mères et des filles, et j'avois tenu tête aux braves de la ville, nous étions tous également vrais, et tous peut-être de la même bravoure.

Enfin les perfides voyant que malgré mes pistolets je ne faisois pas parler de moi, ils s'y prirent d'une autre façon. Je fus accusé auprès des supérieurs d'avoir des armes à feu dans mes poches; on me fit visiter un jour lorsque j'entrois par les domestiques du collége, et mes pistolets furent trouvés.

Le préfet du collége n'étoit pas à Pavie, le vice-

préfet me mit aux arrêts dans ma chambre ; j'avois
énvie de profiter de ce tems pour travailler à ma
thèse, mais les faux frères vinrent me tenter, et
me séduire d'une façon encore plus dangereuse
pour moi, puisqu'elle tendoit à chatouiller mon
amour-propre.

Vous êtes poëte, me dirent-ils, vous avez des
armes pour vous venger bien plus fortes, et plus sûre
que les pistolets et les canons. Un trait de plume
lâché à propos est une bombe, qui écrase l'objet
principal, et dont les éclats blessent de droite et
de gauche les adhérens. Courage, courage, s'écri-
èrent-ils tous à la fois, nous vous fournirons des
anecdotes singulières, vous serez vengé et nous
aussi.

Je vis bien à quel danger et à quels inconvéniens
on vouloit m'exposer, et je leur représentai les
suites fâcheuses qui en devoient résulter. Point
du tout reprirent-ils, personne ne le saura ; nous
voilà quatre bons amis, quatre hommes d'honneur,
nous vous promettons la discrétion la plus exacte,
nous vous faisons le serment solemnel et sacré que
personne ne le saura.

J'étois foible par tempérament, j'étois fou par
occasion ; je cédai, j'entrepris de satisfaire mes
ennemis, je leur mis les armes à la main contre moi.

J'avois imaginé de composer une comédie dans
le goût d'Aristophane ; mais je ne me connoissois
pas assez de force pour y réussir, d'ailleurs le tems
ne m'auroit pi servi, et je composai une Atellane,

genre de comédies informes (chez les Romains) qui ne contenoient que des plaisanteries et des satyres.

Le titre de mon Atellane étoit le Colosse. Pour donner la perfection à la statue colossale de la *beauté* dans *toutes ses proportions,* je prenois les yeux de Mademoiselle une telle, la bouche de Mademoiselle celle-ci, la gorge de Mademoiselle cette autre, &c. ; aucune partie du corps n'étoit oubliée ; mais les artistes et les amateurs avoient des avis différens, ils trouvoient des défauts partout.

C'étoit une satyre qui devoit blesser la délicatesse de plusieurs familles honnêtes et respectables, et j'eus le malheur de la rendre intéressante par des saillies piquantes, et par de traits de cette *vis comica* qui avoit chez moi beaucoup de naturel, et pas assez de prudence.

Mes quatre ennemis trouvèrent mon ouvrage charmant ; ils firent venir un jeune homme qui en fit deux copies en un jour, les fourbes s'en emparèrent, et les firent courir dans les cercles et dans les cafés ; je ne devois pas être nommé ; les sermens me furent réitérés, ils tinrent parole ; mon nom ne fut pas prononcé, mais j'avois fait dans un autre tems un quatrain dans lequel il y avoit mon nom, mon sur nom et ma patrie. Ils placèrent ce quatrain à la queue du colosse, comme si j'eusse eu l'audace de m'en vanter.

L'Atellane faisoit la nouvelle du jour ; les in-

différens s'amusoient de l'ouvrage, et condamnoient l'auteur ; douze familles croient vengeance,
on en vouloit à ma vie ; heureusement 'j'étois encore aux arrêts ; plusieurs de mes camarades furent insultés ; le collége du pape étoit assiégé :
on écrivit au préfet, il revint précipitamment ; il
auroit desiré pouvoir me sauver : il écrivit au Sénateur de Goldoni ; celui-ci envoya des lettres
pour le Sénateur Erba Odescalchi, gouverneur
de Pavie. On intéressa en ma faveur l'archevêque qui m'avoit tonsuré ; le Marquis de Ghislieri qui m'avoit nommé, toutes mes protections et
toutes leurs démarches furent inutiles ; je devois
être sacrifié : sans le privilége de l'endroit où
j'étois, la justice se seroit emparée de moi : on
m'annonça l'exclusion du collége, et on attendit
que l'orage fut calmé pour me faire partir sans
danger.

Quelle horreur ! que de remords ! que de regrets ! mes espérances éclipsées, mon état sacrifié,
mon tems perdu ! Mes parens, mes protections,
mes amis, mes connoissances, tout devoit être
contre moi ; j'étois affligé, désolé, je restois dans
ma chambre, je ne voyois personne, personne ne
venoit me voir, quel état douloureux, quelle situation malheureuse !

J'étois dans ma solitude, accablé de tristesse,
rempli d'objets qui me tourmentoient sans cesse,
et de projets qui se succédoient les uns aux
autres ; j'avois toujours devant les yeux le tort

que je m'étois fait à moi-même, et l'injustice que j'avois commise envers les autres; j'étois encore plus sensible à cette dernière réflexion, qu'au désastre que j'avois mérité.

Si depuis soixante-ans il reste encore à Pavie quelque souvenir de ma personne et de mon imprudence, j'en demande pardon à ceux que j'ai offensés, en les assurant que j'en ai été bien puni, et que je crois ma faute expiée.

Pendant que j'étois concentré dans mes rémords et dans mes réflexions, on m'apporte une lettre de mon père. Terrible augmentation de chagrin et de désespoir : La voici.

" Je voudrois bien, mon cher fils, que tu pusses passer cette année-ci tes vacances à Milan ; je me suis engagé d'aller à Udine, dans le Frioul Vénitien, pour entreprendre une cure qui pourroit être longue, et je ne sais si en même-tems ou après, je ne serai pas obligé d'aller dans le Frioul Autrichien, pour une autre personne qui a le même genre de maladie. J'écrirai à M. le Marquis, en lui rappellant les offres généreuses qu'ils nous a faites, mais tâche de ton côté de mériter ses bontés. Tu me mandes que tu dois incessamment soutenir une thèse, tâche de t'en tirer avec honneur ; c'est le moyen de plaire à ton protecteur, et de faire le plus grand plaisir à ton père et à ta mère qui t'aiment bien, &c."

Cette lettre mit le comble à mon avilissement : comment, disois-je à moi-même, comment oseras-tu te présenter à tes parens, couvert de honte et du mépris universel ? Je redoutois si fort ce moment terrible, qu'en sortant d'une faute j'en méditois une autre qui pouvoit achever ma perte.

Non, je nè m'exposerai pas aux reproches les plus mérités et les plus accablans ; non, je n'irai pas me présenter à ma famille irritée ; Chiozza ne me reverra plus ; j'irai par-tout ailleurs ; je veux courir, je veux tenter la fortune, je veux réparer ma faute ou périr. Oui j'irai à Rome, je trouverai peut-être cet ami de mon père qui lui a fait tant de bien, et qui ne m'abandonnera pas. Ah ! si je pouvois devenir l'écolier de Gravina, l'homme le plus instruit en belles-lettres, et le plus savant dans l'art dramatique.... Dieu ! s'il me prenoit en affection comme il avoit pris Métastase ! n'ai-je pas aussi des dispositions, du talent, du génie ! oui à Rome, à Rome. Mais comment ferai-je pour y aller ? Aurai-je assez d'argent ?....J'irai à pied....à pied ?....Oui à pied. Et mon coffre et mes hardes ? Au dable le coffre, et les hardes aussi. Quatre chemises, des bas, des cols et des bonnets de nuit. Voilà tout ce qu'il me faut ; ainsi tout en rêvant et en extravaguant de la sorte, je remplis une valise de linge, je la mets au fond de mon coffre, et je la destine à m'accompagner jusqu'à Rome.

Comme je devois m'en aller incessamment, j'écrivis à l'aumônier du collége pour avoir de l'argent ; il me répondit qu'il n'avoit pas de fonds de

mon père, cependant que mon voyage par eau et
ma nourriture, seroient payés jusqu'à Chiozza, et
que le pourvoyeur de la maison remettroit un
petit paquet dont mon père lui tiendroit compte.

Le lendemain au point du jour on vient me
chercher avec un carrosse ; on charge mon coffre,
le pourvoyeur y monte avec moi ; nous arrivons
au Teśino, nous entrons dans un petit bateau, et
nous allons au confluent de cette rivière et du Po,
rejoindre une vaste et vilaine barque qui venoit
d'apporter du sel ; mon guide me consigne au
patron, et lui parle à l'oreille ; ensuite il me donne
un petit paquet de la part de l'aumônier du collége ; il me salue, me souhaite un bon voyage, et
s'en va.

Je n'ai rien de plus pressé que d'examiner mon
trésor. J'ouvre le paquet. Oh ciel ! quelle surprise agréable pour moi ! j'y trouve quarante-
deux sequins de Florence (vingt louis à-peu-
près). Bon pour aller à Rome, je ferai le voyage
en poste, et avec mon coffre.....Mais comment
l'aumônier qui n'avoit pas de fonds de mon père,
a-t-il pu me confier cet argent ? Pendant que je
faisois des réflexions, et des charmans projets,
voilà le pourvoyeur qui revient dans son bateau ;
il s'étoit trompé, c'étoit un argent du collége qu'il
devoit payer à un marchand de bois ; il reprit son
paquet, et il me remit trente paules, qui forment
la valeur de quinze francs.

Me voilà bien riche, je n'avois pas besoin d'argent pour aller à Chiozza, mais pour aller à Rome? Les sequins que j'avois eu entre mes mains me faisoient tourner la tête encore davantage ; il falloit s'en consoler et revenir au désagrément du pélerinage.

J'avois mon lit sous la proue, et mon coffre à côté de moi ; je dînois et soupois avec mon hôte, qui étoit le conducteur de la barque, et qui me faisoit des contes à dormir debout.

Deux jours après nous arrivâmes à Plaisance ; le patron avoit là des affaires, il s'y arrêta et mit pied à terre ; je crus le moment favorable pour m'en aller ; je pris ma valise, je dis à mon homme que j'avois la commission de la faire remettre au Conseiller Barilli, et que j'allois profiter de l'occasion favorable ; le bourreau m'empêcha de sortir ; il avoit eu des ordres positifs de me le défendre, et comme j'insistois dans ma volonté, il me menaça de demander main-forte pour me retenir. Il faut céder à la force, il faut mourir de chagrin, il faut aller à Chiozza ou se jetter dans le Po. Je vais dans ma niche, mes malheurs ne m'avoient point encore fait répandre de larmes, cette fois-ci je pleurai.

Le soir on m'envoye chercher pour souper, je refuse d'y aller ; quelques minutes après j'entends une voix inconnue, qui d'un ton pathétique prononce ces mots, *Deo gratias;* il faisoit encore

assez clair, je regarde par une fente à travers de la
porte, et je vois un religieux qui s'adressoit à moi ;
j'ouvre la coulisse il entre.

C'étoit un Dominicain de Palerme, frère d'un
fameux Jésuite, très célèbre predicateur ; il s'étoit
embarqué ce jour-là à Plaisance, il alloit à Chiozza
comme moi : il savoit mes aventures, le patron
lui avoit tout révélé, et il venoit m'offrir des con-
solations temporelles et spirituelles que son état
le mettoit en droit de me proposer, et dont ma position paroissoit avoir besoin.

Il mettoit dans son discours beaucoup de sensibilité et beaucoup d'onction ; je lui voyois
tomber quelques larmes, du moins je lui vis porter
son mouchoir aux yeux ; je me sentis touché, je
m'abandonnai à sa merci.

Le patron nous fit dire qu'on nous attendoit ; le
révérend père n'auroit pas voulu perdre sa cola-
tion, mais il me voyoit pénétré de componction ;
il fit prier le patron de vouloir bien attendre un
instant ; ensuite il se tourne vers moi, il m'embrasse, il pleure, il me fait voir que j'étois dans
un état dangereux, que l'ennemi infernal pouvoit
s'emparer de moi, et m'entraîner dans un abyme
éternel. J'étois sujet, comme je l'ai déjà annoncé,
à des accès de vapeurs hypocondriaques, j'étois
dans un état pitoyable ; mon exorciste s'en apperçut, il me proposa de me confesser, je me jette
à ses pieds, Dieu soit béni, dit-il ; oui, mon

cher enfant, faites votre préparation, je vais revenir,
et il va souper sans moi.

Je reste à genoux, je fais mon examen de conscience ; au bout d'une demi-heure le père revient
avec un bougeoir à la main ; il s'assied sur mon
coffre : je dis mon confiteor, et je fais ma confession générale avec l'attrition requise ; et une
contrition suffisante ; il s'agissoit de la pénitence ;
le premier point, c'étoit de réparer le tort que
j'avois pu faire à des familles, contre lesquelles
j'avois lancé des traits satyriques. Comment
faire pour le présent ? En attendant, dit le révérend père, que vous soyez en état de vous ré-
tracter, il n'y a que l'aumône qui puisse fléchir la
colère de Dieu, car l'aumône est la première
œuvre méritoire qui efface le péché. Oui, mon
père, lui dis-je, je la ferai. Point du tout,
répliqua-t-il, il faut faire le sacrifice sur le champ.
—Je n'ai que trente paules :—Et bien, mon
enfant, en se dépouillant de l'argent qu'on possède, on a autant de mérite que si on donnoit
davantage. Je tirai mes trente paules, je priai
mon confesseur de s'en charger pour les pauvres ;
il le voulut bien, et me donna l'absolution.

Je voulois continuer encore, j'avois des choses à dire que je croyois avoir oubliées ; le révérend père tomboit de sommeil, ses yeux se fer-
moient à tout moment ; il me dit de me tenir
tranquille, il me prit par la main, il me donna sa
bénédiction, et alla bien vîte se coucher.

Nous restâmes encore huit jours en chemin, je voulois me confesser tous les jours, mais je n'avois plus d'argent pour la pénitence.

J'arrivai à Chiozza en tremblant, avec mon confesseur qui s'engagea à me raccommoder avec mes parens. Mon père étoit à Venise pour affaire, ma mère me vit venir, et vint me recevoir en pleurant, car l'aumônier du collége n'avoit pas manqué de prévenir ma famille du détail de ma conduite. Le révérend père n'eut pas beaucoup de peine à toucher le cœur d'une tendre mère ; elle avoit de l'esprit et de la fermeté, et en se tournant vers le dominicain qui la fatiguoit : mon révérend père, lui dit-elle, si mon fils avoit fait une friponnerie, je ne le reverrois plus, il a fait une étourderie, et je lui pardonne.

Mon compagnon de voyage auroit bien voulu que mon père fût à Chiozza, et qu'il le présentât au prieur de Saint Dominique ; il y avoit là un dessous de cartes que je ne comprenois pas : ma mère lui dit, qu'elle attendoit son mari dans le courant de la journée ; le révérend père en parut content, et sans façon il se pria à dîner de lui même.

Pendant que nous étions à table, mon père arrive, je me leve et je vais m'enfermer dans la chambre voisine : mon père entre, il voit un grand capuchon ; c'est un étranger, dit ma mère, qui a demandé l'hospitalité.—Mais cet autre couvert ?

cette chaise?—Il fallut bien parler de moi; ma
mère pleure, le religieux sermone, il n'oublie pas
la parabole de l'enfant prodigue; mon père étoit
bon, il m'aimoit beaucoup. Bref, on me fait
venir, et me voilà rebéni.

Dans l'après-midi, mon père accompagna le
dominicain à son couvent; on ne vouloit pas le
recevoir; tous les moines qui voyagent doivent
avoir une permission par écrit de leurs supérieurs
qu'ils appellent *l'obédience*, et qui leur sert de
passe-port et de certificat; celui-ci en avoit une,
mais vieille, déchirée, qu'on ne pouvoit pas lire,
et son nom n'étoit pas connu; mon père, qui
avoit du crédit, le fit recevoir, à condition qu'il
n'y resteroit pas long tems.

Finissons l'histoire de ce bon religieux; il
parla à mon père et à ma mère d'une relique qu'il
avoit encaissée dans une montre d'argent, il les
fit mettre à genoux, et leur fit voir une espèce de
cordonnet entortillé sur du fil-de-fer; c'étoit un
morceau du lacet de la Vierge Marie, qui avoit
même servi à son divin Enfant; la preuve en étoit
constatée, disoit-il, par un miracle qui ne manquoit jamais; on jettoit ce lacet dans un brâsier,
le feu respectoit la relique, on retiroit le cordonnet
sans dommage, et on le plongeoit dans l'huile, qui
devenoit une huile miraculeuse qui faisoit des
guérisons surprenantes.

Mon père et ma mère auroient bien voulu voir

ce miracle, mais cela ne se faisoit pas sans des
préparatifs et, des cérémonies pieuses, et en présence d'un certain nombre de personnes dévotes,
pour la plus grande édification, et pour la gloire
de Dieu.   On parla beaucoup là-dessus, et
comme mon père étoit le médecin des religieuses
de Saint François, il sut si bien faire auprès
d'elles, qu'elles se déterminèrent d'après les in-
structions du dominicain, à permettre qu'on fît le
miracle, et l'on fixa. le jour et le lieu où se feroit
la cérémonie.   Le révérend père se fit donner
une bonne provision d'huile et quelqu'argent
pour des messes dont il avoit besoin dans sa
route.

Tout fut exécuté, mais le lendemain l'évêque
et le podesta instruits d'une cérémonie religieuse
qui avoit été faite sans permission, et dans laquelle un moine étranger avoit osé endosser
l'étole, rassembler du monde, et vanter des miracles, procédèrent chacun de leur côté à la véri-
cation des faits.   Le lacet miraculeux qui
résistoit au feu, n'étoit que du fil-de-fer artistement arrangé, et qui trompoit les yeux.   Les
religieuses furent réprimandées, et le moine disparut.

Nous partîmes quelques jours après, mon père
et moi, pour le Frioul, et nous passâmes par
Porto-Gruero, où ma mère avoit quelques rentes
à l'Hôtel de la Communauté.   Cette petite ville
qui est sur la lisière du Frioul, est la résidence de

G 2

l'évêque de Concordia, ville très ancienne, mais presqu'abandonnée à cause du mauvais air.

En continuant notre route, nous passâmes le Taillamento, qui est tantôt rivière, et tantôt torrent, et qu'il faut passer à gué, n'y ayant ni ponts, ni bacs pour le traverser, et enfin nous arrivâmes à Udine, qui est la capitale du Frioul Vénitien.

Les voyageurs ne font aucune mention de cette province, qui cependant mériteroit une place honorable dans leurs narrations.

Cet oubli d'un canton si considérable de l'Italie, m'a toujours déplu, et j'en dirai quelques mots en passant.

Le Frioul, que l'on appelle aussi en Italie la Patria del Friul, est une très vaste province qui s'étend depuis la Marche Trévisanne jusqu'à la Carinthie. Elle est partagée entre la République de Venise, et les Etats Autrichiens, le Lisonce en fait le partage, et Gorizia est la capitale de la partie Autrichienne.

Il n'y a pas de province en Italie où il y ait autant de noblesse, que dans celle-ci. Presque toutes les terres sont érigées en fiefs, qui relèvent de leurs souverains respectifs, et il y a dans le Château d'Udine, une salle de parlement, où les états se rassemblent, privilege unique, qui n'existe dans aucune autre province de l'Italie.

Le Frioul a toujours fourni de grands hommes

aux deux nations ; il y en a beaucoup à la cour
de Vienne, et il y en a dans le sénat de Venise.
Il existoit autrefois un patriarche d'Aquilée, qui
faisoit sa résidence à Udine, car Aquilée ne put
jamais se relever depuis qu'Attila, roi des Huns,
la saccagea, et la rendit inhabitable : ce patriarchat
a été supprimé depuis peu, et le seul diocèse
qui embrassoit la province entière, a été partagé
en deux archevêchés, l'un à Udine et l'autre à
Gorizia.

La culture est très soignée dans le Frioul, et
les produits de la terre, soit en bled, soit en vin,
sont très abondans et de la meilleure qualité:
c'est là où l'on fait le picolit qu'imite si bien le
tokay, et c'est des vignobles d'Udine que Venise
tire une forte partie des vins nécessaires pour la
consommation du public.

Le langage Fourlan est particulier ; il est aussi
difficile à comprendre que le Genois, même pour
les Italiens.   Il semble que ce patois tienne beaucoup à la Langue Françoise.   Tous les mots
féminins qui en Italiens finissent par un *a*, se terminent en Frioul par un *e*, et tous les pluriels des
deux genres sont terminés par un *s*.

Je ne sais pas comment ces terminaisons Françoises, et une quantité prodigieuse de mots François, ont pu pénétrer dans un pays si éloigné.

Il est vrai que Jules César traversa les montagnes du Frioul, aussi les appelle-t-on les
Alpes-Jules ; mais les Romains ne terminoient

leurs mots féminins ni à la Françoise, ni à la Fourlane.

Ce qu'il y a de plus singulier dans le patois Fourlan, c'est qu'ils appellent la *nuit, soir,* et le *soir, nuit.* On seroit tenté de croire que le Pétrarque parloit des Fourlans, lorsqu'il dit dans ses chansons lyriques :

Gente cui si fa notte innansi sera.

En François,

O gens ! à qui la nuit paroît avant le soir.

Mais on auroit tort si on partoit de-là pour croire que cette nation ne fût pas aussi spirituelle et aussi laborieuse que le reste de l'Italie.

Il y a à Udine entr'autres choses une Académie de Belles Lettres, sous le titre Dagli-Sventati (des Evantés,) dont l'emblême est un moulin à vent dans le creux d'un vallon avec cette Epigraphe.

Non è quaggiuso ogni vapore spento.

En François,

Toute vapeur n'est pas dans ces bas lieux éteinte.

Les lettres y sont très bien cultivées. Il y a des artistes du premier mérite, et la société y est très aisée et très aimable.

Udine qui est à 22 lieues de Venise, est gouvernée par un noble Vénitien qui a le titre de
lieutenant, et il y a un conseil des nobles du
pays, qui siegent à l'Hôtel-de-ville, et rem-
plissent les charges de la magistrature en sous
ordre.

La ville est très jolie, les eglises très richement décorées ; les tableaux de Jean d'Udine,
écolier de Raphael, en font le principal ornement ;
il y a une promenade au milieu de la ville, des
fauxbourgs charmans, et des environs délicieux.
Le palais immense et les superbes jardins de Pas-
sarean des Comtes Manini, nobles Vénitiens, sont
un séjour digne d'un roi.

Je demande pardon au lecteur, si la digression
lui paroît un peu longue ; j'étois bien aise de
rendre quelque justice à un pays qui le méritoit à
tous égards.

CHAPITRE VI.

Mes Occupations sérieuses — Thérèse, Anecdote Plaisante—Mon Voyage à Gorice et à Vipack —Partie de Campagne charmante—Course en Allemagne.

Mon père à *Udine* exerçoit sa profession, et moi je repris le cours de mes études. M. Movelli, célèbre jurisconsulte, tenoit chez lui un cours de droit civil et canonique, pour l'instruction d'un de ses neveux ; il admettoit à ses leçons quelques personnes du pays, et j'eus le bonheur d'en être aussi ; j'avoue que je profitai plus en six mois de tems dans cette occasion, que je n'avois fait pendant trois ans à Pavie.

J'avois bonne envie d'étudier ; mais j'étois jeune, il me falloit quelques distractions agréables : je cherchai des amusemens, et j'en trouvai de différentes espèces. Je vais rendre compte de ceux qui m'ont fait beaucoup de plaisir et beaucoup d'honneur, et je finirai par d'autres qui ne m'ont fait ni honneur ni plaisir.

Nous avions passé un carnaval bien triste et bien maussade ; il étoit arrivé un accident affreux qui avoit mis la ville dans la consternation ; un gentilhomme d'une ancienne et riche maison avoit été tué d'un coup de fusil en sortant de la comédie : on ne connoissoit pas l'auteur de l'assassinat ; on le soupçonnoit, mais personne n'osoit en parler.

Le carême arrive ; je vais le jour des cendres à la cathédrale pour entendre le Père Cataneo, Augustin reformé, et je trouve son sermon admirable ; je sors, je retiens mot pour mot les trois points de sa division ; je tâche de rassembler en quatorze vers son argument, sa marche et sa morale, et je crois avoir fait un sonnet assez passable.

Je vais le même jour le communiquer à M. Treo, gentilhomme d'Udine, très instruit en belles lettres, ayant beaucoup de goût pour la poésie ; il trouva lui même mon sonnet assez passable.

Il me fit l'amitié de me corriger quelques mots, et m'encouragea à en faire d'autres. Je suivis exactement mon prédicateur, je fis tous les jours le même travail, et je me trouvai à la troisième fête de Pâques, ayant compilé trente-six sermons excellens, en trente-six sonnets tant bons que mauvais.

J'avois pris la précaution d'envoyer à la presse, aussitôt que j'avois des matériaux suffisans pour une feuille in-quarto, et pendant l'octave de Pâques, je publiai ma brochure que j'avois dédiée aux députés de la ville.

Beaucoup de remerciemens de la part de l'orateur, beaucoup de reconnoissance de la part des premiers magistrats, beaucoup d'applaudissemens. La nouveauté fit plaisir, et la rapidité du travail surprit encore davantage.

Bravo, Goldoni ; mais doucement, ne lui prodiguez pas vos louanges. Il y avoit une jeune personne à quatre pas de ma porte, qui me plaisoit infiniment, et à qui j'aurois bien voulu faire ma cour. Faut-il, mon cher lecteur, que je vous fasse le portrait de ma belle? que je lui donne un teint de roses et de lys, les traits de Vénus, et les talens de Minèrve ? Non, ces beaux récits ne vous interesseroient pas ; je cause avec vous dans mon cabinet, comme je causerois dans la société. La matière de mes mémoires ne mérite, je crois, ni plus d'élégance, ni plus de soins. Il y a des gens qui disent : il faut s'élever, il faut respecter le public ; je crois le respecter en lui présentant la vérité nue et sans fard.

Je ne connoissois que de nom les parens de la demoiselle ; je la voyois à la fenêtre ; je la suivois à l'eglise ou à la promenade très modestement, mais ne manquant pas de lui donner quelque marque de mon inclination.

Je ne sais pas si elle s'en apperçut ; mais sa femme de chambre ne tarda pas à me deviner. Cette sorcière vint me voir un jour; j'étois seul chez moi, elle me parla beaucoup d'elle-même et de sa maitresse, et m'assura que je pouvois

compter sur l'une et sur l'autre. Je lui demandai
si je pouvois me hasarder à écrire....Oui, me
dit-elle, sans me laisser finir, écrivez à ma maitresse, je me charge de lui donner votre lettre et de
vous apporter la réponse.

Je voulois écrire sur le champ, et je la priai
d'attendre. Non, me dit-elle, je vais à la sainte
messe ; je n'y manque jamais ; j'y vais tous les
jours, mais je reviendrai en sortant de l'eglise :
elle part, et j'écris ma lettre, dans laquelle, après
les cérémonies d'étiquettes, et les tendres mots
d'usage, je lui demande un rendez-vous dans les
règles. Thérèse revient, (c'étoit le nom de la
femme de chambre ;) elle prend ma lettre, elle
veut partir, et me présente la joue ; on n'embrasse
pas les femmes en Italie aussi innocemment qu'en
France ; d'ailleurs elle étoit laide à faire peur ; je
refusai tant que je pus, mais elle me sauta au col,
et il fallut bien l'embrasser.

Deux jours après, Thérèse en me rencontrant
dans la rue, me glissa adroitement un papier dans
la main que je mis dans ma poche. C'étoit une
lettre de mademoiselle *** ; c'étoit la réponse à
la mienne ; elle étoit si mal écrite que j'eus
beaucoup de peine à y démêler quelque chose.

Je compris à-peu-près qu'elle ne pouvoit pas
me recevoir chez elle sans l'aveu de ses parens, et
que si je voulois lui parler dans la rue, de nuit,
elle passeroit quelques quarts-d'heure à m'entendre de sa fenêtre. C'étoit l'ancien usage en Italie

de faire l'amour à la belle étoile, il falloit s'y conformer.

Je m'y rendis le même jour à une heure du matin ; je vis la croisée s'ouvrir, et je vis paroître une tête en bonnet de nuit ; je parlois à cette tête, cette tête me répondit, et de propos en propos, je prononçai quelques douceurs, et on me répondit sur le même ton ; encouragé par la facilité que je croyois appercevoir, j'allai un peu plus en avant. Toute d'un coup j'entends un éclat de rire, et je vois la fenêtre se fermer ; je ne savois pas ce que cela vouloit dire. Je rentre chez moi satisfait d'un côté, mécontent de l'autre ; il faut attendre Thérèse.

Je la vois le lendemain, mon père étoit au logis ; je descends, et je rejoins la dévote au parvis de la cathédrale ; je l'interroge sur la risée de la nuit dernière. Vous avez dit, me répondit-elle, des plaisanteries ; ma maitresse, en a ri, car elle n'est pas bigotte ; mais elle s'est souvenue de sa pudeur, et elle a fermé sa fenêtre. Continuez, poursuivit-elle, continuez et ne craignez rien ; j'allois lui parler encore, allez, me dit-elle, il est tard, je ne veux pas perdre la messe.

Je voyois bien que la messe s'accordoit mal avec le métier d'entremetteuse ; elle ne pouvoit être qu'une coquine, et elle l'étoit dans toute l'étendue du terme ; mais j'étois amoureux, et je crus devoir la ménager ; je continuai pendant quelque tems mes conversations nocturnes : ce

n'étoit plus là la même fenêtre, que la tête en
bonnet de nuit paroissoit ; c'étoit à une autre,
mais fort éloignée.

J'en demandai la raison ; Mademoiselle craignoit la proximité de sa mère ; j'étois plus reservé
dans mes entretiens, mais on me lâchoit quelques
mots un peu libres, et je ripostois à mon aise ; les
éclats de rire partoient, et la fenêtre ne se fermoit
plus.

Un jour que je pressois Thérèse pour qu'elle
me procurât une entrevue diurne avec sa maitresse, et que je la menaçois de tout rompre, si je
ne l'obtenois pas ; soyez tranquille, me dit-elle,
j'y pense autant que vous ; je parlerai à la blanchisseuse de la maison qui demeure à Chiavris, à
un demi-mille de distance, et c'est-là où je me
flatte de pouvoir vous rendre content ; mais écoutez, poursuivit-elle, écoutez, mon ami, vous devez
connoître les demoiselles, elles sont capricieuses ; il
y en a peu qui soient capables d'un désinteresse-
ment parfait, et ma maitresse n'est pas des plus
généreuses. Si vous vouliez lui faire un petit
cadau, je crois que cette attention avanceroit
beaucoup vos affaires. Comment, dis-je, elle ac-
cepteroit un présent ?....Pas de vous, reprit la
sorcière, mais si c'étoit moi qui le lui présentât,
elle ne le refuseroit pas....Et que pourrois-je lui
donner ?....Hier....tenez, pas plus loin qu'hier,
mademoiselle me marqua la plus grande envie
d'avoir une garniture de ces pierreries de Vienne

colorés qui sont à la mode aujourd'hui, et que
toutes les femmes veulent avoir....Où est-ce
qu'on les vend ?—Oh ! il n'y en a pas d'assez
belles dans ce pays-ci, il faudroit les faire venir de
Venise : une garniture complette ; croix, boucles
d'oreilles, colier et épingles.—Ma chère Thérèse,
avez-vous été à la messe ?—Pas encore :—Allez-y ?
—Comment ? Est-ce que vous vous refuseriez à
obliger une jeune personne, aimable, charmante,
que vous aimez, que vous estimez, que vous pourriez posséder un jour ?—Paix, paix, je vous entends ; j'aurai la garniture ; je la mettrai entre
vos mains.—Je la présenterai à ma maîtresse, et
vous la verrez parée des bijoux de son cher Goldoni.—De son cher Goldoni ? Croyez-vous que je
sois le cher ami de mademoiselle.—Vous l'êtes un
peu, et vous le serez davantage.—Quand j'aurai
donné les bijoux ?—Oui, sans doute.—Allons,
votre maitresse les aura.—Tant mieux.—Bon jour,
Thérèse.—Adieu, monsieur,.....embrassez-moi.
(Que le diable t'emporte.)

Je vais chez un bijoutier de ma connoissance ;
je lui donne la commission ; il s'en charge, et au
bout de quatre jours la boîte arrive. Superbe garniture ; mais elle coûtoit aussi dix sequins sans le
port et la commission. Je vois Thérèse, je lui fais
signe ; elle vient, prend la boîte et l'emporte, et le
jour après qui étoit un Dimanche, je vois à l'eglise
mademoiselle ***, parée de mes pierreries, qui
imitoient les rubis et les émeraudes.

J'étois content comme un roi ; cependant la demoiselle ne m'avoit pas fixé comme je l'aurois
desiré ; elle ne m'avoit donné aucune marque de
satisfaction, et les rendez-vous nocturnes depuis
quelques jours avoient été suspendus à cause de
quelques propos des voisins.

Thérèse ne manqua pas de venir me voir, et de
me dire les plus jolies choses du monde de la part
de sa maitresse ; et comme je lui fis comprendre,
que je devois exiger quelque chose de plus, elle
m'invita à me rendre le jeudi suivant à Chiavris,
chez la blanchisseuse indiquée ; c'étoit-là que
mademoiselle *** s'étoit réservée de me donner
des preuves de son attachement et de sa reconnoissance. Bon ! c'est bien, à jeudi.

Je trouvois le tems fort long ; j'y rêvois jour et
nuit : à quelle espèce d'épreuve devois-je m'attendre ? A vingt ans on est téméraire. Le jour
arrive ; je vais chez la blanchisseuse, et je m'y
rends le premier : au bout d'une demi-heure je vois
Thérèse, et je l'apperçois toute seule ; je commence à frémir, et je la reçois fort mal ; elle me
prie de me tranquilliser, et me fait monter dans un
galetas, où il n'y avoit qu'un lit fort sale et une
chaise de paille déchirée ; je la presse de me parler....de me dire....Elle me prie encore de me
calmer, et de l'écouter.

Helas ! mon cher ami, (me dit elle) je suis très
mécontente de ma maitresse ; après les attentions
que vous avez eues pour elle, après la parole

qu'elle m'avoit donnée, elle me manque et trouve
des prétextes pour ne pas me suivre.... Comment, dis-je, en l'interrompant, elle trouve des
prétextes ! Elle ne viendra pas ? Est-ce qu'elle
se moque de moi ?—Ecoutez-moi jusqu'au bout,
reprit la fourbe, j'en suis piquée autant que vous,
et plus que vous, car le tour qu'elle me joue, est
pour moi d'une conséquence qui me désole : elle
mettoit dans son discours une chaleur, une véhe-
mence si extraordinaire, que je la croyois vraiment
pénétrée de zèle pour moi ; je tâchois moi-même
de la calmer : effectivement elle changea de ton en
prenant un air tendre et pathétique ; elle continua
en me disant : écoutez, je vais vous étaler tous les
traits de perfidie de ce petit monstre qui nous a
trompés.   Elle savoit, l'ingrate, oui, elle le savoit,
que j'avois de l'inclination pour vous ; elle me
reprocha d'abord une passion que j'avois nourrie
dans mon cœur, et m'obligea à lui sacrifier mes
vœux et. mes espérances : elle me chargea de
m'intéresser auprès de vous en sa faveur ; mon
état, ma douceur, mon caractère m'y engagèrent ;
je fis des efforts qui m'ont coûté des soupirs et
des larmes, et prête, comme j'étois, de vous voir
heureux à mes dépens, elle me trompe, me déclare son indifférence pour vous, et m'ordonne de
ne plus lui en parler.   Je criai alors transporté de
colère—et mes bijoux ?   Thérèse crie encore plus
fort que moi—elle les garde. J'avoue tout bonnement que les dix sequins que j'avois dépensés en-

troient pour quelque chose dans mon ressentiment, ainsi que les nuits que j'avois passées, les
espérances que j'avois conçues, et la honte de me
voir trompé. J'allois devenir furieux ; mais la
sage, la prudente Thérèse me prit par la main, et
tournant vers moi ses regards languissans ; mon
cher ami, me dit-elle, nous avons été trompés l'un
et l'autre, et il faut nous venger ; il faut rendre à
l'ingrate le mépris qu'elle s'est attiré : je suis
prête à la quitter sur-le-champ, et pour peu que
vous vouliez faire pour moi, je n'aurai jamais
d'autre ambition que celle de vous être attachée.

Ce propos m'interdit ; je ne m'y attendois pas,
et je commençai à ouvrir les yeux. Vous m'aimez
donc, mademoiselle (lui dis-je avec tranquillité)?
Oui, me répondit-elle, en m'embrassant, je vous
aime de toute mon âme, et je suis prête à vous en
donner les preuves les plus convaincantes. J'en
suis bien reconnoissant, répondis-je, donnez-moi le
tems de la réflexion, vous saurez incessamment
ma façon de penser. Après une seconde embras-
sade, nous nous quittâmes, prenant chacun un
sentier différent.

Aussi-tôt arrivé à la ville, je vais chez une monteuse de bonnets que je connoissois, et qui étoit
celle de Mademoiselle C***. J'avois fait quelques
parties de plaisir avec cette fille, j'avois badiné
avec elle sur le compte de sa pratique, et elle me
paroissoit propre à l'usage que j'en voulois faire :
je lui contai toute mon histoire d'un bout à l'au-

tre ; je la priai d'en démêler le nœud, et je lui
promis un sequin, si elle parvenoit à pouvoir m'instruire de la vérité.. Elle s'en chargea avec plaisir ; elle y réussit à merveille, et trois jours après,
elle me mit au fait de tout aussi clairement, aussi
nettement que je pouvois le désirer.

Cette opération faite, je vis Thérèse, je lui donnai rendez-vous chez la blanchisseuse, et j'y allai
de bonne heure pour arriver le premier ; j'em-
menai dans une espèce de cabriolet trois personnes avec moi, et je les cachai dans un coin du
hangar où l'on faisoit la lessive ; j'avois arrangé
mes affaires avec la maîtresse du logis, et j'étois
sûr de mon fait.

Voilà Thérèse qui arrive, et la voilà contente de
moi ; elle veut monter : Non, non, luis dis-je, allons sous le berceau, nous respirerons un meilleur
air. Là assis sur des sièges de gazon, elle veut
commencer à me parler de sa maîtresse, et l'invec-
tiver de nouveau. Je lui coupai la parole, et d'un
ton sérieux et imposant, il ne s'agit plus, lui dis-
je, de Mademoiselle C*** il ne s'agit que de Thérèse qui est une fripponne, et qui m'a trompé. A
ces mots elle paroît interdite, et s'efforce de pleurer : je lui rappelle quelques-uns de ses traits de
fripponnerie ; elle nie tout, et vante sa probité.
Alors je fais sortir les trois personnes que j'avois
cachées ; Thérèse voit la monteuse de bonnets ;
elle cesse de grimacer, elle prend l'air de l'effron-
terie, en disant tout haut : Ah ! coquine, tu

m'as vendue ; et en s'adressant à moi : Oui,
Monsieur, me dit-elle, hardiment, je vous ai
trompé, je ne m'en cache pas. Tout le monde se
mit à rire, et je frémissois de colère. Attends,
scélérate, lui dis-je, je vais dresser ton procès-verbal. Qui est-ce qui a écrit la première lettre que
tu m'as remise ? Elle répond en riant ; c'est moi.
—A qui ai-je parlé pendant plusieurs nuits dans la
rue ?—A moi.—Et l'éclat de rire ?—Il partoit de
moi.—Est-ce toi qui fermas la fenêtre ?—Non, ce
fut ma maitresse qui se moquoit de vous.—Ta
maitresse d'accord avec toi ?—Oui, car elle vous
croyoit mon amant.—Moi, ton amant !—N'étoit-
-ce pas assez pour vous ?—L'impudente ! Et mes
bijoux ?—Ma maitresse en jouit.—Comment ?—
Elle les a payés.—A qui ?—A moi.—Voleuse !
l'envie me prenoit de la dévisager, mais la prudence vint à mon secours. Satisfait de l'avoir
démasquée, je dis en me retournant vers les témoins de son indignité je vous l'abandonne ;
qu'elle soit comblée de honte et de mépris ; sa
maitresse sera instruite de sa conduite. Voilà ma
vengeance complette, et je pars satisfait.

Je ne vis plus la sorcière ; je sus par la monteuse de bonnets qu'elle avoit été renvoyée de la
maison où elle étoit, et qu'on la croyoit sortie de
la ville.

Pour me dédommager du tems perdu, je fis la
connoissance de la fille d'un limonadier, où je

rencontrai moins de difficultés, mais beaucoup
plus de danger. Je motivai cette second anecdote
Fourlane dans mon édition de Pasquali ; c'est
pourquoi j'ai cru devoir en parler, afin qu'on
n'imaginât pas que je fais des contes à plaisir ; mais
comme l'aventure ne mérite pas d'occuper mes
lecteurs, je passerai sous silence tous les détails
étrangers, et je dirai seulement que je courus les
plus grands risques ; qu'on vouloit me tromper
d'une manière bien plus sérieuse, et que revenant
à moi-même, je me sauvai bien vîte pour aller rejoindre mon père.

Il étoit à Gorice logé chez son illustre malade;
le Comte Lantieri, lieutenant-général des armées de
l'Empereur Charles VI., et inspecteur des troupes
Autrichiennes dans la Carniole et dans le Frioul
Allemand.

Je fut très bien reçu de cet aimable seigneur,
qui faisoit les délices de son pays. Nous ne restâmes pas long tems à Gorice ; mais nous passâmes bientôt à Vipack, bourg très considérable
dans la Carniole, à la source d'un rivière qui lui
donne le nom, et fief de la maison de Lantieri.

Nous y passâmes quatre mois le plus agréablement du monde ; les seigneurs dans ce pays-là
vont se visiter en famille ; les pères, les enfans, les
maîtres, les domestiques, les chevaux, tout part à
la fois, et tout le monde est reçu et logé : on voit
souvent trente maîtres dans le même château,

tantôt chez les uns, tantôt chez les autres ; mais le Comte Lantieri étoit censé malade, il n'alloit nulle part, et il recevoit tout le monde.

Sa table n'étoit pas délicate, mais très abondante. Je me souviens encore du plat de rôt qui étoit d'étiquette ; un quarré de mouton ou de chevreuil, ou une poitrine de veau, en faisoit la base ; il y avoit par-dessus des lièvres ou des faisans, surmontés par des perdrix rouges et des perdrix grises ; ensuite des bécasses ou des bécassines, ou des grives, & la piramide finissoit par des mauviettes et des becquefigues.

Cet assemblage bizare étoit bientôt partagé et distribué ; on servoit les petits oiseaux à leur arrivée ; les uns et les autres s'emparoient du gibier pour le découper, et les amateurs de viande voyoient à découvert les grosses pieces qui les flattoient davantage.

Il étoit d'étiquette aussi de servir trois potages à chaques repas ; la soupe au pain avec les hors-d'œuvres ; une soupe aux herbes au premier service, et de l'orge mondé aux entremets : on arrosoit cet orge avec le jus du rôt, et on me disoit que c'étoit bon pour la digestion.

Les vins étoient excellens ; il y avoit un certain vin rouge, qu'on appelloit *faiseur d'enfans*, et qui donnoit lieu à des bonnes plaisanteries.

Ce qui me gênoit un peu, c'étoit les santés qu'il falloit porter à tout coup. Le jour de la Saint Charles on commença par sa majesté impériale, on

présenta à chacun des convives des vases à boire
d'une espèce tout à fait singulière : c'étoit une
machine de verre de la hauteur d'un pied, composée de différentes boules qui alloient en dimi-
nuant, et qui étoient séparées par des petits tuyaux
et finissoient par une ouverture allongée qu'on
présentoit très commodément à la bouche, èt par
où on faisoit sortir la liqueur ; on remplissoit le
fond de cette machine qu'on appelloit le *glo-glo* ;
en en approchant la sommité à la bouche, et en
élevant le coude, le vin qui passoit par les tuyaux
et par les boules, rendoit un son harmonieux ; et
tous les convives agissant en même-tems, cela
formoit un concert tout nouveau et très plaisant.
Je ne sais pas si les mêmes usages durent encore
dans ces pays-là ; tout change, et tout pourroit y
être changé, mais s'il y a dans ces cantons des
gens du vieux tems, comme moi, ils seront bien
aises, peut-être, que je leur en rappelle le souvenir.

Le Comte Lantieri étoit très content de mon
père; car il alloit beaucoup mieux, et il n'étoit pas
loin de sa guérison ; il avoit aussi des bontés pour
moi, et pour me procurer de l'amusement, il fit
monter un théâtre de marionettes qui étoit presque
abandonné, et qui étoit très riche en figures et ne
décorations.

J'en ai profité, et je fis l'amusement de la compagnie, en donnant une pièce d'un grand homme,
faite exprès pour les comédiens de bois ; c'étoit

l'Eternument d'Hercule, de Pierre-Jacques Martelli, Bolonois.

Cet homme célèbre étoit le seul qui auroit pu
nous laisser un théâtre complet, s'il n'eut pas eu
la folie d'imaginer des vers nouveaux pour les
Italiens ; c'étoit des vers de quatorze syllabes et
rimés par couplets, à-peu-près comme les vers
François.

Je parlerai des vers Martelliani dans la seconde
partie de ces mémoires ; car en dépit de leur proscription, je me suis amusé à les faire trouver bons
cinquante ans après la mort de leur auteur.

Martelli avoit donné en six volumes des compositions dramatiques dans tous les genres possibles, depuis la tragédie la plus severe, jusqu'à la
farce de marionettes qu'il avoit nommé Bamboc-
ciata (Bambochade) dont le titre étoit l'Eternument d'Hercule,

L'imagination de l'auteur envoyoit Hercule
dans les pays des pigmées. Ces pauvres petits
effrayés à la vue d'une montagne animée, qui avoit
des jambes et des bras, se cachoient dans des trous.
Un jour qu'Hercule s'étoit couché en pleine campagne, et dormoit tranquillement, les habitans crain-
tifs sortirent de leurs retraites, et armés d'épines
et des joncs, montèrent sur l'homme monstrueux,
et le couvrirent de la tête aux pieds, comme les
mouches s'emparent d'un morceau de viande pour-
rie. Hercule se réveille ; il sent quelque chose

dans son nez, il éternue ; ses ennemis tombent de tout côté, et voilà la pièce finie.

Il y a un plan, une marche, une intrigue, une catastrophe, une peripetie ; le style est bon et bien suivi ; les pensées, les sentimens, tout est proportionné à la taille des personnages ; les vers même sont courts, tout annonce les pigmées.

Il fallut faire faire une marionette gigantesque pour le personnage d'Hercule ; tout fut bien exécuté. Le divertissement fit beaucoup de plaisir, et je parirois que je fus le seul qui imagina d'exécuter la Bambochade de M. Martelli.

Nos représentations finies, et la cure du Comte de Lantieri allant toujours de mieux en mieux, mon père commençoit à parler de s'en retourner chez lui. On me proposa en même tems d'aller faire un tour avec le sécrétaire du Comte, qui étoit chargé de commissions pour son maître ; mon père m'accorda quinze jours d'absence, et nous partîmes en poste dans un petit charriot à quatre roues.

Nous arrivâmes d'abord à Laubeck, capitale de la Carniole, sur la rivière du même nom. Je n'y ai vu d'extraordinaire que des écrevisses d'une beauté surprenante, et aussi grandes que les houmards, puisqu'il y en avoit de la longueur d'un pied.

De-là nous passâmes à Gratz, capitale de la Styrie, où il y a une très ancienne et très célèbre

université, bien plus fréquentée que celle de Pavie; les Allemands étant beaucoup plus studieux,
et moins dissipés que les Italiens.

J'aurois bien voulu pouvoir pousser ma route
jusqu'à Prague, mais nous étions pressés, mon
compagnon de voyage et moi, lui, pour les ordres
de son maître, moi, pour ceux de mon père. Tout
ce que nous fîmes, fut de ne pas revenir par le
même chemin; nous traversâmes la Carinthie,
nous vîmes Trieste, port de mer considerable sur
la mer Adriatique, de-là nous pasâsmes par Aqui-
lea et par Gradisca, et nous rendîmes à Vipack,
deux jours plus tard qu'on ne nous l'avoit prescrit.

Aussi-tôt que je fus de retour, mon père prit
congé du Comte Lantieri, qui lui fit présent pour
récompenser ses soins, d'une somme d'argent très
honnête, et y joignit une très belle boîte avec son
portrait, et une montre d'argent pour moi. Un
jeune homme dans ce tems-là etoit bien content
quand il pouvoit avoir un montre d'argent! A
présent les laquais ne daignent pas en porter.

En prenant la poste à Gorice, je priai mon père
de préférer la route de Palma Nova que je n'avois
pas vue; mais dans le fond, c'étoit pour éviter de
passer par Udine, où la dernière aventure me faisoit craindre quelque rencontre désagréable. Mon
père y consentit de bonne foi, et nous y arrivâmes
à la première dînée.

Palma, ou Palma-Nova, est une des plus fortes

et des plus considérables forteresses de l'Europe. Elle appartient aux Vénitiens, et c'est le rempart de leurs états du côté de l'Allemagne.

Les fortifications sont si bien ordonnées et si bien exécutées, que les étrangers vont les voir par curiosité, comme un chef-d'œuvre d'architecture militaire.

La République de Venise envoye à Palma un provediteur-général pour la gouverner. Il préside au civil, au criminel et au militaire, et il rend compte au sénat journellement de tout ce qui peut interesser le gouvernement.

Nous allâmes faire une visite au provediteur-général, que mon père avoit connu à Venise. Ce digne sénateur nous reçut avec beaucoup de bonté ; il avoit vu mon carême poëtique, et il m'en fit compliment ; mais en me regardant avec un souris malin, il me dit que les sermons du Père Cataneo, ne paroissoient pas m'avoir beaucoup sanctifié, me faisant comprendre qu'il étoit instruit de mes étourderies postérieures ; et cela n'étoit pas bien difficile à cause de la proximité des lieux. Je rougis un peux ; mon père s'en apperçut, et me demanda depuis, ce que cela vouloit dire ; je dis que je n'y comprenois rien, et il ne m'en parla pas davantage : nous soupâmes chez son excellence, et nous partîmes le lendemain.

En nous approchant du Taillamento, que nous devions repasser, on nous dit que ce torrent avoit furieusement débordé, et qu'il n'étoit pas possible de le traverser. Comme nous n'étions pas biens éloignés d'Udine, mon père proposa d'aller attendre tranquillement dans cette ville que les eaux revinssent dans leur état naturel. Udine me faisoit peur, j'y trouvois des difficultés. Mon père insistoit, et moi toujours de nouvelles raisons. Mon père son impatientoit ; nous descendîmes dans un cabaret ; on nous servit un déjeûné dînatoire, et là mon père rapprochant les propos du général de Palma de ceux que je tenois pour ne pas repasser par Udine, me pressa si fort que je fus obligé de lui dire le plus modestement que je pus, tout ce qui m'étoit arrivé. Il s'amusa de l'aventure de Thérèse, et me conseilla d'en tirer parti en me défiant des femmes suspectes, mais sur l'article de la limonadière, en me parlant plus en ami qu'en père, il me fit voir mes torts, et il me fit pleurer. Heureusement on vint nous dire que le Taillamento étoit devenu guéable, et nous reprîmes la route que nous avions suspendue.

CHAPITRE VII.

Mon Retour à Chiozza.—Mon Départ pour Mo-
dène.—Spectacle affreux.—Mes Vapeurs.—Ma
Guerison à Venise.—Toujours à Chiozza.—Ab-
sence de mon Frère cadet.—Mon nouvel Emploi.
—Anecdote d'une Religieuse et d'une Pension-
naire.—Mon Arrivée à Feltre.—Troupe de Co-
médiens.—Spectacle de Société.—Mes premiers
Ouvrages comiques.—Mes Amours.

Nous arrivâmes à Chiozza, et nous fûmes reçus
comme une mère reçoit son cher fils, comme une
femme reçoit son cher époux après une longue
absence ; j'étois très content de revoir cette ver-
tueuse mère qui m'étoit tendrement attachée ;
après avoir été séduit et trompé, j'avois besoin
d'être aimé : c'étoit une autre espèce d'amour
celui ci, mais en attendant que je pusse goûter les
délices d'une passion honnête et agréable, l'amour
maternel faisoit ma consolation ; nous nous aimions
tous deux, ma mère et moi ; mais quelle différence
de l'amour d'une mère pour son fils, à celui d'un
fils pour sa mère ! Les enfans aiment par reconnoissance ; les mères aiment par impulsion naturelle, et l'amour propre n'a pas moins de part dans
leur tendre amitié ; elles aiment les fruits de leur

union conjugale ; qu'elles ont conçus avec satisfaction, qu'elles ont portés avec peine dans leur
sein, qu'elles ont mis au monde avec tant de souf-
frances ; elles les ont vus croître de jour en jour ;
elles ont joui des premiers traits de leur innocence ;
elles se sont habituées à les voir, à les aimer, à les
soigner... Je crois même que cette dernière raison
l'emporte sur les autres, et qu'une mère n'aimeroit
pas moins un enfant qu'on lui auroit changé en
nourrice, si elle l'avoit reçu de bonne foi pour le
sien, si elle avoit pris soin de sa première éducation,
et s'étoit habituée à le caresser et à le chérir.

Voilà une digression étrangère à ces Mémoires,
mais j'aime à bavarder quelquefois ; et sans courir
après l'esprit, rien ne m'intéresse davantage que
l'analyse du cœur humain. Reprenons le fil de
notre discours.

Mon père reçut une lettre de son cousin Zavarisi, notaire à Modène, et en voici le contenu.

Le duc venoit de renouveller un ancien édit,
par lequel il étoit défendu à tout possesseur de
rentes et de biens fonds, de s'absenter de ses états
sans permission, et ces permissions coûtoient cher.

M. Zavarisi ajoutoit dans sa lettre, que nos vues
sur Milan, à mon égard, étant manquées, il conseilloit mon père de m'envoyer à Modène, où il y
avoit une université comme à Pavie, où j'aurois
pu achever mon droit, et être licentié, et ensuite
me faire recevoir avocat. Ce bon parent, qui nous
étoit vraiment attaché, rappelloit à mon père que

nos ayeux avoient toujours occupé des places distinguées dans le duché de Modène, que je pourrois faire revivre l'ancien crédit de notre famille, et éviter en même tems la dépense d'une permission qu'il faudroit renouveller tous les deux ans ; il finissoit par dire qu'il se chargeroit du soin de ma personne, qu'il me chercheroit une bonne et honnête pension. Il y avoit dans un post-scriptum, qu'il avoit jetté les yeux sur moi pour un bon mariage.

Cette lettre occasionna beaucoup de raisonne-mens, et des pour et des contre sans fins, entre mon père et ma mère. Le maître l'emporta, et il fut décidé que je partirois incessamment avec le courier de Modène.

Il y a à Venise des couriers qui courent, et des couriers qui ne courent pas. Les premiers on les appelle les couriers de Rome, qui ne vont d'ordi-naire qu'à Rome et à Milan, et par extraordinaire par-tout où la république les envoye. Ce sont des charges fixées au nombre de trente-deux, et ils jouissent d'une certaine considération dans la bourgeoisie.

Mais pour les autres couriers, c'est bien diffé-rent ; ce ne sont que des conducteurs de coches d'eau, payés par leurs fermiers respectifs ; ils sont cependant dans le cas d'avancer leur fortune, en tirant parti des recoins de leurs barques, pour y receler leurs paquets.

On est très commodément dans ces coches d'eau,

qui sont au nombre de cinq. Celui de Ferrare, celui de Bologne, celui de Modène, celui de Mantoue, et celui de Florence : on y est nourri, si l'on veut, et de toute façon ; le prix en est très modique.

Il n'y a qu'un seul inconvénient ; c'est que dans un seul et même voyage, il faut changer de barque trois fois. Chaque état par où ces couriers doivent passer, prétend avoir droit d'employer ses coches et ses matelots, et les différens états limitrophes n'ont jamais imaginé un arrangement qui pourroit tourner au profit commun, sans gêner les passagers. Je souhaite que les maîtres du Po lisent mes Mémoires, et profitent de mon avis.

Me voilà donc dans la barque courière de Modène ; nous étions quatorze passagers : notre conducteur appellé Bastia, étoit un homme fort âgé, fort maigre, d'une phisionomie sévère ; cependant très honnête homme, et même dévot.

Nous fûmes servis à la première dînée tous ensemble, à l'auberge où notre patron fit la provision nécessaire pour le souper, qui se fait en marchant.

A la nuit tombante, on allume les deux lampes qui éclairent par-tout, et voilà le courier qui paroît au milieu de nous, un chapelet à la main, et nous prie et nous exhorte très poliment de réciter avec lui à haute voix une tierce-partie du rosaire, et les litanies de la Vierge.

Nous nous prêtâmes presque tous à la pieuse insinuation du bon homme Bastia, et nous nous rangeâmes des deux côtés pour partager les Pater

et les Ave Maria, que nous récitions assez dévotement. Il y avoit dans un coin du coche trois de
nos voyageurs, qui, le chapeau sur la tête, ricanoient
entr'eux, nous contrefaisoient, et se moquoient de
nous. Bastia s'en apperçut ; il pria ces messieurs
d'être au moins honnêtes s'ils ne vouloient pas
être dévots. Les trois inconnus lui rirent au nez ;
le courier souffre, et n'en dit pas davantage, ne
sachant pas à qui il avoit à faire ; mais un matelot
qui les avoit reconnus, dit au courier que c'étoit
trois Juifs. Bastia monte en fureur, et crie comme
un possédé : Comment ! vous êtes des Juifs, et à
la dînée vous avez mangé du jambon !

A cette escapade inattendue, tout le monde se
mit à rire, et les Juifs aussi. Le courier va son
train ; je plains, dit-il, les malheureux qui ne
connoissent pas notre réligion ; mais je méprise
ceux qui n'en observent aucune. Vous avez mangé
du jambon, vous êtes des coquins ; les Juifs en
fureur se jettent sur le conducteur : nous prîmes
le parti raisonnable de le garantir, et nous forçâmes
les Israëlites à faire bande à part.

Notre rosaire interrompu fut remis au lendemain ;
nous soupâmes assez gaîment, nous nous couchâmes
sur nos petits matelas, et il n'y eut rien d'extraordinaire pendant le reste du voyage.

En approchant de Modène, Bastia me demanda
où j'allois me loger ; je ne le savois pas moi-même ;
M. Zavarisi devoit me chercher une pension :
Bastia me pria d'aller en pension chez lui ; il con-

noissoit M. Zavarisi, il se flattoit qu'il le trouveroit bon : effectivement mon cousin donna son approbation, et j'allai demeurer chez le courier qui ne couroit pas.

C'étoit une maison de dévots; le père, les fils, les filles, la bru, les enfans étoient tous dans la plus grande dévotion; je ne m'y amusois pas : mais comme c'étoient d'honnêtes gens qui vivoient sagement et tranquillement, j'étois très content de leurs attentions, et on est toujours estimable quand on remplit les devoirs de la société.

Mon cousin Zavarisi très content de me voir auprès de lui, me présenta d'abord au recteur de l'université, et m'emmena ensuite chez un célèbre avocat du pays, ou je devois apprendre la pratique, et où je pris ma place dans l'instant.

Il y avoit dans cette étude un neveu du célèbre Muratori, qui me procura la connoissance de son oncle, homme universel, qui embrassoit tous les genres de littérature qui fit tant d'honneur à sa nation et à son siècle, et auroit été cardinal, s'il eut moins bien soutenu dans ses écrits les intérêts de la maison d'Est.

Mon nouveau camarade me fit voir tout ce qu'il y avoit de plus curieux dans la ville. Le palais ducal entr'autres qui est de la plus grande beauté et de la plus grande magnificence, et cette collection de tableaux si précieuse qui existoit encore à Modène dans ce tems-là, et que le roi de Pologne acheta pour le prix considérable de cent mille sequins (1,100,000 liv.).

J'étois curieux de voir ce fameux sceau, qui est le sujet de la secchia rappita (le sceau enlevé) du Tassoni : je le vis dans le clocher de la cathédrale, où il est suspendu perpendiculairement à une chaîne de fer. Je m'amusois assez bien, et je crois que le séjour de Modène m'auroit convenu, à cause de la société de gens de lettres qui y abondent, à cause des spectacles qui sont très fréquens, et par l'espérance que j'avois d'y réparer mes pertes.

Mais un spectacle affreux que je vis peu de jours après mon arrivée, une cérémonie horrible, une pompe de jurisdiction religieuse, me frappa si fort, que mon esprit fut troublé, et mes sens agités.

Je vis au milieu d'une foule de monde un échaffaud élevé à la hauteur de cinq pieds, sur lequel un homme paroissoit tête nue et mains liées : c'étoit un abbé de ma connoissance, homme de lettres très éclairé, poëte célèbre, très connu, très estimé en Italie ; c'étoit l'abbé J.... B.... V.... Un religieux tenoit un livre à la main ; un autre interrogeoit le patient ; celui-ci répondoit avec fierté : les spectateurs claquoient des mains, et l'encourageoient : les reproches augmentoient : l'homme flétri frémissoit : je ne pus plus y tenir. Je partis rêveur, agité, etourdi ; mes vapeurs mattaquèrent sur le champ : je rentrai chez moi, je m'enfermai dans ma chambre, plongé dans les réflexions les plus tristes et les plus humiliantes pour l'humanité.

Grand Dieu! me disois-je à moi-même, à quoi sommes-nous sujets dans cette courte vie que nous sommes forcés de traîner? Voilà un homme accusé d'avoir tenu des propos scandaleux à une femme qui venoit de faire son beau jour. Qui est-ce qui la dénoncé? C'est la femme elle-même. Ciel! ne suffit-il pas d'être malheureux pour être puni?

Je passai en revue tous les événemens qui m'étoient arrivés, et qui auroient pu être dangereux pour moi: la malade de Chiozza, la femme de chambre et la limonadière de Frioul, le satyre de Pavie, et d'autres fautes que j'avois à me reprocher.

Pendant que j'étois dans mes tristes rêveries, voilà le père Bastia, qui, me sachant rentré, vient me proposer d'aller réciter le rosaire avec sa famille. J'avois besoin d'une distraction, j'acceptai avec plaisir: je dis mon rosaire assez dévotement, et j'y trouvai ma consolation.

On servit le souper, et on parla de 'Abbé V..... Je marquai l'horreur que cet appareil m'avoit fait; mon hôte, qui étoit de la société séculière de cette jurisdiction, trouva la cérémonie superbe et exemplaire. Je lui demandai comment le spectacle s'étoit terminé: il me dit que l'orgueilleux avoit été humilié, que l'obstiné avoit enfin cédé; qu'il fut obligé d'avouer, à haute voix, tous ses crimes, de réciter une formule de rétractation qu'on lui avoit présentée, et qu'il étoit condamné à six années de prison.

La vue terrible de l'homme flétri ne me quittoit pas : je ne voyois plus personne : j'allois à la messe tous les jours avec Bastia : j'allois au sermon, au salut, aux offices avec lui : il étoit très content de moi, et il cherchoit à nourrir cette onction qui paroissoit dans mes actions et dans mes discours, par des récits de visions, de miracles et de conversions.

Mon parti étoit pris ; j'étois fermement résolu d'entrer dans l'ordre des Capucins. J'écris à mon père une lettre bien étudiée, et qui n'avoit pas le sens commun : je le priai de m'accorder la permission de renoncer au monde, et de m'envelopper dans un capuchon. Mon père, qui n'étoit pas sot, se garda bien de me contrarier : il me flatta beaucoup : il parut content de l'inspiration que je lui marquois, et me pria seulement d'aller le rejoindre aussi-tôt sa lettre reçue, me promettant que lui et ma mère n'aimoient pas mieux que de me satisfaire.

A la vue de cette réponse, je me disposai à partir. Bastia, qui ne devoit pas ce jour là conduire la barque de Venise, me recommanda à son camarade qui alloit partir. Je fis mes adieux à la dévote famille ; je me recommandai bien à leurs prières, et je partis dans les élans de la contrition.

Arrivé à Chiozza, mes chers parens me reçurent avec des caresses sans fin. Je leur demandai leur bénédiction : ils me la donnèrent en pleurant : je parlai de mon projet ; ils ne le trouvèrent pas mauvais. Mon père me proposa de m'emmener à Venise, je le refusai avec la franchise de la dévotion : il me dit que c'étoit pour me présenter au gardien des Capucins, j'y consentis de bon cœur.

Nous allons à Venise ; nous voyons nos parens, nos amis : nous dînons chez les uns, nous soupons chez les autres. On me trompe : on m'emmene à la comédie : au bout de quinze jours, il ne fut plus question de clôture. Mes vapeurs si dissipèrent ; ma raison revint. Je plaignois toujours l'homme que j'avois vu sur un échauffaud ; mais je reconnus qu'il n'étoit pas nécessaire de renoncer au monde pour l'éviter.

Mon père me ramena à Chiozza, et ma mère qui étoit pieuse, sans être bigotte, fut bien contente de me revoir dans mon assiette ordinaire. Je luis devenois encore plus cher et plus intéressant, à cause de l'absence de son cadet.

Mon frère, qui avoit été de tout tems destiné pour le militaire, étoit parti pour Zara, capitale de la Dalmatie ; on l'avoit adressé à M. Visinoni, cousin de ma mère, capitaine de dragons, et aide-major du provéditeur-général de cette province, qui appartient à la république de Venise.

Ce brave officier, que tous les généraux qui se

succédoient à Zara vouloient avoir auprès d'eux, s'étoit chargé de l'éducation de mon frère, et le plaça ensuite dans son régiment.

Pour mois, je ne savois pas ce que j'allois devenir. J'avois, à l'âge de vingt-un ans essuyé tant de revers, il m'étoit arrivé tant de catastrophes singulières, tant d'événemens fâcheux, que je ne me flattois plus de rien, et je ne voyois d'autre ressource dans mon esprit que l'art dramatique, que j'aimois toujours, et que j'aurois entrepris depuis long-tems, si j'eusse été maître de ma volonté.

Mon père, fâché de me voir devenu le jouet de la fortune, ne perdit pas la tête dans des circonstances qui devenoient sérieuses pour lui et pour moi. Il avôit fait des dépenses considérables et inutiles pour me donner un état, et il auroit voulu me procurer un emploi honnête et lucratif, qui ne lui coutât rien. Cela n'étoit pas facile à trouver: il le trouva cependant, et si bien de mon goût, que j'oubliai toutes les pertes que j'avois faites, & je n'eus plus rien à regretter.

La République de Venise envoie à Chiozza pour gouverneur un noble Vénitien, avec le titre de podesta ; celui-ci emmene avec lui un chancelier, pour le criminel ; emploi qui revient à celui de lieutenant-criminel en France ; et ce chancelier-criminel doit avoir un aide dans son office, avec le titre de coadjuteur.

Ces places sont plus ou moins lucratives, selon

le pays où l'on se trouve ; mais elles sont toujours très agréables, puisqu'on a la table du gouverneur, qu'on fait la partie de son excellence, et qu'on voit ce qu'il y a plus grand dans la ville ; et pour peu que l'on y travaille, on se tire d'affaire assez bien.

Mon père jouissoit de la protection du gouverneur, qui étoit alors le noble François Bonfadini. Il étoit aussi très lié avec le chancelier-criminel, et connoissoit beaucoup le coadjuteur. Bref, il me fit recevoir pour adjoint à ce dernier.

Le tems des gouvernemens Vénitiens est fixé ; on les change toujours au bout de seize mois. Quand je suis entré en place, il y en avoit quatre de passés. D'ailleurs, j'étois surnuméraire ; je ne pouvois prétendre à aucune espèce d'émolumens ; mais je jouissois de tous les agrémens de la société. Bonne table, beaucoup de jeu, des concerts, des bals, des festins. C'étoit un emploi charmant ; mais comme ce ne sont pas des charges, et que le gouverneur est le maître d'en donner la commission à qui bon lui semble, il y a de ces chanceliers qui pourrissent dans l'inaction ; et il y en a qui passent et sautent par dessus les autres, et n'ont pas le tems de se reposer. C'est le mérite personnel qui les fait rechercher ; mais le plus souvent, ce sont les protections qui l'emportent.

J'étois prévenu de la nécessité de m'assurer une réputation ; et en ma qualité de surnuméraire, je cherchois tous les moyens de m'instruire, & de me

rendre utile. Le coadjuteur n'aimoit pas trop le
travail. Je le soulageois autant qu'il m'étoit possible ; et au bout de quelques mois, j'étois devenu
aussi habile que lui. Le chancelier ne tarda pas
à s'en appercevoir ; et sans passer par le canal de
son coadjuteur, il me donnoit des commissions
épineuses, et j'avois le bonheur de le contenter.

La procédure criminelle est une leçon très intéressante pour la connoissance de l'homme. Le
coupable cherche à détruire son crime, ou à en
diminuer l'horreur : il est naturellement adroit,
ou il le devient par crainte : il sait qu'il a affaire
à des gens instruits, à des gens du métier, et il ne
désespère pas cependant de pouvoir les tromper.

La loi a prescrit aux criminalistes des formules
d'interrogatoire, qu'il faut suivre pour que les
demandes ne soient pas captieuses, et que la foiblesse ou l'ignorance ne soit pas surprise. Cependant, il faut un peu connoître ou tâcher de
deviner le caractère et l'esprit de l'homme qu'on
doit examiner ; et tenant le milieu entre la rigueur
et l'humanité, on cherche à démêler la vérité sans
contrainte.

Ce qui m'intéressoit davantage étoit le résumé
de la procédure, et le rapport que je préparois
pour mon chancelier : c'est de ces résumés et de
ces rapports que souvent l'état, l'honneur et la vie
d'un homme dépendent. Les inculpés sont défendus, la matière est discutée ; mais le rapport
fait une première impression. Malheur à ceux

qui font des résumés sans connoissance, et des
rapports sans réflexion.

Ne dites pas, mon cher lecteur, que je me donne
les violons ; vous voyez que quand je fais des
étourderies, je ne m'épargne pas, il faut bien que
je prenne ma revanche, quand je suis content de
moi.

Les seize mois de résidence du podesta, touchoient à leur terme. Notre chancelier criminel
étoit déjà retenu pour Feltre ; il me proposa la
place de coadjuteur en chef, si je voulois le suivre :
enchanté de cette proposition, je pris le tems convenable pour en parler à mon père, et le lendemain
nos engagemens furent arrêtés.

Enfin, me voilà établi ; jusqu'alors je n'avois
regardé les emplois que de loin : j'en tenois un
qui me plaisoit, qui me convenoit ; je me proposois
bien de ne pas le quitter ; mais l'homme propose,
et Dieu dispose.

Au départ de notre gouverneur de Chiozza, tout
le monde s'empressa de lui faire honneur ; les
beaux esprits de la ville, s'il y en avoit, firent une
assemblée littéraire, dans laquelle on célèbra, en
vers et en prose, le prêteur illustre qui les avoit
gouvernés.

Je chantai aussi toutes les sortes de gloire du
héros de la fête, et je m'étendis davantage sur les
vertus et les qualités personnelles de madame la
gouvernante ; l'un et l'autre avoient des bontés

pour moi, et à Bergame, où je les ai revus en
charge quelque tems après, et à Venise, où son
excellence avoit été décorée du grade de sénateur,
ils m'ont toujours honoré de leur protection.

Tout ce monde partit ; je restai à Chiozza en
attendant que M. Zabottini (c'étoit le nom du
chancelier) m'appellât à Venise, pour le voyage
de Feltre. J'avois toujours cultivé la connoissance
des religieuses de Saint François, où il y avoit de
charmantes pensionnaires ; la dame B*** en avoit
une sous sa direction, qui étoit fort belle, fort riche
et très aimable ; elle m'auroit infiniment convenu,
mais mon âge, mon état, ma fortune ne pouvoient
pas me permettre de m'en flatter ; la religieuse,
cependant, ne me désespéroit pas ; quand j'allois
la voir, elle ne manquoit jamais de faire descendre
la demoiselle dans le parloir. Je sentois que j'allois
m'y attacher tout de bon ; la directrice en paroissoit contente ; je ne la comprenois pas : je lui
parlai un jour de mon inclination et de ma crainte ;
elle m'encouragea, et me confia le secret. Cette
demoiselle avoit du mérite et du bien : mais il y
avoit du louche sur sa naissance ; ce petit défaut
n'étoit rien, disoit la dame voilée, la fille est sage,
elle est bien élevée, je réponds de son caractère et
de sa conduite ; elle a un tuteur, continua-t-elle,
il faudra le gagner : laissez moi faire ; il est vrai
que ce tuteur très vieux et très cassé, a quelque
prétention sur sa pupile, mais il a tort, et . . . . .

comme j'y suis pour quelque chose.......... laissez-moi faire, encore une fois, j'arrangerai les choses pour le mieux.

J'avoue que d'après ces discours, d'après cette confidence et cet encouragement, je commençois à me croire heureux. Mademoiselle N*** ne me regardoit pas de mauvais œil, et je comptois la chose comme faite.

Tout le couvent s'étoit apperçu de mon penchant pour la pensionnaire, et il y a eu des demoiselles, qui, connoissant les intrigues du parloir, prirent pitié de moi, me mirent au fait de ce qui se passoit : et voici comment.

Les fenêtres de ma chambre donnoient justement vis-à-vis le clocher du couvent ; on avoit ménagé dans sa construction de faux jours, au travers desquels on voyoit confusément la figure des personnes qui s'y accostoient ; j'avois vu plusieurs fois à ces trous qui étoient des quarrés longs, des figures et des signes, et j'appris avec le tems, que ces signes marquoient les lettres de l'alphabet, qu'on formoit des mots, et qu'on pouvoit se parler de loin ; j'avois presque tous les jours une demi-heure de cette conversation muette, dont les propos n'étoient que sages et décens.

C'est par le moyen de cet alphabet manuel, que j'appris que Mademoiselle N*** alloit se marier incessamment avec son tuteur. Indigné des procédés de la dame B***, j'allai la voir l'après-dîné, bien déterminé à lui marquer mon ressentiment:

je la fais demander ; elle vient, elle me regarde
fixement, elle s'apperçoit que j'ai du chagrin, et
adroite comme elle étoit, elle ne me donne pas le
tems de parler ; elle m'attaque la première avec
vigueur, et avec une sorte d'emportement.

Eh bien, Monsieur, me dit-elle, vous êtes
fâché, je le vois à votre mine ; je voulois parler,
elle ne m'écoute pas ; elle hausse la voix, et continue : Oui Monsieur, Mademoiselle N*** se
marie, et c'est son tuteur qui va l'épouser ; je
veux parler haut aussi : paix, paix, s'écrie-t-elle,
écoutez-moi : ce mariage-là est mon ouvrage, c'est
d'après mes réflexions que je l'ai secondé et c'est
pour vous que je l'ai sollicité. Pour moi, dis-je ?
Oui. Paix, dit-elle, et vous allez voir la marche
d'une femme droite, et qui vous est attachée.
Etes-vous, continua-t-elle, en état de vous marier ?
Non, pour cent raisons. La demoiselle auroit-elle
attendu votre commodité : Non, elle n'en étoit
pas la maitresse ; il falloit marier ; un jeune homme
l'auroit épousée, vous l'auriez perdue pour toujours. Elle se marie à un vieillard, à un homme
valétudinaire, qui ne peut pas vivre long-tems, et
quoique je ne connoisse pas les agrémens et les
désagrémens du mariage, je sais qu'une jeune
femme doit abréger les jours d'un vieux mari ;
vous aurez une jolie veuve, qui n'aura eu de
femme que le nom ; soyez tranquille là-dessus :
elle aura été avantagée, elle sera encore plus riche,
qu'elle ne l'est actuellement ; en attendant vous

ferez votre chemin.   Ne craignez rien sur son
compte, non, mon cher ami, ne craignez rien ;
elle vivra dans le monde avec son barbon, mais je
veillerai sur sa conduite.   Oui, oui, elle est à
vous, je vous la garantis, je vous en donne ma
parole d'honneur.

Voilà Mademoiselle N*** qui arrive, et qui
s'approche de la grille.   La directrice me dit d'un
air mistérieux, faites compliment à Mademoiselle
sur son mariage.   Je ne puis plus y tenir ; je tire
ma révérence, et je m'en vais sans rien dire.

Je ne vis plus ni la directrice, ni la pensionnaire, et Dieu merci, je ne tardai pas à les oublier
l'une et l'autre.

Aussitôt que je reçus la lettre d'avis pour aller
à Feltre, je partis de Chiozza accompagné de mon
père, et j'allai à Venise me présenter, avec lui, à
son excellence Paolo Spinelli, noble Vénitien, qui
étoit le podesta ou gouverneur que je devois
suivre.   Nous allâmes voir aussi le chancelier
Zabottini, sous les ordres duquel je devois travailler.   Je partis de Venise quelques jours après,
et j'arrivai au bout de quarante-huit heures à l'endroit de ma résidence.

Feltre ou Feltri est une ville qui fait partie de
la Marche Trévisane, province de la republique
de Venise, à soixante lieues de la capitale ; il y a
évêché et beaucoup de noblesse.

La ville est montagneuse, escarpée, et si bien
couverte de neige pendant tout l'hiver, que les

portes dans les petites rues étant bouchées par
les glaces, on est obligé de sortir par les fenêtres
des entresols.   On attribue à César ce vers Latin :

Feltria perpetuo nivium damnata rigori.

En François.

Feltre toujours livrée à la rigueur des neiges.

Arrivé avant les autres pour recevoir de mon
prédécesseur la consigne des archives et des pro-
cédures entamées, j'appris, avec une surprise agréable, qu'il y avoit dans la ville une troupe de
comédiens que l'ancien gouverneur avoit fait venir,
et qui comptoit donner quelques représentations à
l'arrivée du nouveau.

Le directeur de cette troupe étoit Charles
Véronese, celui qui, trente ans après, vint à Paris
jouer les rôles de pantalon à la comédie Italienne,
et y emmena ses filles la belle Coraline, et la
charmante Camille.

La troupe n'étoit pas mauvaise, le directeur,
malgré son œil de verre, jouoit les premiers amoureux ; et je vis, avec plaisir, ce Florinde dei
Macaroni, que j'avois vu à Rimini, et qui, ayant
vieilli, ne jouoit plus que les rois dans la tragédie,
et les pères nobles dans la comédie.

Quatre jours après, le gouverneur arriva avec le
chancelier et un autre officier de justice, avec le
titre de vicaire, qui, dans ce pays-là, et dans

bien d'autres de l'état de Venise, réunit sa voix à celle du podesta dans les arrêts et dans les jugemens.

Je mis de côté pendant quelques mois, toute idée de plaisir et d'amusement, et je m'appliquai sérieusement au travail, d'autant plus qu'après ce second gouvernement que je faisois en qualité de coadjuteur, je pouvois aspirer à devenir chancelier. Je parcourus les papiers de la chancellerie, et je trouvai une commission du sénat, qui avoit été négligée par mes prédécesseurs : j'en rendis compte à mon principal ; il jugea l'affaire intéressante, et il me chargea de la suivre de toutes mes forces.

C'étoit un procès criminel, à cause d'une coupe de bois de construction dans les forêts de la république ; et il y avoit deux cens personnes impliquées dans ce crime. Il falloit se transporter sur les lieux pour constater le corps du délit. J'y allai moi-même avec des arpenteurs et des gardes, à travers des rochers, des torrens et des précipices. Cette procédure faisoit grand bruit, tout le monde étoit allarmé ; car il y avoit cent ans qu'on détruisoit les bois impunément, et il y avoit à craindre une révolte qui auroit bien pu tomber sur ce pauvre diable de coadjuteur, qui avoit réveillé le chat qui dormoit.

Heureusement, cette grande affaire se termina comme l'accouchement de la montagne. La république se contenta de garantir ses bois à l'avenir. Le chancelier n'y perdit rien, et le coad-juteur fut dédommagé de sa peur.

On me chargea quelque tems après d'une autre commission bien plus agréable et plus amusante. Il s'agissoit d'un procès-verbal à dix lieues de la ville, à cause d'une dispute avec explosion d'armes à feu et blessures dangereuses. Comme c'étoit un pays plat, et qu'on y alloit en cotoyant des terres et des maisons de campagnes charmantes, j'engageai plusieurs de mes amis à me suivre; nous étions douze, six hommes, six femmes, et quatre domestiques. Tout le monde étoit à cheval, et nous employâmes douze jours pour cette expé-dition délicieuse. Pendant ce tems là, nous n'avons jamais dîné et soupé dans le même endroit; et pendant douze nuits, nous n'avons jamais couché sur des lits.

Nous allions très souvent à pied dans des chemins délicieux bordés de vignes et ombragés par des figuiers, déjeûnant avec du lait et quelque-fois avec la nourriture quotidienne des paysans, qui est la bouillie de bled de Turquie, appellée polenta, et dont nous faisions des roties appétis-santes.

Par-tout où nous arrivions, c'étoit des fêtes, des réjouissances, des festins: où nous nous arrêtions le soir, c'étoit des bals qui duroient toute la nuit, et nos femmes tenoient bon aussi bien que les hommes.

Il y avoit, dans cette société, deux sœurs dont l'une étoit mariée et l'autre ne l'étoit pas. Je trouvois celle-ci fort à mon gré, et je puis dire que ce n'étoit que pour elle que j'avois fait la partie. Elle étoit sage et modeste autant que sa sœur étoit folle : la singularité de notre voyage nous fournit la commodité de nous expliquer, et nous devinmes amoureux l'un de l'autre.

Mon procès-verbal fut expédié à la hâte en deux heures de tems ; nous prîmes une autre route pour revenir, afin de varier nos plaisirs ; mais à notre arrivée à Feltre, nous étions tous rompus, fracassés, abymés ; je m'en ressentis pendant un mois, et ma pauvre Angélique eut une fièvre de quarante jours.

Les six cavaliers de notre cavalcade vinrent me proposer une autre espèce de plaisir. Il y avoit dans le palais du gouvernement une salle de spectacle ; ils avoient envie d'en faire quelque chose, et ils me firent l'honneur de me dire que ce n'étoit que pour moi qu'ils en avoient conçu le projet, et ils me laissoient le maître du choix des pièces, et de la distribution des rôles.

Je les remerciai ; j'acceptai la proposition, et sous le bon plaisir de son excellence et de mon chancelier, je me mis à la tête de ce nouveau divertissement.

J'aurois bien desiré que ce fût du genre comique ; je n'aimois pas les arlequinades ; de

bonnes comédies, il n'y en avoit pas. Je préférai donc le tragique. Comme on donnoit par-
tout, dans ce tems-là, les opéras de Métastase,
même sans musique, je mis les airs en récitatifs ;
je tâchai de me rapprocher le mieux que je pus
du style de ce charmant auteur, et je choisis la
Didone et le Siroé pour nos représentations. Je
distribuai les rôles adaptés au personnel de mes
acteurs, que je connoissois ; je gardai pour moi
les derniers, et je fis bien ; car, pour le tragique,
j'étois complètement mauvais.

Heureusement, j'avois composé deux petites
pièces ; j'y jouois deux rôles de caractère, et je
réparai ma réputation. La première de ces pièces
étoit le Bon Père ; la seconde, la Cantatrice (la
Chanteuse). L'une et l'autre furent trouvées
bonnes, et mon jeu assez passable pour un amateur. Je vis la dernière de ces deux pièces à
Venise, quelque tems après. Un jeune avocat
s'en étoit emparé : il la donnoit comme son
ouvrage, et il en recevoit les complimens ;
mais ayant osé la faire imprimer sous son nom,
il eut le désagrément de voir son plagiat dé-
masqué.

Je fis tout ce que je pus pour engager ma belle
Angélique à accepter un rôle dans nos tragédies :
il ne fut pas possible ; elle étoit timide, et
d'ailleurs ses parens ne l'auroient pas permis.
Elle vint nous voir ; mais ce plaisir lui coûta des

larmes ; car elle étoit jalouse, et souffroit beaucoup de me voir familiarisé avec mes jolies camarades.

La pauvre petite m'aimoit tendrement et de
bonne foi ; je l'aimois aussi de toute mon ame,
et je puis dire que c'étoit la première personne
que j'eusse aimée. Elle aspiroit à devenir ma
femme, et elle le seroit devenue, si des réflexions
singulières, et cependant bien fondées, ne m'eussent pas détourné.

Sa sœur aînée avoit été une beauté rare ; et à
ses premières couches, elle devint laide. La
cadette avoit la même peau, les mêmes traits ;
c'étoit de ces beautés délicates, que l'air flétrit,
que la moindre peine dérange ; j'en ai vu une
preuve évidente. La fatigue du voyage que
nous fîmes ensemble l'avoit furieusement changée.
J'étois jeune ; et si ma femme, au bout de quelque
tems, eut perdu sa fraîcheur, je prévoyois quel
auroit dû être mon désespoir.

C'étoit trop raisonner pour un amant ; mais
soit vertu, soit foiblesse, soit inconstance, je
quittai Feltre sans l'épouser.

CHAPITRE VIII.

Réflexions Morales—Changement de Position de mon Père—Mon Embarquement pour Ferrare —Mauvaise Rencontre—Mon Arrivée à Bagnacavallo—Petit Voyage à Fayence—Mort de mon Père—Mon Doctorat— Singularités qui le précédèrent—Mon Reception dans le Corps des Avocats—Ma Présentation .au Palais— Dialogue entre une Femme et Moi.

J'EUS de la peine à me détacher de cet objet charmant, qui m'avoit fait goûter les premiers charmes d'un amour vertueux. Il faut dire cependant que cet amour n'étoit pas d'une trempe bien vigoureuse, puisque je quittai ma maitresse. Un peu plus d'esprit, un peu plus de grace, m'auroient peut-être fixé ; mais il n'y avoit que de la beauté ; cette beauté même me paroissoit sur son déclin : j'eus le tems de la réflexion, et l'amour-propre fût plus fort que ma passion.

Il me falloit une distraction, et j'en trouvai de plusieurs espèces. Mon père qui ne pouvoit se fixer nulle part, manie qu'il a laissée en héritage à son fils, avoit changé de pays. En revenant de Modène où il s'étoit transporté pour des affaires

de famille, il passa par Ferrare ; et là, on lui proposa un parti très avantageux, pour qu'il allât
s'établir à Bagnacavallo, en qualité de médecin,
avec des honoraires fixes. L'affaire étoit bonne,
il accepta la proposition, et je devois aller le
rejoindre aussi-tôt que je serois libre.

En partant de Feltre, je passai par Venise sans
m'y arrêter, et je m'embarquai avec le courier de
Ferrare. Il y avoit, dans la barque, beaucoup
de monde, mais mal assorti. Un jeune homme
entr'autres, maigre, pâle, cheveux noirs, la voie
cassée, et une phisionomie sinistre, fils d'un
boucher de Padoue, et qui tranchoit du grand.
Monsieur s'ennuyoit ; il invitoit tout le monde
à jouer ; personne ne l'écoutoit : c'est moi qui
eus l'honneur de faire sa partie. Il me proposa
d'abord un petit pharaon tête-à-tête. Le courier
ne l'auroit pas permis. Nous jouâmes à un jeu
d'enfans appellé cala-carte ; celui qui a le plus
de cartes à la fin du coup, gagne une fiche, et
celui qui se trouve avoir ramassé plus de piques
en gagne une autre. Je perdois toujours les
cartes, et je n'avois jamais de piques dans mon
jeu : à trente sols la fiche, il m'escamota deux
sequins ; je le soupçonnois, mais je payai sans
rien dire.

Arrivé à Ferrare, j'avois besoin de me reposer ;
j'allai me loger à l'hôtel de Saint Marc, où étoit
la poste aux chevaux ; et pendant que je dînois
tout seul dans ma chambre, voilà mon joueur

qui vient me rendre visite, et me proposer ma
revanche : je refuse ; il se moque de moi ; il
tire de sa poche un jeu de cartes et une poignée de
sequins, et me propose le pharaon ; je refuse encore.

Allons, dit-il, allons, Monsieur, je vous dois
une revanche ; je suis honnête homme, je veux
vous la donner, et vous ne pouvez pas la refuser.
Vous ne me connoissez pas, continua-t-il : pour
vous assurer sur mon compte, voilà les cartes,
tenez vous-même la banque, je ponterai. La
proposition me parut honnête ; je n'étois pas
encore assez fin pour prévoir les tours d'adresse
de messieurs les escamoteurs ; je crus tout bonnement que le sort en décideroit, et que j'étois
dans le cas de ratrapper mon argent.

Je tire de ma bourse dix sequins pour faire
face à ceux de mon vis-à-vis ; je mêle, je donne
à couper : l'ami met deux pontes ; je les gagne,
me voilà joyeux comme arlequin ; je mêle de
nouveau et je donne à couper ; l'honnête homme
double sa mise, il gagne, il fait paroli ; ce paroli
décidoit de la banque, je ne pouvois pas refuser
de le tenir : je le tiens, et je le gagne ; le drôle
jure comme un charretier, prend les cartes qui
étoient tombées sur la table, il les compte, il
trouve une carte impaire, il dit que la taille est
fausse, il soutient qu'il a gagné ; il veut s'emparer de mon argent, je le défends ; il tire un
pistolet de sa poche, je recule ; mes sequins ne
sont plus à moi.   Au bruit de ma voix plaintive

et tremblante, un garçon de l'hôtel entre, et
d'accord peut-être avec le filou, nous annonce
que nous avions encouru l'un et l'autre, les peines
les plus rigoureuses, lancées contre les jeux de
hasard, et nous menaçoit d'aller nous dénoncer
sur le champ, si nous refusions de lui donner
quelqu'argent. Je lui donnai bien vîte un sequin
pour ma part ; je pris la poste sur le champ, et je
partis enragé d'avoir perdu mon argent, et encore
plus d'avoir été filouté.

En arrivant à Bagnacavallo, je trouvai ma consolation dans la vue de mes chers parens. Mon
père avoit eu une maladie mortelle ; son unique
regret étoit, disoit-il, de mourir sans me voir.
Hélas ! il m'a vu, je l'ai vu ; mais ce plaisir réci-
proque n'a pas duré long-tems.

Bagnacavallo n'est qu'un gros bourg, dans la
légation de Ravenne, très riche, très fertile, et très
commerçant.

Après avoir été présenté dans les bonnes sociétés du pays, mon père, pour me procurer de
nouveaux plaisirs, me conduisit à Faenza (Fayence ;) c'est dans cette ville qu'on a commencé
à connoître la matière argilleuse, mêlée de glaise
et de sable, dont on a composé cette terre émaillée,
que les Italiens appellent majolica, et les François
fayence.

Il y a en Italie beaucoup de plats de fayence,
peints par Raphaël d'Urbino, ou par ses élèves.

Ces plats sont encadrés avec des bordures élé-
gantes, et se gardent précieusement dans les cabinets de tableaux ; j'en ai vu une collection très
abondante et très riche à Venise, dans le palais
Grimani, à Santa Maria Formosa.

Faenza est une très jolie ville de la Romagne,
mais il n'y a pas grande chose à voir. Nous fûmes
très bien reçus et très bien traités par le Marquis
Spada : nous vîmes quelques comédies d'une
troupe roulante, et au bout de six jours nous fûmes
de retour à Bagnacavallo.

Quelques jours après, mon père tomba malade.
Il y avoit un an que sa dernière maladie l'avoit
saisi ; il s'apperçut en se couchant que cette re-
chute devoit être sérieuse, et son pouls annonçoit
le danger dans lequel il étoit ; sa fièvre devint ma-
ligne au septième jour, il alloit de mal en pis. Il
se vit à sa fin, il m'appella au chevet de son lit, il
me recommanda sa chère femme, il me dit adieu,
il me donna sa bénédiction. Il fit venir tout de
suite son confesseur, il fut administré ; et la quatorzième jour mon pauvre père n'étoit plus ; il
fut enterré dans l'église de Saint Jérôme de Bagnacavallo le 9 Mars, 1731.

Je ne m'arrêterai pas ici à peindre la fermeté
d'un père vertueux, la désolation d'une femme
tendre, et la sensibilité d'un fils chéri et reconnoissant. Je tracerai rapidement les momens les plus
cruels de ma vie; cette perte coûta cher à mon

cœur, et occasionna un changement essentiel dans mon état et dans ma famille.

J'essuyois les larmes de ma mère, elle essuyoit les miennes ; nous en avions besoin l'un et l'autre. Notre premier soin fut de partir ; nous allâmes rejoindre ma tante maternelle, qui étoit à Venise, et nous nous logeâmes avec elle dans la maison d'un de nos parens, où il y avoit par bonheur un appartement à louer.

Pendant tout le voyage de la Romagne jusqu'à Venise, ma mère n'avoit fait que me parler de mon emploi dans les chancelleries de Terre-Ferme, qu'elle appelloit emploi de Bohémiens, car il falloit être à l'affut des places, et changer toujours de pays. Elle vouloit vivre avec moi ; me voir sédentaire auprès d'elle, et les larmes aux yeux, elle me conjuròit, me sollicitoit pour que j'embrassasse l'état d'avocat. A mon arrivée à Venise, tous nos parens, tous nos amis s'unirent à ma mère pour le même objet ; je résistai tant que je pus, mais enfin il fallut céder.

Ai-je bien fait ? Ma mère jouira-t-elle long-tems de son fils ? Elle avoit tout lieu l'espérer ; mais mon étoile venoit toujours à la traverse de mes projets. Thalie m'attendoit à son temple, elle m'y entraîna par des chemins tortueux, et me fit endurer les ronces et les épines avant de m'accorder quelques fleurs.

Me voyant sur le point de paroître en robe longue dans les salles du palais, où, quelques an-

nées auparavant, j'avois paru en robe courte, j'allai voir mon oncle Indric, chez lequel j'avois appris la pratique. Il fut bien aise de me revoir,
et m'assura que je pouvois compter sur lui. Il
me fallut néanmoins surmonter beaucoup de difficultés.

Pour être reçu avocat à Venise, il falloit commencer par être licencié dans l'université de
Padoue; et pour obtenir les lettres de licence, il
falloit avoir fait son droit dans la même ville, et y
avoir passé cinq années consécutives avec les certificats d'avoir suivi les différentes classes de ces
écoles publiques. Il n'y a que les étrangers qui
puissent se présenter au college, soutenir leurs
thèses, et être licenciés sur le champ.

J'étois originaire Modenois, mais né à Venise,
ainsi que mon père, pouvois-je jouir de l'avantage des étrangers? Je n'en sais rien; mais une
lettre écrite par ordre du Duc de Modène à son
ministre à Venise, me fit placer dans la classe des
privilégiés.

Me voilà donc dans la possibilité de me rendre
bien vîte à Padoue, et d'y recevoir le bonnet doctoral; mais voilà une nouvelle difficulté encore
plus forte. Au barreau de Venise, on ne suit que
le code Vénitien; on ne cite jamais ni Bartole, ni
Balde, ni Justinien. On ne les connoît presque
pas; mais il faut les connoître à Padoue. C'est à
Venise comme à Paris, les jeunes gens perdent
leur tems dans une étude inutile.

J'avois perdu mon tems, ainsi que les autres,
j'avois étudié le droit romain à Pavie, à Udine, à
Modène ; mais j'étois hors d'exercice depuis quatre ans ; j'avois perdu la trace des loix impériales,
et je me vis dans la nécessité de devenir encore
écolier.

Je m'adressai à un de mes anciens amis. M.
Radi que j'avois connu dans mon enfance, et ayant
employé son tems beaucoup mieux que moi,
étoit devenu bon avocat et excellent maître en
droit pour instruire les candidats qui n'alloient à
Padoue que quatre fois par an, pour se montrer et
pour rapporter les certificats de présence. M.
Radi étoit un brave homme ; mais il aimoit le jeu,
ce qui faisoit qu'il n'étoit pas trop à son aise ; ses
écoliers profitoient de ses leçons, et lui empor-
toient souvent son argent.

Quand M. Radi me crut en état de pouvoir
m'exposer, nous allâmes ensemble à Padoue.
J'avoue qu'instruit comme je l'étois et avec une
certaine hardiesse que l'usage du monde m'avoit
donnée, je ne laissois pas cependant d'appréhen-
der ces mines graves et imposantes, qui devoient
me juger: mon ami se moquoit de moi ; il m'as-
suroit qu'il n'y avoit rien à craindre ; que c'étoit
des cérémonies par lesquelles il falloit passer, et
qu'il faudroit être bien ignorant pour ne pas être
couronné des lauriers de l'université.

Arrivés dans la grande ville des docteurs, nous
allâmes d'abord chez M. Pighi, professeur en droit

civil, pour le prier de vouloir bien être mon promoteur ; c'est-à-dire, celui qui, en qualité d'as-
sistant, devoit me présenter et me soutenir. Il
m'accorda la grace que je lui demandai, et il reçut
avec beaucoup d'honnêteté un cabaret d'argent
dont je lui fis présent.

Nous allâmes ensuite au bureau de l'université,
pour remettre entre les mains du caissier la somme
que les professeurs partagent entr'eux : on fait
cette avance à titre de dépôt ; mais on dit là, comme à la comédie, on ne rend plus l'argent quand
la toile est levée.

Il falloit faire des visites à tous les docteurs du
collége, et nous en fîmes beaucoup avec des
cartes ; mais arrivés chez M. l'Abbé Arrighi, un
des premiers professeurs de l'université, le portier
avoit ordre de nous faire entrer. Nous le trouvâmes dans son cabinet ; nous lui fîmes le compliment ordinaire de vouloir bien m'honorer de sa
présence, et m'accorder son indulgence. Il parut
très étonné de nous voir bornés à ce compliment
sec et inutile : nous ne savions ce qu'il vouloit
dire ; voici de quoi il s'agissoit.

Il avoit paru une nouvelle ordonnance qui avoit
été publiée par ordre des réformateurs des études
de Padoue, par laquelle les aspirans au bonnet
doctoral, avant que de paroître dans le collége ras-
semblé, devoient être examinés particulièrement,
pour voir s'il étoient suffisamment instruits, et
s'ils étoient dignes de s'y exposer.

C'étoit M. Arrighi lui-même, qui, par un zèle excessif, voyant que l'acte public des candidats n'étoit plus qu'un jeu, qu'on favorisoit trop la jeunesse paresseuse, qu'on choisissoit les questions à plaisir, qu'on communiquoit même les argumens, qu'on fournissoit les réponses, et qu'on ne faisoit que des docteurs sans doctrine, avoit sollicité et obtenu cette fameuse ordonnance, qui alloit détruire l'université de Padoue, si elle eût été de longue durée.

Je devois donc subir cet examen, et l'Abbé Arrighi devoit être mon examinateur. Il pria M. Radi de passer dans sa bibliothèque, et se mit tout de suite à l'ouvrage : il ne me ménagea pas ; il sautoit du code Justinien aux canons de l'église, des digestes aux pandectes ; je répondois tant bien que mal, peut-être plus mal que bien, marquant cependant assez de connoissance et beaucoup de hardiesse. Mon examinateur, très strict et très délicat, n'étoit pas tout-à-fait content de moi : il auroit voulu que j'eusse encore étudié : je lui dis ouvertement que j'étois venu à Padoue pour être licencié, que ma réputation seroit compromise, si je m'en retournois sans le bonnet doctoral, que mon dépôt étoit fait....Comment, dit-il, vous avez déposé l'argent ?....Oui, Monsieur.—Et il a été reçu sans mon ordre ?—Le caissier l'a reçu tout simplement, et en voici la quittance.—Tant-pire, vous risquez de le perdre. Avez-vous le courage de vous y exposer ?—Oui, Monsieur, j'y

suis déterminé, à tel prix que ce soit. J'aime
mieux renoncer pour joujours à être avocat, que
de revenir une seconde fois.—Vous êtes bien hardi.—Monsieur, j'ai de l'honneur.—C'est assez ;
prenez votre jour, je m'y trouverai ; mais prenez-
y garde : la plus petite faute vous fera manquer
votre coup, Je tire ma révérence, et je m'en vais.

Radi avoit tout entendu ; il étoit plus tremblant
que moi. Je savois que mes réponses n'avoient
pas été bien exactes ; mais au collége des docteurs, les questions sont bornées, et on ne vous
fait pas parcourir d'un bout à l'autre le cahos immense de la jurisprudence.

Nous allons, le jour suivant, à l'université,
pour voir tirer de l'urne, les points que le sort
m'avoit destinés. Celui du droit civil étoit sur
les successions des intestats, et celui du droit
canon rouloit sur la bigamie. Je connoissois bien
les titres de l'un et les chapitres de l'autre : je les
repassai ce même jour dans la bibliothèque du
Docteur Pighi, mon promoteur ; et je m'appliquai
sérieusement jusqu'à l'heure du souper.

Nous nous mettions à table, mon ami et moi,
lorsque cinq jeunes gens entrent dans la salle, et
veulent souper avec nous.—Très volontiers : nous
sommes servis, on soupe, on rit, on s'amuse. Un
des cinq écoliers étoit un candidat qui avoit été
refusé à l'examen du Professeur Arrighi. Il pes-
toit contre cet abbé, Corse de nation, et badinoit
sur la barbarie du pays et du regnicole.

Je souhaite le bon soir à ces messieurs. C'est demain le jour de mon doctorat ; il faut que j'aille me coucher : ils se moquent de moi : ils tirent de leurs poches des jeux de cartes ; un d'entr'eux met des sequins sur la table ; Radi, le premier, fait son livret pour ponter : nous jouons, nous passons la nuit au jeu, et nous perdons, Radi et moi, notre argent.

Voilà le bedeau du collége qui arrive, et m'apporte la robe longue que je devois endosser. On entend la cloche de l'université, il faut partir, il faut aller s'exposer sans avoir fermé l'œil, et dans le chagrin d'avoir perdu mon tems et mon argent.

Qu'importe ? allons, courage ; j'arrive ; mon promoteur vient au-devant de moi, me prend par la main, et me place à côté de lui sur une balustrade, en face du demi-cercle de la nombreuse assemblée.

Je me leve quand tout le monde est assis ; je commence par réciter le cérémonial d'usage, et je propose les deux thèses que je devois soutenir. Un des députés à l'argumentation me flanque un sillogisme in barbara, avec citations de textes à la majeure et à la mineure ; je résume l'argument, et dans la citation d'un paragraphe, je me trompe du numéro 5 au numéro 7 ; mon promoteur m'avertit tout bas de cette faute légère ; je veux me corriger. M. Arrighi se leve de son siege, dit tout haut, en adressant la parole à M. Pighi, je proteste, Monsieur, que je ne souffrirai pas la moindre

infraction aux loix de l'ordonnance. Les avis
aux candidats sont défendus dans ces momens.
Passe pour cette fois-ci, mais je vous préviens
pour l'avenir.

Je m'apperçus que tout le monde étoit indigné
de cette sortie déplacée ; je saisis l'instant favorable, je repris le fond de ma *thèse*, et les propositions de l'argument. Je mis à la place de la méthode scholastique, la doctrine, les raisonnemens,
les discussions des compilateurs et des interprètes.
Je fis une dissertation sur toute l'étendue des successions des intestats ; tout le monde m'applaudit ;
voyant que ma hardiesse m'étoit pardonnée, je
tombai tout à coup du droit civil au droit canon ;
j'entrepris l'article de la bigamie ; je le traitai
comme l'autre. Je parcourus les loix des Grecs
et des Romains, je citai les conciles ; le sort m'avoit
favorisé dans la sortie des questions ; je les savois
par cœur ; je me fis un honneur immortel. On va
aux voix. Le greffier en publie le résultat ; je
suis licencié *nemine penitus, penitusque discre-
pante*. C'est à dire, *pas une voix contre ;* pas
même M. Arrighi contre moi ? Au contraire, il en
étoit très content. Alors mon promoteur après
m'avoir mis sur la tête le bonnet doctoral, fit
l'éloge du licencié ; mais comme je n'avois pas
suivi la route ordinaire, il créa sur le champ de la
prose, et des vers latins qui firent beaucoup d'honneur à ma personne, et à la sienne.

Tout le monde entre quand une fois le candidat

a été reçu ; tout le monde entra, et je fus étourdi par les complimens et les embrassades.

Nous rentrons, Radi et moi, dans notre hôtel, très contens que l'affaire soit terminée, et très embarrassés de nous voir sans argent ; il falloit en chercher ; nous en trouvâmes sans beaucoup de peine, et nous partîmes glorieux et triomphans pour Venise, .

. Arrivé à Venise, après avoir embrassé ma mère et ma tante, qui étoient au comble de leur joie, j'allai voir mon oncle le procureur, et le priai de me placer chez un avocat, pour m'instruire des formes qui se pratiquent au barreau. Mon oncle qui étoit dans le cas de choisir, me recommanda à M. Terzi, un des meilleurs plaidans et des meilleurs consultans de la république. Je devois y rester pendant deux ans ; mais j'y entrai au mois d'Octobre, 1731, et j'en sortis, et fus reçu avocat au mois de Mai, 1732. Apparemment qu'on a regardé seulement la date de l'année, et non celle des mois, je remplis les formalités en huit mois de tems ; il y avoit toujours dans mes arrangemens quelque chose d'extraordinaire, et (il faut dire la vérité) presque toujours à mon avantage. J'étois né heureux, si je ne l'ai pas toujours été, c'est ma faute.

Les avocats à Venise doivent avoir leurs logemens, ou du moins leurs études, dans le quartier la Robe. Je louai un appartement à Saint Paternien, et ma mère et ma tante ne me quittèrent pas.

J'endossai la robe de mon état, qui est la même que la patricienne, j'enveloppai ma tête dans une immense perruque, et j'attendois avec impatience le jour de ma présentation au palais.

Cette présentation ne se fait pas sans cérémonies. Le novice doit avoir deux assistans, qu'on appelle à Venise compères de palais ; le jeune homme les cherche parmi les anciens avocats qui lui sont les plus attachés, et je choisis M. Uccelli et M. Roberti, tous deux mes voisins.

J'aillai donc au milieu de mes deux compères au bas du grand escalier, dans la grande cour du palais, faisant pendant une heure et demie tant de révérences et de contorsions, que mon dos en étoit brisé, et ma perruque étoit devenue la crinière d'un lion. Chaque personne qui passoit devant moi, disoit son mot sur mon compte ; les uns, voilà un garçon qui a de la phisionomie ; les autres, voilà un nouveau balayeur du palais ; quelques-uns m'embrassoient, d'autres me rioient au nez. Enfin, je montai, j'envoyai mon domestique chercher une gondole, n'osant pas paroître dans les rues décoëffé comme j'étois, et je lui donnai rendez-vous dans la salle du grand conseil, où je m'assis sur un banc, et où je voyois passer tout le monde sans être vu de personne.

Je faisois mes réflexions sur l'état que je venois d'embrasser. Il y a ordinairement à Venise 240 avocats sur le tableau ; il y en a dix à douze du premier rang, vingt, peut-être, qui occupent le

second ; tous les autres vont à la chasse des cliens,
et les petits procureurs veulent bien être leurs
chiens, à condition qu'ils partagent ensemble la
proie. Je craignois pour moi étant le dernier arrivé, et je regrettois les chancelleries que j'avois
abandonnées.

Mais en me tournant d'un autre côté, je voyois
qu'il n'y avoit pas d'état plus lucratif et plus estimé que celui d'avocat. Un noble Vénitien, un
patricien, membre de la république, qui ne daigne-
roit pas être négociant, ni banquier, ni notaire, ni
médecin, ni professeur d'une université, embrasse
la profession d'avocat, il l'exerce au palais, et appelle les autres avocats ses confrères. Il s'agit
d'avoir du bonheur ; et pourquoi devois-je en
avoir moins qu'un autre ? Il falloit s'essayer, il
falloit entrer dans le cahos du barreau, où le travail
et la probité conduisent au temple de la fortune.

Pendant que j'étois-là tout seul, faisant des
châteaux en Espagne, je vois approcher de moi
une femme d'environ trente ans, qui n'étoit pas
mal de figure, blanche, ronde, potelée, le nez
écrasé, les yeux malins, avec beaucoup d'or au
col, aux oreilles, aux bras, aux doigts, et dans un
accoutrement qui annonçoit une femme du commun, mais à son aise : elle m'accoste et me salue.

Bon jour, Monsieur.—Bon jour, Madame.—
Permettez-vous que je vous fasse mon compliment ?—De quoi ?—De votre entrée au palais. Je
vous ai vu dans la cour faisant vos salamalecs ;

pardi, monsieur, vous êtes joliment coëffé!—N'est-
ce pas ? Suis-je beau garçon ? La coëffure n'y fait
rien, M. Goldoni est toujours bien.—Vous me
connoissez, Madame ?—Ne vous ai-je pas vu il y
a quatre ans dans le pays de la Chicanne, en perruque longue, et petit manteau ?—Oui, vous avez
raison, quand j'étois chez le procureur:—Oui,
chez M. Indric.—Vous connoissez mon oncle ?—
Moi ? je connois ici depuis le doge jusqu'aux
scribes de la cour. Etes-vous mariée?—Non.—
Etes-vous veuve ? Non.—Je n'ose pas vous en
demander davantage.—Vous faites bien.—Avez-
vous un emploi ?—Non:—Cependant à votre air
......vous me paroissez honnête femme.—Aussi
le suis-je.—Vous avez donc des rentes.—Point
du tout.—Mais vous êtes bien nippée, comment
faitez-vous donc ?—Je suis fille du palais, et le
palais m'entretient.—Ah ! la singulière chose !
Vous êtes fille du palais, dites-vous ?—Oui, Monsieur, mon père y étoit employé.—Qu'y faisoit-
il ?—Il écoutoit aux portes, et il alloit apporter
les bonnes nouvelles à ceux qui attendoient des
graces ou des arrêts, ou des jugemens favorables ;
il avoit de bonnes jambes, et il arrivoit toujours
le premier. Ma mère étoit toujours ici comme
moi ; elle n'étoit pas fière, elle recevoit la pièce,
et se chargeoit de quelques commissions. Je suis
née et élevée dans ces salles dorées, et j'ai de l'or
sur moi, comme vous voyez.—Votre histoire est
très singulière ; et vous suivez les traces de votre

mère ?—Non, Monsieur, je fais autre chose.—
C'est-à-dire ?—Je suis solliciteuse de procès.—
Solliciteuse de procès ! je n'y comprends rien.—Je
suis connue comme Barabas : on sait que tous les
avocats, tous les procureurs sont de mes amis, et
plusieurs personnes s'adressent à moi, pour leur
procurer des conseils et des défenseurs.   Ces personnes qui ont recours à moi, ordinairement ne
sont pas riches, et je m'adresse à de nouveaux arrivés, à des désœuvrés qui ne demandent pas mieux
que de travailler pour se faire connoître.   Savez
vous, Monsieur, que telle que vous me voyez,
j'ai fait la fortune d'une bonne douzaine des plus
fameux avocats du barreau ?   Allons, Monsieur,
courage ; si vous voulez je ferai la vôtre.—(Je
m'amusois à l'entendre, mon domestique n'arrivoit
pas, et je continuai la conversation.)

Eh bien, Mademoiselle, avez-vous quelque
bonne affaire actuellement ?—Oui, Monsieur, j'en
ai plusieurs ; j'en ai d'excellentes.   J'ai une
veuve soupçonnée d'avoir caché le magot ; une
autre qui voudroit faire valoir un contrat de mariage fait après coup ; j'ai des filles qui demandent
à être dotées ; j'ai des femmes qui voudroient
plaider en séparation ; j'ai des enfans de famille
poursuivis par leurs créanciers : vous voyez, vous
n'avez qu'a choisir.

Ma bonne, lui dis-je, vous avez parlé, je vous ai
laissez dire ; je vais parler à mon tour.   Je suis
jeune, je vais commencer ma carrière, et je desire

des occasions de m'occuper et de me produire ;
mais l'envie de travailler, la démangeaison de plaider, ne me feront jamais commencer par les mauvaises causes que vous me proposez. Ah, ah, dit-elle
en riant, vous méprisez mes cliens, parceque je vous
avois prévenu qu'il n'y avoit rien à gagner ; mais
écoutez : mes deux veuves sont riches ; vous serez
bien payé, vous serez même payé d'avance, si vous
le voulez.   Je vois venir mon domestique de loin,
je me leve, et je dis à la bavarde d'un ton ferme et
résolu ; non, vous ne me connoissez pas ; je suis
homme d'honneur......Elle me prend par la
main, et me dit d'un air sérieux.   Bravo.   Continuez toujours dans le mêmes sentimens.   Ah !
ah ! lui dis-je, vous changez de langage.   Oui,
reprit-elle, et celui que je prends vaut mieux que
l'autre, dont je m'étois servie.   Notre conversation
n'a pas été sans mystère ; souvenez-vous-en, et
prenez garde de n'en parler à personne.   Adieu,
Monsieur, soyez toujours sage, soyez toujours
honnête, et vous vous en trouverez bien, elle s'en
va, et je reste interdit.   Je ne savois ce que cela
vouloit dire, mais je sus depuis que c'étoit une es-
pionne, qu'elle étoit venue pour me sonder, et je
ne sus et ne voulus savoir qui me l'avoit adressée,

CHAPITRE IX.

*L'heureuse Condition d'un bon Avocat—Trait
singulier d'un Avocat Vénitien— Almanach
de ma Façon—Amalasonte, Tragédie Lyrique
de ma Composition—Mon premier Plaidayer
—Mon Histoire avec une Tante et une Nièce.*

J'ETOIS avocat; j'avois été présenté au barreau : il s'agissoit d'avoir des cliens : j'allois tous
les jours au palais voir plaider les maîtres de
l'art, et regardant de tous les côtés, si ma phisionomie pouvoit sympathiser avec quelque plaideur,
qui voulût bien me faire débuter dans une cause
d'appel. Ce n'est pas dans les tribunaux de
première instance qu'un nouvel avocat peut
briller, et se faire honneur ; c'est dans les cours
supérieures que l'on peut étaler la science, l'éloquence, la voix et la grace : quatre moyens également nécessaires pour qu'un avocat, à Venise,
soit placé au premier rang.

Mon oncle Indric me promettoit beaucoup ;
tous mes amis me flattoient sans cesse ; mais en
attendant, il falloit passer tout l'après-midi et
une partie de la soirée dans un cabinet, pour

ne pas manquer l'instant heureux qui pouvoit
arriver.

Un des profits les plus essentiels de l'avocat
Vénitien, ce sont les consultations ; à un avocat
du premier ordre, on paie une consultation de
trois quarts-d'heure seulement deux ou trois
sequins : et avant de paroître devant le juge, il
y a quelquefois dans une cause de conséquence
et compliquée, douze, quinze et vingt consultations.

Si l'avocat est chargé d'écrire et de former une
demande ou une réponse, dans les actes de la
procédure, ce sont quatre, six, douze sequins
qu'on lui remet sur le champ.

Les plaidoyers ne s'écrivent pas à Venise.
L'avocat plaide de vive voix, et sa harangue lui
est payée à proportion de l'intérêt de la cause, et
du mérite du défenseur.

Tout cela monte très haut : je m'amusois à
calculer dans ma solitude et dans mes momens
d'ennui, qu'un avocat, qui a du crédit et du
bonheur, peut gagner, sans se gêner, quarante
mille livres par an, et c'est beaucoup pour un
pays où la vie est de moitié moins chère qu'à
Paris.

Je me souviens d'un trait singulier d'un des
plus fameux avocats de mon tems.

C'étoit un homme qui avoit beaucoup gagné,
qui tenoit un état honnête à Venise, mais qui

avoit fait bâtir une maison superbe et très ornée,
dans une ville de terre-ferme, où il déployoit tout
son faste et toute sa magnificence.

Un jour qu'un de ses cliens alla chez lui pour
le consulter et lui dire qu'il alloit partir pour
Milan, l'avocat le pria de lui faire construire un
carrosse, et de le lui envoyer à sa maison de V.

Le client s'en chargea avec plaisir. Il fit exécuter la commission sous ses yeux ; la voiture
étoit de la plus grande beauté. Il l'envoya,
comme ils étoient convenus, et en fit part au
commettant sans lui parler du prix.

Le client revient à Venise, et va, avec son procureur, consulter l'avocat sur le courant de ses
affaires. Au milieu de la conversation, l'avocat
se souvient du carrosse ; il l'avoit vu, il en étoit
bien content, et lui demande le mémoire. Le
client refuse de le donner, et prie son défenseur
de vouloir bien l'accepter, comme une marque
d'amitié et de consideration. L'avocat le remercie, et fait semblant d'insister pour le paiement ;
mais les trois quarts d'heure s'écouloient ; il y
avoit, dans l'antichambre, des plaideurs qui
attendoient ; et la montre à la main, on reprit
bien vîte la consultation. Le tems fini, tout le
monde se leve, l'avocat va accompagner à la porte
son client comme de coutume. Le procureur lui
présente trois sequins, l'avocat les prend, et rentre
dans son cabinet.

Le procureur trouva le trait singulier. Il ne put pas se passer d'en faire part à ses amis ; ses amis le dirent à d'autres, et quelqu'un d'entreux en parla à l'avocat ; voici sa réponse et sa justification.

M. le Comte A*** m'a fait un présent ; je l'ai remercié, et nous voilà quittes. Je lui ai donné ma consultation, il l'a payée, et nous voilà encore quittes. Je me moque des sots, et je vais mon train.

Cet homme avoit raison de se moquer du monde ; car il avoit toujours ses tablettes remplies de noms de cliens, et ses quarts d'heure employés.

Chez moi, il ne venoit que quelques curieux pour me sonder, on quelques chicaneurs dangereux ; je les écoutois patiemment : je leur donnois mes avis ; je n'avois pas la montre à la main ; je les gardois tant qu'ils vouloient ; je les accompagnois jusqu'à la porte, et ils ne me donnoient rien : c'est le lot des commençans ; il faut trois ou quatre ans avant que de parvenir à se faire un nom, et à gagner quelque argent.

Je suis fondé à croire cependant que si j'avois continué ma carrière au barreau, j'aurois fait mon chemin beaucoup plus promptement que bien d'autres de mes confrères ; car, au bout de six mois, j'avois plaidé une cause, et je l'avois gagnée ; mais mon étoile me menaçoit déjà d'un nouveau changement, que je n'ai pu éviter, mais je reserve l'origine et les conséquences d'une révolution encore plus forte que celle que j'avois éprouvée dans le collége de Pavie.

En attendant, je passois le tems dans mon cabinet seul, ou mal accompagné, et je faisois des almanachs ; faire des almanachs, soit en Italien, soit en François, c'est s'occuper à des imaginations inutiles ; mais pour cette fois-ci, c'est différent. Je fis vraiment un almanach qui fut imprimé, qui fut goûté, et qui fut applaudi.

Je lui donnai pour titre : l'Expérience du passé, Astrologue de l'avenir, Almanach critique pour l'année 1732. Il y avoit un discours général sur l'année, et quatre discours sur les quatre saisons en tersets, entrelassés à la manière de Dante, contenant des critiques sur les mœurs du siècle, et il y avoit, pour chaque jour de l'année, un pronostic qui renfermoit une plaisanterie, ou une critique, ou une pointe.

Je ne vous rendrai pas compte d'un enfantillage qui n'en mérite pas la peine. Je vais vous transcrire seulement le couplet du jour de Pâques, parceque cette plaisanterie, qui étoit peut-être la moins saillante, fit un effet admirable à cause du pronostic vérifié, et me procura de l'agrément et des services essentiels. Voici la prédiction en vers Italiens :

In si' gran giorno una gentil Contessa
Al perucchier sacrifica la Messa.

La voici en François:

Dans ce grand jour une aimable Contesse.
A son coëffeur sacrifira la Messe.

Ce petit ouvrage, tel qu'il étoit, m'amusa beaucoup; car, dans ces tems-là, il n'y avoit pas de
spectacles à Venise, et mes différentes occupations m'avoient empêché d'y songer. Les critiques et les plaisanteries de mon almanach étoient
vraiment d'un genre comique, et chaque pronostic
auroit pu fournir le sujet d'une comédie.

L'envie me reprit alors de revenir à mon ancien
projet, et j'ébauchai quelques pièces; mais faisant réflexion que le genre comique ne convenoit
pas infiniment à la gravité de la robe, je crus plus
analogue à mon état la majesté tragique, et fis
infidélité à Thalie, en me rangeant sous les drapeaux de Melpomène.

Comme je ne veux rien cacher à mon lecteur,
il faut que je lui révèle mon secret. Mes affaires
alloient mal, j'étois dérangé (on va voir tout-à-
l'heure comment et pourquoi). Mon cabinet ne
me rapportoit rien: j'avois besoin de tirer parti
de mon tems. Les profits de la comédie sont
très médiocres, en Italie, pour l'auteur; il n'y

avoit que l'opéra qui pût me faire avoir cent sequins d'un seul coup.

Je composai, dans cette vue, une tragédie lyrique, intitulée Amalasonte. Je crus bien faire, je trouvai des gens qui, à la lecture, me parurent contens : il est vrai que je n'avois pas choisi des connoisseurs. Je parlerai de cette tragédie musicale, dans un autre moment. Voici mon oncle Indric qui, vient me proposer une cause, il faut l'écouter.

La cause que mon oncle venoit de me proposer étoit une contestation provenante d'une servitude hydraulique. Un meûnier avoit acheté un filet d'eau pour faire aller ses moulins. Le propriétaire de la source l'avoit détournée ; il s'agissoit de rétablir le demandeur dans ses droits, et de dommages et intérêts. La ville de Crême avoit pris fait et cause pour le meûnier. Il y avoit un modèle démonstratif ; il y avoit eu des procès-verbaux, des faits, des violences, des rébellions. La cause étoit mixte au civil et au criminel ; les avogadeurs, magistrature très grave semblable à celle des tribuns du peuple romain, devoient en juger. J'avois pour avocat adversaire le célèbre Cordelina, l'homme le plus savant et le plus éloquent du barreau de Venise: celui-ci devoit parler le premier : je devois répondre sur le champ sans écrits, sans méditations.

Le jour est appointé ; je me rends au tribunal

de l'Avogarie.   Mon adversaire parle pendant
une heure et demie; je l'écoute, je ne le crains
pas.   Sa harangue finie, je commence la mienne;
je tâche, par un préambule pathétique, de me
concilier la faveur de mon juge.   C'étoit la première fois que je m'exposois, j'avois besoin
d'indulgence : j'entre en matière; j'attaque de
front la harangue de Cordelina; mes faits sont
vrais, mes raisons sont bonnes, ma voix est
sonore, mon éloquence ne déplaît pas; je parle
pendant deux heures, je conclus, et je m'en vais
trempé de la tête aux pieds.

Mon domestique m'attendoit dans une chambre voisine; je changeai de chemise; j'étois
fatigué, épuisé.   Voilà mon oncle qui arrive :
mon cher neveu, nous avons gagné, la partie
adverse est condamnée aux dépens.   Courage,
continua-t-il, courage, mon ami ; ce premier
coup d'essai vous annonce pour un homme qui
doit faire son chemin, vous ne manquerez pas de
cliens.   Me voilà donc bien heureux !....Ciel !
quelle destinée! que de vicissitudes! que de revers!

L'évenement malheureux que je vais raconter,
et que j'ai annoncé auroit pu se trouver entre-
mêlé parmi les anecdotes des deux années précédentes ; mais j'ai mieux aimé rassembler l'histoire en entier, que d'en couper le fil, et de la
morceler.

Ma mère avoit été très liée avec Madame St.

, et Mademoiselle Mar qui étoient deux sœurs faisant chacune ménage à part, quoique logées dans la même maison.

Ma mère les avoit perdues de vue à cause de ses voyages, et renouvella connoissance avec elles, aussi-tôt que nous vinmes nous rétablir à Venise.

Je fus présenté à ces dames ; et comme la demoiselle étoit la plus riche, elle logeoit au premier : elle tenoit appartement, et on alloit de préférence chez elle.

Mademoiselle Mar*** n'étoit pas jeune ; mais elle avoit encore de beaux restes : à l'âge de quarante ans, elle étoit fraîche comme une rose, blanche comme la neige, avec des couleurs naturelles, des grands yeux vifs et spirituels, une bouche charmante et un embonpoint agréable ; elle n'avoit que le nez qui gâtoit un peu sa phisionomie : c'étoit un nez aquilain, un peu trop relevé, qui, cependant, lui donnoit un air d'importance quand elle prenoit son sérieux.

Elle avoit toujours refusé de se marier, quoique par son air honnête et par sa fortune, elle n'eût jamais manqué de partis ; et pour mon bonheur, ou pour mon malheur, je fus l'heureux mortel qui put la toucher le premier : nous étions d'accord, et nous n'osions pas nous le dire ; car mademoiselle faisoit la prude, et je craignois un refus. Je me confiai à ma mère ; elle n'en fut pas fâchée : au contraire, croyant le parti convenable pour moi, elle se chargea d'en faire les avancés ; mais elle alloit lentement pour ne pas me distraire de mes occupations, et elle auroit voulu que je prisse un peu plus de consistance dans mon état.

En attendant j'allois passer les soirées chez Mademoiselle Mar***. Sa sœur descendoit pour faire la partie, et conduisoit avec elle ses deux filles qui déjà étoient nubiles. L'aînée étoit contrefaite, l'autre étoit ce qu'on appelle en François un laidron. Elle avoit cependant de beaux yeux noirs et fripons, une petit masque d'arlequin fort drôle, et des graces naïve et piquantes. Sa tante ne l'aimoit pas, car elle l'avoit contre-carrée maintes fois dans ses inclinations passagères, et ne manquoit pas de faire son possible pour la supplanter à mon égard. Pour moi, je m'amusois avec la nièce, et je tenois bon pour la tante.

Dans ces entrefaites un excellence s'introduisit chez Mademoiselle Mar*** il fit les yeux doux à la belle, et elle donna dans le panneau. Ils ne s'aimoient ni l'un, ni l'autre ; la demoiselle en vouloit au titre, et le Monsieur à la fortune.

Cependant je me vis déchu de la place d'honneur que j'avois occupée ; j'en fus piqué, et pour me venger je fis la cour à la rivale détestée, et je poussai si loin ma vengeance, qu'en deux mois de tems, je devins complettement amoureux, et je fis à ma laidron un bon contrat de mariage dans toutes les régles, et dans toutes les formes.

Il est vrai que la mère de la demoiselle et ses adhérens, ne manquèrent pas d'adresse pour m'attrapper. Il y avoit dans notre contrat des articles très avantageux pour moi ; je devois recevoir une rente qui appartenoit à la demoiselle, sa mère devoit lui céder ses diamans, et je devois toucher une somme considérable d'un ami de la maison qu'on n'a pas voulu me nommer.

Je continuois toujours à me montrer chez Mademoiselle Mar***, et je passois les soirées comme à mon ordinaire, mais la tante se méfioit de sa nièce ; elle voyoit que j'avois pour celle-ci des attentions un peu moins réservées. Elle savoit que depuis quelque tems je montois toujours au second, avant que d'entrer au premier ; le dépit la rongeoit, et elle vouloit se défaire de sa sœur, de ses nièces et de moi.

Elle sollicita à cet effet son mariage avec le gentilhomme qu'elle croyoit tenir dans ses filets ; elle lui fit parler pour convenir du tems et des conditions ; mais quel fut étonnement et son humiliation, quand elle reçut en réponse que son excellence demandoit la moitié du bien de la demoiselle en donation en se mariant, et l'autre moitié après sa mort. Elle donna dans des transports de rage, de haine et de mépris ; elle envoya un refus formel à son prétendu, et manqua mourir de douleur.

Les gens de la maison qui écoutent, et qui parlent, rapportèrent tout ce qu'ils savoient à la sœur aînée, et voilà la nièce ainsi que la mère dans la plus grande joie.

Mademoiselle Mar*** n'osoit rien dire, elle dévoroit son chagrin, et me voyant affecter des égards pour sa nièce, elle me lançoit des regards terribles avec ses gros yeux qui étoient enflammés de colère ; nous étions tous dans cette société de mauvais politiques.

Mademoiselle Mar*** qui ne savoit pas où nous en étions sa nièce et moi, se flattoit encore de m'arracher à l'objet de sa jalousie, et vu la différence des fortunes, elle croyoit me revoir à ses pieds ; mais le trait de perfidie dont je vais m'accuser la détrompa entièrement.

J'avois composé une chanson pour ma prétendue, j'avois fait composer la musique par un amateur plein de goût, et j'avois projetté de la faire chanter dans une sérénade sur le canal où donnoit la maison de ces dames. Je crus le moment favorable pour faire exécuter mon projet, sûr de plaire à l'une, et de faire enrager l'autre.

Un jour que nous étions dans le sallon de la tante, faisant une partie sur le neuf heures du soir, une symphonie très bruyante se fit entendre dans le canal, sous le balcon du premier, et par conséquent sous les fenêtres aussi du second. Tout le monde se leve et se met à portée d'en jouir ; l'ouverture finie, on entendit la charmante voix d'Agnèse, qui étoit la chanteuse à la mode pour les sérénades, et qui, par la beauté de son organe, et par la netteté de son expression, fit goûter la musique, et applaudir les couplets.

Cette chanson fit fortune à Venise, car on la chantoit par-tout ; mais elle mit le trouble dans l'esprit des deux rivales, qui chacune se croyoit en droit de se l'approprier. Je tranquillisai la nièce tout bas, l'assurant que la fête lui étoit consacrée, et je laissai l'autre dans le doute et dans l'agitation. Tout le monde m'adressoit des complimens ; je me défendois, je gardois l'incognito ; mais je n'étois pas fâché qu'on me soupçonnât.

Le jour après je me rendis chez ces dames à l'heure ordinaire. Mademoiselle Mar***, qui me guettoit, me vit entrer ; elle vint au-devant de moi, et me fit passer dans sa chambre ; elle me fit asseoir à côté d'elle, et d'un air sérieux et passionné : vous nous avez régalées, me dit-elle d'un divertissement très brillant ; mais nous sommes plusieurs femmes dans cette maison, à qui cette galanterie a-t-elle pu être adressée ? je ne sais pas si c'est à moi à vous remercier. Mademoiselle, lui répondis-je, je ne suis pas l'auteur de la sérénade.—Elle m'interrompt d'un air fier et presque menaçant ; et ne vous cachez pas, dit-elle, c'est un effort inutile ; dites-moi seulement si c'est pour moi, ou pour d'autre, que cet amusement a été imaginé ? je vous préviens, continua-t-elle, que cette déclaration peut devenir sérieuse, qu'elle doit être décisive, et je ne vous en dirai pas davantage.

Si j'avois été libre, je ne sais pas ce que j'aurois répondu ; mais j'étois lié, et je n'avois qu'une réponse à faire. Mademoiselle, lui dis-je, en supposant que je fusse l'auteur de la sérénade, je n'aurois jamais osé vous l'adresser. Pourquoi, dit-elle ? Parce que, répondis-je, vos vues sont trop au-dessus de moi, il n'y a que les grands seigneurs qui puissent mériter votre estime.... C'est assez, dit-elle en se levant, j'ai tout compris ; allez, monsieur, vous vous en repentirez. Elle avoit raison ; je m'en suis bien repenti.

Voilà la guerre déclarée. Mademoiselle Mar*** piquée de se voir supplantée par sa nièce, et craignant de la voir mariée avant elle, se tourna d'un autre côté. Il y avoit vis-à-vis ses fenêtres une famille respectable, point titrée, mais alliée à des familles patriciennes, et dont le fils aîné avoit fait sa cour à Mademoiselle Mar*** et avoit été refusé ; elle tâcha de renouer avec le jeune homme, qui ne refusa pas ; elle lui acheta un charge très honorable au palais, et en six jours de tems tout fut d'accord, et le mariage fut fait.

M. Z***, qui étoit le nouveau mari avoit une sœur qui devoit être mariée dans le même mois, à un gentilhomme de terre-ferme ; c'étoit deux mariages de gens à leur aise, et ma prétendue et moi, devions faire le troisième, et tout gueux que nous étions, il falloit faire semblant d'être riche, et se ruiner.

Voilà ce qui m'a dérangé, voilà ce qui m'a mis

aux abois.   Comment faire pour se tirer d'affaire?

Ma mère ne savoit rien de ce qui se passoit dans
une maison où elle n'alloit pas souvent. Mademoiselle Mar*** emprunta des cérémonies d'usage,
un trait de méchanceté pour l'en instruire: elle lui
envoya un billet de mariage: ma mère en fut très
étonnée: elle m'en parla: je fus obligé de tout
avouer; et tâchant cependant de rendre moins
répréhensible la sottise que j'avois faite, en faisant
valoir pour bonnes des promesses qui étoient
sujettes à caution, et finissant par dire qu'à mon
âge une femme de quarante ans ne me convenoit
pas ; cette dernière raison appaisa ma mère encore
plus que les autres.   Elle me demanda si le tems
de mon mariage avoit été fixé ; je lui dis qu'oui
et que nous avions encore trois bons mois devant
nous.

Pour se marier à Venise dans les grandes régles,
et avec toutes les folies d'usage, il faut beaucoup
plus de cérémonies que par-tout ailleurs.

Première cérémonie.   La signature du contrat
avec intervention de parens et d'amis ; formalités
que nous avions évitées, ayant signé notre contrat
à la sourdine.

Seconde cérémonie. La présentation de la bague:
ce n'est pas l'anneau ; c'est une bague, c'est un
diamant solitaire, dont le futur doit faire présent
à sa prétendue.   Les parens et les amis sont in-

vités pour ce jour-là ; grand étalage dans la maison,
beaucoup de faste, la plus grande parure ; et on ne
se rassemble jamais à Venise sans qu'il n'y ait des
refraîchissemens très coûteux : nous n'avons pu
l'éviter : notre mariage, tout ridicule qu'il étoit,
devoit faire du bruit ; il falloit faire comme les
autres, et aller jusqu'au bout.

Troisième cérémonie.   La présentation des
perles : quelques jours avant celui de la bénédiction nuptiale, la mère, ou la plus proche parente
du prétendu, va chez la demoiselle, lui présente
un collier de perles fines que la jeune personne
porte régulièrement à son col, depuis ce jour-là
jusqu'au bout de l'an de son mariage.   Il y a peu
de familles qui possédent ces colliers de perles, ou
qui veulent en faire la dépense ; mais on les loue ;
et pour peu qu'elles soient belles, le louage en est
très cher.   Cette présentation entraînée à sa suite
des bals, des festins, des habits, et par conséquent
beaucoup de dépenses.

Je ne dirai mot des autres cérémonies successives qui sont à peu-près pareilles à celles qui se
font par-tout.   Je m'arrête à celle des perles que
j'aurois dû faire, et que je ne fis pas par cent
raisons ; la première étoit que je n'avois plus
d'argent.

Quand je vis approcher ce dernier préliminaire
de la noce, je fis parler à ma belle-mère prétendue,
pour qu'elle massurât les trois conditions de notre
contrat.

Il s'agissoit de rentes dont il falloit me donner les titres, de diamans que la mère devoit mettre entre les mains de sa fille, ou entre les miennes, avant le jour de la présentation des perles, et de me faire passer en totalité ou en partie cette somme considérable que le protecteur inconnu lui avoit promise.

Voici le résultat de la conférence dont un de mes cousins s'étoit chargé. Les rentes de la demoiselle consistoient en une de ces pensions viagères que la république avoit destinées pour un certain nombre de demoiselles ; mais il faut que chacune attende son tour, et il y en avoit encore quatre à mourir avant que Mademoiselle St. *** en pût jouir : elle-même pouvoit mourir avant que d'en toucher le premier quartier.

Pour les diamans, ils étoient décidemment destinés pour la fille ; mais la mère qui étoit encore jeune, ne vouloit pas s'en priver de son vivant, et elle ne les auroit donnés qu'après son décès.

A l'égard de ce monsieur, qui (on ne sait pas pourquoi) devoit donner de l'argent, il avoit entrepris un voyage, et il ne de devoit pas revenir de si-tôt.

Me voilà bien arrangé et bien content. Je n'avois pas un état suffisant pour soutenir un ménage coûteux, encore moins pour égaler le luxe de deux couples fortunés : mon cabinet ne me rendoit presque rien : j'avois contracté des dettes, je me

voyois au bord du précipice, et j'étois amoureux.
Je rêvai, je réfléchis, je soutins le combat dé-
chirant de l'amour et de la raison ; cette dernière
faculté de l'ame l'emporta sur l'empire des sens.

Je fis part à ma mère de ma situation ; elle con-
vint avec moi, les larmes aux yeux, qu'un parti
violent et nécessaire pour éviter ma perte. Elle
engagea ses fonds pour payer mes dettes de Venise;
je lui cédai les miens de Modène pour son entretien, et je pris la résolution de partir.

Dans le moment le plus flatteur pour moi,
après l'heureux début que je venois de faire au
palais au milieu des acclamations du barreau, je
quitte ma patrie, mes parens, mes amis, mes
amours, mes espérances, mon état : je pars, je
mets pied à terre à Padoue. Le premier pas étoit
fait, let autres ne me coutèrent plus rien : grace à
mon bon tempérament, excepté ma mère, j'oubliai
tout le reste; et l'agrément de la liberté me consola
de la perte de ma maitresse.

J'écrivis, en partant de Venise, une lettre à la
mère de l'infortunée ; je mis sur son compte la
cause immédiate du parti auquel j'avois été réduit ; je l'assurai que les trois conditions du contrat une fois remplies, je n'aurois pas tardé à
revenir ; et en attendant la réponse, je marchois
toujours.

Je portois avec moi mon trésor : c'étoit Amalasonte que j'avois composée dans mes loisirs, et

sur laquelle j'avois des espérances que je croyois bien fondées : je savois que l'opéra de Milan étoit un des plus considérable de l'Italie et de l'Europe.

Je me proposois de présenter mon drame à la direction, qui étoit entre les mains de la noblesse de Milan. Je comptois que mon ouvrage seroit reçu, et que cent sequins ne pouvoient pas me manquer ; mais qui compte sans son hôte compte deux fois,

CHAPITRE X.

Mon Voyage de Padoue à Milan—Station à Vicence et Vérone—Course par le Lac de Garde à Salò—Ressource inattendue dans cette Ville— Station à Bresse—Agréable Rencontre à Bergame—Mon Arrivée à Milan—Ma première Visite au Résident de Venise—Lecture de mon Amalasonte—Sacrifice de mon Amalasonte— Visite inopinée à M. le Résident—Ressource encore plus inopinée pour moi—Arrivée d'un Anonyme à Milan—Ouverture de Spectacle par mon Entremise—Petite Pièce de ma Composition —Depart du Résident pour Venise.

FAISANT route de Padoue à Milan, j'arrivai à Vicence, où je m'arrêtai pendant quatre jours. Je connoissois dans cette ville le Comte Parminion Trissino, de la famille du célèbre auteur de la Sophonisbe, tragédie composée à la manière des Grecs, et une des meilleures pièces du bon siècle de la littérature Italienne. J'avois connu M. Trissino dans ma première jeunesse à Venise. Nous avions l'un et l'autre beaucoup de goût pour l'art dramatique. Je lui fis voir mon Amalasonte, il l'applaudit très froidement, et il me conseilla de m'appliquer toujours au comique pour lequel il me connoissoit des dispositions. Je fus fâché de ce qu'il ne trouva pas mon opera charmant, et j'attribuai sa froideur à la préférence qu'il donnoit lui-même à la comédie.

Je vis avec plaisir à Vicence le fameux théâtre olimpique de Palladio, très célèbre architecte du siezième siècle, natif de cette ville, et j'admirai son arc de triomphe, qui, sans autres ornemens que ceux de proportions régulières, passe pour le chef-d'œuvre de l'architecture moderne ; les beaux modèles existent, et les imitateurs sont rares.

Je passai de Vicence à Verone, où je desirois faire la connoissance du Marquis Maffei, auteur de Mérope, ouvrage très heureux qui a été heureusement imité.

Cet homme versé dans tous les genres de littérature, connoissoit mieux que personne, que le théâtre Italien avoit besoin de réforme. Il essaya de l'entreprendre, il publia un volume sous le titre de Réforme du théâtre Italien contenant sa Mérope, et deux comédies, les Cérémonies, et Rajouet ; la tragédie fut généralement applaudie ; ses deux comédies n'eurent pas le même succès.

M. Maffei n'étant pas à Verone je pris la route de Brescia ou Bresse, et je m'arrêtai pour la couchée à Desenzano sur le lac de Garde, et précisément dans la même auberge, où quelques années auparavant j'avois couru le risque d'être assassiné : je demandai aux gens de l'hotellerie s'ils se souvenoient de cette aventure, ils me dirent que oui, et que le scélérat qui avoit commis d'autres crimes, avoit été pendu.

Etant à souper à table d'hôte, et malgré mon chagrin et mon amour, mangeant du meilleur appétit du monde, je me trouvai à côté d'un abbé de la ville de Salò : la conversation agréable de cet abbé me fournit l'occasion d'aller voir ce pays charmant, où l'on marche parmi les orangers en plein vent, et toujours au bord d'un lac délicieux.

Une autre raison me détermina à me détourner de ma route. J'étois fort court d'argent. Ma mère heureusement étoit propriétaire d'une maison à Salò, et étant connu du locataire, je pouvois me flatter d'en tirer parti.

Il n'y avoit que quatre lieues de Desenzano à Salò. Nous les fîmes l'abbé et moi à cheval pour jouir davantage de cette promenade agréable, et je revins le troisième jour, tout seul, m'étant beaucoup amusé, et avec quelques sequins que la locataire de ma mère avoit avancés.

Je payai au voiturier qui m'avoit attendu ses trois journées de repos, et je repris la route de Brescia.

J'avois écrit de Vicence à M. Novello, que j'avois connu à Feltre en qualité de vicaire du gouvernement, et qui pour lors etoit assesseur du gouverneur de Brescia.

J'allai descendre au palais du gouvernement.

M. Novello me fit un accueil très gracieux, et comme il se souvenoit de quelques babioles comiques que j'avois composées à Feltre, il me demanda le soir, pendant le souper, si j'avois quelques choses dans le même genre à lui faire voir. Je lui parlai de mon opéra. Il étoit très curieux de l'entendre. Nous nous arrangeâmes pour le jour suivant. Il pria à dîner avec nous des gens de lettres, qui sont très nombreux, et très estimables dans ce pays-là, et le lendemain, après le café, je fis la lecture de mon drame, qui fut écouté avec attention, et unanimement applaudi.

C'étoit des connoisseurs qui m'avoient jugé, je devois ère content ; ils firent même l'analyse de ma pièce. Le caractère d'Amalasonte étoit bien imaginé et bien soutenu, et c'étoit une leçon de morale pour les reines mères, chargées de la tutele et de l'éducation de leurs augustes enfans.

Les bons et les mauvais courtisans mis avec art en opposition, formoient un tableau intéressant, et la catastrophe malheureuse d'Atalaric, et le triomphe d'Amalasonte, formoient un dénouement qui remplissoit en même tems la sévérité qu'exige la tragédie, et les agrémens qui sont propres au mélodrame.

Mon style parut à cette assemblée judicieuse plus tragique que musical, et ils auroient desiré que j'eusse supprimé les airs et la rime, pour en faire à leur avis une bonne tragédie.

Je les remerciai de leur indulgence, mais je

n'étois pas dans le cas de profiter de leurs conseils.
Une tragédie, fut-elle aussi excellente que celles
de Corneille et de Racine, m'auroit rapporté en
Italie beaucoup d'honneur, et très peu de profit,
et javois besoin de l'un et de l'autre. Je quittai
Brescia bien décidé de ne pas toucher à mon
drame, et d'aller le proposer à l'opéra de Milan.

On pouvoit aller de Brescia à Milan par une
voie plus courte ; mais j'avois envie de voir Bergame, et je pris la route de cette ville.

En traversant le pays des arlequins, je regardois de tous les côtés si je voyois quelque trace de
ce personnage comique qui faisoit les délices du
théâtre Italien: je ne rencontrai ni ces visages
noirs, ni ces petits yeux, ni ces habits de quatre
couleurs qui faisoient rire, mais je vis des queues
de lievre sur les chapeaux, qui font encore aujourd'hui la parure des paysans de ce canton-là.
Je parlerai du masque, du caractère et de l'origine
des arlequins, dans un chapitre qui doit être consacré à l'histoire de quatre masques de la comédie
Italienne.

Arrivé à Bergame, je descendis dans une hôtellerie des fauxbourgs, les voitures ne montent pas
à la ville qui est très haute et très escarpée, et
j'allai à pied jusqu'au quartier du gouvernement
qui occupe précisément le sommet de cette rude
montagne.

Extrêmement fatigué, et maudissant la curiosité
qui m'avoit entraîné, ne connoissant personne, et

ayant besoin de me reposer, je me souvins que M. Porta, mon ancien camarade dans la chancellerie criminelle de Chiozza, avoit été nommé chancelier civil de Bergame. Je cherchai son habitation, je la trouvai, mais mon ami n'y étoit pas ; il étoit à six lieues de distance pour une commission relative à sa charge. Je priai son valet de chambre de vouloir bien me permettre de me reposer un instant, et causant avec lui, je demandai qui étoit le gouverneur de la ville.

Quelle bonne nouvelle ! quelle surprise agréable pour moi ! C'étoit son excellence Bonfadini : celui qui avoit été podesta à Chiozza, auprès duquel j'avois servi en qualité de vice-chancelier ; je me trouvai tout d'un coup en pays de connoissance, j'allai au palais, et je me fis annoncer.

J'étois dans l'anti-chambre en attendant qu'on me fît entrer, et j'entends le gouverneur lui-même qui rit, et qui prononce à haute voix. Ah ! Ah ! l'astrologue ! c'est l'astrologue. Faites-le entrer. Mesdames, vous allez voir l'astrologue.

Je ne savois pas ce que cela vouloit dire ; je craignois qu'on ne voulût me donner un ridicule ; j'entrai, mais fort déconcerté. Le gouverneur me rassura, et me mit bientôt à mon aise ; il vint au-devant de moi, il me présenta à madame la gouvernante, et à la société : Voici, dit-il, M. Goldoni ; vous souvenez vous, mesdames, de la Comtesse C***, que nous avons plaisantée sur sa toilette éternelle et sur ses messes manquées, et sur le pronostic de l'anonyme ? Eh bien ; c'est M. Goldoni qui est l'auteur de cet almanach critique que vous connoissez. Tout le monde me fit politesse ; le gouverneur m'offrit un appartement et sa table ; j'acceptai, j'en profitai pendant quinze jours, et je menai la vie du monde la plus agréable ; mais il falloit faire la partié des dames, et je n'étois ni riche, ni heureux.

Le gouverneur très honnête et très discret, ne me demandoit pas le motif de mon voyage. Au bout de quelques jours, je crus devoir l'instruire de mes aventures et de mon état ; il en parut pénétré, et il m'offrit de me garder chez lui pendant les dix mois qui lui restoient encore pour achever son gouvernement. Je ne devois pas l'accepter, aussi je le remerciai, et je le priai de me donner des lettres de recommandation pour Milan. Il m'en donna plusieurs ; une entr'autres que madame la gouvernante me donna pour le résident de Venise, fut pour moi très utile.

Au bout de la quinzaine, je pris congé de son excellence : je n'avois pas l'air content ; il me questionna beaucoup ; je n'osois rien dire ; il s'apperçut que mon embarras n'étoit pas l'embarras des richesses. Il m'ouvrit sa bourse ; je refusai ; il insista. Je pris modestement dix sequins ; je voulois lui faire mon billet, il n'en voulut pas. Que de bontés ! que de graces ! Il falloit partir, et le lendemain je me mis en route.

Me voilà à Milan ; me voilà dans cette métropole

de la Lombardie, ancien apanage de la domination
Espagnole, où j'aurois dù paroître avec le manteau
et la fraise, suivant le costume Castillan, si la
muse satyrique ne m'eût pas éloigné de la place
qui m'étoit destinée. Je viens maintenant y briguer
le cothurne ; mais je n'aurai les honneurs du triomphe qu'en chaussant le brodequin.

J'allai me loger à l'Hôtel du Puits, un des plus
fameux hôtels garnis de Milan ; car, pour se présenter avec avantage, si on n'est pas riche, il faut
au moins le paroître ; et le lendemain, je portai la
lettre de recommandation de madame la gouvernante au résident de Venise.

C'étoit alors M. Bartolini, secrétaire du sénat,
qui avoit été vice-bay à Constantinople ; il étoit
très riche, très magnifique, et aussi considéré à
Milan qu'à Venise. Il fut nommé par scrutin,
quelques années après, grand chancelier de la république, et il jouit pendant long tems, et jusqu'à
sa mort, de cette charge, qui donne le titre d'excellence à celui qui l'exerce, et le place immédiatement après la noblesse regnante.

Le résident de Venise étant le seul ministre
étranger qui réside à Milan, à cause des affaires
journalières qui se passent entre les deux états
limitrophes, cet envoyé Vénitien jouit de la plus
haute considération, et marche de pair avec les
grands seigneurs du Duché de Milan.

Ce ministre me reçut avec une bonté ouverte et
encourageante. Il faisoit grand cas de la dame qui

TOME I.   N

étoit ma protectrice, et m'offrit tout ce qui pouvoit
dépendre de sa personne et de son crédit ; mais
d'un air grave et ministériel, il me demanda le
motif qui me conduisoit à Milan, et quelles étoient
les aventures que Madame Bonfadini lui motivoit
dans sa lettre.

La question étoit juste, et ma réponse fut simple.
Je lui contai, d'un bout à l'autre, toute l'histoire
de la tante et de la nièce ; M. le résident connoissoit les personnes ; mon récit le fit beaucoup rire,
et sur la crainte que j'avois marquée d'être poursuivi et molesté, il m'assura que je n'avois rien à
craindre à Milan.

La naïveté de mon discours, et le détail de mes
aventures, avoient fait comprendre au ministre que
je n'étois pas riche : il me demanda très noblement
si j'avois besoin de quelque chose pour le moment :
je le remerciai ; j'avois encore quelques sequins
de Bergame : j'avois mon opéra, je n'avois besoin
de personne.   M. Bartolini m'invita à dîner pour
le jour suivant ; j'acceptai son invitation, je pris
congé et je partis.

Il me tardoit de présenter ma pièce et d'en faire
la lecture : nous étions justement dans le tems du
Carnaval : il y avoit un opéra à Milan, et je connoissois Caffariello, qui en étoit le premier acteur ;
je connoissois aussi le directeur et compositeur des
ballets, et sa femme qui étoit la première danseuse
(M. et Madame Grossatesta).

Je crus plus décent, et plus avantageux pour

moi, de me faire présenter aux directeurs des spectacles de Milan par des personnes connues ; c'étoit précisément ce jour-là un Vendredi, jour de relâche presque par-tout en Italie ; et j'allai le soir chez Madame Grossatesta, qui tenoit appartement, et où étoit le rendez-vous des acteurs, des actrices, et de la danse de l'opéra.

Cette excellente danseuse qui étoit ma compatriote, et que j'avois connue à Venise, me reçut très poliment ; et son mari qui étoit Modenois, qui avoit beaucoup d'esprit, et qui étoit très instruit, se disputa avec son épouse sur l'article de ma patrie, soutenant très galamment que j'étois originaire de la sienne.

Il étoit encore de bonne heure ; nous étions presque seuls, je profitai du moment pour leur annoncer mon projet : ils en furent enchantés, ils me promirent de me présenter, et ils me félicitèrent d'avance sur la réception de mon ouvrage.

Le monde alloit toujours en augmentant : Caffariello arrive ; il me voit, il me reconnoît, il me salue avec le ton d'Alexandre, et prend sa place à côté de la maitresse de la maison ; quelques minutes après, on annonce le Comte Prata, qui étoit un des directeurs des spectacles, et celui qui avoit le plus de connoissance pour la partie dramatique. Madame Grossatesta me présente à M. le Comte, et lui parle de mon opéra ; celui-ci s'engage de me proposer à l'assemblée de la direction ; mais il auroit été charmé que j'eusse bien

voulu lui donner quelque connoissance de mon
ouvrage en particulier : ma compatriote auroit été
bien aise de l'entendre aussi ; moi, je ne demandois
pas mieux que de lire. On fait approcher une
petite table et une bougie ; tout le monde se range ;
j'entreprends la lecture ; j'annonce le titre d'Amalasonte. Caffariello chante le mot Amalasonte ;
il est long, et il lui paroît ridicule : tout le monde
rit, je ne ris pas : la dame gronde ; le rossignol se
tait. Je lis les noms des personnages ; il y en
avoit neuf dans ma pièce : et on entend une petite
voix qui partoit d'un vieux castrat qui chantoit
dans les chœurs, et crioit comme un chat : trop,
trop, il y a au moins deux personnages de trop.
Je voyois que j'étois mal à mon aise, et je voulois
cesser la lecture. M. Prata fit taire l'insolent qui
n'avoit pas le mérite de Caffariello, et me dit, en
se tournant à moi : il est vrai, monsieur, que pour
l'ordinaire, il n'y a que six ou sept personnages
dans un drame ; mais quand l'ouvrage en mérite
la peine, on fait, avec plaisir, la dépense de deux
acteurs ; ayez, ajouta-t-il, ayez la complaisance de
continuer la lecture, s'il vous plaît.

Je reprends donc ma lecture: acte premier, scene
première, Clodesile et Arpagon. Voilà M. Caffariello qui me demanda quel étoit le nom du premier
dessus dans mon opéra. Monsieur, lui dis-je, le
voici, c'est Clodesile. Comment, reprit-il, vous
faites ouvrir la scène par le premier acteur, et vous
le faites paroître pendant que le monde vient,

s'asseoit, et fait du bruit ? Pardi ! Monsieur, je ne serai pas votre homme. (Quelle patience !) M. Prata prend la parole ; voyons, dit-il, si la scène est intéressante. Je lis la première scène ; et pendant que je débite mes vers, voilà un chetif impuissant qui tire un rouleau de sa poche, et va au clavecin, pour repasser un air de son rôle. La maitresse du logis me fait des excuses sans fin ; M. Prata me prend par la main, et me conduit dans un cabinet de toilette très éloigné de la salle.

Là, M. le Comte me fait asseoir ; il s'asseoit à côté de moi, me tranquillise sur l'inconduite d'une société d'étourdis ; il me prie de lui faire la lecture de mon drame à lui tout seul, pour pouvoir en juger et me dire sincèrement son avis. Je fus très content de cet acte de complaisance ; je le remerciai ; j'entrepris la lecture de ma pièce : je lus depuis le premier vers jusqu'au dernier : je ne lui fis pas grace d'une virgule. Il m'écouta avec attention, avec patience ; et ma lecture finie, voici à peu-près le résultat de son attention et de son jugement.

Il me paroît, dit-il, que vous n'avez pas mal étudié l'art poétique d'Aristote et d'Horace, et vous avez écrit votre pièce d'après les principes de la tragédie. Vous ne savez donc pas que le drame en musique est un ouvrage imparfait, soumis à des règles et à des usages qui n'ont pas le sens commun, il est vrai, mais qu'il faut suivre à la lettre. Si vous étiez en France, vous pourriez vous donner plus de peine pour plaire au public ; mais ici, il faut commencer par plaire aux acteurs et aux actrices ; il faut contenter le compositeur de musique ; il faut consulter le peintre-décorateur ; il y a des règles pour tout, et ce seroit un crime de lesedramaturgie, si on osoit les enfreindre, si on manquoit de les observer.

Ecoutez, poursuivit-il ; je vais vous indiquer quelques-unes de ces règles, qui sont immuables, et que vous ne connoissez pas.

Les trois principaux sujets du drame doivent chanter cinq airs chacun ; deux dans le premier acte, deux dans le second, et un dans le troisième. La seconde actrice, et le second dessus ne peuvent en avoir que trois, et les derniers rôles doivent se contenter d'un ou de deux tout au plus. L'auteur des paroles doit fournir au musicien les différentes nuances qui forment le clair-obscur de la musique, et prendre garde que deux airs pathétiques ne se succèdent pas ; il faut partager, avec la même précaution, les airs de bravoure, les airs d'action, les airs de demi-caractères, et les menuets, et les rondeaux.

Sur-tout, il faut bien prendre garde de ne pas donner d'airs passionnés, ni d'airs de bravoure, ni des rondeaux aux seconds rôles ; il faut que ces pauvres gens se contentent de ce qu'on leur donne, et il leur est défendu de se faire honneur.

M. Prata vouloit encore continuer : j'en si assez, Monsieur, lui dis-je, ne vous donnez pas la peine

d'en dire davantage : je le remerciai de nouveau,
et je pris congé de lui.

Je vis alors que les gens qui m'avoient jugé à
Bresse avoient raison. Je compris que le Comte
Trissino de Vicence avoit encore plus raison, et
qu'il n'y avoit que moi qui eût tort.

En rentrant chez moi, j'avois froid, j'avois
chaud, j'étois humilié. Je tire ma pièce de ma
poche, l'envie me prend de la déchirer. Le garçon de l'auberge vient me demander mes ordres
pour mon souper.—Je ne souperai pas. Faites-
moi bon feu. J'avois toujours mon Amalasonte à
la main ; j'en relisois quelques vers que je trouvois charmans. Maudites règles ! ma pièce est
bonne, j'en suis sûr, elle est bonne ; mais le théâtre
est mauvais, mais les acteurs, les actrices, les compositeurs, les decorateurs....Que le diable les
emporte, et toi aussi malheureux ouvrage qui
m'as coûté tant de peines, qui m'as trompé dans
mes espérances ; que la flamme te dévore ! Je le
jette dans le feu, et je le vois brûler de sang-froid
avec une espèce de complaisance. Mon chagrin,
ma colère avoient besoin d'éclater, je tournai ma
vengeance contre moi-même, et je me crus vengé.

Tout étoit fini, je ne pensois plus à ma pièce ;
mais en remuant la cendre avec les pincettes, et en
rapprochant les débris de mon manuscrit pour en
achever la consommation, je pensai que jamais,
dans quelque occasion que ce fût, je n'avois sacrifié mon souper à mon chagrin : j'appelle le gar-

çon, je lui dis de mettre le couvert, et de me servir sur le champ.   Je n'attendis pas long-tems ;
je mangeai bien, je bus encore mieux ; j'allai me
coucher, et je dormis tranquillement.

Tout ce que j'éprouvai d'extraordinaire, c'est
que je me réveillai le matin deux heures plutôt
que de coutume.   Mon esprit en me réveillant
vouloit se tourner du mauvais côté.   Allons, allons, me dis-je à moi-même, point de mauvaise humeur ; il faut avoir du courage, il faut aller chez
M. le résident de Venise ; il m'avoit invité à dîner,
mais il faut lui parler tête-à-tête ; il faut y aller
tout à l'heure.   Je m'habille, et j'y vais.

Le ministre me voyant à neuf heures du matin,
se doutoit bien que quelque motif pressant devoit
m'y amener.   Il me reçut à sa toilette ; je lui fis
comprendre que les témoins me gênoient, et il fit
sortir tout le monde.   Je lui contai mon histoire
de la veille ; je lui traçai le tableau de la conversation dégoûtante qui m'avoit révolté ; je lui parlai du jugement du Comte Prata, et je finis par
dire : que j'étois l'homme du monde le plus embarrassé.

M. Bartolini s'amusa beaucoup au récit de la
scène comique des trois acteurs héroïques, et me
demanda mon opéra pour le lire.—Mon opéra,
Monsieur ? il n'existe plus.—Qu'en avez-vous
fait ?—Je l'ai brûlé.—Vous l'avez brûlé ?—Oui,
Monsieur, j'ai brûlé tous mes fonds, tout mon
bien, ma ressource et mes espérances.

Le ministre se mit à rire encore davantage, et en riant et en causant, il en résulta que je restai chez lui, qu'il me reçut en qualité de gentilhomme de sa chambre, qu'il me donna un très joli appartement, et qu'au bout du compte à l'échec que je venois d'essuyer, j'avois plus gagné que perdu.

Mon emploi ne m'occupoit que pour des commissions agréables. Pour aller, par exemple, complimenter les nobles Vénitiens voyageurs, ou chez le gouverneur, et chez les magistrats de Milan, pour les affaires de la république. Ces occasions n'étoient pas fréquentes ; j'avois tout mon loisir pour m'amuser, et pour m'occuper à mon gré.

Il arriva dans cette ville au commencement du Carême, un charlatan d'une espèce fort rare, et dont la mémoire mérite peut-être d'être enregistrée dans les annales du siècle.

Son nom étoit Bonafede Vitali, de la ville de Parme, et se faisoit appeller l'Anonyme. Il étoit de bonne famille ; il avoit eu une éducation excellente, et il avoit été Jésuite. Dégoûté du cloître, il s'appliqua à la médecine, et il eut une chaire de professeur dans l'université de Palerme.

Cet homme singulier, à qui aucune science n'étoit étrangère, avoit une ambition effrénée de faire valoir l'étendue de ses connoissances, et comme il étoit meilleur parleur qu'écrivain, il quitta la place honorable qu'il occupoit, et prit le parti de monter sur les trétaux, pour haranguer le public ; et n'étant pas assez riche pour se contenter de la simple gloire, il tiroit parti de son talent, et il vendoit ses médicamens.

C'étoit bien faire le métier de charlatan, mais ses remèdes spécifiques étoient bons, et sa science et son éloquence lui avoient mérité une réputation et une considération peu communes.

Il résolvoit publiquement toutes les questions les plus difficiles qu'on lui proposoit sur toutes les sciences, et les matières les plus abstraites. On envoyoit sur son théâtre empirique des problêmes, des points des critique, d'histoire, de littérature, &c. Il répondoit sur le champ, et il faisoit des dissertations très satisfaisantes.

Il passa quelques années après à Venise ; il fut appellé à Vérone, à cause d'une maladie épidémique, qui faisoit périr tous ceux qui en étoient attaqués. Son arrivée dans cette ville fut comme l'apparition d'Esculape en Grèce ; il guérit tout le monde avec des pommes d'api et du vin de Chypre. Il fut nommé par reconnoissance premier médecin de Vérone ; mais il n'en jouit pas long-tems, car il mourut dans la même année, regretté de tout le monde, excepté des médecins.

L'Anonyme avôit à Milan la satisfaction de voir la place où il se montroit au public toujours remplie de gens à pied, et de gens en voiture ; mais comme les savans étoient ceux qui achetoient moins que les autres, il falloit garnir l'échaffaud d'objets attrayans, pour entretenir le public ignorant, et le nouvel Hypocrate débitoit ses remèdes et prodiguoit sa rhétorique, entouré des quatre masques de la comédie Italienne.

M. Bonafede Vitali avoit aussi la passion de la comédie, et entretenoit à ses frais une troupe complette de comédiens, qui, après avoir aidé leur maître à recevoir l'argent qu'on jettoit dans des mouchoirs, et à rejetter ces mêmes mouchoirs chargés de petits pots ou de petites boîtes, donnoient ensuite des pièces en trois actes, à la faveur de torches de cire blanches, avec une sorte de magnificence.

C'étoit autant pour l'homme extraordinaire que pour ses acolytes, que j'avois envie de faire connoissance avec l'Anonyme. J'allai le voir un jour sous prétexte d'acheter de son alexipharmaque ; il me questionna sur la maladie que j'avois, ou que je croyois avoir ; il s'apperçut que ce n'étoit que la curiosité qui m'avoit attiré chez lui ; il me fit apporter une bonne tasse de chocolat, et il me dit que c'étoit le meilleur médicament qui pouvoit convenir à mon état.

Je trouvai la galanterie charmante. Nous causâmes ensemble pendant quelque tems ; il étoit aussi aimable dans son particulier qu'il étoit savant en public. Je m'étois annoncé dans le courant de notre conversation, comme étant attaché au résident de Venise. Il crut que j'aurois pu lui être utile à l'égard d'un projet qu'il avoit imaginé. Il m'en fit part ; j'entrepris de le servir, et je fus

assez heureux pour réussir : Voici de quoi il s'a-
gissoit.

N evous ennuyez pas, mon cher lecteur, à cette
digression ; vous verrez combien elle aura été nécessaire à l'enchaînement de mon histoire.

Les spectacles de Milan avoient été suspendus
pendant le Carême, comme c'est l'usage par toute
l'Italie. La salle de la comédie devoit se rouvrir
à Pâques, et l'engagement avoit été pris avec une
des meilleures troupes de comédiens ; mais le directeur fut appellé en Allemagne, il partit sans rien
dire, et il manqua aux Milanois. La ville alors se
trouvant sans spectacles, alloit envoyer à Venise
et à Bologne, pour former une compagnie.
L'Anonyme auroit desiré qu'on donnât la préférence à la sienne, qui n'étoit pas excellente, mais
qui pouvoit compter sur trois ou quatre sujets de
mérite, et dont l'ensemble étoit bien concerté :
Effectivement, M. Casali, qui jouoit les premiers
amoureux, et M. Rubini, qui soutenoit à ravir les
rôles de pantalon, ont été appellés l'année suivante
à Venise, le premier pour le théâtre de Saint
Samuel, l'autre pour celui de Saint Luc.

Je me chargeai avec plaisir d'une commission,
qui, de toute façon, me devoit être agréable. J'en
fis part à mon ministre qui prit sur lui d'en parler
aux dames principales de la ville ; j'en parlai au
Comte Prata, que j'avois toujours cultivé ; j'employai mon crédit et celui du résident de Venise
aùprès du gouverneur, et en trois jours de tems,

le contrat fut signé, l'Anonyme fut satisfait, et
j'eus pour pot de vin une seconde loge en face, qui
pouvoit contenir dix personnes.

Profitant de l'occasion de cette troupe, que je
voyois familièrement, je me remis à composer
quelque bagatelles théâtrales.   Je n'aurois pas eu
assez de tems pour faire une comédie, car l'arrangement avec l'Anonyme n'avoit été fait que
pour le printems et l'été, jusqu'au mois de Septembre, et comme il y avoit parmi les gagistes de
l'Anonyme un compositeur de musique, et un
homme et une femme qui chantoient assez bien,
je fis un intermede à deux voix, intitulé le Gondolier Vénitien, qui fut exécuté, et eut tout le
succès qu'une pareille composition pouvoit mériter.   Voilà le premier ouvrage comique de ma
façon qui parut en public, et successivement à la
presse, car il a été imprimé dans le quatrième
volume de mes Opéras Comiques, édition de Venise, par Pasquali.

Pendant que l'on donnoit à Milan mon Gondolier Vénitien avec des comédies à canevas, on annonça la première représentation de Bélisaire, et
on continua à l'annoncer pendant six jours, avant
que de la donner, pour exciter la curiosité du public, et s'assurer d'avoir une chambrée complette ;
les comédiens ne se trompèrent point.   La salle
de Milan de ce tems là, qui a subi dans les flammes
la destinée presque ordinaire des salles de spectacles, étoit la plus grande d'Italie, après celle de

Naples ; et à la première représentation de Bélisaire, l'affluence fut si considérable, que l'on étoit
foulé même dans les corridors.

Mais quelle détestable pièce ! Justinien étoit un
imbécile, Théodore une courtisanne, Bélisaire un
prédicateur. Il paroissoit les yeux crevés sur la
scène. Arlequin étoit le conducteur de l'aveugle,
et lui donnoit des coups de batte pour le faire aller ; tout le monde en étoit révolté, et moi plus
que tout autre, ayant distribué beaucoup de billets
à des personnes du premier mérite.

Je vais le lendemain chez Casali ; il me reçoit
en riant, et me dit d'un ton goguenard : Eh bien,
Monsieur, que pensez-vous de notre fameux Bélisaire ? Je pense, lui dis-je, que c'est une indignité à laquelle je ne m'attendois pas. Hélas, Monsieur, reprit-il, vous ne connoissez pas les comédiens. Il n'y a pas de troupe qui ne se serve de
tems à autre de ces tours s'adresse pour gagner
de l'argent, et cela s'appelle en jargon de comédien, una arrostita. (Une grillade.) Que signifie, lui dis-je, una arrostita ? Cela veut dire, dit-
il, en bon Toscan, una corbellatura, en langue
Lombarde, una minchionada, et en François, une
attrappe. Les comédiens sont dans l'usage de s'en
servir ; le public est accoutumé à les souffrir ;
tout le monde n'est pas délicat, et les arrostites
iront toujours leur train, jusqu'à ce qu'une réforme parvienne à les supprimer. Je vous prie,
M. Casali, lui dis-je, de ne pas me rôtir une se-

conde fois, et je vous conseille de brûler votre
Bélisaire ; je crois qu'il n'y a rien de plus détestable.

Vous avez raison, me dit-il, mais je suis persuadé que de cette mauvaise pièce on pourroit en
faire une bonne.   Sans doute, lui répliquai-je ;
l'histoire de Bélisaire peut fournir le sujet d'une
pièce excellente.   Allons, Monsieur, reprit Casali, vous avez envie de travailler pour le théâtre,
faites que ce soit votre début.   Non, dis-je, je ne
commencerai pas par une tragédie.—Faites en une
tragi-comédie.—Pas dans le goût de la vôtre.—Il
n'y aura point de masques ni de bouffonneries.—
Je verrai, j'essayerai.—Attendez un instant. Voici
Bélisaire. Je n'en ai que faire. Je travaillerai
d'après l'histoire.—Tant mieux. Je vous recommande mon ami Justinien.—Je ferai de mon
mieux.—Je ne suis pas riche, mais je tâcherai....
—Propos inutiles. Je travaille pour m'amuser.—
Monsieur je vous confie mon secret. Je dois aller
l'année prochaine à Venise, si je pouvois y apporter avec moi un Bélisaire.....Là un Bélisaire
in fiochi.—Vous l'aurez, peut-être.—Il faut me le
promettre.—Eh bien, je vous le promets.—Parole
d'honneur ?—Parole d'honneur.

Voilà Casali content. Je le quitte, et je vais
chez moi, bien déterminé à lui tenir parole avec
exactitude, et avec soin.

Monsieur le résident sachant que j'étois rentré,
me fit demander pour me dire qu'il alloit partir

pour Venise, pour ses affaires particulières, ayant eu la permission du sénat de s'absenter pour quelques jours de Milan.

Il avoit un secrétaire Milanois, mais ils n'étoient pas bien ensemble ; celui-ci étoit un peu trop délicat, et le ministre étoit vif et sujet à des emportemens très violens. Il me fit l'honneur de me charger de plusieurs commissions, et entr'autres comme des bruits sourds faisoient craindre une guerre qui pouvoit intéresser la Lombardie, il me chargea de lui écrire tous les jours, et d'être attentif à tout ce qui pouvoit se passer. C'etoit empiéter sur les droits du secrétaire ; mais je ne pouvois pas m'y refuser, et mon ministre n'auroit pas entendu raison là-dessus.

Je ne manquai pas d'exécuter les commissions dont j'étois chargé ; mais je ne tardai pas en même tems à entreprendre l'ouvrage que j'avois promis sous ma parole d'honneur.

J'étois parvenu en peu de jours à la fin du premier acte. Je l'avois communiqué à Casali qui en étoit enchanté, et qui auroit voulu le copier sur le champ ; mais il arriva deux événemens a la fois, dont le premier me fit rallentir le travail, et le second me fit cesser de travailler pour long-tems.

CHAPITRE XI.

Rencontre d'une Vénitienne—Milan Surpris par les Armes du Roi de Sardaigne—Mon Embarras à Cause de la Guerre, et de la Vénitienne—Retour du Résident de Venise à Milan—Son Départ et le mien pour Crême—Reddition du Chateau de Milan—Siége de Pizzighetone—Armistice—Reddition de la Place—Reprise de mes Occupations théâtrales—Visite importune—Rupture entre le Resident et moi—Mon Arrivée à Parme—Terrible Frayeur des Parmesans—La Bataille de Parme de 1773—Mort du Général Allemand—Vue du Camp après la Bataille—Changement de Route—Evènement très fâcheux pour moi.

En me promenant un jour, à la campagne du côté de Porta Rosa avec M. Carrara, gentilhomme Bergamasque, et mon ami intime, nous nous arrêtâmes à la fameuse hôtellerie de la Cazzola, (lampe de cuisine,) que les Milanois prononcent Cazzeura, car les Lombards ont la diphtongue *eu* comme les François, et la prononcent de même.

A Milan on ne fait de parties de promenade ni d'autres parties quelconques sans qu'il n'y soit

TOME I.　　　O

question de manger ; aux spectacles, aux assemblées de jeu, à celles des familles, soit de cérémonies, ou de complimens, aux courses, aux
processions, même aux conférences spirituelles,
on mange toujours. Aussi les Florentins, généralement sobres et économes, appellent les Milanois les loups Lombards.

Nous ordonnâmes M. Carrara et moi, un petit
goûter composé de polpettinò (boulettes de viande
achée) de petits oiseaux, et d'écrevisses ; et en
attendant que notre collation fût prête, nous fîmes
un tour de jardin.

En revenant nous passâmes du côté de la
cuisine de l'auberge, et je vis à une croisée du
premier un très joli minois, qui faisoit semblant
de se cacher derrière le rideau. Je vais tout de
suite aux informations. L'hôte ne connoissoit
pas la personne. Il y avoit trois jours qu'elle
étoit arrivée en poste avec un homme bien équipé,
qui s'étoit absenté le lendemain, et n'avoit plus
reparu. On la voyoit dans le chagrin, et on la
croyoit Vénitienne.

Jeune, jolie, Vénitienne et affligée ! Allons,
dis-je à mon camarade, il faut aller la consoler :
je monte ; Carrara me suit ; je frappe ; la belle
ne veut pas ouvrir : je parle Vénitien, je m'annonce comme un homme attaché au résident
de Venise ; elle ouvre les deux battans, et me
reçoit fondant en larmes, et dans la plus grande
désolation.

Quel spectacle frappant, intéressant! Une jolie femme qui pleure a des droits sur un cœur sensible : je partageois ses peines, je faisois mon possible pour la tranquilliser, et mon ami Carrara rioit. Quel homme dur! Comment pouvoit-il rire? J'étois de cire, et je m'attendrissois toujours de plus en plus.

Je parvins enfin à essuyer les larmes de ma charmante compatriote, et à la faire parler. Elle étoit, me dit-elle, une demoiselle de très bonne maison de Venise; devenue amoureuse d'un homme d'une condition au-dessus de la sienne, elle s'étoit flattée d'en faire un époux; mais ils avoient trouvé des oppositions par tout, et il falloit aller en pays étranger.

La belle avoit mis dans sa confidence un oncle maternel qui l'aimoit beaucoup, et qui avoit eu la foiblesse de la seconder. Ils s'étoient sauvés tous les trois, ils avoient pris la route de Milan, et avoient passé par Crême : on les avoit poursuivis et atteints dans cette ville, l'oncle fut arrêté et conduit en prison. Les deux amans avoient eu le bonheur de s'échapper. Ils étoient arrivés à Milan de nuit, s'étoient logés dans l'hôtellerie où nous étions; son amant étoit sorti de bon matin, pour chercher un logement dans la ville; il n'étoit pas revenu. Il y avoit trois jours que la demoiselle étoit seule, désespérant de ne plus revoir son ravisseur, son indigne sé-

ducteur ; et les pleurs redoublés de cette beauté
lauguissante achève l'histoire, et mettent le
comble à ma sensibilité.

Carrara, qui ne rioit plus, mais qui étoit
fâché que la longue kyrielle nous empêchât de
goûter, me fit des remontrances très pathétiques
sur son appétit. Mon cœur ne me permettoit
pas de quitter ma compatriote sans prendre
avec elle quelque arrangement. Je la priai de
nous permettre de faire apporter dans sa chambre
notre collation pour contenter le gourmand ; elle
y consentit de bonne grace, et nous fûmes servis.

Pendant que nous étions à table, je continuois
ma conversation avec la demoiselle ; Carrara
mangeoit toujours, et se moquoit de moi.

Le soleil commençoit à disparoître, il falloit
partir ; je pris congé de ma belle compatriote, je
lui promis de venir la voir le lendemain ; et en lui
souhaitant le bon-soir bien affectueusement, je la
priai de me confier son nom. Elle parut faire
quelque difficulté ; mais enfin, elle me dit à
l'oreille qu'elle s'appelloit Marguerite Biondi.
Je sus depuis qu'elle n'étoit ni Marguerite, ni
Biondi, ni nièce, ni demoiselle ; mais elle étoit
jeune, jolie, aimable : elle avoit l'air honnête.
j'étois de bonne foi. Pouvois-je l'abandonner
dans la détresse et dans l'affliction ?

J'essuyai, en revenant à la ville, toutes les
railleries et toutes les plaisanteries de Carrara ;

mais cela n'empêcha pas que je ne tinsse parole
à la belle etrangère.; je trouvai un très joli
appartement tout meublé, et en bon air sur la
place d'armes : j'allai dîner avec elle le lendemain, et je la conduisis dans un bon carrosse
prendre possession de son logement ; elle me pria
de m'intéresser à son oncle pour le faire sortir de
prison, d'en parler au résident de Venise à son
retour à Milan, et de l'engager à la racommoder
avec ses parens : je n'avois rien à lui refuser :
j'allois la voir très souvent, et sa société me paroissoit tous les jours plus intéressante.

J'étois très content de mon état, et cette dernière aventure ajoutoit aux agrémens de ma
situation ; mais je n'étois pas fait pour jouir long
tems d'un bonheur quelconque. Les plaisirs et
les chagrins se succédoient rapidement chez
moi ; et le jour où je jouissois davantage étoit
presque toujours la veille d'un événement dis-
gracieux.

Mon domestique entre un jour dans ma chambre de très bonne heure ; il ouvre les rideaux ; et
me voyant réveillé, ah ! monsieur, dit-il, j'ai une
grande nouvelle à vous apprendre : quinze mille
Savoyards, tant à pied qu'à cheval, viennent de
s'emparer de la ville, et on les voit escadronner
sur la place de la cathédrale.

Etonné de cette nouvelle si inattendue, je fis
cent questions à mon laquais, qui n'en savoit
pas davantage : je m'habille bien vîte ; je sors,

je vais au café ; dix personnes me parlent à la
fois : chacun veut être le premier à m'instruire:
il y avoit différentes versions, mais voici le fait.

C'étoit le commencement de la guerre de 1733,
appellée la guerre de Don Carlos.   Le roi de
Sardaigne venoit de se déclarer pour ce prince,
et de réunir ses armes à celles de France et
d'Espagne contre la maison d'Autriche.   Les
Savoyards, qui avoient marché la nuit, arrivèrent
au point du jour aux portes de Milan ; le général
demanda les clefs de la ville : Milan est trop
vaste pour se défendre, et les clefs lui furent
apportées.

Sans approfondir la chose davantage, je crus
en savoir assez pour en faire part à mon résident.   Je rentre, j'écris, j'envoie un exprès à
Venise ; et trois jours après, le ministre revint à
sa résidence.

Pendant ce tems-là les troupes Françoises ne
tardèrent pas à paroître, et à se réunir aux Sardes,
leurs alliés, formant ensemble cette armée for-
midable, que les Italiens appelloient l'armata dei
Gallo-Sardi.

Les alliés se disposant à faire le siége du château de Milan, firent les approches pour se mettre
en état de battre la citadelle, et les habitans de la
place d'armes furent obligés de décamper.   Ma
pauvre Vénitienne, qui étoit de ce nombre, me
fit avertir de son embarras : j'y accourus sur le
champ : je la fis déloger promptement ; et ne

voulant pas la mettre dans un hôtel garni, je fus forcé de la confier à un marchand Genois, où je ne pouvois la voir qu'au milieu d'une famille nombreuse et excessivement difficile.

Les assiégeans ne tardèrent pas à former leurs tranchées . et leurs chemins couverts : le siége alloit grand train ; les batteries de canons fai-soient voler jour et nuit leurs boulets, auxquels ripostoient ceux de la citadelle, et les bombes mal dirigées venoient nous visiter dans la ville.

Un courier de la république de Venise apporta quelques jours après, à mon ministre, une lettre ducale en parchemin, et cachetée en plomb, avec ordre de partir de Milan, et d'aller, pendant la guerre, établir sa résidence à Crême.

M. le résident m'en fit part aussi-tôt. Il pro-fita de cette occasion pour se défaire de son secrétaire, qu'il n'aimoit pas, me conféra cette commission honorable et lucrative, et m'ordonna de me tenir prêt le lendemain ; et comme il nous falloit un correspondant à Milan pendant notre absence, je proposai mon ami Carrara, qui fut approuvé par le ministre, et vint se loger à l'hôtel.

Je fis bientôt mes paquets ; je ramassai les papiers, et j'allai faire mes adieux à la belle Véni-tienne, qui pleuroit, qui craignoit, qui se désoloit: elle me recommande son oncle qui étoit pré-cisément prisonnier à Crême : je tâche de la con-

soler, je lui donne de l'argent, ainsi qu'à son
hôte ; il semble que cette cérémonie ait contribué
à la tranquilliser : nous nous embrassons, je me
rends chez moi ; et au point du jour, je pars avec
le ministre.

Arrivé à Crême, mon premier soin fut d'aller à
la géole ; je demande M. Leopold Scacciati, qui
étoit l'oncle en question. Il n'y étoit plus : mes
recommandations avoient avancé son élargisse-
ment ; il étoit sorti la veille de mon arrivée, et il
étoit parti pour Milan.

Cet homme, qui ne se doutoit pas de mon départ de cette ville, comment auroit-il fait pour
retrouver Mademoiselle Biondi dans un pays si
vaste et si peuplé ? Cette réflexion m'inquietoit
beaucoup ; j'écrivis au marchand Genois, j'écrivis
à M. Carrara, et voici à peu-près la réponse de ce
dernier.

" Votre Léopold Scacciati est arrivé à Milan ;
il est venu à l'hôtel, croyant vous y trouver : le
portier l'a fait monter, il m'a parlé : il a réclamé
sa nièce : je l'ai conduit chez le Genois ; et j'ai
cru vous rendre un service essentiel, en lui faisant
consigner cette fille qui vous étoit à charge, et qui
n'en méritoit pas le peine."

Eloigné de cet objet enchanteur, j'avouai que
mon ami s'étoit bien conduit ; et n'ayant pas reçu
de nouvelles depuis ni de la demoiselle ni de
son oncle, leur ingratitude m'affecta, mais fort

légèrement : je les oubliai l'une et l'autre, et je m'appliquai sérieusement à remplir les devoirs de ma charge.

Crème est une ville de la république de Venise, gouvernée par un noble Vénitien, avec le titre de podesta, à quarante-huit lieues de la capitale, et à neuf de la ville de Milan.

La résident de Venise étoit à portée, dans cette ville, de veiller sur les événemens et sur les desseins des puissances belligérantes, sans compromettre la république, qui étoit neutre, et qui ne pouvoit pas reconnoître les nouveaux maîtres du Milanois.

Mais ce ministre n'étoit pas le seul qui en étoit chargé : on avoit envoyé de Venise en même tems, et dans la même ville, une sénateur avec le titre de provéditeur extraordinaire ; et tous les deux faisoient, à l'envi, leurs efforts pour avoir des correspondances, et pour envoyer au sénat les nouvelles les plus récentes et les plus sûres.

Nous avions tous les jours pour notre part dix à douze, et quelquefois jusqu'à vingt lettres, qui nous venoient de Milan, de Turin, de Bresse, et de tous les pays de traverse où il étoit question de passage de troupes, ou de fourrages, ou de magasins. C'étoit à moi à les ouvrir, à en faire les extraits, à les confronter, et à établir un plan de dépêche, d'après les relations qui paroissoient les plus uniformes et les mieux constatées.

Mon ministre, d'après mon travail, choisissoit,

faisoit des remarques, des réflexions, et nous dé-
pêchions quelquefois quatre estafettes en un jour
à la capitale.

Cet exercice m'occupoit beaucoup, il est vrai,
mais il amusoit infiniment : je me mettois au fait
de la politique et de la diplomatique ; connoissances qui me furent très utiles lorsque je fus
nommé, quatre ans après, consul des Genes à
Venise.

Au bout de vingt jours de siége et quatre de
bréche ouverte, le château de Milan fut forcé de
capituler et de se rendre, ayant demandé et obtenu
tous les honneurs de la guerre, tambour battant,
drapeaux déployés, chariots couverts jusqu'à
Mantoue, où étoit le rendez-vous général des Allemands qui n'avoient pas encore assez de forces
rassemblées pour s'opposer aux progrès de leurs
ennemis.

Les armées combinées qui profitoient du tems
favorable, mirent le siége quelques jours après
devant Pizzighetone, petite ville frontière dans le
Crémonois, au confluent du Serio et de l'Ada,
très bien fortifiée, et avec une citadelle très considérable.

Le théâtre de la guerre s'étant beaucoup rapproché de la ville de Crême, nous étions encore
plus à portée d'avoir des nouvelles, puisque nous
entendions très distinctement les coups de canon ;
mais les hostilités n'allèrent pas bien loin ; car les
Allemands qui attendoient des ordres de Vienne,

ou de Mantoue, demandèrent un armistice de trois
jours, qui leur fut accordé sans difficulté.

Je fus envoyé, dans cette occasion, en qualité
d'espion honorable au camp des alliés : il n'est
pas possible de tracer au juste le tableau frappant
d'un camp en armistice. C'est la fête la plus brillante, le spectacle le plus étonnant qu'il soit possible d'imaginer.

Un pont jetté sur la brèche donne la communication entre les assiégeans et les assiégés : on voit
des tables dressées par tout : les officiers se ré-
galent réciproquement : on donne en dedans et en
dehors, sous des tentes ou sous des berceaux, des
bals, des festins, des concerts. Tout le monde
des environs y accourt à pied, à cheval, en voiture ;
les vivres y arrivent de toute part : l'abondance
s'y établit dans l'instant ; les charlatans, les voltigeurs ne manquent pas de s'y rendre. C'est une
foire charmante, c'est un rendez-vous délicieux.

J'en jouissois, pendant quelques heures, tous
les jours ; et au troisième, je vis sortir la garnison
Allemande, avec les mêmes honneurs qui avoient
été accordés à celle du château de Milan. Je
m'amusois à voir des soldats François et Piémontois, sortant de la place sous leurs étendards se
fourrer dans les haies de leurs compatriotes, et dé-
serter impunément.

Je faisois, le soir en rentrant, à mon ministre,
le rapport de ce que j'avois vu et de ce que j'avois
appris ; et je pouvois l'assurer, d'après les entre-

tiens que j'avois eu avec des officiers, que les
armées combinées devoient aller se camper dans
les duchés de Parme et de Plaisance, pour les
garantir des incursions qu'on pouvoit craindre de
la part des Allemands.

L'effet répondit aux notices qu'on m'avoit données : les alliés defilèrent peu à peu du côté du
Crémonois, et s'etablirent dans les environs de
Parme, où la duchesse Douairière, à la tête de la
régence, gouvernoit ses états.

L'eloignement des troupes diminua de beaucoup
mon travail, et me donna le loisir de me livrer à
des occupations plus agréables : je repris mon
Bellisaire ; j'y travaillai avec assiduité, avec in térêt, je ne le quittai que quand je le cru fini, et
lorsqu'il me parut que je pouvois en être content.

Dans ces entrefaites, mon frère, qui, après la
mort de M. Visinoni, avoit quitté le service de
Venise, et s'étoit transporté à Modène, croyant
que le duc l'auroit employé ; n'ayant rien obtenu
de ce côté-là, vint me rejoindre à Crême. Je le
reçus avec amitié, je le présentai à M. le résident.
Ce ministre lui accorda la place de gentilhomme
que j'avois occupée ; mais si l'un avoit la tête
chaude, l'autre l'avoit brûlante, et ils ne pouvoient
pas tenir ensemble. M. le résident remercia mon
frère, et celui-ci s'en alla de mauvaise humeur.

L'inconduite de mon frère, me fit quelque tort
dans l'esprit du ministre. Il ne me regardoit plus
depuis ce tems-là avec la même bonté, ni avec la

même amitié.   Une tartufe Dominicain s'étoit
emparé de sa confiance, et quand je n'étois pas au
logis, il se mêloit d'écrire sous la dictée du ministre. Tout cela m'avoit déjà indisposé.   Nous
n'étions plus, mon supérieur et moi, que deux
êtres dégoûtés l'un de l'autre, et l'aventure que je
vais raconter, produisit une rupture totale.

J'étois un jour dans ma chambre, lorsqu'on
m'annonça un étranger qui vouloit me parler.   Je
dis, qu'on le fasse entrer, et je vois un homme
maigre, petit, boiteux, pas trop bien vêtu, et avec
une phisionomie fort douteuse.   Je lui demande
son nom : monsieur, dit-il, je suis votre serviteur
Léopold Scacciati.—Ah! ah! Monsieur Scacciati?
—Oui, monsieur, celui que vous avez eu la bonté
de protéger, et de faire sortir de prison.—D'où
venez-vous actuellement?—De Milan, monsieur.
—Comment se porte mademoiselle votre nièce?—
Très bien, à merveille, vous allez la voir.—La
voir? Où donc?—Ici.—Elle est ici?—Oui, monsieur, à l'hôtellerie du cerf, où elle vous attend,
et vous prie de venir dîner avec elle.—Doucement, M. Scacciati, qu'avez-vous fait pendant si
long-tems à Milan?—J'y connoissois beaucoup
d'officiers, ils me faisoient l'honneur de venir me
voir?—Vous voir? Oui, monsieur.—Et Mademoiselle?—Elle faisoit les honneurs de la table.—
Rien que de la table?....

Un valet-de-pied vint interrompre une conversation que j'aurois voulu pousser plus loin ; mais

il me dit que le ministre me demandoit. Je prie
M. Scacciati de rester, et de m'attendre ; je monte.
M. le résident me présente un manuscrit à copier.
C'étoit le manifeste du roi de Sardaigne, avec les
raisons qui l'avoient engagé dans le parti des
François. Ce cahier étoit précieux pour le mo-
ment, car l'original étoit encore sous la presse à
Turin, et il falloit le copier pour l'envoyer à
Venise.

Le ministre ne dînoit ni soupoit chez lui ce
jour-là. Il m'ordonna de lui rapporter le manuscrit et la copie, le lendemain a son réveil. Le
cahier étoit assez volumineux et mal écrit, cependant il falloit bien l'expédier. Je rentre chez
moi ; je préviens M. Scacciati que je ne pouvois
pas dîner en ville ce jour-là, et que j'irois le soir
voir sa nièce, aussi-tôt que je le pourrois. Il
m'annonce que mademoiselle doit partir incessamment. Je répéte les mêmes mots avec un
mouvement d'impatience, et le boiteux fait une
pirouette et s'en va.

Je me mets tout de suite à l'ouvrage ; je dîne
avec un tasse de chocolat ; je travaille jusqu'à
neuf heures du soir: je finis : je ferre les deux
copies dans mon secrétaire, et m'en vais a l'hôtellerie du cerf. Je trouve la belle Vénitienne
engagée dans une partie de pharaon, avec quatre
messieurs que je ne connoissois pas. Au moment
que j'entre la taille finissoit. On se leve, on me
fait beaucoup de politesses, on fait servir le

souper, on me donne la place d'honneur près de la demoiselle. J'avois une faim enragée, je mangeai comme quatre.

Le souper fini, on reprend le jeu. Je ponte, je gagne, et je n'osois pas m'en aller la premier. La nuit se passe en jouant. Je regarde ma montre ; il étoit sept heures du matin. Je gagnois toujours, mais je ne pouvois rester davantage ; je fais mes excuses à la compagnie, et je m'en vais.

A quatre pas de l'auberge, je rencontre un de nos valets-de-pied. M. le résident m'avoit fait chercher par-tout ; il s'étoit levé à cinq heures du matin, il m'avoit fait demander, on lui avoit dit que j'avois découché de l'hôtel. Il étoit furieux.

Je cours, je rentre ; je vais dans ma chambre, je prends les deux cahiers, je les apporte au ministre. Il me reçoit fort mal. Il va jusqu'à me soupçonner d'avoir été communiquer le manifeste du roi de Sardaigne, au provéditeur extraordinaire de la république de Venise.

Cette imputation me blesse, me désole. Je succombe contre mon ordinaire à un mouvement de vivacité. Le ministre me menace de me faire arrêter. Je sors, je vais me réfugier chez l'evêque de la ville. Celui-ci prend mon parti, et s'engage de me raccomoder avec le résident. Je le remercie, mon parti étoit pris, je ne voulois que me justifier et partir.

M. le résident eut le tems de s'informer où j'avois passé la nuit ; il étoit revenu sur mon

compte, mais je ne voulus plus m'exposer à de
pareils désagrémens, et je demandai la permission
de me retirer. Le ministre me l'accorda. J'allai
le voir ; je lui fis mes excuses et mes remerciemens. Je fis mes paquets, je louai une chaise
pour Modène, où ma mère demeuroit encore, et
trois jours après je partis.

Arrivé à Parme le 28 du mois de Juin, la veille
de la Saint Pierre, en 1733, jour mémorable pour
cette ville, j'allai me loger all' osteria del gallo
(à l'hôtel du coq).

Le matin, un bruit effrayant me réveille. Je
sors de mon lit, j'ouvre la croisée de ma chambre,
je vois la place remplie de monde, qui court d'un
côté, qui court de l'autre : on se heurte, on pleure,
on crie, on se désole ; des femmes portent leurs
enfans sur leurs bras ; d'autres les traînent sur le
pavé. On voit des hommes chargés de hottes, de
paniers, de coffre-forts, de paquets ; des vieillards
qui tombent, des malades en chemise, des cha-
rettes qu'on renverse, des chevaux qui s'échap-
pent : qu'est-ce donc que cela, dis-je ; est-ce la
fin du monde ?

Je passe ma redingotte sur ma chemise, je descends bien vîte, j'entre dans la cuisine, je demande, je questionne, personne ne me répond.
L'aubergiste ramasse son argenterie ; sa femme,
toute échevelée, tient un écrin à la main, et ses
hardes dans son tablier : je veux lui parler, elle me
jette contre la porte, et sort en courant. Qu'est-

ce donc? qu'est ce donc? Je demande à tous
ceux que je rencontre: je vois un homme à
l'entrée de l'écurie; je reconnois mon voiturier;
je vais à lui: il étoit dans le cas de satisfaire ma
curiosité.

Voilà, monsieur, me dit-il, toute une ville effrayée, et ce n'est pas sans raison: les Allemands
sont à la porte de la ville; s'ils entrent, le pillage
est sûr. Tout le monde se sauve dans les eglises;
chacun porte ses effets sous la garde de Dieu.
Est-ce que les soldats, lui dis-je dans une pareille
occasion, auroient le tems de la réflexion? D'ailleurs, les Allemands sont-ils tous catholiques?

Pendant que je causois avec mon guide, voilà
la scène qui change; voilà des cris de joie; on fait
sonner les cloches par-tout; on tire des pétards.
Tout le monde sort de l'eglise, tout le monde
remporte son bien; on se cherche, on se rencontre,
on s'embrasse. Quel a été le sujet de ce changement? Voici le fait en totalité.

Un espion double, à la solde des alliés aussi bien
qu'à celle des Allemands, avoit été, la nuit précédente, au camp des premiers, dans le village de
Saint Pierre, à une lieue de la ville, et il avoit
rapporté qu'un détachement de troupes Allemandes devoit aller, ce jour-là, fourrager dans les
environs de Parme, avec intention de tenter un
coup de main sur la ville.

Le maréchal de Coigny, qui commandoit alors
l'armée, fit un détachement de deux régimens,

Picardie et Champagne, et les envoya à la découverte ; mais comme ce brave général ne manquoit jamais de précaution ni de vigilance, il fit
arrêter l'espion dont il se défioit, et fit mettre tout
le camp sous les armes.

M. de Coigny ne se trompa pas ; les deux régimens arrivés à la vue des remparts de la ville, dé-
couvrirent l'armée Allemande, composée de quarante mille hommes, conduits par le maréchal de
Mercy, avec dix pièces de campagne.

Les François marchant par le grand chemin entouré de larges fossés, ne pouvoient pas reculer :
ils avancèrent bravement ; mais ils furent presque
tous renversés par l'artillerie des ennemis.

Ce fut le signal de la surprise pour le commandant François. L'espion fut pendu sur le
champ, et l'armée se mit en marche, en redoublant
le pas : le chemin étoit borné : la cavalerie ne
pouvoit pas avancer ; mais l'infanterie chargea si
vigoureusement l'ennemi, qu'elle le força de reculer ; et ce fut dans ce moment-là que la frayeur
des Parmesans se convertit en joie.

Tout le monde couroit alors sur les remparts de
la ville : j'y courus aussi : on ne peut pas voir une
bataille de plus près : la fumée empêchoit souvent
de bien distinguer les objets ; mais c'étoit toujours
un coup-d'œil fort rare, dont bien peu de monde
peut se vanter d'avoir joui.

Le feu continuel dura pendant neuf heures sans
interruption : la nuit sépara les deux armées, les

Allemands se dispersèrent dans les montagnes de Regio, et les alliés restèrent les maîtres du champ de bataille.

Le jour suivant, je vis conduire à Parme sur un brancard, le maréchal de Mercy, qui avoit été tué dans la chaleur du combat. Ce général fut embaumé et envoyé en Allemagne, ainsi que le Prince de Wirtemberg, qui avoit subi le même sort.

Un spectacle bien plus horrible et plus dégoûtant s'offrit à mes yeux le jour suivant dans l'après-midi. C'étoit les morts qu'on avoit dépouillés pendant la nuit, et qu'on faisoit monter à vingt-cinq mille hommes; ils étoient nuds et amoncelés; on voyoit des jambes, des bras, des crânes, et du sang par-tout. Quel carnage!

Les Parmesans craignoient l'infection de l'air, vu la difficulté d'enterrer tous ces corps massacrés; mais la république de Venise qui est presque limitrophe du Parmesan, et qui étoit intéressée à garantir la salubrité de l'air, envoya de la chaux en abondance, pour faire disparoître tous ces cadavres de la surface de la terre.

Le troisième jour après la bataille, je voulois continuer ma route pour Modène. Mon voiturin m'observa que les chemins de ce côté-là étoient devenus impraticables à cause des incursions continuelles des troupes des deux partis. Il m'ajouta que si je voulois aller à Milan, qui étoit sa patrie, il m'y conduiroit; et que si je voulois aller à Bresse, il connoissoit un de ses camarades qui alloit partir pour cette ville, avec un abbé dont je pourrois être compagnon de voyage.

J'acceptai cette dernière proposition. Bresse me convenoit mieux, et je partis le lendemain avec M. l'Abbé Garoffini, jeune homme très instruit et grand amateur de spectacles.

Nous causâmes beaucoup en route ; et comme j'avois la maladie des auteurs, je ne manquai pas de parler de mon Bélisaire. M. l'abbé paroissoit curieux de l'entendre ; et à la première dînée, je tirai ma pièce de mon coffre-fort, et j'en commençai la lecture.

Je n'avois pas achevé le premier acte, que le voiturin vient nous presser pour partir. M. l'abbé en étoit fâché, il y avoit pris quelqu'intérêt ; allons, dis-je, je lirai en voiture aussi bien qu'ici : nous reprenons nos places dans la chaise ; et comme les voiturins vont au pas, je continuai ma lecture sans la moindre difficulté.

Pendant que nous étions occupés l'un et l'autre, la voiture s'arrête, et nous voyons cinq hommes à moustaches et en uniforme militaire, qui, le sabre à la main, nous ordonnent de descendre. Falloit-il récalcitrer contre les ordres absolus de ces messieurs-là ? Je descends de mon côté, l'abbé de l'autre. Un d'entr'eux me demande la bourse ; je la donne sans me faire prier : un autre m'arrache la montre ; un troisième fouille dans mes poches, et prend ma boîte, qui n'étoit que d'é-

caille. Les deux derniers en firent autant à
l'abbé ; et tous les cinq se jettèrent ensuite sur
les malles, sur mon petit coffre-fort et sur nos sacs
de nuit.

Quand le voiturin se vit déchargé, il fit prendre
le galop à ses chevaux, et moi je pris le mien : je
sautai un fossé fort large, et je me sauvai au travers
des champs, craignant toujours que ces canailles
n'on voulussent à ma redingotte, à mon habit, à
ma culotte et à ma vie, bienheureux d'en avoir été
quitte pour mon argent et pour mes effets, et d'avoir
sauvé du naufrage mon Bélisaire.

Ayant perdu de vue les voleurs, et ne sachant
pas ce qu'étoit devenu mon compagnon de voyage,
je trouvai une allée d'arbre, et je me reposai tranquillement à côté d'un ruisseau. Je me servis du
creux de ma main pour me désaltérer, et je trouvai cette eau délicieuse.

Mon corps délassé, et mon esprit plus calme,
ne voyant personne à qui m'adresser, je pris au
hasard un côté de l'allée que j'étois persuadé devoir aboutir à quelqu'endroit habité. Je ne tardai
pas à rencontrer des paysans qui travailloient dans
les champs ; je les accostai avec confiance, et je
leur fis part de mon aventure. Ils en savoient
déjà quelque chose ; ils avoient vu passer les coquins qui m'avoient dépouillé, par un chemin de
traverse, chargés comme des mulets. C'étoient
des déserteurs qui attaquoient les passans, et n'é-
pargnoient pas même les hameaux et les mé-
tairies. Ce sont les fruits malheureux de la

guerre qui tombent indistinctement sur les amis
et les ennemis, et qui désolent les innocens. Comment, dis-je, comment ces voleurs peuvent-ils se
défaire impunément des effets volés sans être arrêtés? Tous ces paysans vouloient me répondre à
la fois, et leur empressement marquoit leur indignation. Il y avoit à peu de distance de l'endroit
où nous étions, une compagnie d'hommes riches,
tolérée pour acheter les dépouilles des victimes de
la guerre, et les acheteurs ne prenoient pas garde
si les effets venoient du champ de bataille, ou du
grand chemin.

Le soleil alloit se coucher. Ces bonnes gens
m'offrirent un petit reste de leur goûter que, malgré mon désastre, je savourai avec appétit, ils me
proposérent d'aller passer la nuit chez eux. J'allois
accepter avec reconnoissance l'hospitalité que ces
bonnes gens vouloient bien m'accorder, mais un
respectable vieillard qui étoit le père, et le grand
père de mes bien-faiteurs, me fit remarquer qu'il
n'y avoit chez eux que de la paille et du foin pour
me reposer, et qu'il valoit mieux me conduire à
Casal Pasturlengò, qui n'étoit qu'à une lieue de
distance, et où le curé très honnête et très complaisant, se seroit fait un plaisir de me recevoir et
de me loger.

Tout le monde applaudit à son avis. Un jeune
homme se chargea de m'y conduire ; je le suivis,
et je bénis le ciel qui tolere d'un côté les méchans,
et anime de l'autre les cœurs sensibles et vertueux.

CHAPITRE XII.

Hospitalité du Curé de Casal Pasturlengò—Lecture de mon Bélisaire au Curé—Mon Arrivée à Bresse — Rencontre inattendue dans cette Ville—Ressource fâcheuse, mais nécessaire—Route pour Vérone — Vérone — Son Amphithéâtre, Ouvrage des Romains—Comédie pendant le jour contre l'usage d'Italie—Heureuse Rencontre—Lecture et Réception de mon Bélisaire—Ma première Liaison avec les Comédiens —Réunion des Intermedes à la Comédie— L'Opéra Comique inconnu en Lombardie, et dans l'Etat de Venise—La Pupile, Intermede— Présent de Casali bien employé—Mon Arrivée à Venise—Coup-d'œil de cette Ville pendant la Nuit—Ma Présentation au noble Grimani—Ses Promesses et mes Espérances.

ARRIVE' à Casal Pasturlengò, je priai mon guide d'aller prévenir M. le curé de mon accident. Quelques minutes après, ce bon pasteur vient au-devant de moi, me tend la main, et me fait monter chez lui : enchanté de ce bon accueil, je tourne les yeux vers le jeune homme qui m'avoit escorté; et en le remerciant, je lui marque mon regret de ne pouvoir pas le récompenser. Le curé s'en

apperçoit, et donne quelques sols au paysan qui
s'en va content. C'est peu de chose, mais cela
prouve la façon de penser d'un homme juste et
compatissant.

A la campagne, on soupe de bonne heure. Le
soupé du curé étoit prêt quand j'arrivai ; je ne fis
pas de façons ; il partagea avec moi ce que sa gouvernante lui avoit préparé.

Notre conversation tomba d'abord sur la guerre :
je parlai de ce que j'avois vu à Parme, à Milan, à
Pizzigheton. Insensiblement, je me trouvai engagé,
dans quelques détails sur mes emplois et sur mes
occupations ; mes discours aboutirent comme à
l'ordinaire, à l'article de Bélisaire.

Le curé, qui étoit un ecclésiastique très sage et
très exemplaire, ne condamnoit pas les spectacles
honnêtes et morigénés, et paroissoit curieux d'entendre la lecture de ma pièce ; mais j'étois trop
fatigué pour l'instant ; nous remîmes la partie au
lendemain, et j'allai me coucher dans un lit délicieux, où j'oubliai tous mes chagrins, et je dormis
jusqu'à dix heures du matin.

Aussi-tôt que je fus réveillé, on m'apporta une
bonne tasse de chocolat. Ensuite, comme le tems
étoit beau, j'allai me promener jusqu'à midi, qui
étoit l'heure du dîné ; nous nous revîmes avec
plaisir, nous dînâmes avec deux autres abbés de
sa paroisse ; et après dîné, j'entrepris la lecture de
ma pièce. M. le curé me demanda la permission
de faire entrer sa gouvernante et son régisseur,

Pour moi, j'aurois voulu qu'il fît venir tout le village.

Ma lecture fut extrèmement goûtée. Les trois abbés, qui n'étoient pas sots, saisirent les endroits les plus intéressans et les plus saillans : et les villageois me prouvèrent, par leurs applaudissemens, que ma pièce étoit à la portée de tout le monde, et qu'elle pouvoit plaire aux gens instruits comme aux ignorans.

M. le curé me fit compliment, et me remercia de ma complaisance : les deux autres abbés de même, et chacun d'eux vouloit me donner à dîner ; mais je ne voulois pas gêner mon hôte, et d'ailleurs j'étois pressé de continuer ma route. M. le curé me demanda comment je comptois partir : j'étois très disposé à m'en aller à pied ; mais ce digne homme ne le permit pas. Il me donna son cheval et son domestique, avec ordre à celui-ci de payer pour moi à la dînée, et je partis le lendemain, confondu, comblé de bienfaits et de politesses.

En arrivant à Bresse, j'étois plus embarrassé que jamais ; je n'avois d'autre ressource que celle d'aller chez le gouverneur, que je ne connoissois pas ; mais devois-je trouver à la ville cette cordialité que j'avois rencontrée dans un bourg.

. Un de mes chagrins, c'étoit de ne pouvoir pas récompenser le domestique du curé. Je le priai de m'attendre à une petite auberge où nous étions descendus, et je tournai mes pas vers le palais du gouvernement. En tournant le coin d'une rue

qu'on m'avoit indiquée, je vois un homme qui,
tout en boitant, vient audevant de moi. C'étoit
M. Leopold Scacciati, l'oncle de ma belle compatriote.

Etonné de me voir, comme moi de le rencontrer,
il me fait des plaintes de ne m'avoir pas revu à
Crême, à l'hôtel du cerf. Je lui rends compte de
mon départ précipité de cette ville ; je lui fais le
récit des événemens fâcheux que je venois d'essuyer, et je lui peins l'état douloureux auquel je
me voyois réduit. Cet homme, tel qu'il étoit,
paroissoit touché jusqu'aux larmes, et me pria
d'aller chez lui.

J'avois besoin de tout ; mais ne sachant pas ce
que Scacciati et sa nièce faisoient à Bresse, je
refusai d'y aller. Le boiteux, qui étoit plus petit
que moi, me saute au col, me prie, m'embrasse,
me parle de ses obligations, de sa reconnoissance,
de son attachement pour moi : il me prend par la
main ; il me traîne après lui : sa demeure n'étoit
pas loin ; nous arrivons à la porte ; il me pousse
en dedans, et crie de toutes ses forces, Marguerite,
Marguerite, c'est M. Goldoni. Mademoiselle Marguerite descend ; elle m'embrasse, elle m'engage à
monter, m'y force, et je monte avec eux.

La Vénitienne me demanda bien des choses
concernant ma personne ; je voulois la satisfaire ;
mais me rappellant le domestique du curé, je marquai de l'inquiétude ; ils m'en demandèrent le
sujet, je le dis, et Scacciati partit sur le champ

pour aller donner quelque argent à cet homme qui m'attendoit.

Etant resté seul avec ma compatriote, je lui traçai mon histoire, et elle me rendit compte de la sienne.

Scacciati n'étoit pas son oncle; c'étoit un coquin qui l'avoit enlevée à ses parens, et l'avoit vendue à un homme riche, qui l'avoit quittée au bout de deux mois, et avoit mieux payé le courtier que la demoiselle. Elle étoit lasse de vivre avec ce fainéant, qui dépensoit avec profusion ce qu'elle gagnoit avec répugnance. Elle avoit amassé beaucoup d'or à Milan, et ils étoient partis de cette ville avec plus de dettes que d'argent. A Bresse, ils en ont fait autant. Scacciati étoit l'homme du monde le plus vicieux et le moins raisonnable: elle vouloit s'en défaire, et me demandoit conseil pour exécuter son projet.

Si j'avois été riche, je l'aurois délivrée de son tyran; mais dans la position où j'étois, je ne pus lui donner d'autre avis que celui d'avoir recours à ses parens, et tâcher de se rapprocher de ceux qui avoient le droit de la réclamer.

Pendant que nous nous entretenions de la sorte, le boiteux rentre. Il nous voit l'un auprès de l'autre; il badine, et croit que la demoiselle a eu soin de me faire oublier mes chagrins. Le méchant homme! Il ne connoissoit que la débauche.

J'étois fâché d'être obligé de le condamner pendant qu'il ne cherchoit qu'à m'obliger. Allons, dit-il, puisque nous n'avons personne aujourd'hui, nous souperons nous trois. Venez, Monsieur, venez avec moi. Je le suis, il me conduit dans une chambre très bien meublée avec un lit à balda-quin ; c'est ici, dit-il, la chambre de cérémonie de mademoiselle, vous l'occuperez seul, ou accom-pagné, comme vous voudrez.

L'endroit me fit horreur. Je voulois m'en aller sur le champ ; l'homme adroit s'apperçut de ma répugnance ; il me fit voir un petit cabinet que je ne refusai pas, vu l'heure et la position où j'étois ; mais je lui dis en même tems que le lendemain j'étois décidé à partir.

Ayant tenté en vain de me faire rester davantage, Scacciati me dit tout bonnement, et avec une effusion de cœur que j'aurois admiré si elle ne fut pas partie d'une ame corrompue, qu'il savoit que j'étois dans la détresse, et qu'il m'offroit tous les secours dont je devois avoir besoin. Eh bien ! lui dis-je, puisque vous êtes disposé à m'obliger, prêtez-moi six sequins, et je vais vous faire mon billet. Il me donna les six sequins, et refusa le billet, et sans m'écouter davantage il sortit du cabinet où nous étions, et fit servir le soupé.

Nous soupâmes très bien ; j'allai me coucher dans mon petit lit. Le matin je déjeûnai avec l'oncle et la nièce supposée, je les remerciai l'un et l'autre, et je partis en poste pour Vérone.

Comme je n'aurai plus occasion de parler de ces deux personnages, je dirai en deux mots à mon

lecteur, que je vis quelques années après la demoiselle assez bien mariée à Venise, et que M. Scacciati finit par être condamné aux galères.

Faisant route dans la plaine pierreuse de Bresse
à Vérone, je réfléchissois sur mes aventures, tantôt
bonnes, tantôt mauvaises, rencontrant toujours le
mal à côté du bien, et le bien à côté du mal.

Ma dernière ressource de Bresse fixa davantage
mes réflexions. Des coquins me dépouillent, un
coquin vient à mon secours ; comment est-il possible que, dans un cœur criminel, la vertu puisse
pénétrer ? Non, ce n'est que par amour-propre,
par ostentation, que Scacciati a été généreux envers
moi. Mais quel que soit le motif qui l'ait déterminé, je lui devrai toujours de la reconnoissance.

La Providence se sert de différens moyens pour
partager ses faveurs. Souvent elle se sert du
méchant pour secourir l'honnète homme, et nous
devons bénir l'auteur du bienfait, et en reconnoître l'intermédiaire.

Arrivé à Desenzano, je dînai dans cette même
hôtellerie sur le lac de Garda, où j'avois couché
deux fois, et j'arrivai à Vérone à la nuit tombante.

Vérone est une des belles villes de l'Italie ; elle
mériteroit, sans doute, que je m'occupasse de ses
beautés, de ses ornemens, de ses académies, et des
talens qu'elle a produits et cultivés dans tous les
tems ; mais cette digression me meneroit trop loin ;
je me bornerai uniquement à parler de ce monu-

ment, qui peut avoir quelque relation à l'objet de
mes Mémoires.

Il y a Vérone un amphithéâtre qui est un ouvrage des Romains. On ne sait pas si c'est du tems
de Trajan ou de Domitien, mais il est si bien conservé, qu'on peut s'en servir adjourd'hui comme
dans le tems où il a été construit.

Ce vaste édifice que l'on appelle en Italie l'Arena
di Verona, est d'une forme ovale ; son grand
diamètre intérieur est de deux cens vingt-cinq
pieds, sur cent trente-trois de largeur pour le petit
diamètre. Quarante-cinq rangées de gradins de
marbre l'entourent, et peuvent contenir vingt mille
personnes assises, et à leur aise.

Dans cet espace qui en fait le centre, on donne
des spectacles de toute espèce. Des courses, des
joûtes, des combats de taureaux, et en été on y
joue même la comédie sans autre lumière que celle
du jour naturel.

On construit, à cet effet, au milieu de cette
place sur des trétaux très solides, un théâtre en
planche qui se défait en hiver, et se remonte à la
nouvelle saison, et les meilleures troupes d'Italie
viennent alternativement y exercer leurs talens.

Il n'y a point de loges pour les spectateurs, une
clôture de planches forme un vaste parterre avec
des chaises. Le bas peuple se range à très peu
de frais sur les gradins qui sont en face du théâtre,
et malgré la modicité du prix de l'entrée, il n'y a

pas de salle en Italie qui rapporte autant que l'Arena.

En sortant de mon auberge le lendemain de mon arrivée, je vis des affiches de comédie, et j'y lus qu'on donnoit ce jour-là Arlequin muet par crainte.

J'y vais l'après-midi, et je me place dans l'enclos, au milieu de l'Arène, où il y avoit une chambrée très nombreuse.

On leve la toile ; les comédiens devoient faire une excuse à cause du changement de la pièce ; ce n'étoit plus le Muet par crainte qu'on alloit donner, c'étoit une autre pièce du nom de laquelle je ne me souviens plus. Mais quelle agréable surprise pour moi ! l'acteur qui vient pour haranguer le public est mon cher Casali, le promoteur et le propriétaire de mon Bélisaire.

Je quitte ma place pour monter sur le théâtre. Comme le local n'étoit pas bien vaste, on ne vouloit pas me laisser entrer ; je fais demander Casali ; il vient, il me voit, il en est enchanté. Il me fait monter, il me présente au directeur, à la première actrice, à la seconde, à la troisième, à toute la troupe. Tout le monde vouloit me parler : Casali m'arrache du cercle ; il m'emmene derrière une toile ; on change de décoration ; je me trouve à découvert ; je me sauve, et je suis sifflé. Mauvais prélude pour un auteur, mais les Véronois m'ont bien dédommagé par la suite de ce petit désagrément. Cette compagnie étoit celle dont

Casali m'avoit parlé à Milan ; elle étoit attachée
au théâtre Grimani à Saint Samuel à Venise, où
elle se rendoit tous les ans, pour y jouer l'automne
et l'hiver, et aller passer en Terre-Ferme le printems et l'été.

M. Imer étoit le directeur de la troupe ; c'étoit
un Génois très poli et très honnête ; il me pria à
dîner chez lui le lendemain, qui étoit jour de relâche. J'acceptai son invitation ; je lui promis
en revanche la lecture de mon Bélisaire, nous
étions tous d'accord et contens.

Je me rends le lendemain chez le directeur ; j'y
trouve toute la compagnie rassemblée, Imer vouloit régaler ses camarades d'une nouveauté dont
Casali les avoit prévenus. Le dîné étoit splen-
dide ; la gaîté des comédiens charmante. On faisoit des couplets, on chantoit des chansons à boire ;
ils me prévenoient sur tout, c'étoit des racoleurs
qui vouloient m'engager.

Le dîné fini, on se rassembla dans la chambre
du directeur, et je lus ma pièce ; elle fut écoutée
avec attention, et ma lecture finie, l'applaudissement fut général et complet. Imer avec un ton
magistral, me prit par la main, et me dit : Bravo.
Tout le monde me fit compliment ; Casali pleuroit de joie. Un des acteurs me demanda très poliment si ses camarades seroient assez heureux
pour jouer ma pièce les premiers. Casali se leve,
et dit d'un air assuré : Oui, Monsieur, M. Goldoni m'a fait l'honneur de travailler pour moi, et

en prenant la pièce qui étoit restée sur la table, je vais, dit-il, sous le bon plaisir de l'auteur, je vais la copier moi-même ; et sans attendre la réponse de l'auteur, il l'emporte.

Imer me prit en particulier ; il me pria d'accepter un appartement de garçon qui étoit dans la même maison, et à côté du sien ; il me pria aussi d'accepter sa table pendant tout le tems que sa troupe devoit rester à Véronne. Dans la situation où j'étois, je ne pouvois rien refuser.

Imer, sans avoir eu une éducation bien suivie, avoit de l'esprit et des connoissances ; il aimoit la comédie de passion ; il étoit naturellement éloquent, et auroit très bien soutenu les rôles d'amoureux à l'impromptu, suivant l'usage Italien, si sa taille et sa figure eussent répondu à ses talens. Court, gros, sans col, avec de petits yeux, et un petit nez écrasé, il étoit ridicule dans les emplois sérieux, et les caractères chargés n'étoient pas à la mode.

Il avoit de la voix ; il imagina d'introduire à la comédie les intermedes en musique, qui pendant long-tems avoient été réunis au grand opéra, et avoient été supprimés pour faire place aux ballets.

L'opéra comique a eu son principe à Naples et à Rome, mais il n'étoit pas connu en Lombardie, ni dans l'état de Venise, de manière que le projet d'Imer eut lieu, et la nouveauté fit beaucoup de plaisir, et rapporta aux comédiens beaucoup de profit.

TOME I. Q

Il avoit deux actrices dans cette troupe pour les intermedes ; l'une étoit une veuve très jolie et très habile, appellée Zanetta Casanova, qui jouoit les jeunes amoureuses dans la comédie ; et l'autre une femme qui n'étoit pas comédienne, mais qui avoit une voix charmante. C'étoit Madame Agnese Amurat, la même chanteuse que j'avois employée à Venise dans ma sérénade.

Ces deux femmes ne connoissoient pas une note de musique, et Imer non plus ; mais tous les trois avoient du goût, l'oreille juste, l'exécution parfaite, et le public en étoit content.

Le premier intermede par lequel ils avoient débuté, avoit été la Cantatrice, petite pièce que j'avois faite à Feltre pour un théâtre de société, et j'avois contribué aux avantages de la compagnie de Venise sans le savoir, et sans être connu. Je devois donc être accrédité dans l'esprit du directeur, à qui Casali m'avoit annoncé pour l'auteur de la Cantatrice, et voilà la véritable raison des politesses dont il me combla ; car ordinairement on ne donne rien pour rien, et mon Bélisaire n'auroit pas suffi, si je n'eusse pas fait mes preuves pour la poësie dramatique.

Imer qui avoit le coup-d'œil juste, prévoyoit que mon Bélisaire feroit fortune par-tout ; il n'en étoit pas fâché, mais il auroit voulu que sa personne et son nouvel emploi eussent en part aux succès qu'il se promettoit. Il me pria de composer un intermede à trois voix, et de le faire le

plus promptement possible, pour avoir le tems de
le faire mettre en musique.

Je fis mon intermede en trois actes, et je le
nommai la Pupile. Je pris l'argument de cette
petite pièce, dans la vie privée du directeur; je
m'apperçus qu'il avoit une inclination décidée
pour la veuve sa camarade; je voyois qu'il en
étoit jaloux, et je le jouai lui-même.

Imer ne tarda pas à s'en appercevoir, mais l'intermede lui parut si bien fait, et la critique si honnête et si délicate, qu'il me pardonna cette plaisanterie. Il me remercia, il m'applaudit, et envoya tout de suite mon ouvrage à Venise, au musicien qu'il avoit déjà prevenu.

En attendant, Bélisaire avoit été copié, les rôles
distribués. Quelques jours après on fit la première répétition les rôles à la main, et la pièce fit
encore plus d'effet à cette seconde lecture, qu'elle
n'en avoit fait à la première.

Casali content de moi plus que jamais, après
m'avoir assuré que le directeur et le propriétaire
du théâtre auroient eu soin de me récompenser,
me pria en grace de vouloir bien recevoir de lui
particulièrement une marque de sa reconnoissance,
et me présenta six sequins. Scacciati me revint à
l'esprit au même instant; je remerciai Casali, je
pris les six sequins d'une main, et je les envoyai à
Scacciati de l'autre.

Voici mon sistême. J'ai tâché toujours d'é-

Q 2

viter les bassesses, mais je n'ai jamais été fier ; j'ai secouru quand je l'ai pu tous ceux qui ont eu besoin de moi, et j'ai reçu sans difficulté, et je demandois même sans rougir les secours qui m'étoient nécessaires.

Je restai tranquillement à Vérone jusqu'à la fin de Septembre. Je partis ensuite pour Venise avec Imer, dans sa chaise de poste, et nous y arrivâmes le même jour à huit heures du soir. Imer me fit descendre chez lui, me fit voir la chambre qu'il m'avoit destinée, me présenta à sa femme, à ses filles, et comme j'avois grande envie d'aller voir ma tante maternelle, je les priai de me dispenser de souper avec eux.

J'étois très curieux d'avoir des nouvelles de Madame St*** et de sa fille, et de savoir si elles avoient encore des prétentions sur moi. Ma tante m'assura que je pouvois être tranquille, que ces dames hautes comme le tems, sachant que j'avois pris quelques engagemens avec les comédiens, m'avoient cru indigne de les accoster, et n'avoient pour moi que du mépris et de l'indignation.

Tant mieux, dis-je, tant mieux, c'est un avantage de plus que je devrai à mon talent. Je suis avec les comédiens comme un artiste dans son attelier. Ce sont d'honnêtes gens, beaucoup plus estimables que les esclaves de l'orgueil et de l'ambition.

Je parlai ensuite de mes affaires de famille.

Ma mère qui étoit encore à Modène, se portoit
bien, mes dettes étoient presque payées en entier, je soupai avec ma tante, et avec mes parens.

Après avoir pris congé d'eux pour aller chez
mon hôte, je pris le chemin le plus long, je fis le
tour du Pont de Rialto et de la Place Saint
Marc, et je jouis du spectacle charmant de cette
ville encore plus admirable de nuit que de jour.

Je n'avois pas encore vu Paris, je venois de
voir plusieurs villes, où le soir on se promène
dans les ténèbres. Je trouvai que les lanternes
de Venise formoient une décoration utile et
agréable, d'autant plus que les particuliers n'en
sont pas chargés, puisqu'un tirage de plus par an
de la loterie, est destiné pour en faire les frais.

Indépendamment de cette illumination générale, il y a celle des boutiques, qui de tout
tems sont ouvertes jusqu'à dix heures du soir, et
dont une grande partie ne se ferme qu'à minuit, et
plusieurs autres ne se ferment pas du tout.

On trouve à Venise, à minuit, comme en plein
midi, les comestibles étalés, tous les cabarets
ouverts, et des soupés tout prêts dans les auberges
et dans les hôtels garnis; car les dînés et les
soupers de société, ne sont pas communs à Venise,
mais les parties de plaisirs et les piqueniques rassemblent les sociétés avec plus de liberté et plus
de gaîté.

En tems d'été la place Saint Marc, et ses environs sont fréquentés la nuit comme le jour. Les

cafés sont remplis de beau monde, hommes et
femmes de toute espèce.

On chante dans les places, dans les rues, et sur
les canaux. Les marchands chantent en débitant
leurs marchandises, les ouvriers chantent en quit-
tant leurs travaux, les gondoliers chantent en
attendant leurs maîtres. Le fond du caractère de
la nation est la gaîté, et le fond du langage Vénitien est la plaisanterie.

Enchanté de revoir ma patrie, qui me paroissoit
toujours plus extraordinaire et plus amusante, je
rentrai dans mon nouveau logement, et je trouvai
Imer qui m'attendoit, et m'annonça qu'il iroit le
lendemain chez M. Grimani, propriétaire du théâtre ; qu'il me meneroit avec lui, et qu'il me
présenteroit à son excellence, si je n'avois pas
d'autres engagemens.

Comme j'étois libre, j'acceptai la proposition,
et nous y allâmes ensemble. M. Grimani étoit
l'homme du monde le plus poli ; il n'avoit pas
cette hauteur incommode qui fait du tort aux
grands, pendant qu'elle humilie les petits. Illustre par sa naissance, estimé par ses talens, il
n'avoit besoin que d'être aimé, et sa douceur cap-
tivoit tous les cœurs.

Il me reçut avec bonté, il m'engagea à travailler
pour la troupe qu'il entretenoit ; et pour m'encourager davantage, il me fit espérer qu'étant
propriétaire aussi de la Salle de Saint Jean
Chrisostome, et entrepreneur du grand opéra, il

tâcheroit de m'employer, et de m'attacher à ce spectacle.

Très content de son excellence, et des bons offices qu'Imer venoit de me rendre auprès de lui, je ne pensai plus qu'à mériter les suffrages de public.

La première représentation de Bélisaire étoit fixée pour la Sainte Catherine, tems où les vacances du palais se terminent, et où le monde revient de la campagne ; en attendant nous faisions des répétitions, tantôt de ma tragi-comédie, tantôt de mon intermede, et comme mes occupations n'étoient pas bien considérables, je préparai des nouveautés pour le carnaval.

J'entrepris la composition d'une tragédie intitulée Rosimonde, et d'un autre intermede intitulée la Birba. Pour la grande pièce c'étoit la Rosimonda del muti, mauvais roman du siècle dernier, qui m'avoit fourni l'argument, et j'avois calqué la petite pièce sur les batteleurs de la Place Saint Marc, dont j'avois bien étudié le langage, les ridicules, les charges et les tours d'adresse.

Les traits comiques que j'employois dans les intermedes, étoient comme de la graine que je semois dans mon champ pour y recueillir un jour des fruits mûrs et agréables.

CHAPITRE XIII.

Première Représentation de Bélisaire, son Succès
—Première Représentation de la Pupile—
Celle de Rosimonde—Celle de la Birba—
Clôture des Spectacles— Mes Comédiens à
Padoue — Changemens Arrivés dans leur
Troupe—Ma Prédilection pour une belle Co-
médienne—Griselda, Tragédie—Mon Voyage
à Udine—Entrevue avec mon Ancienne Limo-
nadière—Spectacle préparé pour l'Ouverture de
la Salle de Venise—Mort de la belle Comé-
dienne—Mon Retour à Venise—Entretien avec
ma Mère—Démarche de mon Ancienne Pré-
tendue—Retour de la Troupe de mes Comé-
diens à Venise—Mon Attachement pour Ma-
dame Passalacqua, ses Infidélités.

ENFIN le 24 Novembre, 1734, mon Bélisaire
parut pour la première fois sur la scène. C'étoit
mon début, et il ne pouvoit être ni plus brillant,
ni plus satisfaisant pour moi.

Ma pièce fut écoutée avec un silence extraordinaire, et presque inconnu aux spectacles d'Italie.
Le public habitué au bruit, prenoit l'essor dans
les entr'actes, et par des cris de joie, par des
claquemens de mains, par des signes réciproques

entre le parterre et les loges, on prodiguoit à l'auteur et aux acteurs les applaudissemens les plus éclatans.

A la fin de la pièce, tous ces élans d'une satisfaction peu commune redoublèrent, de manière que les acteurs en étoient pénétrés. Les uns pleuroient, les autres rioient, et c'étoit la même joie qui produisoit ces effets différens.

On n'appelle pas en Italie l'auteur de la pièce pour le voir, et pour l'applaudir sur la scène. Mais lorsque le premier amoureux se présenta pour annoncer, tous les spectateurs crièrent unanimement: Questa, questa, questa; c'est-à-dire la même, la même, et l'on baissa la toile. On donna le lendemain la même, on continua de la donner tous les jours jusqu'au 14 Décembre, et on fit avec elle la clôture de l'automne.

Ce début fut très heureux pour moi; car la pièce ne valoit pas tout le prix qu'on l'avoit estimée, et j'en fais moi-même si peu de cas, qu'elle ne paroîtra jamais dans le recueil de mes ouvrages.

La bonne littérature est aussi bien connue et aussi bien cultivée à Venise, que par-tout ailleurs; mais les connoisseurs ne purent pas s'empêcher d'applaudir un ouvrage dont ils connoissoient les imperfections. En voyant la supériorité qu'avoit ma pièce, sur les farces et sur les puérilités ordinaires des comédiens, ils auguroient

de ce premier essai, une suite qui auroit pu
donner de l'émulation, et frayer le chemin à une
réforme du théâtre Italien.

Le principal défaut de ma pièce étoit la présence de Bélisaire, les yeux crevés et ensan-
glantés ; à cela près ma pièce que j'avois nommée
tragi-comédie, n'étoit pas destituée d'agrémens ;
elle intéressoit le spectateur d'une manière sensible, et d'après nature. Mes héros étoient des
hommes, et non pas des demi-dieux, leurs passions avoient le degré de noblesse convenable à
leur rang, mais ils faisoient paroître l'humanité
telle que nous la connoissions, et ils ne portoient
pas leurs vertus et leurs vices à un excès imaginaire.

Mon style n'étoit pas élégant, ma versification
n'a jamais donné dans le sublime ; mais voilà
précisément ce qu'il falloit pour ramener peu à
peu à la raison un public accoutumé aux hyperboles, aux antithèses et au ridicule du gigantesque
et du romanesque.

A la sixième représentation de Bélisaire, Imer
crut pouvoir y joindre la Pupille ; cette petite
pièce fut très bien reçue du public ; mais Imer
croyoit que l'intermède soutenoit la tragi-comédie, et c'étoit celle-ci qui soutenoit l'intermède.

De toute façon, j'y gagnai beaucoup pour ma
part ; car le public me voyant paroître en même-
tems dans les deux genres, et d'une manière tout

à-fait nouvelle, je méritai l'estime générale de mes compatriotes, et j'eus des encouragemens très flatteurs et très distingués.

Ce fut dans cette occasion que je fis la connoissance de son excellence Nicolas Balbi, patricien et sénateur Vénitien, dont la protection vive et constante me fit en tout tems le plus grand honneur, et dont les avis, le crédit et les adhérences me furent toujours de la plus grande utilité.

Le 17 Janvier, on donna la première réprésentation de ma Rosimonde. Elle ne tomba pas ; mais après Bélisaire, je ne pouvois pas me flatter d'avoir un succès aussi brillant ; elle eut quatre réprésentations assez passables. A la cinquième, Imer l'étaya d'un nouvel intermede. La Birba fit le plus grand plaisir : cette bagatelle, très comique et très gaie, soutint Rosimonde pendant quatre autres réprésentations ; mais il fallut revenir à Bélisaire. Cette pièce eut, à la reprise, le même succès qu'elle avoit eu à son début ; et Bélisaire et la Birba furent joués ensemble jusqu'au Mardi gras, et firent la clôture du carnaval ; ce qui termina l'année théâtrale.

A Venise, on ne r'ouvre les salles de spectacles qu'au commencement du mois d'Octobre ; mais il y a pendant les quinze jours de la foire de l'Ascension un grand opera, et quelquefois deux, qui ont jusqu'à vingt réprésentations.

Le noble Grimani, propriétaire du théâtre de

Saint Samuel, faisoit représenter dans cette saison, un opéra pour son compte ; et comme il m'avoit promis de m'attacher à ce spectacle, il me tint parole.

Ce n'étoit pas un nouveau drame qu'on devoit donner cette année-là ; mais on avoit choisi la Griselda, opéra d'Apostolo Zeno et de Pàriati, qui travailloient ensemble avant que Zeno partît pour Vienne au service de l'empereur, et le compositeur qui devoit le mettre en musique, étoit l'Abbé Vivaldi, qu'on appelloit à cause de sa chevelure, il prete rosso (le prêtre roux). Il étoit plus connu par ce sobriquet, que par son nom de famille.

Cet ecclésiastique, excellent joueur de violon et compositeur médiocre, avoit élevé et formé pour le chant, Mademoiselle Giraud, jeune chanteuse, née à Venise, mais fille d'un perruquier François. Elle n'étoit pas jolie, mais elle avoit des graces, une taille mignone, de beaux yeux, de beaux cheveux, une bouche charmante, peu de voix, mais beaucoup de jeu. C'étoit elle qui devoit représenter le rôle de Griselda.

M. Grimani m'envoya chez le musicien pour faire dans cet opéra les changemens nécessaires, soit pour raccourcir le drame, soit pour changer la position et le caractère des airs au gré des acteurs et du compositeur. J'allai donc chez l'Abbé Vivaldi, je me fis annoncer de la part de son excellence Grimani ; je le trouvai entouré de musique, et le bréviaire à la main. Il se leve, il fait le signe de la croix en long et en large, met son bréviaire de côté, et me fait le compliment ordinaire :—Quel est le motif qui me procure le plaisir de vous voir, Monsieur ?—Son Excellence Grimani m'a chargé des changemens que vous croyez nécessaires dans l'opéra de la prochaine foire. Je viens voir, Monsieur, quelles sont vos intentions.—Ah, ah, vous êtes chargé, Monsieur, des changemens dans l'opéra de Griselda ? M. Lalli n'est donc plus attaché aux spectacles de M. Grimani ?—M. Lalli, qui est fort âgé, jouira toujours des profits, des epîtres dédicatoires et de la vente des livres, dont je ne me soucie pas. J'aurai le plaisir de m'occuper dans un exercice qui doit m'amuser, et j'aurai l'honneur de commencer sous les ordres de M. Vivaldi.—(L'Abbé reprend son bréviaire, fait encore un signe de croix, et ne répond pas.)—Monsieur, lui dis-je, je ne voudrois pas vous distraire de votre occupation religieuse ; je reviendrai dans un autre moment.—Je sais bien, mon cher monsieur, que vous avez du talent pour la poésie ; j'ai vu votre Bélisaire, qui m'a fait beaucoup de plaisir, mais c'est bien différent : On peut faire une tragédie, un poëme epique, si vous voulez, et ne pas savoir faire un quatrain musical. —Faites-moi le plaisir de me faire voir votre drame.—Oui, oui, je le veux bien ; où est donc fourrée Griselda ? Elle étoit ici. . . . Deus in adjutorium meum intende. Domine. . . . Domine. . . . Domine. . elle étoit ici toute à l'heure. Domine

ad adjuvandum....:Ah! la voici. Voyez, Monsieur, cette scène entre Gualtiere et Griselda ;
c'est une scène intéressante, touchante.   L'auteur
y a placé à la fin un air pathétique, mais Mademoiselle Giraud n'aime pas le chant langoureux,
elle voudroit un morceau d'expression, d'agitation,
un air qui exprime la passion par des moyens différens, par des mots, par exemple, entrecoupés,
par des soupirs élancés, avec de l'action, du
mouvement ; je ne sais pas si vous me comprenez.
—Oui, monsieur, je comprends très bien ; d'ailleurs j'ai eu l'honneur d'entendre Mademoiselle
Giraud, je sais que sa voix n'est pas assez forte...—
Comment, monsieur, vous insultez mon écolière ?
Elle est bonne à tout, elle chante tout.—Oui,
monsieur, vous avez raison, donnez-moi le livre,
laissez-moi faire.—Non, monsieur, je ne puis pas
m'en défaire, j'en ai besoin, et je suis pressé.—
Eh bien, monsieur, si vous êtes pressé, prêtez-
le moi un instant, et sur le champ je vais vous
satisfaire.—Sur le champ ?—Oui, monsieur, sur le
champ.

L'abbé en se moquant de moi me présente le
drame, me donne du papier et une écritoire, reprend son bréviaire, et récite ses pseaumes et ses
hymnes en se promenant.   Je relis la scène que
je connoissois déjà ; je fais la récapitulation de ce
que le musicien desiroit, et en moins d'un quart
d'heure, je couche sur le papier un air de huit
vers partagé en deux parties ; j'appelle mon écolé-

-siastique, et je lui fais voir mon ouvrage. Vivaldi
lit, il déride son front, il relit, il fait des cris de
joie, il jette son office par terre, il appelle Mademoiselle Giraud. Elle vient ; ah ! lui dit-il, voilà
un homme rare, voilà un poëte excellent: lisez
cet air ; c'est monsieur qui l'a fait ici, sans bouger,
en moins d'un quart-d'heure ; et en revenant à
moi : ah ! monsieur, je vous demande pardon ; et
il m'embrasse, et il proteste qu'il n'aura jamais
d'autre poëte que moi.

Il me confia le drame, il m'ordonna d'autres
changemens ; toujours content de moi, et l'opéra
réussit à merveille.

Me voilà donc initié dans l'opéra, dans la comédie, et dans les intermedes qui furent les avant-
coureurs des opéras comiques Italiens.

La compagnie Grimani étoit allée à Padoue
pour y jouer pendant la saison du printems, et
m'attendoit, avec impatience, pour donner mes
pièces.

Débarrassé de l'opéra de Venise, je me transférai
à Padoue. Mes nouveautés parurent sur le théâtre
de cette ville, et les applaudissemens de mes confrères les docteurs égalèrent ceux de mes compatriotes.

Je trouvai beaucoup de changemens dans la
troupe ; la soubrette étoit partie pour Dresde, au
service de cette cour, et l'arlequin ayant été remercié, on avoit fait venir à sa place M. Cam-
pagnani, Milanois, qui, parmi les amateurs, fai-

soit les délices de son pays, et n'étoit pas supportable avec les comédiens.

Mais la perte la plus considérable que la compagnie venoit de faire, c'étoit celle de la veuve
Casanova, qui, malgré sa liaison avec le directeur,
s'étoit engagée au service du roi de Pologne ; elle
fut remplacée, pour le chant, par Madame Passalacqua, qui, en même-tems, s'étoit chargée de
l'emploi de soubrette ; et pour les rôles d'amoureuse, on avoit fait l'acquisition de Madame Ferramonti, charmante actrice, jeune, jolie, très aimable, très instruite, pleine de talens et de qualités
intéressantes.

Je ne tardai pas à m'appercevoir de son mérite ;
je m'y attachai particulièrement ; je devins l'ami
de son mari, qui n'étoit pas employé dans la
troupe, et j'avois formé le projet de faire de cette
jeunesse une actrice essentielle : les autres femmes
ne manquèrent pas d'en devenir jalouses ; j'essuyai des désagrémens ; et j'en aurois souffert davantage, si la mort ne l'eût pas enlevée dans la
même année.

Au bout de quelque jours que j'étois à Padoue,
le directeur me parla des nouveautés qu'il falloit
préparer pour Venise. Madame Collucci, sur-
nommée la Romana, étoit première amoureuse dans
la compagnie, alternativement avec la Bastona ; et
malgré ses cinquante ans, que le fard et la parure
ne pouvoient pas cacher, elle avoit un son de voix
si clair et si doux, une prononciation si juste et

des graces si naturelles et si naïves, qu'elle paroissoit encore dans la fraîcheur de son âge.

Madame Collucci avoit une tragédie de Pariati,
intitulée Griselda : c'étoit sa pièce favorite ; mais
elle étoit en prose, et on me chargea de versifier
cet ouvrage.

Rien de plus aisé pour moi : je venois de m'occuper de ce même sujet à Venise ; et la Griselda
de Pariati n'étoit pas autre chose que l'opéra qu'il
avoit composé lui-même en société avec Apostolo
Zeno.

J'entrepris avec plaisir, de contenter la Romana ;
mais je ne suivis pas exactement les auteurs du
drame ; je fis beaucoup de changemens j'y ajoutai
le père de Griselda ; un père vertueux qui avoit
vu sans orgueil monter sa fille au trône, et la
voyoit descendre sans regret. J'avois imaginé ce
nouveau personnage pour donner un rôle à mon
ami Casali : cette épisode donna un air de nouveauté à la tragédie, la rendit plus intéressante, et
me fit passer pour auteur de la pièce.

Dans l'edition de mes œuvres faite à Turin en
1777, par Guibert et Orgeas, cette Griselda se
trouve imprimée, comme une pièce à moi appartenante : je déteste les plagiats, et je déclare que je
n'en suis pas l'inventeur.

Mes comédiens avoient rempli, à Padoue, le
nombre des représentations convenues, et ils faisoient leurs paquets pour aller à Udine, dans le
Frioul Vénitien.

TOME I.   R

Imer me proposa de m'y emmener avec lui. Je
n'avois plus rien à craindre du côté de la limonadière,
qui s'étoit mariée ; je consentis de suivre la compagnie ; mais ce ne fut pas avec le directeur que
je voyageai. Je lui fis mes excuses, et je partis
dans une bonne voiture, avec Madame Ferramonti,
et le bon-homme son mari.

A Udine, mes ouvrages furent très applaudis :
j'avois, dans cette ville, la prévention en ma faveur,
et on trouva que l'auteur du carême poétique étoit,
à leur avis, un assez bon poëte dramatique.

Cette limonadière, que je n'avois pas aimée,
mais que j'avois connue et fréquentée, et qui avoit
fini par me mettre dans le plus grand embarras,
sut que j'étois à Udine, et voulut me voir. Elle
étoit mariée à un homme de son état, et elle m'é-
crivit une lettre fort drole et fort engageante. J'allai la voir à une heure marquée ; je la trouvai fort
changés : notre conversation ne fut pas longue ;
je n'avois pas envie de lui sacrifier mes nouvelles
inclinations ; je ne la revis qu'une seconde fois, et
pas plus.

J'avois d'ailleurs mes occupations théâtrales
qui m'intéressoient : je desirois faire quelque chose
d'extraordinaire pour l'ouverture du spectacle
dans la capitale. Je ruminois plusieurs idées dans
ma tête ; j'en communiquai quelques-unes au
directeur. Voici celle à laquelle nous nous ar-
retâmes, et que je mis en exécution.

C'étoit un divertissement partagé en trois parties

différentes, et qui remplissoit les trois actes d'une représentation ordinaire.

La première partie n'étoit qu'une assemblée littéraire. Tous les acteurs, au lever de la toile, se trouvoient assis, et rangés sur la scène en habillement bourgeois. Le directeur ouvroit l'assemblée par un discours sur la comédie et sur les devoirs des comédiens, et finissoit par complimenter le public. Les acteurs, les actrices récitoient chacun à leur tour des couplets, des sonnets, des madrigaux analogues à leurs emplois, et les quatre masques qui étoient pour lors à visage découvert, débitoient des vers dans les différens langages des personnages qu'ils représentoient.

La seconde partie étoit remplie par une comédie à canevas en un acte, dans laquelle je tâchai de donner des situations intéressantes aux acteurs nouveaux.

La troisième partie contenoit un opéra comique en trois actes, et en vers, intitulé la Fondation de Venise.

Cette petite pièce qui étoit peut-être le premier opéra comique qui parut dans l'état Vénitien, se trouve dans le vingt-huitième volume de mes œuvres, de l'édition de Turin.

Imer étoit très content de mon idée, et de la manière dont je l'avois exécutée. Toute la compagnie en étoit enchantée; il n'y avoit que la Bastona qui se plaignoit de moi, et disoit tout haut que dans la charlatannerie de mon ouverture, j'avois fait pour Madame Ferramonti, qui n'étoit qu'une seconde actrice, une pièce de vers, que les premières avoient le droit de réclamer, et excitoit la Romana à s'en plaindre aussi, et à me tracasser.

Hélas! la pauvre Ferramonti ne fut pas long-tems en but à la jalousie de ses camarades. Elle étoit enceinte, le tems de ses couches s'annonça par des préliminaires fâcheux ; la nature se refusa à son soulagement ; la sage femme se trouva embarrassée. On fit venir un accoucheur, l'enfant étoit mal tourné; on en vint a l'opération césarienne. Le fils étoit mort, et la mère le suivit de près.

Le mari vint me voir, il étoit désolé, je l'étois autant que lui ; je ne pouvois plus me souffrir dans cette ville, je ne pouvois plus soutenir l'aspect de ces femmes qui jouissoient de mon affliction, et sous prétexte d'aller rejoindre ma mère qui étoit de retour de Modène, je partis sur le champ pour Venise.

Arrivé à Venise, je n'eus rien de plus pressé que d'aller embrasser ma mère ; nous eûmes une longue conversation ensemble : mes fonds de Venise étoient dégagés ; mes rentes de Modène étoient augmentées ; mon frère étoit rentré dans le service ; ma mère auroit desiré que j'eusse repris mon état d'avocat.

Je lui fis voir que l'ayant une fois quitté et ayant reparu dans ma patrie sous un aspect tout-à-fait différent, je ne pouvois plus me flatter de cette confiance que j'avois déméritée, et que la carrière que je venois d'entreprendre étoit également honorable, et pouvoit devenir lucrative.

Ma mère, les larmes aux yeux, dit qu'elle n'osoit pas s'opposer à mes volontés, qu'elle avoit à se reprocher de m'avoir détourné de la route des chancelleries criminelles, et me connaissant de la raison, de l'honneur et de l'activité, elle me laissoit maître de choisir mon état.

Je la remerciai, je l'embrassai une seconde fois, et de propos en propos je vins à l'article de Madame St*** et sa fille, bien content que le mépris que ces dames avoient marqué pour l'emploi que j'avois entrepris, m'eut délivré de tout crainte et de tout embarras.

Point du tout, dit ma mère, tu te trompes ; Madame St*** et sa fille sont venues me voir ; elles m'ont comblées de politesses, elles m'ont parlé de toi comme d'un garçon estimable, admirable ; l'éclat de tes succès t'a rendu digne de leur considération, et elles comptent toujours sur toi.

Non, dis-je, avec le ton de l'indignation ; non, ma mère, je ne me lierai jamais avec une famille qui m'a trompé, qui m'a ruiné, et qui a fini par me dédaigner.

Ne t'inquiete pas, repliqua ma mère ; elles ne sont pas plus riches qu'elles ne l'étoient ; j'irai leur rendre visite, je leur parlerai raison, et je prends sur moi de te dégager. Parlons d'autres

choses, continua-t-elle, conte-moi ce que tu as
fait pendant le tems de notre séparation : je la
satisfis sur le champ, je lui fis part de plusieurs
de mes aventures, et j'en cachai une grande partie;
je la fis rire, je la fis pleurer, je la fis trembler:
nous dînâmes avec nos parens: ma mère à table
vouloit redire à la société ce que j'avois conté;
elle s'embrouilloit, elle ne faisoit qu'exciter la curiosité : j'étois obligé de recommencer ; la gaieté
du repas m'animoit ; je disois des choses que je
n'avois pas dites à ma mère: ah! fripon, disoit-elle
de tems en tems, tu ne m'avois pas dit cela, ni
ceci, ni cet autre: je passai ma journée fort agréablement, et je fis rire à mes dépens de vieux
oncles et de vieilles tantes qui ne rioient jamais:
j'avois plus de grace à causer peut-être que je
n'en ai pour écrire.

Vers la fin du mois de Septembre, la troupe de
mes comédiens revint à la capitale: nous fîmes les
répétitions de notre ouverture, et le 4 d'Octobre
elle parut sur la scène.

La nouveauté surprit ; l'assemblée littéraire fut
goûtée, la comédie en un acte tomba, à cause de
l'arlequin qui ne plaisoit pas ; l'opéra comique
fut bien reçu et resta au théâtre.

Le directeur étoit satisfait que la partie musicale
l'emportât ; mais il n'étoit pas trop content de
Madame Passalacqua ; sa voix étoit fausse, sa
manière étoit monotonne, et sa phisionomie gri-
macière: Imer vouloit soutenir les intermedes,

et un musicien de l'orchestre lui en proposa le
moyén.

Ce vieux bon homme de soixante ans venoit
d'épouser une demoiselle qui n'en avoit que dix-
huit : il la faisoit chanter avec son violon ; la
jeune personne avoit des dispositions : Imer la
trouva à son gré, me pria d'en prendre soin, et je
m'en chargeai avec plaisir, la trouvant très jolie et
très docile.

Madame Passalacqua en devint jalouse ; elle
avoit fait des tentatives inutiles à Udine pour me
gagner, et elle ne manqua pas son coup à Venise.

Je reçois un jour un billet de sa main, par lequel
elle me prie d'aller chez elle sur les cinq heures du
soir : je ne pouvois pas honnêtement m'y refuser :
j'y vais ; elle me reçoit dans un ajustement de
nymphe de Cythère, me fait asseoir sur un canapé
auprès d'elle, et me dit les choses du monde les
plus flatteuses, et les plus galantes : je la connoissois, j'étois sur mes gardes, et je soutenois la conversation avec une contenance héroïque. D'ailleurs je ne l'aimois pas ; elle étoit maigre, elle
avoit les yeux verds, et beaucoup de fard couvroit
son teint pâle et jaunâtre.

Madame Passalacqua, ennuyée de mon indifférence, fit jouer tous les ressorts de son adresse :
est-il possible, me dit-elle, d'un ton passionné,
que de toutes les femmes de cette troupe, je sois
la seule qui ait le malheur de vous déplaire ? Je

sais me rendre justice, j'ai su respecter la mérite
tant que je vous ai vu attaché à Madame Ferramonti ; mais vous voir préférer actuellement une
jeunesse stupide, une femme sans talent, sans éducation, cela est honteux pour vous, et c'est humi-
liant pour moi. Hélas! je n'aspire pas au bonheur
de posséder votre cœur; je n'ai pas assez de mérite pour m'en flatter : mais je suis comédienne,
je n'ai pas d'autre état, je n'ai pas d'autre ressource ; jeune, sans expérience, j'ai besoin d'exercice, de conseil, de protection: si j'avois le bonheur de plaire à Venise, ma réputation seroit
établie, et ma fortune seroit assurée ; vous pourriez
contribuer à mon bonheur; avec votre talent, avec
votre intelligence, en sacrifiant vos instans perdus
pour moi, vous pourriez me rendre heureuse ; mais
vous m'abandonnez, vous me méprisez. Ciel !
que vous ai-je fait ? (et quelques larmes s'échap-
poient de ses yeux): j'avoue que son discours
m'avoit attendri, et ses larmes achevèrent ma dé-
faite : je lui promis mon assistance, mes soins, mes
bons offices ; elle n'étoit pas contente ; elle vouloit le sacrifice total de la femme du musicien :
cette proposition me révolta ; je lui dis que c'étoit
trop vouloir, et je voulois m'en aller.

Madame Passalacqua m'arrête, prend le ton de
la gaieté, regarde en l'air, trouve le tems fort beau,
et me propose d'aller prendre le frais avec elle
dans une gondole, qu'elle avoit fait venir à sa

rive ; je refuse : elle en rit, elle insiste, et prend mon bras et m'entraîne : comment faire pour ne pas la suivre ?

Nous entrons dans cette voiture, où l'on est aussi commodément que dans le boudoir le plus délicieux. Nous allons gagner le large de la vaste Lagune qui environne la ville de Venise. Là notre adroit gondolier ferme le petit rideau de derrière, fait de sa rame le gouvernail de la gondole, et la laisse aller doucement au gré du reflus de la mer.

Nous causâmes beaucoup, gaiement, agréablement, et au bout d'un certain tems la nuit nous paroissoit avancée, et nous ne savions pas où nous étions. Je veux regarder à ma montre ; il faisoit trop sombre pour y voir : j'ouvre le petit rideau de la poupe ; je demande au gondolier l'heure qu'il étoit ; je n'en sais rien, monsieur, me dit-il, mais je crois, si je ne me trompe pas, que c'est l'heure du berger. Allons, allons, lui dis-je au logis de madame. Le gondolier reprend sa rame ; il tourne la proue de sa gondole du côté de la ville, et nous chante en chemin faisant la strophe vingt-sixième du seizième chant de la Jérusalem délivrée.

Nous entrâmes chez *Madame Passalacqua*, à dix heures et demie du soir : on nous servit un petit souper délicieux ; nous soupâmes tête-à-tête ; je la quittai à minuit, et je partis très décidé à lui tenir compte des politesses dont elle m'avoit comblé.

En attendant que ma mère trouvât un appartement convenable pour me loger avec elle, je demeurois toujours chez le directeur de la compagnie. Le lendemain de la soirée singulière dont je viens de parler, je vis mon hôte, et je lui dis que le caractère farouche et jaloux du vieux musicien, m'avoit dégoûté, et je le priai de me dispenser des soins dont il m'avoit chargé pour la jeune femme. Je crayonnai ensuite un intermède pour *Madame Passalacqua*, et j'allai la voir, et lui lire les premières épreuves de ma reconnoissance.

Dans ces entrefaites on mit sur la scène Griselda. Cette tragédie fut reçue du public comme un ouvrage nouveau ; elle plut beaucoup, elle attira beaucoup de monde. La Romana qu'on voyoit sur ce théâtre depuis vingt ans, fut applaudie dans cette pièce comme dans son début. Casali intéressoit et faisoit pleurer, et Vitalba qui avoit si bien soutenu le rôle de Bélisaire, se surpassa dans celui de Gualtiero.

Vitalba me ramene tout de suite sur le compte de Madame Passalacqua. C'étoit un bel homme, un excellent comédien, grand coureur de femmes, et fort libertin. Il en vouloit à la Passalacqua, et il ne falloit pas se donner beaucoup de peine pour la subjuguer. Je sus que pendant que je fréquentois cette comédienne, Vitalba la voyoit aussi ; je sus qu'ils avoient fait des parties ensemble, j'en fus piqué, et je m'éloignai de cette femme infidelle,

sans daigner m'en plaindre et sans lui dire le motif
de ma retraite.

Elle m'écrivit une lettre touchante et plaintive ;
je lui détaillai dans ma réponse tout ce que j'avois
à dire de ses mauvais procédés. Elle m'en envoya
une seconde, dans laquelle sans nier, et sans s'excuser, elle me prioit en grace d'aller chez elle pour
une seule fois, pour la dernière fois, ayant quelque
chose à me confier qui regardoit son état, son honneur, et sa vie.

Irai-je ? ou n'irai-je pas ? Je balançai pendant
quelque tems ; mais enfin, soit par curiosité, soit
par besoin d'exhaler ma rage, je pris le parti d'y
aller.

J'entre après m'être fait annoncer, et je la
trouve étendue sur un canapé, la tête appuyée
sur un oreiller ; je la salue, elle ne me dit rien ;
je lui demande ce qu'elle avoit à me dire, elle ne
me répond pas ; le feu me monte au visage, la colère m'enflamme et m'aveugle, je laisse un libre
cours à mon ressentiment, et sans aucun ménagement, je l'accable de tous les reproches qu'elle
méritoit. La comédienne ne disoit mot ; elle essuyoit de tems en tems ses yeux ; je craignois
ces larmes insidieuses, et je voulois partir. Allez,
monsieur, me dit-elle, avec une voix tremblante,
mon parti est pris, vous aurez de mes nouvelles
dans peu d'instans. Je ne m'arrête pas à ces mots
vagues, je prends le chemin de la porte ; je me re-
tourne pour lui dire adieu, je la vois le bras levé,

et un stilet à la main tourné contre son sein.
Cette vue m'effraye, je perds la tête ; je cours, je
me jette à ses pieds, j'arrache le couteau de sa
main, j'essuye ses larmes, je lui pardonne tout, je
lui promets tout, je reste ; nous dînons ensemble,
et....nous voilà comme auparavant.

J'étois content de ma victoire, je bénissois le
moment où je m'étois retourné en sortant ; j'étois
amoureux, je l'aimois de bonne foi ; j'étois convaincu qu'elle m'aimoit aussi. Je cherchois des
raisons pour excuser sa faute ; Vitalba l'avoit surprise, elle en étoit repentante, elle avoit renoncé à
Vitalba à jamais, pour jamais....et au bout de
quelques jours je sus, à n'en pouvoir douter, que
Madame Passalacqua et M. Vitalba avoient dîné
et soupé ensemble, et qu'ils s'étoient moqués de
moi.

CHAPITRE XIV.

Mon Festin de Pierre sous le Titre de Don Jouan
Tenoio, ou le Dissolu.—Vengeance complette
contre la Passalacqua.—Mon Voyage pour
Genes.—Coup-d'œil de cette Ville.—Origine de
la Loterie Royale.—Mon Mariage.—Mon Re-
tour à Venise.—Mon Retour à Venise avec ma
Femme.—Renaud de Montauban, Tragi-Comé-
die.—Henri, Roi de Sicile, Tragédie.—Arrivée
à Venise du fameux Arlequin Sacchi et de sa
Famille.—Leur Entrée dans la Troupe de Saint
Samuel.—Acquisition d'autres bons Sujets.—
L'Homme accompli, Comédie de Caractère, en
trois Actes, Partie écrite, Partie à Canevas.—
Gustave Vasa, Opéra.—Courte Digression sur
Metastasio et Apostolo Zeno.—Entretien avec
ce Dernier sur mon Opéra.—Le Prodigue, Co-
médie en trois Actes, Partie écrite, Partie à
Canevas.—Plaintes des Acteurs à Masque.—
Les trente-deux Infortunes d'Arlequin, Comé-
die à Canevas.—Quelques Mots sur l'Arlequin
Sacchi.—La Nuit Critique, Comédie à Canevas.

Ce n'est pas pour orner mes mémoires ni pour
recevoir les complimens sur la bonhomie, que j'ai
détaillé dans le chapitre précédent, les infidélités
d'une comédienne qui m'a trompé ; mais ayant in-

séré cette anecdote dans un ouvrage qui a servi à
me venger, j'ai cru nécessaire de faire précéder
l'historique de l'épisode avant de parler du sujet
principal.

Tout le monde connoît cette mauvaise pièce
espagnole, que les Italiens appellent il Convitato
di Pietra, et les François le Festin de Pierre.

Je l'ai toujours regardée, en Italie, avec horreur, et je ne pouvois pas concevoir comment cette
farce avoit pu se soutenir pendant si long tems,
attirer le monde en foule, et faire les délices d'un
pays policé.

Les comédiens Italiens en étoient étonnés eux-
mêmes ; et soit par plaisanterie, soit par ignorance,
quelques-uns disoient que l'auteur du Festin de
Pierre avoit contracté un engagement avec le
diable pour le soutenir.

Je n'aurois jamais songé à travailler sur cet
ouvrage ; mais ayant appris assez de François
pour le lire, et voyant que Molière et Thomas
Corneille s'en étoient occupés, j'entrepris aussi de
régaler ma patrie de ce même sujet, afin de tenir
parole au diable avec un peu plus de décence.

Il est vrai que je ne pouvois pas lui donner le
même titre ; car dans ma pièce, la statue du com-
mandeur ne parle pas, ne marche pas, et ne va pas
souper en ville ; je l'ai intitulée Don Jouan,
comme Molière, en y ajoutant, ou le Dissolu.

Je crus ne devoir pas supprimer la foudre qui
écrase Don Jouan, parce que l'homme méchant

doit être puni ; mais je ménageai cet événement de manière que ce pouvoit être un effet immédiat de la colère de Dieu, et qu'il pouvoit provenir aussi d'une combinaison de causes secondes, dirigées toujours par les loix de la Providence.

Comme dans cette comédie, qui est en cinq actes et en vers blancs, je n'avois pas employé d'arlequin, ni d'autres masques Italiens, je remplaçai le comique par un berger et une bergère, qui, avec Don Jouan, devoient faire reconnoître la Passalacqua, Goldoni et Vitalba ; et rendre sur la scène, l'inconduite de l'une, la bonne foi de l'autre, et la méchanceté du troisième.

Elise étoit le nom de la Bergère, et la Passalacqua s'appelloit Elizabeth. Le nom de Carino, que je donnai au berger, étoit à une lettre près, le diminutif de mon nom de baptême, (Carlino) ; et Vitalba, sous le nom de Don Jouan, rendoit exactement son vrai caractère.

Je faisois tenir à Elise les mêmes propos dont la Passalacqua s'étoit servi pour me tromper ; elle faisoit usage, sur la scène, de ces larmes et de ce couteau dont j'avois été la dupe ; et je me vengeois de la perfidie de la comédienne, en mêmetems que Carino se vengeoit de sa Bergère infidelle.

La pièce étoit faite ; il s'agissoit de la faire jouer : j'avois prévu que la Passalacqua ne consentiroit pas à se jouer elle-même. J'avois prévenu le directeur et le propriétaire du théâtre ; je fis distribuer les rôles sans faire la lecture de la

pièce. La Passalacqua, qui ne tarda pas à reconnoître le personnage qu'elle devoit soutenir, alla
s'en plaindre au directeur, et à son excellence
Grimani. Elle protesta, à l'un et à l'autre, qu'elle
ne paroîtroit pas dans cette pièce, à moins que
l'auteur n'y fît des changemens essentiels ; mais il
fut décidé qu'elle joueroit le rôle d'Elise comme
il étoit, ou qu'elle sortiroit de la compagnie.

La comédienne effrayée de l'alternative, prit son
parti en brave, apprit son rôle, et le rendit en perfection.

A la première représentation de cette pièce, le
public accoutumé à voir dans le Convitato di
Pietra, arlequin se sauver du naufrage, à l'aide de
deux vessies, et Don Jouan sortir à sec des eaux
de la mer, sans avoir dérangé sa coëffure, ne savoit
pas ce que vouloit dire cet air de noblesse, que
l'auteur avoit donné à une ancienne bouffonnerie.
Mais comme mon aventure avec la *Passalacqua* et
Vitalba étoit connue de beaucoup de monde,
l'anecdote releva la pièce ; on y trouva de quoi
s'amuser, et on s'apperçut que le comique raisonné
étoit préférable au comique trivial.

Mon Don Jouan augmentoit tous les jours de
crédit et de concours ; on le donna, sans interruption, jusqu'au Mardi gras, et il fit la clôture du
théâtre.

Malgré son succès, il n'étoit pas destiné à
paroître dans le recueil de mes ouvrages, non plus
que mon Bélisaire ; car c'étoit bien le Festin de

Pierre réformé; mais cette réforme n'étoit pas celle que j'avois en vue; ayant retrouvé cette pièce imprimée à Bologne, et horriblement maltraitée je consentis à lui donner place dans mon théâtre, d'autant plus que si mon Don Jouan n'étoit pas du nouveau genre que je m'étois proposé il n'étoit pas non plus de celui que j'avois rejetté.

La compagnie de Saint Samuel devoit aller cette année passer le printems à Genes, et l'été à Florence; et comme il y avoit six acteurs nouveaux dans la troupe, Imer crut ma présence nécessaire, et me proposa de m'y conduire avec lui.

Il s'agissoit d'aller voir deux des plus belles villes de l'Italie; je devois être défrayé de tout: l'occasion me paroissoit excellente: j'en parlai à ma mère; mes raisons étoient toujours bonnes avec elle, et je partis pour Genes, avec le directeur.

Notre voyage fut heureux; toujours du beau tems; en traversant cette haute montagne que l'on appelle la Boquere, nous fûmes légèrement incommodés, plus de la chaleur du soleil que du froid de la saison.

Après avoir traversé le très riche et très délicieux village de Saint Pierre d'Arena, nous découvrîmes Genes du côté de la mer. Quel spectacle charmant, surprenant! C'est un amphithéâtre en demi cercle, qui, d'un côté, forme le vaste

bassin du port, et s'éleve de l'autre par gradation
sur la pente de la montagne, avec des bâtimens
immenses, qui semblent, de loin, placés les uns
sur les autres, et se terminent par des terrasses, par
des balustrades, ou par des jardins qui servent de
toit aux différentes habitations.

En face de ces rangées de palais, d'hôtels, et de
logemens bourgeois, les uns incrustés de marbre,
les autres ornés de peintures, on voit les deux
moles, qui forment l'embouchure du port ; ouvrage digne des Romains, puisque les Génois,
malgré la violence et la profondeur de la mer,
vainquirent la nature qui s'opposoit à leur établissement.

En descendant du côté du Fanal pour gagner la
porte de Saint Thomas, nous vîmes cet immense
Palais Doria où trois princes souverains furent
logés en même-tems ; et nous allâmes ensuite à
l'hôtellerie de Sainte Marte, en attendant le logement qu'on devoit nous avoir destiné.

On tiroit la loterie ce jour-là, et j'avois envie
d'aller voir cette cérémonie. La loterie, qu'on
appelle en Italie il lotto di Genova, et à Paris la
loterie royale de France, n'étoit pas encore établie
à Venise. Il y avoit cependant des receveurs
cachés, qui prenoient pour les tirages de Genes,
et j'avois une reconnoissance dans ma poche pour
une mise que j'avois faite chez moi.

C'est à Genes que cette loterie a été imaginée,
et ce fut le hasard qui en donna la première idée

Les Génois tirent au sort deux fois par an les noms
des cinq sénateurs qui doivent remplacer ceux
qui sortent de charge. On connoît, à Genes, tous
les noms de ceux qui sont dans l'urne, et qui
peuvent sortir ; les particuliers de la ville com-
mencèrent par dire entr'eux : je parie qu'au tirage
prochain un tel sortira ; l'autre disoit je parie pour
tel autre, et le pari étoit égal.

Quelque tems après, il y eut des gens adroits
qui tenoient une banque pour et contre, et donnoient de l'avantage aux mettans. Le gouverneur le sut : les petites banques furent défendues ;
mais des fermiers se présentèrent et furent écoutés.
Voilà la loterie établie pour deux tirages ; et
quelque tems après, le nombre en fut augmenté.

Cette loterie est devenue aujourd'hui presque
universelle : je ne dirai pas si c'est un bien ou si
c'est un mal ; je me mêle de tout, sans décider
de rien ; et tâchant de voir les choses du côté de
l'optimisme, il me paroît que la loterie de Genes est
un bon revenu pour le gouvernement, une occupation pour les désœuvrés, et une espérance pour
les malheureux.

Pour mon compte, je trouvai, cette fois, la
loterie charmante. Je gagnai un ambe de cent
pistoles, dont j'étois fort content.

Mais j'eus à Genes un bonheur bien plus considérable, et qui fit le charme de ma vie ; j'épousai
une jeune personne, sage, honnête, charmante, qui
me dédommagea de tous les mauvais tours que les

femmes m'avoient joués, et me raccomoda avec le beau-sexe. Oui, mon cher lecteur, je me suis marié, et voici comment.

Nous étions logés, le directeur et moi, dans une maison attenante au théâtre. J'avois vu, vis-à-vis les croisées de ma chambre, une jeune personne qui me paroissoit assez jolie, et dont j'avois envie de faire la connoissance. Un jour qu'elle étoit seule à sa fenêtre, je la saluai un peu tendrement ; elle me fit une révérence, mais elle disparut sur le champ, et ne se laissa plus voir depuis.

Voilà ma curiosité et mon amour-propre piqués ; je tâche de savoir quelles sont les personnes qui logent en face de mon appartement ; c'est M. Conio, notaire du collége de Genes, et un des quatre notaires députés à la banque de Saint Georges, homme respectable, qui avoit de la fortune ; mais qui ayant une famille très nombreuse, n'étoit pas aussi aisé qu'il auroit dû l'être.

C'est bon : je veux faire connoissance avec M. Conio ; je savois qu'Imer avoit des effets de cette banque, provenans des loyers des loges, et qu'il négocioit sur la place par des agens de change ; je le priai de me confier un de ces effets, ce qu'il fit sans aucune difficulté ; et j'allai à Saint Georges pour le présenter à M. Conio, et profiter de cette occasion pour sonder son caractère.

Je trouvai le notaire entouré de monde : j'attendis qu'il fut seul ; je m'approchai de son bureau, et je le priai de vouloir bien me faire payer la valeur de mon effet.

Ce brave homme me reçut très poliment, mais il me dit que je m'y étois mal pris ; que ces billets ne se payoient pas à la banque, mais que le premier agent de change, ou le premier négociant m'auroit donné mon argent sur le champ. Je lui fis mes excuses ; j'étois étranger, j'étois son voisin ....Je voulois lui dire bien des choses ; mais l'heure étoit avancée, il me demanda la permission de fermer son bureau, et me dit que nous causerions chemin faisant.

Nous sortons ensemble, il me propose d'aller prendre une tasse de café en attendant l'heure du dîné ; j'accepte, car en Italie on prend dix tasses de café par jour. Nous entrons dans la boutique d'un limonadier, et comme M. Conio m'avoit vu avec les comédiens, il me demanda quels étoient les rôles que je jouois à la comédie.

Monsieur, lui dis-je, votre question ne me choque point, quelqu'autre se seroit trompé comme vous. Je lui dis ce que j'étois et ce que je faisois ; il me fit des excuses : il aimoit les spectacles, il alloit à la comédie, il avoit vu mes pièces, il étoit enchanté d'avoir fait ma connoissance, et moi d'avoir fait la sienne. Nous voilà rapprochés; il venoit chez moi, j'allois chez lui : je voyois Mademoiselle Conio, je lui trouvois tous les jours plus d'agrémens et plus de mérite. Au bout d'un mois je demandai moi-même à M. Conio sa fille.

Il n'en fut pas surpris, il s'étoit apperçu de mon inclination, et ne craignoit pas un refus de la part de la demoiselle ; mais sage et prudent comme il étoit, il me demanda du tems, et il fit écrire au consul de Genes à Venise, pour avoir des informations sur mon compte. Je trouvai le délai raisonnable, j'écrivis aussi en même tems ; je fis part à ma mère de mon projet, je lui fis le portrait de ma prétendue, et je la priai de m'envoyer sur le champ tous les certificats qui sont nécessaires dans de pareilles occasions.

Au bout d'un mois je reçus le consentement de ma mère, et les papiers requis ; quelques jours après, M. Conio reçut de son côté les témoignages les plus flatteurs en ma faveur. Notre mariage fut fixé pour le mois de Juillet, la dot fut convenue, et le contrat signé.

Imer ne savoit rien de tout cela ; j'avois des raisons pour craindre qu'il ne traversât mon projet ; il en fut très-fâché, il devoit aller à Florence pour y passer l'été, il fallut bien qu'il y allât sans moi.

Je promis cependant que je ne quitterois pas la compagnie, que je travaillerois pour Venise, que je m'y trouverois à tems ; et je tins parole.

Me voilà l'homme du monde le plus content et le plus heureux ; mais pouvois-je avoir une satisfaction sans qu'elle fut suivie d'un désagrément ? La première nuit de mon mariage, la fièvre me prend, et la petite vérole que j'avois eue à Rimini dans ma première jeunesse, vient m'attaquer pour la seconde fois.

Patience! heureusement elle n'étoit pas dangereuse, et je ne devins pas plus laid que je n'étois. Ma pauvre femme a bien pleuré au chevet de mon lit, elle étoit ma consolation, et l'a toujours été.

Nous partîmes, enfin, mon épouse et moi pour Venise, au commencement de Septembre. Oh ciel! que de larmes répandues, quelle séparation cruelle pour ma femme! elle quittoit tout d'un coup, père, mère, des frères, des sœurs, des oncles, des tantes....Mais elle partoit avec son mari.

Arrivé à Venise avec ma femme, je la présentai à ma mère et à ma tante: ma mère fut enchantée de la douceur de sa bru, et ma tante qui n'étoit pas aisée, fit de sa nièce sa bonne amie. C'étoit un ménage charmant: la paix y régnoit; j'étois l'homme du monde le plus heureux.

Mes comédiens qui ne comptoient plus sur moi, furent contens de me revoir, d'autant plus que je leur avois apporté une pièce nouvelle; c'étoit Renaud de Montauban, tragi-comédie en cinq actes et en vers.

Ce sujet étoit du fonds de la comédie Italienne, et aussi mauvais que l'ancien Bélisaire, et le Festin de Pierre. Je l'avois purgé des défauts grossiers qui le rendoient insupportable, et je l'avois rapproché autant qu'il m'avoit été possible du genre de l'ancienne chevalerie, et de la décence convenable dans une pièce où paroissoit Charlemagne.

Le public habitué à voir Renaud, Paladin de France, paroître au conseil de guerre enveloppé

dans un manteau déchiré, et arlequin défendre le
château de son maître, et terrasser les soldats de
l'empereur à coups de marmites et de pots cassés,
vit avec plaisir le héros calomnié soutenir sa cause
avec dignité et ne fut pas mécontent de voir supprimer des bouffonneries déplacées.

Rénaud de Montauban fut applaudi, moins
cependant que Bélisaire, et le Festin de Pierre : il
acheva la saison de l'automne ; mais je ne l'avois
pas destiné à la presse, et j'ai été fâché de le voir
imprimé dans l'edition de Turin.

Ma première année de mariage m'avoit occupé,
de manière que je n'avois pas eu le tems de travailler pour la comédie. Il falloit pourtant donner
quelque nouveauté pour l'hiver : j'avois ébauché
à Genes une tragédie ; j'en étois au quatrième
acte ; je fis bien vîte le cinquième ; je changeai,
je corrigeai à la hâte, et je mis les acteurs en état
de donner cette pièce au commencement du Carnaval.

Henri, Roi de Sicile, étoit le titre de ma pièce ;
j'avois pris le sujet dans le mariage de vengeance,
nouvelle inférée dans le roman de Gilblas. C'est
le même fonds que celui de Blanche et Guiscard,
de M. Saurin de l'Académie Françoise ; la tragédie
de l'auteur François n'a pas eu un grand succès,
la mienne non plus ; il faut dire qu'il est des sujets
malheureux, qui ne sont pas faits pour réussir.

La reprise de Renaud dédommagea les comédiens, et fit la clôture de l'année comique.

Pendant le Carême on fit dans cette troupe des changemens qui la portèrent, autant qu'il étoit possible, au point de sa perfection.

On avoit changé la Bastona mère, contre la Bastona sa fille, excellente actrice, pleine d'intelligence, noble dans le sérieux, et très agréable dans le comique. Vitalba, premier Amoureux, avoit été remplacé par Simonetti, moins brillant que son prédécesseur, mais plus décent, plus instruit et plus docile. On avoit fait l'acquisition du pantalon Golinetti, médiocre avec son masque, mais supérieur pour jouer les jeunes Vénitiens à visage découvert; et celle du docteur Lombardi, qui par sa figure et pour son talent étoit le premier dans cet emploi; et pour mon bonheur, la Passalacqua avoit été renvoyée : je n'avois pas de rancune; mais je me portois mieux quand je ne la voyois pas.

Ce qui rendit cette compagnie complètement bonne, fut le fameux arlequin Sacchi dont la femme jouoit passablement les secondes amoureuses, et la sœur, à quelque charge près, soutenoit fort bien l'emploi de soubrette.

Me voilà, me disois-je à moi-même, me voilà à mon aise; je puis donner l'essor à mon imagination; j'ai assez travaillé sur de vieux sujets, il faut créer, il faut inventer; j'ai des acteurs qui promettent beaucoup; mais pour les employer utilement, il faut commencer par les étudier: chacun a son caractère naturel; si l'auteur lui en donne un à représenter qui soit analogue au sien,

la réussite est presque assurée. Allons, continuois-
je dans mes réflexions ; voici le moment peut-être
d'essayer cette réforme que j'ai en vue depuis si
long tems. Oui, il faut traiter des sujets de caractère ; c'est-là la source de la bonne comédie : c'est
par-là que le grand Moliere a commencé sa carrière,
et est parvenu à ce degré de perfection, que les
anciens n'ont fait que nous indiquer, et que les
modernes n'ont pas encore égalé.

A vois-je tort de m'encourager ainsi ? Non : car
la comédie étoit mon penchant, et la bonne comédie devoit être mon but : j'aurois eu tort, si mon
ambition eût été de me rapprocher des maîtres de
l'art ; mais je n'aspirois qu'à réformer les abus du
théâtre de mon pays, et il ne falloit pas être bien
savant pour y parvenir.

D'après ces raisonnemens qui me paroissoient
justes, je cherchai dans la compagnie l'acteur qui
m'auroit le mieux convenu pour soutenir un caractère nouveau et agréable en même tems.

Je m'arrêtai au pantalon Golinetti, non pas pour
l'employer avec un masque qui cache la phisionomie, et empêche que l'acteur sensible fasse paroître
sur son visage la passion qui l'anime ; mais je
faisois grand cas de sa manière d'être dans les
sociétés où je l'avois vu et sondé ; je crus que je
pouvois en faire un excellent personnage, et je ne
me trompai pas.

Je fis donc une comédie de caractère dont le
titre étoit Momolo Cortesan. Momolo en Vénitien

est le diminutif de Girolamo (Jérôme). Mais il n'est pas possible de rendre l'adjectif cortesan, par un adjectif François. Ce terme cortesan n'est pas une corruption du mot courtisan : mais il dérive plutôt de courtoisie et courtois. Les Italiens eux-mêmes ne connoissent pas généralement le Cortesan Vénitien ; aussi quand je donnai cette pièce à la presse, je l'intitulai l'Uomo di Mondo ; et si je devois la mettre en François je crois que le titre qui pourroit lui convenir, seroit celui de l'Homme accompli.

Voyons si je me trompe. Le véritable Cortesan Vénitien est un homme de probité, serviable, officieux. Il est généreux sans profusion, il est gai sans être étourdi, il aime les femmes sans se compromettre, il aime les plaisirs sans se ruiner, il se mêle tout pour le bien de la chose, il préfère la tranquillité, mais il ne souffre pas la supercherie, il est affable avec tout le monde, il est ami chaud, protecteur zélé. N'est-ce pas là l'Homme accompli ?

Y en a-t-il beaucoup, me dira-t-on, de ces Cortesans à Venise ? oui, il n'y en a pas mal. Il y en a qui possedent plus ou moins les qualités de ce caractère ; mais quand il s'agit de l'exécuter aux yeux du public, il faut toujours la montrer dans toute sa perfection.

Pour qu'un caractère quelconque fasse plus d'effet sur la scène, j'ai cru qu'il falloit le mettre en contraste avec des caractères opposés ; j'ai introduit dans ma pièce un mauvais sujet Vénitien qui trompe des etrangers ; mon Cortesan, sans connoître les personnes trompées, les garantit des pieges et démasque le fripon. Arlequin n'est pas dans cette pièce un valet étourdi ; c'est un fainéant qui prétend que sa sœur entretienne ses vices : le Cortesan donne un état à la fille, et met le paresseux dans la nécessité de travailler pour vivre ; enfin l'Homme accompli acheve sa brillante carrière par se marier, et choisit parmi les femmes de sa connoissance celle qui a le moins de prétentions et le plus de mérite.

Cette pièce eut un succès admirable : j'étois content. Je voyois mes compatriotes revenir de l'ancien goût de la farce, je voyois la réforme annoncée, mais je ne pouvois pas encore m'en vanter. La pièce n'étoit pas dialoguée. Il n'y avoit d'écrit que le rôle de l'acteur principal. Tout le reste étoit à canevas : j'avois bien concerté les acteurs ; mais tous n'étoient pas en état de remplir le vuide avec art. On n'y voyoit pas cette égalité de style qui caractérise les auteurs : je ne pouvois pas tout réformer à la fois sans choquer les amateurs de la comédie nationale, et j'attendois le moment favorable pour les attaquer de front avec plus de vigueur et plus de sureté.

Mes comédiens devoient aller jouer en Terre-Ferme pendant le printems et l'été ; ils auroient desiré que je les eusse suivis ; mais je leur disois, avec l'Evangile, *uxorem duxi*, je suis marié.

Une autre raison me confirma dans le dessein

de rester à Venise. Le propriétaire de ce même théâtre, où l'on donnoit mes comédies en automne et en hiver, m'avoit chargé d'un drame musical, pour la foire de l'ascension de la même année. Je fis cet ouvrage pendant le Carême, et j'étois bien aise de présider à l'exécution.

Le célèbre Galuppi, dit le Buranello, devoit le mettre en musique, et paroissoit content de mon drame ; mais, avant que de le lui livrer, me rappellant combien je m'étois trompé dans mon Amalassunta, et ne sachant pas si j'avois exactement rempli toutes les extravagances que l'on appelle des règles dans le drame musical, je voulois le faire voir et me consulter avant que de l'exposer au public, et je choisis pour mon juge et pour mon conseil Apostolo Zeno, qui étoit de retour de Vienne, où il avoit été remplacé par l'Abbé Metastasio.

L'Italie doit à ces deux illustres auteurs la réforme de l'opéra. On ne voyoit, avant eux, dans ces spectacles harmonieux, que des dieux, et des diables, et des machines, et du merveilleux. Zeno crut le premier que la tragédie pouvoit se représenter en vers lyriques sans la dégrader, et qu'on pouvoit la chanter sans l'affoiblir. Il exécuta son projet de la manière la plus satisfaisante pour le public, et la plus glorieuse pour lui-même, et pour sa nation.

On voit, dans ses opéras, les héros tels qu'ils

étoient, du moins tels que les historiens nous les représentent ; les caractères vigoureusement soutenus, ses plans toujours bien conduits ; les épisodes toujours liées à l'unité de l'action ; son style étoit mâle, robuste, et les paroles de ses airs adaptées à la musique de son tems.

Métastase, qui lui succéda, mit le comble à la perfection dont la tragédie lyrique étoit susceptible : son style pur et élégant ; ses vers coulans et harmonieux ; une clarté admirable dans les sentimens ; une facilité apparente qui cache le pénible travail de la précision ; une énergie touchante dans le langage des passions, ses portraits, ses tableaux, ses descriptions riantes, sa douce morale, sa philosophie insinuante, ses analyses du cœur humain, ses connoissances répandues sans profusion, et appliquées avec art ; ses airs, ou, pour mieux dire, ses madrigaux incomparables, tantôt dans le goût de Pindare, tantôt dans celui d'Anacréon, l'ont rendu digne d'admiration, et lui ont mérité la couronne immortelle que les Italiens lui ont déférée, et que les étrangers ne refusent pas de lui accorder.

Si j'osois faire des comparaisons, je pourrois avancer que Métastase a imité Racine par son style, et que Zeno a imité Corneille par sa vigueur. Leurs génies tenoient à leurs caractères. Métastase étoit doux, poli, agréable dans la société. Zeno étoit sérieux, profond et instructif.

C'est donc à ce dernier que je m'étois adressé pour faire analyser mon Gustave.

Je trouvai ce savant respectable dans son cabinet ; il me reçut très honnêtement ; il écouta la lecture de mon drame sans prononcer un seul mot. Je m'appercevois cependant, à ses mines, des bons et des mauvais endroits de mon ouvrage. La lecture finie, je lui demandai son avis. C'est bon, me dit-il en me prenant par la main, c'est bon pour la foire de l'ascension.

Je compris ce qu'il vouloit dire, et j'allois déchirer mon drame ; il m'en empêcha, et me dit, pour me consoler, que mon opéra, tout médiocre qu'il étoit, valoit cent fois mieux que tous ceux dont les auteurs, sous le prétexte d'imitation, ne faisoient que copier les autres. Il n'osa pas se nommer ; mais je connoissois les plagiaires dont il avoit raison de se plaindre.

Je profitai des corrections muettes de M. Zeno ; je fis quelques changemens dans les endroits qui avoient fait grincer les dents à mon juge ; mon opéra fut donné : les acteurs étoient bons, la musique excellente, les ballets fort gais ; on ne disoit rien du drame ; je me tenois derrière le rideau ; je partageois les applaudissemens qui ne m'appartenoient pas ; et je disois, pour me tranquilliser, ce n'est pas mon genre ; j'aurai ma revanche à ma première comédie.

L'ouvrage que j'avois préparé pour le retour de mes comédiens, étoit il Prodigo, le Prodigue.

Je n'avois pas cherché le sujet dans la classe des vicieux, mais dans celle des ridicules. Mon prodigue n'étoit ni joueur, ni débauché, ni magnifique. Sa prodigalité n'étoit qu'une foiblesse ; il ne donnoit que pour le plaisir de donner ; le fond de son cœur étoit excellent ; mais sa bonhomie et sa crédulité l'exposoient au dérangement et à la dérision.

C'étoit un caractère nouveau ; j'en connoissois les originaux, je les avois vus, et je les avois étudiés sur les bords de la Brenta, parmi les habitans de ces délicieuses et magnifiques maisons de campagnes, où l'opulence éclate, et la médiocrité se ruine.

L'acteur excellent qui avoit si bien soutenu le brillant personnage du Cortesan Vénitien, rendit en perfection le caractère lent et apathique de mon prodigue.

J'avois donné à l'homme riche et foncièrement libéral un intendant frippon et adroit, qui, profitant des dispositions de son maître, lui fournissoit les occasions et les moyens de se satisfaire. Toutes les fois qu'il s'agissoit de trouver de l'argent, le bon-homme finissoit par dire au traître qui le séduisoit : caro vecchio fe vu ; c'est-à-dire, mon ami, je me rapporte à vous, faites pour le mieux.

Cette phrase avoit fait reconnoître à Venise, des personnes à qui elle étoit familière. On vouloit deviner mon original ; je l'avois pris dans la foule des gens riches, qui sont dupes de leur foiblesse et de leurs séducteurs : mais une anecdote de mon imagination fut trouvée malheureusement historique, et manqua de me perdre.

Mon prodigue a pour maitresse une jeune personne qui seroit devenue sa femme, s'il eût été moins dérangé : la demoiselle se trouve chez lui avec ses parens sur la Brenta. L'amant lui offre une bague de prix ; la demoiselle la refuse. Quelque tems après, le procureur du prodigue arrive de Venise, et apporte la nouvelle à son client, qu'il a gagné son procès. L'homme généreux veut marquer sa joie et sa reconnoissance ; il n'a pas d'argent, il donne, au procureur, la bague : le procureur l'accepte, et s'en va.

Dans ces entrefaites, on avoit conseillé à la demoiselle d'accepter le bijou, afin que le jeune étourdi ne s'en défît pas mal-à-propos. Elle revient ; elle parle de la bague ; elle s'excuse de l'avoir refusée ; elle ne pouvoit pas la recevoir sans permission ; elle venoit de l'obtenir...... Hélas ! la bague n'étoit plus, l'amant est désolé, le prodigue est au désespoir ; quel trouble ! quel embarras !

Voilà une de ces situations heureuses qui amusent les spectateurs, qui produisent des révolutions et conduisent tout naturellement l'action à son dénouement.

On disoit que cette aventure étoit arrivée à un personnage de haute condition à qui j'avois en

TOME I. T

mon particulier beaucoup d'obligations. Heureusement, ce seigneur ne s'en apperçut pas, ou
fit semblant de ne pas s'en appercevoir. Il étoit
intéressé à mes succès ; ma pièce avoit bien réussi,
et il en étoit content aussi bien que moi.

Mon prodigue eut vingt représentations de
suite à son debut ; le même bonheur le suivit à
la reprise du Carnaval, mais les personnages à
masque se plaignoient de moi, je ne les faisois pas
travailler ; j'allois les perdre, et ils avoient des
amateurs et des protecteurs qui les soutenoient.

D'après ces plaintes, et d'après la conduite que
je m'étois proposée, je donnai au commencement
de l'année comique, une comédie à sujet, intitulée les trente-deux Infortunes d'Arlequin.
C'étoit Sacchi qui devoit l'exécuter à Venise ;
j'étois sûr qu'elle ne pouvoit pas manquer de
réussir.

Cet acteur, connu sur la scène Italienne, sous
le nom de Trouffaldin, ajoutoit aux graces naturelles de son jeu, une étude suivie sur l'art de la
comédie et sur les différens théâtres de l'Europe.

Antonio Sacchi avoit l'imagination vive et
brillante ; il jouoit les comédies de l'art, mais les
autres arlequins ne faisoient que se répéter, et
Sacchi attaché toujours au fond de la scène, donnoit par ses saillies nouvelles et par des reparties
inattendues, un air de fraîcheur à la pièce, et ce
n'étoit que Sacchi que l'on alloit voir en foule.

Ses traits comiques, ses plaisanteries n'étoient

pas tirées du langage du peuple, ni de celui des
comédiens. Il avoit mis à contribution les
auteurs comiques, les poëtes, les orateurs, les
philosophes ; on reconnoissoit dans ses impromp-
tus, des pensées de Seneque, de Cicéron, de Montagne ; mais il avoit l'art d'approprier les maximes
de ces grands hommes, à la simplicité du balourd ;
et la même proposition, qui étoit admirée dans
l'auteur sérieux, faisoit rire sortant de la bouche
de cet acteur excellent.

Je parle de Sacchi, comme d'un homme qui a
existé, car à cause de son grand âge, il ne reste à
l'Italie que le regret de l'avoir perdu, sans l'espérance de le voir remplacer.

Ma pièce soutenue par l'acteur dont je viens
de parler, eut tout le succès qu'une comédie à
sujet pouvoit avoir. Les amateurs des masques
et des canevas, étoient contens de moi. Ils
trouvèrent que dans mes trente-deux infortunes,
il y avoit plus de conduite et de sens commun,
que dans les comédies de l'art.

J'observai que ce qui avoit plu davantage dans
ma pièce, c'étoit les événemens que j'avois accu-
mulés les uns sur les autres ; je profitai de la
découverte, et je donnai quinze jours après une
seconde comédie dans le même genre, et bien plus
chargée de situations et d'événemens, puisque je
l'avois intitulée la Nuit Critique, ou les cent
quatre Evénemens dans la même nuit.

Cette pièce pouvoit s'appeller l'épreuve des

comédiens, car elle étoit si compliquée et si finement travaillée, qu'il n'y falloit pas moins que
les acteurs auxquels je la confiai pour la pouvoir
exécuter d'une manière aussi exacte, et avec tant
de facilité.

J'en vis l'expérience quatre ans après. J'étois
à Pise en Toscane. Une troupe de campagne
s'avisa de la donner pour me faire sa cour. J'entendis dire le lendemain dans un café, sur le
Quai de l'Arno. Diò mi guardi da mal di denti,
e da cento e quattro accidenti. Dieu me pré-
serve de la rage de dents, et de cent et quatre accidens.

Cela prouve que la réputation d'un auteur
dépend souvent de l'exécution des acteurs. Il ne
faut pas se dissimuler cette vérité, nous avons
besoin les uns des autres, nous devons nous aimer,
nous devons nous estimer réciproquement servatis
servandis.

CHAPITRE XV.

Changement dans mon Etat—Oronte, Roi des Scythes, Opéra—Fâcheuse Découverte dans mon nouvel Emploi—Commission difficile heureusement terminée—Imputations démenties—Suspension de mes Rentes à Modène—Arrivée de mon Frère à Venise—Changement dans la Troupe de Saint Samuel—Portrait de la Soubrette—La Dona di garbo, la brave Femme, Comédie de Caractère en trois Actes, en Prose, et la première entièrement écrite—Preparatifs pour mon Voyage—Prétentions de mon Frère—Lettre de Genes—Mort de la Baccherini—Nouvelle Commission à Venise—Statira, Opéra sérieux—Mauvais Présent de mon Frère—Subtilités d'un faux Capitaine—Mon Désastre—Mon Départ de Venise.

J'avois satisfait le goût baroque de mes compatriotes, dont je recevois les complimens en riant, et je mourois d'envie de hâter la réforme jusqu'au bout. Mais il arriva dans cette année un événement, qui me fit interrompre pendant quelques mois le cours de mes travaux favoris.

Le Comte Tuo, consul de Genes à Venise,

venoit de mourir.   Les parens de ma femme qui
avoient du crédit et des protections, demandèrent
la place pour moi, et l'emportèrent d'emblée.

Me voilà donc dans le sein de ma patrie chargé
de la confiance d'une république étrangère.   Il
me falloit du tems pour prendre connoissance d'un
emploi que je ne connoissois pas encore.   Les
Genois n'avoient auprès des Vénitiens d'autre
ministre que leur consul.   J'étois donc chargé de
tout : j'expédiois mes dépêches tous les huit
jours ; je me mêlois de nouvelles, j'osois trancher
du politique.   J'avois appris cet art à Milan, et
je ne l'avois pas oublié.   Mes relations, mes réflexions, mes conjectures étoient agréées à Genes,
et je n'étois pas mal dans le corps diplomatique de
Venise.

Mon nouvel état et mes nouvelles occupations
ne m'empêchèrent pas de reprendre le fil de mes
occupations théâtrales ; et dans le carnaval de la
même année, je donnai un opéra au théâtre de
Saint Jean Chrisostôme, et un comédie de caractère à celui de Saint Samuel.

Mon opéra qui portoit le titre d'Oronte, Roi
des Scythes, eut un succès très brillant.   La musique de Buranello étoit divine ; les décorations
de Jolli, superbes ; les acteurs excellens ; on ne
disoit mot du livre, mais l'auteur des paroles ne
jouissoit pas moins du bonheur de ce spectacle
charmant.

A la comédie, au contraire, où je faisois donner

en même tems une nouvelle pièce, intitulée la
Banqueroute ; tous les applaudissemens, tous les
battemens de mains, tous les bravo ; tout étoit
pour moi.

Un banqueroutier de mauvaise foi est un criminel, qui, en abusant de la confiance du public,
se deshonore lui-même, perd sa famille, vole, tra-
hit les particuliers, et fait du tort au commerce en
général.

Initié par mon nouvel emploi dans la connoissance des négocians, je n'entendois parler que
faillites ; et je voyois, que tous ceux qui se reti-
roient, qui se sauvoient, ou se laissoient prendre,
ne devoient leur perte qu'à l'ambition à la débauche, et à l'inconduite, et partant de l'emblême
de la comédie, ridendo castigat mores, je crus que
le théâtre pouvoit s'ériger en licée pour prévenir
les abus, et en empêcher les suites.

Je ne me tins pas dans ma pièce uniquement
aux banqueroutiers ; mais je fis connoître en même
tems ceux qui contribuent davantage à leurs dé-
rangemens, et je m'étendis jusqu'aux gens de loix,
qui jettant de la poudre aux yeux des créanciers,
donnent le tems aux banqueroutiers frauduleux de
rendre leurs faillites plus lucratives et plus as-
surées.

Je ne sais pas si ma pièce a fait quelque con-
version ; mais je sais bien qu'elle a été généralement applaudie, et les négocians que j'aurois dû
craindre, ont été les premiers à en marquer leur

satisfaction, les uns de bonne foi, les autres par
politique.

La banqueroute fut jouée sans intervalle pendant le reste du carnaval, et elle fit la clôture de
l'année comique 1740.

Il y avoit dans cette pièce des scènes écrites
beaucoup plus que dans les deux précédentes.
Je m'approchois tout doucement, vers la liberté
d'écrire mes pièces en entier, et malgré les
masques qui me gênoient, je ne tardai pas à y
parvenir.

J'étois comblé d'honneurs et de joie ; mais vous
savez, mon cher lecteur, que mes jours heureux
n'ont jamais été de longue durée.

Quand on m'offrit le consulat de Genes je
l'acceptai avec reconnoissance et respect, sans demander quel étoit le traitement de la charge.   Ce
fut encore une de mes sottises, qui ne me coûta
pas moins que les autres.

Je ne pensai d'abord qu'à me rendre digne de la
bienveillance de la république qui m'honoroit de
sa confiance.   Je pris un logement qui pût me
rendre en état de recevoir les ministres étrangers.
J'augmentai mon domestique, ma table, mon train.
Je crus ne pouvoir pas faire autrement.

En écrivant au bout de quelque tems au secrétaire d'état avec lequel j'étois en correspondance :
je lui motivai l'article de mon traitement.   Voici
à-peu-près ce que M. le secrétaire me fit l'honneur de me mander pour me consoler.

" Le Comte Tuo, (mon prédécesseur,) avoit servi la république pendant vingt années sans émolumens : le sénat étoit content de moi : le gouvernement trouvoit juste que je fusse récompensé ; mais la guerre de Corse mettoit la république hors d'état de se charger d'une dépense à laquelle depuis long-tems elle avoit cessé de songer."

Quelle triste nouvelle pour moi ! Les profits du consulat ne montoient pas à cent écus par an. Je voulois remercier sur le champ ; mais par le courier suivant une lettre m'arrive d'un sénateur Génois qui me charge d'une commission épineuse, et m'encourage à rester.

Une personne chargée des affaires de la république de Genes, et qui reunissoit dans une cour étrangère la commission du sénat et les procurations des rentiers, avoit abusé de la confiance des Génois, s'étoit sauvée avec des sommes considérables, et vivoit depuis quelques jours tranquillement à Venise.

Le sénateur m'envoyoit des lettres de crédit sur le banquier Santin Cambiasio, et carte blanche pour obtenir la prise de corps, on la saisie des effets de son débiteur.

La commission étoit délicate, et l'exécution en paroissoit difficile. Cependant je connoissois mon pays : dans un gouvernement où il y a presqu'autant de tribunaux de première instance, que de matières sujettes à contestation, si l'affaire est bonne, on trouve la manière obtenir justice sans blesser la délicatesse du droit des gens.

Je fus écouté, je fus bien servi ; mon client fut dédommagé, et l'argent et les effets passèrent de mes mains à celles de M. Cambiasio à la disposition du praticien Génois.

Cette affaire si bien conduite et si heureusement terminée, me fit un honneur infini ; mais mon étoile ne tarda pas a m'accabler de ses influences.

Dans l'inventaire des effets que j'avois recouvrés, il y avoit deux boîtes d'or enrichies de diamans. J'étois chargé d'en procurer la vente. Je les confiai à un courtier : ce malheureux les mit en gage chez un Juif, laissa la note du prêteur et se sauva. J'en étois responsable ; il falloit payer pour les ravoir. M. Cambiasio fournit l'argent pour le compte du sénateur, et mon beau-père paya à Genes l'équivalent moyennant un revirement de parties pour un reste de la dot de sa fille qu'il me devoit encore.

Tous ces faits furent constatés à Genes et à Venise, et les propos qu'on tenoit sur mon compte furent amplement démentis.

Des gens d'affaires qui m'en vouloient à cause de ma pièce du Banqueroutier, ne cessèrent pas cependant de me tracasser.

Imer, le directeur de la comédie de Saint Samuel, avoit été constitué procureur de Monsieur Berio, Génois, son beau-frère, pour toucher a la

monnoie de Venise la somme de quinze cens
ducats.

Imer, qui avoit la faculté de substituer d'autres
procureurs, me nomma à sa place. Je touchai l'argent ; j'envoya six cens vingt ducats à M. Berio,
par le canal de MM. Lembro et Simon frères,
Maruzzi, banquiers, dont je conserve encore la
quittance, et je passai le reste de la totalité à M.
Imer dont j'eus une décharge passée pardevant notaires.

On m'avoit imputé d'avoir distrait cette dernière somme. Je n'eus pas de peine à prouver le
contraire ; mais les propos, les écrits de ce tems-là,
pourroient revivre encore après ma mort ; et je
suis intéressé à conserver dans ces mémoires ma
défense et ma justification.

J'ai un neveu qui porte mon nom ; si je n'ai
pas d'autres biens à lui laisser, qu'il jouisse au
moins de la réputation de cet oncle qui lui a tenu
lieu de père, et lui a procuré une éducation dont
il a heureusement profité.

Je n'étois donc pas à mon aise au commencement de l'année 1740 ; et pour surcroît de malheur,
je me vis privé tout d'un coup de la meilleure
partie de mes rentes.

La guerre s'étoit allumée dans ce tems-là entre
les François et les Espagnols d'un côté, et les
Autrichiens de l'autre. On l'appelloit la guerre
de Don Philippe, et la Lombardie étoit inondée

de troupes étrangères pour instaler ce prince dans les états de Parme et Plaisance.

Le Duc de Modène avoit réuni ses forces à celles des Bourbons. Il avoit été généralissime de leur armée ; et pour soutenir les frais de la guerre, il avoit arrêté le paiement des rentes de la banque ducale appellée Luoghi di Monte.

Ce vuide dans mes affaires domestiques acheva de me consterner. Je ne pouvois plus soutenir mon état.

Je pris le parti d'aller à Modène chercher de l'argent à tout prix ; passer à Genes, et réclamer justice. J'écrivis en conséquence à la république, j'exposai la nécessité d'un voyage, je demandai la permission de mettre un substitut à ma place, et j'attendois l'agrément du sénat.

Dans cette attente, et au milieu de mes chagrins et de mes embarras, mon frère arrive de Modène, fâché ainsi que moi de la suspension de nos rentes, mais encore plus piqué de n'avoir pas été avancé dans la nouvelle promotion que S. A. S. venoit de faire dans ses troupes. Il avoit tout bonnement quitté le service, et il venoit jouir de sa tranquillité à mes dépens.

D'un autre côté, les comédiens me demandoient de l'ouvrage. C'étoit mon unique consolation ; mais Sacchi étoit parti ; la moitié de ses camarades l'avoit suivi. Le pantalon Golinetti s'étoit retiré, et les acteurs les plus essentiels étoient tous nouveaux pour moi.

Je cherchois parmi eux le sujet qui auroit pu m'intéresser davantage, et ma prédilection pour les soubrettes m'arrêta sur Madame Baccherini, qui avoit remplacé dans cet emploi la sœur de Sacchi.

C'étoit un jeune Florentine, très jolie, fort gaie, très brillante, d'une taille arrondie, potelée, la peau blanche, les yeux noirs, beaucoup de vivacité, et un prononciation charmante. Elle n'avoit pas le talent et l'expérience de celle qui l'avoit précédée, mais on voyoit en elle des dispositions heureuses, et elle ne demandoit que du travail et du tems, pour parvenir à la perfection.

Madame Baccherini étoit mariée, je l'étois aussi. Nous nous liâmes d'amitié ; nous avions besoin l'un de l'autre ; je travaillois pour sa gloire, et elle dissipoit mon chagrin.

C'étoit un usage invétéré parmi les comédiens Italiens, que les soubrettes donnassent tous les ans, et à plusieurs reprises, des pièces qu'on appelloit de transformations, comme l'Esprit Folet, la Suivante Magicienne, et d'autres du même genre, dans lesquelles l'actrice paroissant sous différentes formes, elle changeoit plusieurs fois de costume, jouoit plusieurs personnages, et parloit différens langages.

Parmi quarante ou cinquante soubrettes que je pourrois nommer, il n'y en avoit pas deux de supportables. On voyoit les caractères faux, les costumes

chargés, les langages bégayés, l'illusion manquée,
et cela devoit être, car pour qu'une femme soutienne agréablement toutes ces métamorphoses, il
faudroit qu'elle eût vraiement sur elle ce charme
qu'on suppose dans la pièce.

Ma belle Florentine mouroit d'envie de montrer
son joli minois sous différentes coëffures. Je corrigeai sa folie, et je tâchai en meme-têms de la
contenter.

J'imaginai une comédie dans laquelle, sans
changer de langage ni habillement, elle put soutenir plusieurs caractères, chose qui n'est pas bien
difficile pour une femme, et encore moins pour
une femme d'esprit.

Cette pièce avoit pour titre la Dona di garbo,
la Brave Femme. Elle plut infiniment à la lecture, Madame Baccherini en étoit enchantée, mais
les spectacles à Venise touchoient à leur fin. La
compagnie devoit aller à Genes pour y passer le
printems, et c'étoit-là, ou l'on devoit la jouer pour
la première fois. Je me proposois de m'y rendre
aussi à son début, mais je devins tout d'un coup
le jouet de la fortune. Des événemens singuliers
renversèrent mes projets, et je ne vis jouer ma
pièce que quatre ans après.

Les comédiens partis, je me trouvai isolé; car,
dans la position désagréable où j'étois toute autre
société m'ennuyoit.

Je ne m'occupois que de mon voyage: ma mère

et ma tante n'avoient pas besoin de moi ; ma femme alloit me suivre, il n'y avoit que mon frère qui étoit a charge à tout le monde.

Il avoit la plus haute idée de lui-même : je n'étois pas de son avis, et il étoit scandalisé de ma façon de penser.

Il auroit prétendu, par exemple, que je l'eusse proposé pour me remplacer pendant mon absence à Venise, ou que je l'eusse envoyé à Genes, pour solliciter les appointemens de mon emploi ; mais je ne le croyois pas fait pour aucune de ces commissions, et j'allois mon train, en attendant les lettres de Genes, pour exécuter mon projet.

Ces lettres arrivent ; la permission m'est accordée, mon substitut est approuvé, me voilà content. J'irai à Modène demander le paiement de mes rentes ; j'irai à Genes reclamer le traitement de ma charge : j'assisterai aux répétitions de la Donna di garbo ; la Baccherini aura peut-être besoin de moi, et sera bien aise de me revoir. Les attraits de cette actrice charmante ajoutoient encore à mon empressement ; je me faisois une fête de lui voir remplir ce rôle important dans ma pièce.

Mais, ô Ciel ! le frère de Madame Baccherini étoit encore à Venise. Il vient chez moi ; je le vois éploré ; il ne peut pas prononcer un mot ; il me donne à lire une lettre de Genes ; sa sœur étoit morte.

Quel coup pour moi ! Ce n'étoit pas l'amant qui pleuroit sa maitresse, c'étoit l'auteur qui regrettoit l'actrice. Ma femme, qui me voyoit dans le chagrin, étoit assez raisonnable pour s'en rapporter à moi.

D'après cet événement, je ne changeai pas de projet : mais je n'étois plus si pressé de partir, et je crus pouvoir retarder mon départ.

Une société de nobles Vénitiens avoit pris à bail pour cinq années, le théâtre de Saint Jean Chrysostôme, et m'avoit demandé un opéra pour la foire de l'Ascension. J'avois refusé de les satisfaire ; mais devenu maître de mon tems, j'acceptai la commission ; j'achevai, en peu de jours, un opéra intitulé Statira, que j'avois dans mon porte-feuille.

J'assistai aux répétitions et à l'exécution de ce drame, et je profitai des droits d'auteur et d'une récompense extraordinaire de ces entrepreneurs généreux.

J'avois lieu d'être satisfait d'avoir prolongé mon séjour à Venise ; mais je le payai bien cher par la suite, et c'est à mon frère que j'eus l'obligation du cruel embarras où je me trouvai.

Il entre un jour à deux heures après midi chez moi : il pousse, avec sa canne, la porte battante de mon cabinet ; je le vois le chapeau enfoncé sur sa tête, le visage enflammé, les yeux étincelans ; je ne savois pas si c'étoit de joie ou de colère ; et en me fixant avec un air dédaigneux, parbleu, mon frère, me dit-il, vous ne vous moquerez pas toujours de moi ! A propos de quoi, mon frère, lui dis-je ? Je ne fais pas de vers, reprend-il, mais chacun vaut son prix. Je viens de faire une découverte....Si elle peut vous être utile, lui dis-je, j'en serai enchanté.—Oui, utile et honorable pour moi, et encore plus utile et plus honorable pour vous.—Pour moi ?—Oui : je viens de faire la connoissance d'un capitaine Ragusien, d'un homme....d'un homme comme il n'y en a pas. Il est en correspondance avec les principales cours de l'Europe ; il a des commissions qui font trembler ; il est chargé de faire des recrues pour un nouveau régiment de deux mille esclavons ; mais, ô Ciel ! si le gouvernement de Venise venoit à le pénétrer, nous serions perdus. Mon frère....mon frère....J'ai lâché le mot, vous connoissez l'importance de la discrétion.

Je voulois lui faire quelques réflexions. Ecoutez-moi, reprit-il en m'interrompant ; il s'agit d'une place de capitaine pour moi ; j'ai servi en Dalmatie, comme vous savez ; mon ami le sait aussi ; il a connu mon oncle Visinoni à Zara, et il me destine une compagnie. Mais pour vous, continua-t-il, pour vous, mon frère, il y a bien autre chose.—Pour moi ? Que diable veut-il faire de moi ?—Il vous connoît de réputation, il vous estime, vous serez l'auditeur, vous serez le grand juge du régiment.—Moi ?—Oui, vous.

Dans cet instant, le domestique entre, et nous annonce que nous sommes servis. Va-t-en à tous les diables, lui dit mon frère ; nous avons des af-

faires, laisse-nous tranquilles. Mais ne pourrions-
nous pas, lui dis-je, différer après le dîné ?—Point
du tout ; il faut attendre.—Pourquoi ?—Monsieur
le capitaine va venir.—Vous l'avez prié?—Oui ;
trouvez-vous mauvais que j'aie pris la liberté de
prier un ami ?—Monsieur le capitaine est donc
votre ami?—Je n'en doute point.—Vous venez
de faire la connoissance, et il est déjà votre ami ?
—Nous ne sommes pas des courtisans, nous autres
militaires ; nous nous connoissons au premier
abord ; l'honneur et la gloire forment notre liaison,
et nous devenons amis un instant après.

Ma femme arrive, et nous prie de finir. Mon
Dieu ! Madame, crie mon frère, c'est impatientant.
C'est Madame votre mère, dit-elle, qui s'impa-
tiente.—Ma mère, ma mère....qu'elle dîne et
qu'elle aille se coucher.—Ce que vous dites-là,
mon frère, lui dis-je, sent furieusement la poudre
à canon.—J'en suis fâché, j'en suis fâché ; mais le
capitaine ne doit pas tarder. On frappe ; voilà
monsieur le capitaine ; bien des complimens ; bien
des excuses, allons dîner.

Cet homme avoit plus l'air d'un courtisan que
d'un militaire. Il étoit souple, doux, maniéré, le
visage pâle, allongé, le nez aquilain, et de petits
yeux ronds et verdâtres ; il étoit fort galant, très
attentif à servir les dames, débitant des moralités
aux vieilles, et tenant des propos agréables aux
jeunes, sans que ses historiettes l'empêchassent de
bien dîner. Nous prîmes le café à table ; mon

frère me fit souvenir de tous les restes de liqueurs que j'avois pour en régaler son ami, et nous allons enfin, le Ragusien, mon frère et moi, nous renfermer dans mon cabinet.

Comme la recommandation de mon frère ne me fournissoit pas une idée avantageuse en faveur de l'homme inconnu, celui-ci, qui ne manquoit pas d'adresse et de prévoyance, m'étala dans un préambule très rapide et très élégant, son nom, sa patrie, sa condition, ses titres, ses exploits, et finit par mettre sous mes yeux les lettres patentes, écrites en langue Italienne, par lesquelles il étoit chargé de recruter deux mille hommes de nation Illirique, pour un nouveau régiment au service de la puissance dont il tenoit la commission.

Dans ces lettres, le Ragusien étoit nommé colonel du nouveau régiment, avec faculté de nommer à sa volonté les officiers, le juge, les fourriers, les fournisseurs, &c. et il y avoit la signature du souverain, celle du ministre et secrétaire d'état du département de la guerre, avec le sceau de la couronne.

Je ne connoissois pas trop ces signatures étrangères, et je me méfiois toujours d'un homme que je voyois pour la première fois ; et en attendant que je fusse à portée d'en vérifier l'authenticité, je fis des questions à monsieur le capitaine, auxquelles il ne manqua pas de donner des réponses satisfaisantes.

Je lui demandai d'abord par quel hasard nous serions assez heureux, mon frère et moi, pour intéresser sa bienveillance en notre faveur.

Monsieur votre frère, répondit-il, est un homme qui peut être très utile à mes intérêts. Il connoît la Dalmatie et l'Albanie, où il a servi, ce sont les deux provinces qui peuvent fournir de beaux hommes pour mon régiment. Je compte le munir de lettres et d'argent, et l'envoyer y faire des recrues. Mon frère se jette au col du Ragusien.—Vous verrez, vous verrez, mon ami ; je vous emmenerai des Dalmatiens, des Albanois, des Croates, des Molaques, des Turcs, des diables ; laissez-moi faire, Gospodina, Gospodina, dobro, jutro, Gospodina.

Le capitaine qui étoit esclavon lui-même, et se moquoit peut-être de la salutation Illirique et déplacée de mon frère, se mit à rire, et en se tournant de mon côté : Pour vous, monsieur, me dit-il, je me fais un honneur en vous priant d'accepter dans mon régiment la charge d'auditeur général. Vous êtes homme de loix, et votre état de consul.... Mais à propos de la place que vous occupez, continua-t-il, j'ai une grace à vous demander. Je suis à Venise, c'est un pays libre, mais l'affaire que j'y traite actuellement est fort délicate, et pourroit choquer le gouvernement, à cause de ces nationaux Dalmatiens ; il y a des mouchards qui ne me quittent pas, je crains la surprise, si vous pouviez me loger chez vous, je ne serois peut-être pas à l'abri des poursuites de la république, mais j'aurois le tems de les éviter.

Monsieur, lui dis-je, mon logement n'est pas assez commode.... Mon frère crie, en m'interrompant, je céderai ma chambre à monsieur le capitaine ; je me défends, c'est inutilement. Voilà le Ragusien établi chez moi.

La société de cet homme étoit assez agréable ; je n'étois pas difficile à me laisser gagner, et j'avois de la peine à le soupçonner. Je ne voulois cependant avoir rien à me reprocher. A mesure que j'entendois parler des personnes intéressées au secret de l'affaire en question, j'allois aux informations.

Je vis des négocians chargés des uniformes du régiment. Je parlai à des officiers engagés par le colonel breveté. Cet homme reçut un jour une lettre-de-change de six mille ducats sur les frères Pommer, banquiers Allemands ; la lettre ne fut point acceptée, parce qu'il n'y avoit pas de lettre d'avis, mais les signatures étoient parfaitement imitées. Enfin je crus, et je tombai dans le panneau.

Trois jours après, le Ragusien rentra chez moi agité, consterné ; il devoit payer six mille livres dans la journée, il n'avoit pu obtenir de délai ; il alloit être poursuivi ; la nature de la dette alloit le découvrir tout-à-fait ; il étoit au désespoir, tout étoit perdu. Son discours me touche ; mon frère

me sollicite, mon cœur me détermine. Je fais
des efforts pour ramasser cet argent. Je suis
assez heureux pour y parvenir, je le donne dans
la journée à mon hôte, et le lendemain le scélérat
s'enfuit.

Je reste dans l'embarras ; mon frère le cherche
pour le tuer ; il étoit heureusement hors de danger. Toutes les dupes du Ragusien se rassembloient chez moi, mais nous étions forcés d'étouffer
nos plaintes, pour éviter l'indignation du gouvernement et les risées du public.

Quel parti prendre ? Le voleur étoit sorti de
Venise le 15 Septembre 1741. Je m'embarquai
le 18 avec ma femme pour Bologne.

CHAPITRE XII.

Mon Embarquement pour Bologne.—Profits ca-
suels dans cette Ville.—Mauvaise Nouvelle.—
Voyage à Rimini.—Mon Arrivée en cette Ville.
—Ma Présentation au Duc de Modène.—Ob-
servations sur le Camp Espagnol.—Troupe de Co-
médiens à Rimini.—Le Monde de la Lune, Co-
médie.—Mouvemens des Troupes Autrichiennes.
—Retraite des Espagnols.—Mauvais Gîte.
—Fâcheuse nouvelle.—Entreprise hasardée.—
Triste Aventure.—Course fatiguante. — Bon-
heur inattendu.—Mon Arrivée à Rimini.—
Heureuse Rencontre.—Commission honorable
et lucrative.—Ma Renonciation au Consulat de
Genes.—Autre Commission encore plus lucra-
tive.—Marche des Allemands de Rimini à la
Poursuite des Espagnols.—Mon Départ pour la
Toscane.—Mon Arrivée à Florence.—Quelques
Mots sur cette Ville.—Mon Voyage à Sienne.—
Connoissance du Chevalier Perfetti, et son
Talent extraordinaire.—Sociétés de Sienne.—
Route pour Volterre.—Vues des Catacombes.—
Curiosités ramassées dans ce Pays, et dans celui
de Peccioli.—Mon Arrivée à Pisa.

TRISTE, rêveur, plongé dans le chagrin, j'allois
passer une mauvaise nuit dans cette barque cour-

rière que j'avois trouvée dans d'autres tems très commode et très amusante.

Ma femme plus raisonnable que moi, au lieu de se plaindre de sa situation, ne cherchoit que les moyens de me consoler. Ranimé par son exemple et par ses conseils, je tâchai de remplacer les regrets du passé par l'espérance d'un avenir plus heureux. Je m'endormis, et je me trouvai à mon réveil comme un homme qui a fait naufrage, et qui se sauve à la nage.

Arrivé au Pont de Lago Scuro sur le Po, à une lieue de Ferrare, je pris la poste, et j'arrivai le soir à Bologne. Je connoissois beaucoup cette ville ; et j'y étois très connu.—Les directeurs des spectacles vinrent me voir : ils me demandèrent quelques-unes de mes pièces ; je fis des difficultés : mais j'avois besoin d'argent ; ils ne manquèrent pas de m'en offrir, et je ne manquai pas d'en accepter.

Je leur confiai trois de mes originaux, pour qu'ils en fissent tirer des copies. Il falloit donc attendre : j'attendis, et je ne perdis pas mon tems.

On m'avoit demandé à Venise une comédie sans femmes, et susceptible d'exercices militaires, pour un collége de Jésuites. Le faux capitaine qui m'avoit trompé, me revint à l'esprit, et m'en fournit l'argument. J'intitulai ma pièce, l'Imposteur ; j'y employai toute la chaleur que l'indignation pouvoit m'inspirer ; j'y couchai en long et en large mon frère, je ne m'épargnai pas moi-même, et je donnai à ma bonhomie tout le ridicule qu'elle avoit méritée.

Ce petit travail me fit un bien infini : il effaça de mon esprit tout le noir que la méchanceté d'un fripon y avoit imprimé ; je me crus vengé.

Ma pièce étoit finie ; les directeurs m'avoient rendu mes manuscrits ; j'allois partir pour Modène.

Il y avoit à Bologne un excellent acteur qui jouoit les pantalons, et qui étant à son aise aimoit mieux se reposer dans la belle saison, et ne jouoit la comédie qu'en hiver.

Cet homme, appellé Ferramonti, ne m'avoit pas quitté pendant mon séjour à Bologne ; une troupe de comédiens qui étoit à Rimini au service du camp Espagnol l'avoit engagé ; il étoit prêt à partir, et il venoit me faire ses adieux.

Vous allez à Rimini, lui dis-je, et je vais partir pour Modène. Qu'allez-vous faire, dit-il, à Modène : tout le monde y est dans la consternation : le duc n'y est pas.—Comment ! le duc n'y est pas ? —Il s'est engagé dans une guerre ruineuse.—Je le sais ; mais où est-il ?—Il est à Rimini, il est au camp Espagnol, et il y passera l'hiver.

Me voilà désolé ; j'ai manqué mon coup, c'est ma faute ; j'ai perdu trop de tems. Venez, me dit Ferramonti, venez à Rimini avec moi, vous y trouverez une troupe qui est assez bonne. Je vous présenterai à mes camarades ; ils doivent vous connoître, ils doivent vous estimer. Venez avec moi, vous ferez quelque chose pour nous, et nous ferons tout pour vous.

La proposition ne me déplaisoit pas ; mais je voulois consulter ma femme : elle étoit Génoise ; nous étions en chemin pour aller revoir ses parens ; mais le pauvre enfant ! elle étoit la bonté, la complaisance personnifiées. Tout ce que son mari proposoit, elle le trouvoit bon : contente de me voir tranquille et satisfait, elle m'encouragea à suivre mon nouveau projet, et nous partîmes trois jours après avec le bon vieillard Vénitien.

Arrivés à la vue des remparts de Rimini, nous fûmes arrêtés au premier poste avancé, et on nous fit escorter à la grande garde. Là le comédien fut expédié sur la déclaration de son état, et nous fûmes envoyés ma femme et moi à la cour de Modène.

Je connoissois dans tous les rangs plusieurs personnes attachées à son altesse sérénissime : je fus bien reçu ; je fus fêté : on me trouva un logement, et le lendemain, je fus présenté à ce prince qui me reçut avec bonté, et me demanda quel étoit le motif qui me conduisoit à Rimini.

Je n'eus pas de peine à lui dire la vérité ; mais quand je prononçai les mots de banque ducale et de rentes arriérées, son altesse tourna la conversation sur la comédie, sur mes pièces, sur mes succès, et l'audience se termina deux minutes après.

Je vis qu'il n'y avoit rien à espérer de ce côté-

là ; je me tournai de celui des comédiens, et j'y
trouvai mieux mon compte.

J'allai dîner chez le directeur : Ferramonti avoit
beaucoup parlé de moi. Tout le monde y étoit :
la première amoureuse étoit une actrice excellente,
mais fort âgée ; la seconde une beauté stupide et
mal élevée. Colombine étoit une brune, fraîche et
piquante, qui étoit prête d'accoucher, et qui par
parenthese devint bientôt ma commère ; c'étoit
la soubrette, c'étoit mon lot.

Tout le monde me demande des pièces ; chacun
auroit voulu en être le sujet principal : à qui donner la préférence ? M. le Comte de Grosberg me
tira d'embarras.

Ce brave officier, brigadier des armées de S. M.
Catholique, dans le régiment des gardes Valonnes,
étoit un de ceux qui s'intéressoient le plus au
spectacle : il protégeoit particulièrement l'arlequin ; il me pria de travailler pour ce personnage,
et je le fis avec d'autant plus de plaisir que l'acteur étoit bon, et que le protecteur étoit généreux.

L'arlequin étoit M. Bigottini, bon acteur pour
les rôles de son emploi, mais surprenant pour les
métamorphoses et pour les transformations.

M. de Grosberg se souvenoit d'une pièce de
l'ancienne Foire de Paris, intitulée Arlequin, Empereur dans la lune. Il croyoit que ce sujet auroit
pu faire briller son protégé ; il n'avoit pas tort. Je
travaillai la pièce à ma fantaisie d'après le titre :

elle eut beaucoup de succès.   Tout le monde fut
content, et moi aussi.

Le Carnaval finit, le théâtre fut fermé.   M. de
Gages, qui à côté du generalissime étoit le général
commandant, faisoit observer la police la plus
exacte, et la discipline la plus rigoureuse à toute
l'armée ; point de jeux, point de bals, point de
femmes suspectes.   On vivoit à Rimini comme
dans un couvent.

Les Espagnols faisoient la cour aux dames du
pays à la manière Castillane ; elles étoient bien
aises de voir les enfans de Mars plier le genou devant elles.   Les sociétés étoient nombreuses, sans
tumulte, et la galanterie brilloit sans scandale.

Je jouissois comme les autres de cette douce
tranquillité, répandu dans les meilleures maisons
de la ville, faisant la partie des dames avec la noble
contenance des Espagnols, voyant quelquefois ma
commere avec la gaîté Italienne, et j'attendois la
bonne saison pour aller à Genes.   Mais que d'en-
traves ! que de révolutions ! que d'événemens !

Les troupes Allemandes qui étoient cantonnées
dans le Bolonois, firent des mouvemens qui donnèrent l'allarme aux Espagnols.   Ceux-ci n'é-
toient point disposés à attendre l'ennemi de pied
ferme, et à mesure que les premiers avançoient
vers la Romagne, les derniers battoient en retraite,
et alloient partager leur camp entre Pesaro et Fano.

Tous les Espagnols qui étoient à Cesena, à

Cervia et à Cesenatico, vinrent se réunir dans Rimini au gros de l'armée ; je fus obligé de partager mon appartement ; mais ce n'est pas tout, ce n'est rien.

Mon frère, mon aimable frère vint en même-tems de Venise, avec deux officiers Vénitiens, pour proposer à M. de Gages la levée d'un nouveau régiment, et la place d'auditeur m'étoit réservée. J'avois appris à me défier des projets ; je ne voulus pas les écouter, mais il falloit bien les loger et les nourrir.

Au bout de trois jours l'armée décampa, mon frère et ses compagnons la suivirent. Je restai à Rimini, mais plus embarrassé que jamais.

J'étois sujet du duc de Modène, et j'étois consul de Genes à Venise ; ces deux nations suivoient dans cette guerre le parti des Bourbons. J'avois à craindre que les Autrichiens ne me prissent pour un homme suspect.

Je communiquai mes craintes à des gens du pays que je connoissois. Tout le monde les trouvoit justes, et me conseilloit de partir ; mais comment faire ? Il n'y avoit ni chevaux, ni voitures. L'armée avoit tout entraîné.

Je trouvai des marchands étrangers qui étoient dans le même cas que moi. Je m'arrangeai avec eux ; nous prîmes la route de mer, et nous louâmes une barque pour Pesaro.

Le tems étoit beau, mais la nuit avoit été ora-

geuse, et la mer étoit encore agitée. Nos femmes
souffroient beaucoup, la mienne crachoit le sang ;
nous nous arrêtames à la rade de la Catholica, à
moitié chemin du voyage projetté; nous achevâmes
notre route par terre sur une charrette de paysans.
Nous laissâmes à la garde de nos effets quelques-
uns de nos domestiques qui devoient nous rejoindre
à Pesaro, et nous arrivâmes dans cette ville fatigués, fracassés, sans connoissances, sans logemens,
et c'étoit le moindre des maux qui nous étoient
réservés.

Tout étoit en confusion dans la ville de Pesaro,
qui venoit de recevoir plus de monde qu'elle n'en
pouvoit contenir. Point de places dans les auberges,
point de chambres à louer.

Le Comte de Grosberg étoit à Fano ; tous les
officiers de ma connoissance étoient occupés, et
les personnes attachées au duc de Modène ne
pouvoient m'offrir que la table. Un valet de pied
Modenois, qui avoit eu en partage un grenier, me
céda, pour de l'argent, son joli appartement.

Le lendemain, je laissai ma femme dans son
galetas, et j'allai à l'embouchure de la Foglia, pour
voir si mes hardes étoient arrivées. J'y trouvai
tous mes compagnons de voyage, qui étoient là
pour la même raison, et qui avoient passé la nuit
encore plus mal gîtés que moi. Point de barques
de Rimini, point de nouvelles de nos effets.

Je reviens à la ville. Le Comte de Grosberg

étoit de retour ; il prend pitié de moi, me loge
auprès de lui, me voilà content ; mais je retombe,
deux heures après, dans une terrible consternation.

Je rencontre un de ces commerçans que j'avois
vu au rivage de la mer ; je le vois triste, agité. Eh
bien, monsieur, lui dis-je, n'avons-nous rien de
nouveau ? Hélas ! me dit-il, tout est perdu ; les
houssards Autrichiens se sont emparés de la Catholica ; notre barque, nos effets, nos domestiques
sont entre leurs mains. Voici la lettre de mon
correspondant de Rimini, qui m'en fait part. Oh
Ciel ! que ferons-nous, lui dis-je ? Je n'en sais
rien, répond-il, et me quitte brusquement.

Je reste interdit. La perte que je venois de
faire, étoit pour moi irréparable ; nous étions, ma
femme et moi, très bien équipés ; trois coffres,
deux porte-manteaux, des boîtes, des cartons, et
nous étions restés sans chemise.

Pour les grands maux, il ne faut que de grands
remèdes. Je forme sur le champ mon projet ; je
le crois bon, et je vais le communiquer à mon
protecteur. Je le trouve prévenu de l'invasion de
la Catholica, et convaincu de la perte de mes
effets ; j'irai, lui dis-je, les réclamer ; je ne suis
pas militaire, je ne suis pas attaché à l'Espagne ;
je ne demande qu'une voiture pour moi et pour ma
femme.

M. le Comte de Grosberg admire mon courage ;
et pour se débarrasser de moi, peut-être, commence
par me faire avoir le passe-port du commissaire

Allemand, qui, à cet effet, suivoit les troupes
Espagnoles, et donne ses ordres pour qu'on me
procure une chaise.

La poste n'alloit pas dans ce tems-là ; les voiturins se tenoient cachés : on en trouva un à la fin ;
on le força de me mener ; on le fit passer la nuit
dans les écuries de M. de Grosberg, et je partis le
lendemain de très-bon matin.

Je n'ai point parlé de mon épouse depuis ce
nouvel accident, pour ne pas ennuyer mon lecteur :
on peut imaginer facilement quelle devoit être la
situation d'une femme qui perd tout d'un coup
ses habillemens, ses bijoux, ses chiffons ; mais elle
étoit foncièrement bonne, elle étoit raisonnable, et
la voilà en route avec moi.

Le voiturin, fort souple et fort adroit, étoit venu
nous chercher, sans nous donner la moindre marque
de mécontentement, et nous partîmes après un
petit déjeûné, fort tranquilles et assez gais.

Il y avoit dix milles de Pesaro jusqu'à la Catholica ; nous en avions fait trois, lorsqu'il prit à
ma femme un besoin pressant de descendre. Je
fais arrêter ; nous descendons, nous faisons quelques
pas pour aller gagner une masure délabrée : le
scélérat qui nous conduisoit fait tourner les chevaux, prend le galop du côté de Pesaro, et nous
plante là au milieu du grand chemin, sans ressource
et sans espérance d'en retrouver.

On ne voyoit ame vivante passer par là. Pas un
paysan dans les champs, pas un habitant dans les

maisons ; tout le monde craignoit les approches des deux armées ; ma femme pleure, je leve les yeux au Ciel, et je me vois inspiré.

Courage, dis-je, ma chère amie, il y a six milles d'ici à la Catholica ; nous sommes assez jeunes et assez bien constitués pour les soutenir ; il ne faut pas reculer ; il ne faut avoir rien à se reprocher : elle s'y prêta de la meilleure grace du monde, et nous continuâmes notre route à pied.

Au bout d'une heure de chemin, nous rencontrâmes un ruisseau qui étoit trop large pour pouvoir le sauter, et trop profond pour que ma femme pût le passer à gué ; on voyoit un petit pont de bois pour la commodité de piétons, mais les planches en étoient brisées.

Je ne me démonte pas : je mets un genou par-terre, ma femme accroche ses bras à mon cou, je me leve en riant, je traverse les eaux avec une joie inexprimable, et je me dis à moi-même : omnia bona mea mecum porto, je porte tout mon bien sur moi.

J'avois les pieds et les jambes mouillées ; patience : nous suivons notre marche ; voilà, au bout de quelque tems, un autre ruisseau pareil à celui que nous venions de passer ; même profondeur, le pont cassé de même : point de difficultés, nous le passâmes de la même manière, et toujours avec la même gaieté.

Mais ce fut bien autre chose lorsqu'en nous

approchant de la Catholica, nous rencontrâmes un torrent fort étendu, et dont les eaux rouloient à gros bouillons ; nous nous assîmes au pied d'un arbre, en attendant que la Providence nous offrît un moyen pour le traverser sans danger.

On ne voyoit ni voitures, ni chevaux, ni char-rettes passer par-là : il n'y avoit pas un cabaret dans ces environs ; nous étions fatigués, nous avions passé la journée sans aucune nourriture, et nous avions besoin de nous refraîchir.

Je me leve, je tâche de m'orienter. Ce tor-rent, dis-je, doit de toute nécessité se décharger dans la mer. Suivons les bords, et nous en trou-verons l'embouchure.

Marchant toujours, poussés par la détresse et soutenus par l'espérance, nous découvrîmes des voiles qui nous indiquoient la proximité de la mer: nous prîmes courage, et nous doublâmes le pas ; nous voyions à mesure que nous avancions le torrent devenir practiable, et nous fîmes des sauts et des cris de joie, lorsque nous découvrîmes un bateau.

C'étoient des pêcheurs qui nous reçurent très honnêtement, qui nous transportèrent au rivage opposé, et nous remercièrent mille fois pour un paul que je leur donnai.

Après cette première consolation, nous en eumes une seconde, qui ne fut pas moins agréable et pas moins nécessaire. Une branche d'arbre attachée à une maison rustique, nous annonce les moyens de nous rafraîchir; nous y trouvons du lait et des œufs frais, nous voilà contens.

Le repos, le peu de nourriture que nous vênions de prendre, nous donnant assez de forces pour achever notre course, nous nous faisons conduire, par un garçon de l'auberge, au premier poste avancé des Housssards Autrichiens.

Je présente mon passe-port au sergent; celui-ci détache deux soldats pour nous faire escorter, et nous arrivons à travers les bleds écrasés, et la vigne, et les arbres abattus au quartier du colonel commandant.

Cet officier nous reçoit d'abord comme deux personnes qui voyageoient à pied; en lisant le passe-port qu'un des deux soldats lui avoit remis, il nous fait asseoir; et me regardant d'un air de bonté, comment, dit-il, vous êtes M. Goldoni?— Hélas! oui, Monsieur—L'auteur de Bélisaire? L'auteur du Cortesan Vénitien? C'est moi-même. —Et cette dame est Madame Goldoni?—C'est tout le bien qui me reste.—On m'avoit dit que vous étiez à pied. Cela n'est que trop vrai, monsieur.

Je lui fis le récit du tour indigne que m'avoit joué le voiturin de Pesaro; je lui traçai le tableau de notre triste voyage, et je finis par lui parler de nos effets arrêtés, et lui faire sentir que mes projets, mes ressources et mon état dépendoient de leur perte ou de leur recouvrement.

x 2

Tout doucement, dit le commandant; par quelle raison suivez-vous l'armée? Quel intérêt vous attache aux Epagnols?

Comme la vérité ne m'avoit jamais fait de tort, et qu'au contraire elle avoit toujours été mon appui et ma défense, je lui fis labrégé de mes aventures; je lui parlai de mon consulat de Genes, de mes rentes de Modène, de mes vues pour être dédommagé, et je lui dis que tout étoit perdu pour moi, si je me voyois privé du petit reste de ma fortune délabrée.

Consolez-vous, me dit-il d'un ton d'amitié, vous ne le perdrez pas; ma femme se leve en pleurant de joie; je veux marquer ma reconnoissance, le colonel ne m'écoute pas. Il appelle, il ordonne qu'on fasse venir mon domestique et tous mes effets, mais à une condition, me dit-il; allez partout où vous voudrez, je ne vous défends que la voie de Pesaro. Non, certainement, lui dis-je, vos bontés, mes obligations....Il ne me donne pas le tems de tout dire, il a des affaires, il m'embrasse, il baise la main à ma femme, et va se renfermer dans son cabinet.

Son valet de chambre nous accompagne à une hôtellerie qui étoit fort propre. Je lui offre un sequin, il le refuse très noblement, et s'en va.

Une demi-heure après, mon domestique arrive fondant en larmes, se voyant libre et nous voyant contens; nos coffres étoient ouverts, j'en avois les clefs. Un serrurier les mit bientôt en état de servir.

Je louai, le lendemain de très bon matin, une charrette pour mon bagage. Je pris la poste pour ma femme et moi, et nous allâmes retrouver, à Rimini, nos bon amis.

Arrivé au premier poste avancé, je déploye mon passe-port; on me fait escorter jusqu'à la grande-garde de Rimini. Le capitaine étoit à table; il apprend qu'il y a un homme et une femme qui arrivent en poste; il nous fait entrer: la première personne que je vois en entrant, c'est M. Borsari, mon ami, et mon compatriote, premier secrétaire du Prince de Lobcowitz; feld-maréchal et commandant général de l'armée impériale.

M. Borsari savoit que j'avois passé l'hiver à Rimini, et que j'étois parti à la suite des Espagnols; je lui fis part du motif de mon retour, des singularités de mon voyage, et de mon dessein d'aller à Genes.

Non, dit-il, tant que nous resterons ici, vous n'irez pas à Genes. Que ferai-je ici, lui dis-je?— Vous vous amuserez.—C'est le meilleur métier que je connoisse; mais encore faut-il s'occuper à quelque chose.—Nous vous occuperons: il y a une comédie passable.—Quels sont les acteurs principaux?—Il y a Madame Casalini, très bonne actrice; il y a Madame Bònaldi....—Est-ce la soubrette?— Oui. C'est ma commère: tant mieux, tant mieux, je la reverrai avec plaisir; pendant que nous causions, M. Borsari et moi, ma femme soutenoit un peu forcément la conversation de messieurs les

officiers Allemands, qui ne plioient pas le genou
devant les dames comme les Espagnols ; elle me
fit signe qu'elle en avoit assez; nous prîmes congé
de la compagnie, et Borsari ne nous quitta pas.

Mon domestique m'attendoit à la porte pour
me prévenir que mon ancien logement étoit
occupé. Borsari me promit que je l'aurois, qu'il
feroit changer de quartier l'officier qui étoit de sa
connoissance ; et en attendant il nous amena chez
lui, et nous proposa une chambre à côté de la
sienne, que nous acceptâmes avec plaisir, et que
nous occupâmes pendant trois jours.

Le lendemain mon ami me présenta à son maître.
Le prince avoit entendu parler de moi ; il me com-
muniqua le projet d'une fête, et me chargea de
l'exécution.

L'Impératrice Reine Marie-Thérese venoit de
marier l'Archiduchesse sa sœur au Prince Charles
de Lorraine. M. le Maréchal Lobcowitz vouloit que Rimini fit aussi des réjouissances pour
cette auguste hymenée ; il m'ordonna une cantate, et se rapportoit à Borsari et à moi pour le
choix du compositeur et pour le nombre et la
qualité des voix. Il nous laissoit les maîtres en
tout ; il ne nous recommandoit que de l'ordre et
de la promptitude.

Il y avoit à Rimini un maître de musique,
Napolitain, nommé Ciccio Muggiore, qui n'étoit
pas du premier ordre, mais qui pouvoit passer en
tems de guerre. Nous le chargeâmes de la com-

mission ; nous fîmes venir de Bologne deux chanteurs et deux chanteuses ; je fis des paroles sur de la vieille musique de notre compositeur, et au bout d'un mois, notre cantate fut exécutée sur le théâtre de la ville, au contentement de celui qui l'avoit ordonnée, et à la satisfaction des officiers étrangers et de la noblesse du pays.

Nous fûmes, le compositeur et moi, très largement récompensés par le général Allemand ; mais le Napolitain qui n'étoit pas sot, m'avoit suggéré d'avance d'un moyen, qu'il avoit peut-être expérimenté, pour augmenter nos profits.

Nous fîmes assez noblement relier une quantité considérable d'exemplaires de notre cantate imprimée. Nous allâmes dans un beau carrosse la présenter à tous les officiers de l'état major des différens régimens qui étoient logés dans la ville et dans les environs, et nous rapportâmes chez moi une bourse honnêtement remplie de sequins de Venise, de pistoles d'Espagne, et de quadruples de Portugal, que nous partageâmes tranquillement et modestement.

Pendant ce tems-là, on m'écrivit de Genes qu'un négociant de Venise, sans intention de me faire aucun tort, demandoit mon emploi de consul en cas que je ne voulusse pas le garder, et s'offroit de servir sans émolumens, content d'un titre, qui, vu son état, pouvoit lui être avantageux beaucoup plus qu'à moi : le sénat Génois ne me renvoyoit

pas, mais il me mettoit dans le cas ou de me retirer, ou de servir gratis. J'adoptai le premier de
ces deux partis, je remerciai la république; et je
n'y pensai pas davantage.

D'ailleurs j'avois tant souffert, que j'étois bien
aise de me tranquilliser pendant quelque tems ;
j'avois de l'argent, je n'avois rien à faire, j'étois
heureux.

Rimini, pour ceux qui l'avoient vu pendant le
séjour des Espagnols, n'étoit pas reconnoissable :
il y avoit des amusemens de toute espèce ; des
bals, des concerts, des jeux publics, des sociétés
brillantes, des filles galantes: il y avoit des amusemens pour tous les caractères et pour tous les
états ; j'aimois ma femme, je partageois mes plaisirs avec elle, et elle me suivoit par tout.

Ce n'étoit que chez ma commère, qu'elle ne me
suivoit pas ; elle ne m'empêchoit pas d'y aller ;
mais cette actrice n'étoit pas de son goût, et on ne
peut pas disputer des goûts.

Enfin ma pauvre commère fut obligée de partir:
les officiers Allemands vouloient avoir un opéra
pour le Carnaval, et les comédiens furent con-
traints de céder la place.

Le Comte Novati, Milanois, lieutenant-général
des armées de leurs majestés royales et impériales,
s'étoit chargé des soins du nouveau spectacle; il
me fit l'honneur de m'en proposer la direction ; je
l'acceptai avec plaisir, et je n'eus pas lieu de m'en

repentir ; car la générosité de ce seigneur me fit jouir de profits auxquels je ne pouvois pas m'attendre.

J'allois donc de mieux en mieux : la fortune paroissoit avoir changé à mon égard. Effectivement depuis le dernier désastre de la Catholica, et celui de mon rétour à Rimini, je n'ai plus essuyé de ces coups terribles qui paroissoient vouloir m'écraser.

L'opéra cessa avec le Carnaval, et aux distractions amusantes, succédèrent les affaires politiques et les intérêts de la guerre.

Au commencement du Carême, le feld-maréchal Autrichien, rappella auprès de lui toutes ses troupes, qui étoient cantonnées dans la Romagne, et je jouis du coup-d'œil charmant d'une revue générale de quarante mille hommes.

C'étoit le signal du décampement des Autrichiens ; je fis mes adieux à mon ami Borsari, et quarante jours après il n'y avoit pas un Allemand dans ce pays que l'on appelle aujourd'hui la Romagne, et qui s'appelloit du tems des Empereurs l'Exarquat de Ravenne.

Je voulois partir aussi : le voyage de Genes étoit devenu inutile pour moi ; j'étois libre ; j'étois maître de ma volonté ; j'avois suffisamment d'argent, je mis en exécution un ancien projet.

Je voulois voir la Toscane, je voulois la parcourir et l'habiter pendant quelque tems ; j'avois besoin de me familiariser avec les Florentins et les Siennois, qui sont les textes vivans de la bonne langue Italienne. J'en fis part à ma femme ; je lui fis voir que cette route nous rapprochoit de Genes : elle en parut satisfaite, et notre voyage fut décidé pour Florence.

La nouvelle route de Bologne à Florence n'étoit pas encore ouverte en 1742. On y va actuellement en un jour, et il en falloit au moins deux pour traverser ces hautes montagnes, où la Toscane est enclavée.

Ne pouvant donc éviter le mauvais chemin, je choisis le plus court ; je confiai mes hardes à un conducteur de mulets.

Nous prîmes la poste, ma femme et moi, jusqu'à Castrecarro ; de-là nous traversâmes à cheval les Alpes de Saint Benoît, et nous arrivâmes dans ce beau pays auquel on doit la renaissance des lettres.

Je ne m'étendrai pas sur la beauté et sur les agrémens de la ville de Florence. Tous les écrivains, tous les voyageurs lui rendent justice : de belles rues, des palais magnifiques, des jardins délicieux, des promenades superbes, beaucoup de sociétés, beaucoup de littérature, beaucoup de curiosités ; les arts en crédit, les talens estimés, la cultivation très soignée, les productions de la terre excellentes, le commerce favorisé, une riche rivière qui traverse la ville, un port de mer très considérable dans ses dépendances, de beaux hommes, de belles femmes, de la gaieté, de l'esprit, des étrangers de toutes nations, des amusemens de toute espèce...... C'est un pays charmant.

Je restai quatre mois dans cette ville avec un véritable plaisir. J'y fis des connoissances très intéressantes. Celle du sénateur Ruscellai, auditeur de la jurisdiction ; celle du Docteur Cocchi, médecin systématique, et philosophe agréable ; celle de l'Abbé Gorri, antiquaire très éclairé et très savant dans la langue Etrusque ; et celle de l'Abbé Lami, auteur d'un Journal Littéraire, le meilleur ouvrage que l'on ait vu en Italie dans ce genre.

J'avois projetté de passer l'été à Florence, et l'automne à Sienne ; mais l'envie que j'avois de voir et d'entendre le Chevalier Perfetti, me détermina à partir dans les premiers jours du mois d'Août.

Perfetti étoit un de ces poëtes qui font à l'impromptu des pièces de vers, et qu'on ne rencontre qu'en Italie ; mais il étoit si supérieur a tout autre, et il ajoutoit tant de science et tant d'élégance à la facilité da sa versification, qu'il mérita d'être couronné à Rome dans le capitole ; honneur qui n'avoit être conféré a personne depuis le Petrarque.

Cet homme célèbre étoit fort âgé ; on le voyoit rarement dans les sociétés, et encore moins en public : on me dit qu'il devoit paroître le jour de

l'Assomption à l'Académie des Intronati de Sienne:
je parts sur le champ avec ma fidelle compagne:
nous fûmes admis et placés à l'Académie en qualité d'étranger. Perfetti étoit assis sur une espèce
de chaire; un des académiciens lui adressa la parole;
et comme il ne pouvoit s'écarter du sujet de la
solemnité du jour, pour laquelle l'Académie s'étoit
assemblée, il lui proposa pour l'argument, la ré-
jouissance des anges à l'approche du corps imma-
culé de la Vierge.

Le poëte chanta pendant un quart-d'heure des
strophes à la manière de Pindare. Rien de si
beau, rien de si surprenante ; c'etoit Petrarque,
Milton, Rousseau ; c'étoit Pindare lui-même.
J'étois bien aise de l'avoir entendu ; j'allai lui faire
ma visite le lendemain ; sa connoissance m'en fit
faire d'autres : je trouvai les sociétés de Sienne
charmantes ; il n'y a pas de parties de jeu qui ne
soient précédées par une conversation littéraire :
chacun lit sa petite composition, ou celle d'un
autre, et les dames s'en mêlent aussi bien que les
hommes ; du moins c'étoit ainsi de mon tems ; je
ne sais pas si la galanterie n'y a pas obtenu la préférence exclusive, comme dans tout le reste de
l'Italie.

Curieux de parcourir la Toscane, je pris en
partant de Sienne la route de ce pays marécageux,
que l'on appelle les Maremmes, vaste terrain inutile, défriché en grande partie par les soins du

Marquis Ginori de Florence, où il avoit établi une
manufacture de porcelaine, et je montai à la ville
de Volterre, une des anciennes républiques de la
Toscane, bâtie sur le sommet d'une montagne très
haute, et très escarpée.

Ce pays, que peu de voyageurs vont voir, est
assez intéressant par sa position, et par les vestiges
qu'on y voit encore des monumens, des Etrusques,
et du Paganisme qui étoit leur religion.

J'entrai ventre à terre dans des catacombes ; je
les parcourus à l'aide de torches de cire jaune, et
je reconnus ma poltronnerie dans toute son étendue. Les deux guides qui me précedoient, se
consultoient sur les endroits à choisir pour marcher
dans le souterrein : n'allons pas par-là, disoit l'un,
car là voûte a tombé il n'y a pas long-tems : allons
donc par-ici, disoit l'autre ; mais si cette autre
voûte alloit tomber, disois-je en tremblant à mes
deux conducteurs.... Eh ! cela n'arrive pas toujours, me répondoient-ils : j'en sortis enfin, Dieu
merci, et je me promis bien de n'y plus retourner.

Qu'ai-je vu ? Rien : j'étois la dupe de ma curiosité ; mais je fis ce que tant d'autres avoient
fait avant moi.

Ce que je vis avec plus de plaisir et sans danger,
ce fut des coquilles entassées sur ces hautes montagnes, qui avoient au moins une demie-lieue d'élévation du niveau de la Méditerranée, à leur sommet ; c'étoit pour la première fois que je voyois

cette preuve incontestable, de grandes révolutions de la nature, dont l'origine est encore incertaine, et dont le méchanisme n'a pas encore été découvert.

J'emportai avec moi des blocs de ces coquillages entassés, j'emportai aussi des pièces assez bien travaillées d'albâtre de Volterre, transparant, mais fort tendre.

J'ajoutai à mes nouvelles richesses de petits tuyaux, travaillés par des insectes qui en font leur retrait pendant l'hiver, et qu'on ne trouve que dans le pays de Peccioli que je traversai; et à la nuit tombante, je me trouvai aux portes de Pise, où j'allai me loger à l'Hôtel de la Poste.

CHAPITRE XVII.

Quelques Mots sur la Ville de Pise—Mon Aventure à la Colonie des Arcades—Mon nouvel Emploi—Mes Succès—Mes Distractions—Mon Aggrégation aux Arcades de Rome—Ma Comédie de l'Enfant d'Arlequin perdu et retrouvé—Cause intéressante à Pise—Autre Cause à Florence—Mon Voyage à Lucques—Musique extraordinaire—Opéra charmant—Route délicieuse—Mon Rétour à Pise—Arrivée de mon Beau-frère de Genes—Son Départ et celui de ma Femme pour le même Pays—Désagrément essuyé dans mon Emploi—Réfrodissement de mon Zèle—Conversation singulière avec un Comédien—Pièce nouvelle composée à sa Réquisition—Mon Voyage à Livourne.

PISE est un pays fort intéressant : l'Arno qui traverse la ville est plus navigable qu'il ne l'est à Florence, et le canal de communication entre cette rivière et le porte de Livourne, procure à l'état des avantages considérables.

Il y a à Pise une université aussi ancienne, et aussi fréquentée que celles de Pavie, de Padoue, et de Bologne.

L'ordre des chevaliers de Saint Etienne, fondé en 1562, par Côme de Médicis, tient tous les trois ans son chapitre général dans cette ville.

Les bains de Pise sont très salutaires, l'air de la ville, et des environs passe pour le meilleur de l'Italie, et l'eau y est aussi pure, aussi légère, et aussi passante que celle de Nocera.

Je ne devois rester à Pise que quelques jours, et j'y passai trois ans consécutifs. Je m'y étois fixé sans le vouloir : j'avois pris des engagemens sans y penser : mon génie comique n'étoit pas éteint, mais il étoit étouffé. Thalie piquée de ma désertion, m'envoyoit de tems en tems des émissairés pour me ramener à ses drapeaux : je cedai enfin à la douce violence d'une séduction agréable, et je quittai pour la seconde fois le temple de Thémis, pour revenir à celui d'Apollon.

Je ferai mon possible pour resserrer en peu de mots le cours d'un triennal, qui demanderoit pour lui tout seul un volume.

Je m'amusois à Pise ; les premiers jours de mon arrivée, à examiner des curiosités qui en méritoient la peine : la cathédrale très riche en marbres et peintures, le clocher singulier qui penche extrêmement en dehors, et paroît droit en dedans : le cimetière environné d'un superbe portique, et contenant une terre impregnée de sels alcalis ou calcaires, qui en vingt-quatre heures de tems réduit les cadavres en cendre ; mais je commençois à m'ennuyer, car je ne connoissois personne.

En me promenant un jour du côté du château, je vis une grande porte-cochere, et des carrosses arrêtés, et du monde qui y entroit ; je regarde en dedans, je vois une cour très vaste, un jardin au bout, et quantité de personnes assises sous une espèce de berceau.

Je m'approche davantage ; je vois un homme à livrée, mais qui avoit l'air et les façons d'un homme d'importance ; je lui demande a qui étoit cet hôtel, et quel étoit le motif qui rassembloit tant de monde.

Ce valet très poli et assez bien instruit, ne manqua pas de satisfaire ma curiosité. Cette assemblée que vous voyez-là, me dit-il, est une Colonie des Arcades de Rome, appellée la Colonia Alfea, la Colonie d'Alphée ; fleuve très célèbre en Grece qui arrosoit l'ancienne Pise, en Aulide.

Je demande si je pouvois en jouir ; très volontiers, répond le portier ; il m'accompagne lui-même jusqu'à l'entrée du jardin ; il me présente à un valet de l'académie : celui-ci me place dans le cercle ; j'écoute j'entends du bon et du mauvais, et j'applaudis l'un et l'autre également.

Tout le monde me regardoit, et paroissoit curieux de savoir qui j'étois : l'envie me prit de les contenter. L'homme qui m'avoit placé, n'étoit pas loin de ma chaise ; je l'appelle, et je le prie d'aller demander au chef de l'assemblée, s'il étoi permis à un étranger d'exprimer en vers la satis-

faction qu'il venoit d'éprouver : le chef annonce
ma demande à haute voix, et l'assemblée y con-
sent.

J'avois dans ma tête un sonnet, que j'avois
composé dans ma jeunesse dans une pareille occasion : je changeai à la hâte quelques mots qui
pouvoient regarder le local ; je débitai mes quatorze vers avec ce ton et ces inflexions de voix,
qui relevent les sentimens et la rime. Le sonnet
paroissoit avoir été fait sur le champ ; il fut extrêmement applaudi : je ne sais si la séance devoit
durer davantage, mais tout le monde se leva, et
tout le monde vint autour de moi.

Voilà bien des connoissances entamées ; voilà
bien de sociétés à choisir : celle de M. Fabri fut
pour moi la plus utile et la plus agréable. Il étoit
chancelier de la jurisdiction de l'ordre de Saint
Etienne, et il présidoit sous le titre pastoral de
Gardien à l'assemblée des Arcades.

Je vis par la suite tous les bergers d'Arcadie,
que j'avois vu rassemblés : je dînois chez les uns,
je soupois chez les autres : les Pisans sont très
officieux envers les étrangers : ils conçurent pour
moi de l'amitié, de la considération : je m'étois
annoncé comme avocat de Venise ; j'avois conté
une partie de mes aventures ; ils voyoient que
j'étois un homme sans emploi, mais susceptible
d'en avoir, ils me proposèrent de reprendre la robe
que j'avois quittée ; ils me promirent des cliens et
des livres ; tout licencié étranger pouvoit exercer

ses fonctions au barreau de Pise ; j'entrepris hardiment l'exercice d'avocat civil, et d'avocat criminel.

Les Pisans me tinrent parole en tout, et j'eus
le bonheur de les contenter.   Je travaillois jour et
nuit ; j'avois plus de causes que je n'en pouvois
soutenir : j'avois trouvé le secret d'en diminuer le
fardeau à la satisfaction des cliens ; je leur prouvois le tort qu'ils avoient de plaider, je tâchois de
les raccommoder avec leurs parties adverses : ils
me payoient mes consultations, et nous étions
tous contens.

Pendant que mes affaires alloient au mieux, et
que mon cabinet fleurissoit de manière à inspirer
de la jalousie à mes confrères, le diable fit venir à
Pise une troupe de comédiens : je ne pus m'empêcher d'aller les voir ; la démangeaison me prit
de leur donner quelque chose du mien ; ils étoient
trop médiocres pour que je leur confiasse une
pièce de caractère ; je leur abandonnai ma comédie à canevas, intitulée les cent quatre accidens
arrivés dans la même nuit, et ce fut dans cette occasion que j'essuyai le désagrément rapporté dans
un chapitre passé.

Mortifié de la chûte de ma pièce, je me proposois de ne plus revoir les comédiens, de ne plus
songer à la comédie ; je redoublai l'ardeur de mon
travail juridique, et je gagnai trois procès dans le
même mois.

Une défense au criminel me fit aussi un hon-

neur infini. Un jeune homme de famille avoit
dérobé son voisin ; il y avoit une porte forcée, et
on alloit le condamner aux galères.

Une famille respectable, un fils unique, des
sœurs à marier, ne falloit-il pas le sauver ?

Le partie plaignante indemnisée, je fis changer
la serrure de l'appartement du premier ; la clef du
second pouvoit l'ouvrir ; le jeune homme s'étoit
trompé d'étage, il avoit ouvert par méprise ; l'argent étoit exposé, et l'occasion l'avoit séduit.

Je commençai mon mémoire par le septième
verset du Pseaume vingt-cinquieme : Delicta ju-
ventutis meæ et ignorantias meas ne memineris,
Domine. Oubliez, mon Dieu, les fautes de ma
jeunesse et celles de mon ignorance ; j'étayai le
plaidoyer par des autorités classiques, des déci-
sions de la rote Romaine, de celles de la chambre
criminelle de Florence, que l'on appelle il Magis-
trato degli otto ; le Tribunal des VIII ; j'y mis du
raisonnement et du pathétique ; ce n'étoit point
un coupable habitué au crime, et qui tâchoit de
pallier son délit ; c'étoit un étourdi qui avouoit
sa faute, et ne demandoit grace que pour l'honneur d'un père respectable, et de deux demoiselles
de qualité prêtes à marier et intéressantes.

Enfin, mon petit voleur fut condamné à garder
prison pendant trois mois : la famille fut très contente de moi, et le juge criminel me fit compliment.

Me voilà donc attaché de plus en plus à une

profession qui me rapportoit à la fois beaucoup d'honneur, beaucoup de plaisir et un profit raisonnable.

Au milieu de mes travaux et de mes occupations, une lettre de Venise vient me distraire, et met tout mon sang et tous mes esprits en mouvement ; c'étoit une lettre de Sacchi.

Ce comédien étoit de retour en Italie ; il me savoit à Pise, il me demandoit une comédie, et il m'envoyoit même le sujet sur lequel il me laissoit libre de travailler à ma fantaisie.

Quelle tentation pour moi ! Sacchi étoit un acteur excellent, la comédie avoit été ma passion ; je sentis renaître dans mon individu l'ancien goût, le même feu, le même enthousiasme ; c'étoit le Valet de deux Maîtres le sujet qu'on me proposoit ; je voyois quel parti j'aurois pu tirer de l'argument de la pièce, et de l'acteur principal qui devoit la jouer ; je mourois d'envie de m'essayer encore....Je ne savois comment faire....Les procès, les cliens venoient en foule....Mais mon pauvre Sacchi....Mais le Valet de deux Maîtres ....Allons encore pour cette fois....Mais non ....Mais oui....Enfin, j'écris, je réponds, je m'engage.

Je travaillois le jour pour le barreau, et la nuit pour la comédie : j'acheve la pièce, je l'envoye à Venise : personne ne le sait ; il n'y avoit que ma femme qui étoit le secret ; aussi a-t-elle souffert autant que moi : hélas ! je passois les nuits.

Pendant que je travaillois à ma pièce, je faisois fermer ma porte à la nuit tombante, et je n'allois pas passer les soirées au café des Arcades.

La première fois que j'y reparus, j'essuyai des reproches; je m'excusai sous prétexte d'affaires de cabinet. Ces messieurs étoient bien aises de me voir occupé; mais ils ne vouloient pas que j'oubliasse l'amusement délicieux de la poésie.

M. Fabri arrive; il est charmé de me voir; il tire de sa poche un gros paquet, et me présente deux diplomes qu'il avoit fait venir pour moi: l'un étoit la chartre qui m'aggrégoit à l'Arcadie de Rome, sous le nom de Polisseno; l'autre me donnoit l'investiture des campagnes ségées. Tous alors me saluèrent, en chorus, sous le nom de Polisseno Fegcio, et m'embrassèrent en qualité de leur compasteur et de leur confrère.

Nous sommes riches, comme vous voyez, mon cher lecteur, nous autres Arcadiens; nous possédons des terres en Grece; nous les arrosons de nos sueurs, pour y recueillir des branches de lauriers; et les Turcs y sement du bled, y plantent des vignes, et se moquent de nos titres et de nos chansons.

Malgré mes occupations, je ne laissois pas de composer de tems en tems des sonnets, des odes, et d'autres pièces de poésie lyrique, pour les séances de notre académie.

Mais les Pisans avoient beau être contens de moi, je ne l'étois pas; je me rends justice, je n'ai

jamais été bon poëte : je l'étois peut-être pour
l'invention, le théâtre en est la preuve ; c'est de ce
côté-là que mon génie s'est tourné.

Sacchi me fit part, quelque tems après, du succès de ma pièce. Le Valet de deux Maîtres étoit
applaudi, étoit couru on ne pouvoit pas davantage, et il m'envoya un présent auquel je ne m'attendois pas ; mais il me demandoit encore une
pièce, et il me laissoit le maître du sujet ; il desiroit cependant que ma dernière comédie, n'étant
fondée que sur le comique, celle-ci eût pour base
une fable intéressante, susceptible de sentimens et
de tout le pathétique convenable à une comédie.

C'étoit un homme qui parloit ; je le connoissois
bien ; j'avois grande envie de le satisfaire, et ses
procédés m'y engageoient encore davantage ; mais
mon cabinet....voilà mon esprit à la torture.
J'avois dit, à ma dernière pièce, encore pour cette
fois. J'avois trois jours de tems pour répondre.
Pendant ces trois jours, marchant, dînant, dor-
mant, je ne rêvois que Sacchi ; je ne pensois qu'à
lui ; il falloit bien débarrasser ma tête de cet objet,
pour être bon à quelque autre chose.

J'imaginai donc cette pièce connue en France
comme en Italie, sous le titre de l'Enfant d'Arlequin perdu et retrouvé. Le succès qu'à eu cette
bagatelle, ne se peut concevoir ; c'est elle qui m'a
fait venir à Paris ; pièce heureuse pour moi, mais
qui ne verra jamais le jour tant que je vivrai, et
qui n'aura jamais place dans mon Théâtre Italien.

Je la composai dans un tems où mon esprit étoit agité. Je donnai à cette comédie des situations intéressantes, mais je n'eus pas le tems de les amener avec cette précision qui caractérise les bons ouvrages. Il y avoit des diamans, peut-être, mais il étoient enchassés dans du cuivre: on voyoit qu'un auteur avoit fait des scènes, mais l'ensemble paroissoit l'ouvrage d'un écolier. J'avoue que le dénouement de cette pièce pourroit passer pour un chef-d'œuvre de l'art, si des défauts essentiels ne prévenoient pas contre la totalité de la comédie. Son défaut principal est celui de l'invraisemblance; elle est manquée en tout point; je l'ai toujours jugée de sang froid, et je ne me suis jamais laissé séduire par les applaudissemens.

Aussi-tôt ma pièce finie, je la lus avec attention. Je reconnus toutes les beautés qui pouvoient la rendre agréable, et toutes les imperfections dont elle étoit remplie; je l'envoyai cependant à sa destinée.

L'Italie n'avoit fait que goûter les premiers essais de la réforme que j'avois projettée. Il y avoit encore assez de partisans de l'ancienne comédie, et j'étois sûr que la mienne, sans s'éloigner beaucoup de la marche ordinaire et triviale, devoit plaire, et devoit même surprendre par ce mélange de comique et de pathétique, que j'avois artistement ménagés.

Je sus par la suite combien son succès avoit été

brillant, et je n'en fus pas étonné ; mais quelle fut
ma surprise, lorsque je vis en arrivant en France
cette pièce suivie, applaudie, portée aux nues sur
le théâtre de la comédie Italienne !

Il faut dire qu'en entrant aux spectacles les
hommes se forment des idées et des préventions
différentes, et que les François applaudissoient
dans la salle des Italiens, ce qu'ils auroient condamné sur le théâtre de leur nation.

Après avoir envoyé le fils d'arlequin à Monsieur Sacchi, qui devoit être le père, je pris le
cours de mes occupations journalières.   J'avois
plusieurs causes à faire expédier ; je commençai
par celle qui me paroissoit la plus intéressante.

Le client que j'avois à défendre n'étoit qu'un
paysan, mais les paysans de la Toscane sont fort
à leur aise, plaident toujours, et payent assez bien.

Ils ont presque tous des héritages à bail em-
phitéotique pour eux, pour leurs enfans et leurs
petits-enfans.   Ils donnent une somme convenue
à l'entrée du bail, et une redevance annuelle ; ils
regardent ces biens comme à eux appartenans, ils
s'y attachent, ils ont soin de les améliorer, et à la
fin du bail les propriétaires en profitent.

Mon plaideur avoit affaire à un prieur de couvent qui vouloit faire résilier le bail, par la raison
que les moines sont toujours mineurs, et qu'on
pouvoit tirer meilleur parti de leurs terres ; je
découvris le monopole.   C'étoit une jeune veuve,

qui, sous la protection du révérend père, vouloit
déposséder de villageois.

Je fis un mémoire qui intéressoit la nation, qui
prouvoit l'importance de la conservation des baux
emphitéotiques ; je gagnai mon procès, et mon
plaidoyer me fit un honneur infini.

Je fus obligé quelques jours après d'aller à Florence, pour solliciter un ordre du gouvernement
pour faire enfermer pendant la procédure entamée,
une demoiselle au couvent.

C'étoit une fille majeure, et riche héritière, qui
avoit signé un contrat de mariage avec un gentilhomme Florentin, officier dans les troupes de la
Toscane, et qui vouloit épouser un jeune homme
qui lui plaisoit davantage.

Pendant que nous étions dans la capitale, mon
client et moi, la fille majeure s'arrangea avec son
nouveau prétendu de manière à éluder nos démarches.   Le procès alloit changer de face, et pouvoit
devenir sérieux. Nous écoutâmes des propositions, la demoiselle étoit riche, l'affaire fut arrangée
à l'amiable.

De retour à Florence, un autre procès m'engagea pour Lucques. J'étois bien aise de voir
cette république, qui n'est ni étendue, ni puissante,
mais qui est riche, agréable et très sagement gouvernée.

J'amenai ma femme avec moi, et nous y passâmes six jours le plus agréablement du monde.

C'étoit au commencement de Mai. Le jour de l'Invention de la Sainte Croix, est la fête principale de la ville; il y dans la cathédrale une image de notre Sauveur, que l'on appelle il volto Santo, la Sainte Image, et on l'expose ce jour-là avec la pompe la plus brillante, et une musique si nombreuse en voix et en instrumens, que je n'en ai pas vu de pareilles ni à Rome, ni à Venise.

Il existe une fondation faite par un dévot Lucquois, qui ordonne de recevoir ce jour-là à la cathédrale tous les musiciens qui se présenteront, et de les payer, non pas à proportion de leurs talens, mais à proportion de la route qu'ils auront faite; et la récompense est fixée à tant par lieue, ou par mille.

Cette musique devoit être plus bruyante qu'agréable, mais l'opéra que l'on donnoit à Lucques en même-tems, étoit des mieux choisis et des mieux composés. La charmante Gabrielli faisoit les délices de ce spectacle harmonieux. Elle étoit de bonne humeur; le célèbre Guadagni, qui étoit son héros sur la scène et dans le particulier, avoit soumis les caprices de la virtuose à l'empire de l'amour. Il la faisoit chanter tous les jours, et le public accoutumé à la voir malingre, dégoûtée et dégoûtante, jouissoit pleinement de sa belle voix et de son talent supérieur.

Mes affaires arrangées et ma curiosité satisfaite, je quittai a regret ce pays respectable, qui, sous la protection de l'empereur, pro tempore, jouit d'une liberté tranquille, et s'occupe de la plus salutaire et de la plus exacte police.

J'étois bien aise de voir et de faire voir à ma femme une autre partie très intéressante de la Toscane, nous traversâmes les territoires de Pescia, de Pistoïa et de Prato.

Il n'y a pas de coteaux mieux exposés, de terres mieux cultivées, de campagnes plus riantes, plus délicieuses. Si l'Italie est le jardin de l'Europe, la Toscane est le jardin d'Italie.

Quelques jour après mon retour à Pise, le frère aîné de ma femme arriva à Genes; il venoit réclamer de la part de ses parens, l'engagement que j'avois pris avec eux d'aller les voir.

J'avois fait deux absences pour affaires, je ne pouvois pas m'en permettre une troisième pour mon plaisir: ma femme ne disoit rien; mais je connoissois le desir qu'elle avoit de revoir sa famille, et je prévoyois le chagrin de mon beau-frère, s'il eût été obligé de revenir tout seul chez lui: j'arrangeai les choses à la satisfaction de tous trois: mon épouse partit pour Genes avec son frère, et je restai seul et tranquille occupé des affaires de mon cabinet.

J'avois des causes dans tous les tribunaux de la ville, j'avois des cliens de tous les états, des nobles de la première classe, des bourgeois des plus riches, des commerçans des plus accrédités, des curés, des moines, de gros fermiers, jusqu'à un de mes confrères, qui étant impliqué dans un procès criminel, me choisit pour son défenseur.

J'avois donc toute la ville pour moi : tout le monde au moins l'auroit cru, et je le croyois aussi ; mais je ne tardai pas à m'appercevoir que je m'étois trompé ; l'amitié et la considération m'avoient naturalisé dans les cœurs des particuliers, mais j'étois toujours étranger, quand ces mêmes individus se rassembloient en corps.

Il mourut dans ce tems-là un ancien avocat Pisan, qui, selon l'usage du pays, étoit le défenseur appointé de plusieurs communautés religieuses, de quelques corps d'arts et métiers, et de différentes maisons de la ville ; ce qui lui faisoit en vin, en bled, en huile et en argent, un état très honnête, et le défrayoit de la dépense de sa maison.

Je demandai à sa mort toutes ces places vacantes pour en avoir quelques-unes : les Pisans les obtinrent toutes, et le Vénitien fut exclus.

On me disoit pour me consoler, qu'il n'y avoit que deux ans et demi que j'étois à Pise, qu'il y en avoit quatre au moins que mes antagonistes faisoient des démarches pour succéder au vieillard qui venoit de mourir, qu'il y avoit des engagemens pris, des paroles données, et qu'à la première occasion je serois content.

Tout cela pouvoit être vrai ; mais, de vingt places, pas une pour moi ! Cet événement me donna l'humeur, et m'indisposa de manière que je

ne regardois plus mon emploi que comme un
établissement casuel et précaire.

Un jour que j'étois concentré dans mes réflexions, on m'annonce un étranger qui vouloit me
parler. Je vois un homme de près de six pieds,
gros et gras à proportion, qui traverse la salle, ayant
une canne à la main, et un chapeau rond à l'Angloise.

Il entre à pas comptés dans mon cabinet ; je
me leve : il fait une gesticulation pittoresque, pour
me dire de se pas me gêner ; il s'avance, je le fais
asseoir ; voici notre conversation :

Monsieur, dit-il, je n'ai pas l'honneur d'être
connu de vous : mais vous devez connoître mon
père et mon oncle à Venise ; je suis votre très
humble serviteur Darbes.—Comment, Monsieur
Darbes ? Le fils du directeur de la poste du Frioul ;
cet enfant qu'on croyoit perdu, qu'on a tant
cherché, qu'on a tant regreté ?—Oui, monsieur,
cet enfant prodigue qui ne s'est pas encore pro-
sterné aux genous de son père.—Pourquoi dif-
férez-vous à lui donner cette consolation ?—Ma
famille, mes parens, ma patrie ne me reverront
que couronné de laurier.—Quel est votre état,
monsieur ?

Il se leve, il frappe de sa main sur la rotondité
de son ventre, et d'un ton mêlé de fierté et de
plaisanterie : Monsieur, dit-il ; je suis comédien.
Tous les talens, lui dis-je, sont estimables, si celui
qui les possède sait se faire distinguer ; je suis,

répondit-il, le pantalon de la compagnie qui est
actuellement à Livourne ; je ne suis pas le dernier
de mes camarades, et le public ne se refuse pas de
courir en foule aux pièces de mon emploi ; Medebac, notre directeur a fait cent lieues pour me
déterrer ; je ne fais pas déshonneur à mes parens,
à mon pays, à ma profession, et sans me vanter
monsieur, (donnant encore un coup de main sur
son ventre) Garelli est mort ; Darbes l'a remplacé.

Je veux lui faire compliment ; il se range dans
une posture comique qui me fait rire et m'empêche
de continuer : ce n'est pas par gloriole, reprend-il,
que je vous ai étalé les avantages dont je jouis
dans mon état ; mais je suis comédien, je m'annonce à un auteur, j'ai besoin de lui ....—Vous
avez besoin de moi ?—Oui, monsieur, je viens
vous demander une comédie ; j'ai promis à mes
camarades une comédie de Goldoni, je veux tenir
parole à mes camarades.

Vous le voulez, lui dis-je, en riant ?—Oui,
monsieur, je vous connois de réputation ; vous
êtes aussi honnête qu'habile ; vous ne me refuserez
pas.—J'ai des occupations, je ne le puis pas.—Je
respecte vos occupations ; vous ferez la pièce à
votre aise quand vous voudrez.

Il s'empare de ma boîte en causant, il prend
une prise de tabac, il laisse couler dans la tabatière
quelques ducats d'or, il le referme, il la jette sur
ma table avec un de ces lazzis qui semblent vouloir
cacher ce qu'on est bien aise de faire appercevoir ;
j'ouvre ma boîte : je ne veux pas me prêter à la

plaisanterie ; de grace, de grace, dit-il, ne vous
fâchez pas ; c'est un à compte pour le papier : je
veux rendre l'argent ; des postures, des révérences ; il se leve, il recule, il gagne la porte, et il
s'en va.

Qu'aurois-je dû faire dans pareille circonstance?
Je pris, ce me semble, le meilleur parti ; j'écrivis
à Darbes, qu'il pouvoit compter sur la pièce qu'il
m'avoit demandée, et je le priai de me dire, si
c'étoit en pantalon masqué, ou sans masque qu'il
la desiroit.

Darbes ne tarda pas à me répondre : il ne pouvoit pas y avoir dans la lettre des posture et des
contorsions, mais il y avoit des traits singuliers.

"J'aurai donc," dit-il, "une comédie de Goldoni?
ce sera la lance et le bouclier avec lesquels j'irai
affronter tous les théâtres du monde....Que je
suis heureux ! j'ai parié cent ducats avec mon
directeur, que j'aurois une pièce de Goldoni : si
je gagne le pari, le directeur paye et la pièce est à
moi......Je Juis jeune ; je ne suis pas encore
assez répandu, mais j'irai défier à Venise les pantalons Rubini à Saint Luc, et Corrini à Saint
Samuel ; j'irai attaquer Ferramonti à Bologne,
Pasini à Milan, Bellotti, dit Tiziani, en Toscane,
et jusqu'à Gollinetti dans sa retraite, et Garelli
dans son tombeau."

Il finissoit par dire, qu'il desiroit que son rôle
fût celui d'un jeune homme sans masque, et m'indi-
quoit pour modèle une ancienne comédie de l'art,
intitulée Pantalon Paroncin.

Ce mot Paroncin, soit pour la traduction littérale, soit pour le caractère du sujet, revient parfaitement au mot François, petit-maître ; car, paron
en dialecte Vénitien dit la même chose que patrone
en Toscan, et maître en François ; et paroncin est
le diminutif de paron et de patrone comme petit-
maître est le diminutif de maître.

Les paroncini Vénitiens, jouolent de mon tems
le même rôle à Venise que les petits-maîtres à
Paris, mais tout change.

Il n'y en a plus en France, il n'y en a peut-être
plus en Italie.

Je fis donc la pièce pour Darbes sous le titre de
Tonin Belia Gratia, qu'on pourroit traduire en
François : Toinet-le-Gentil.

J'expédiai mon ouvrage en trois semaines ; et
je le portai moi-même à Livourne, ville que je
connoissois beaucoup, qui n'étoit qu'à quatre lieues
de Pise, et où j'avois des amis, des cliens et des
correspondans ; Darbes que j'avois fait prévenir
de mon arrivée, vint me voir à l'auberge où j'étois
logé ; je lui fis lecture de ma pièce, il en parut
très content, et avec beaucoup de cérémonies, de
révérences, et de mots entrecoupés, me remit
galamment le part qu'il avoit gagné, et pour éviter
les remercimens, il s'enfuit sous prétexte d'aller
communiquer la pièce à son directeur.

Je rendrai compte de cet ouvrage à l'occasion de
son début à Venise ; car j'ai à entretenir actuellement
mon lecteur de quelque chose de plus intéressant.

CHAPITRE XVIII.

Visite de M. Medebac, qui m'oblige d'aller dîner
chez lui—Portrait de Madame Medebac—Je
vois ma Comédie de la Dona di Garbo pour la
première Fois—Détail de cette Pièce—Medebac
m'engage—Mes adieux à Pise—Mon Départ.—
Mes Adieux à Florence—Le Sibillone, Amuse-
ment littéraire—Mon Départ de la Toscane, et
mes Regrets—Traversée de l'Appenin—Mon
Passage par Bologne et Ferrare—Mon Arrivée
à Mantoue—Mes Incommodités et mon Départ
pour Modène—Arrangement de mes Affaires à
la Banque ducale—Mon Voyage pour Venise.

APRÈS l'entretien que j'avois eu avec Darbes,
je regardai à ma montre : il étoit deux heures ;
c'étoit trop tard pour aller demander la soupe à
quelqu'un de mes amis, et j'envoyai ordonner mon
dîné à la cuisine de mon auberge.

Pendant que l'on mettoit le couvert, on m'annonce M. Medebac. Il entre, il me comble de
politesses ; et me prie à dîner chez lui. La soupe
étoit servie sur ma table, je le remercie. Darbes,
qui étoit revenu avec son directeur, prend mon
chapeau et ma canne, et me les présente. Medebac
insiste de son côté ; Darbes me prend par le bras

gauche, l'autre par le bras droit ; ils me serrent,
ils me traînent, me voilà parti.

En entrant chez le directeur, Madame Medebac
vint nous recevoir à la porte de l'anti-chambre.
Cette actrice estimable, autant par ses mœurs que
par son talent, étoit jeune, jolie, et bien fait ; elle
me fit l'accueil le plus honnête et le plus gracieux.
Nous nous mîmes à table ; c'étoit un dîner de
famille, mais fort honnête, et servi avec la plus
grande propreté.

On avoit affiché, pour ce jour-là, une comédie
de l'art ; mais on me fit la galanterie de changer
les affiches, et de donner Griselda, en y ajoutant,
tragédie de M. Goldoni. Quoique cette pièce ne
fut pas tout-à-fait de moi ; mon amour-propre en
étoit flatté, et j'allai la voir dans la loge qu'on
m'avoit destinée.

Je fus extrêmement content de Madame Medebac, qui jouoit le rôle de Griselda. Sa douceur
naturelle, sa voix touchante, son intelligence, son
jeu, la rendoient à mes yeux un objet intéressant,
une actrice estimable, au-dessus de toutes celles
que je connoissois.

Mais je fus bien plus satisfait le jour suivant,
car l'on donna la Dona di-Garbo, la brave femme
qui avoit été jusqu'alors ma comédie favorite.

J'avois composé cette pièce à Venise, pour
Madame Baccherini ; je devois la voir à Genes à
son début ; l'actrice mourut avant que de la jouer,
et mon voyage de Genes n'eut pas lieu ; c'étoit

donc pour la première fois que la Dona di Garbo
paroissoit à mes yeux. Quel plaisir pour moi de
la voir si bien jouée !

J'en fis compliment à Madame Medebac et à
son mari. Cet homme, qui connoissoit mes ouvrages, et à qui j'avois confié les désagrémiens que
je venois d'essuyer à Pise, me tint, quelques jours
après, un discours très sérieux et très intéressant
pour moi ; il faut que j'en rende compte à mes
lecteurs, car c'est d'après cet entretien avec Medebac que je renonçai à l'état que j'avois embrassé
depuis trois ans, et que je repris le sentier que
j'avois abandonné.

Si vous êtes décidé, me dit un jour Medebac,
à quitter la Toscane, si vous comptez revenir dans
le sein de vos compatriotes, de vos parens et de
vos amis, j'ai un projet à vous proposer, qui vous
prouvera au moins le cas que je fais de votre personne et de vos talens. Il y a à Venise, continua-t-il,
deux salles de comédie ; je m'engage d'en avoir
une troisième, et de la prendre à bail pour cinq à
six ans, si vous voulez me faire l'honneur de travailler pour moi.

La proposition me parut flatteuse ; il ne falloit
pas d'efforts pour me faire pencher du côté de la
comédie. Je remerciai le directeur de la confiance
qu'il avoit en moi ; j'acceptai la proposition, nous
fîmes nos conventions, et le contrat fut dressé sur
le champ.

Je ne signai pas dans ce moment-là, car je

voulois en faire part à ma femme, qui n'étoit pas encore de retour. Je connoissois sa docilité, mais je lui devois les égards de l'estime et de l'amitié ; elle arrive, elle approuve, j'envoie ma signature à Livourne.

Voilà donc ma muse et ma plume engagées aux ordres d'un particulier. Un auteur François trouvera peut-être cet engagement singulier. Un homme de lettres, dira-t-on, doit être libre, doit mépriser la servitude et la gêne.

Si cet auteur est à son aise comme l'étoit Voltaire, ou cinique comme Rousseau, je n'ai rien à lui dire ; mais si c'est un de ceux qui ne se refusent pas au partage de la recette et au profit de l'impression, je le prie en grace de vouloir bien écouter ma justification.

Le prix le plus haût pour entrer à la comédie en Italie, ne passe pas la valeur d'un paole romain, dix sols de France.

Il est vrai que tous ceux qui vont dans les loges paient la même somme en entrant ; mais les loges appartiennent au propriétaire de la salle, et la recette ne peut pas être considérable, de sorte que la part d'auteur ne mériteroit pas la peine de courir après.

Il y a une autre ressource en France pour les gens à talens ; ce sont les gratifications de la cour, les pensions, les bienfaits du roi. Rien de tout cela en Italie, et c'est par cette raison que la partie

du monde la plus disposée peut-être aux productions d'esprit, gémit dans la léthargie et dans la
paresse.

Je suis tenté quelquefois de me regarder comme
un phénomène ; je me suis abandonné sans réflexion au génie comique, qui m'a entraîné ; j'ai
perdu trois ou quatre fois les occasions les plus
heureuses pour être mieux, et je suis toujours
retombé dans les mêmes filets ; mais je n'en suis
pas fâché ; j'aurois trouvé partout ailleurs plus
d'aisance peut-être, mais moins de satisfaction.

J'étois très content de mon état et de mes conventions avec Medebac ; mes pièces étoient reçues
avant la lecture ; elles étoient payées sans attendre
l'événement. Une seule représentation me valoit
pour cinquante : si je mettois plus d'attention,
plus de zèle dans les ouvrages, afin de les faire
réussir, c'étoit l'honneur qui m'excitoit au travail,
et la gloire me récompensoit.

Ce fut dans le mois de Septembre 1746, que je
me liai avec Medebac, et je devois aller le rejoindre
à Mantoue, dans le mois d'Avril de l'année
suivante ; j'avois donc six mois de tems pour
arranger mes affaires à Pise, pour expédier des
causes appointées, pour céder à d'autres celles que
je ne pouvois pas continuer, pour prendre congé
de mes juges et de mes cliens, et pour faire mes
adieux poétiques à l'Académie des Arcades. Je
remplis tous mes devoirs, et je partis après Pâques,

Avant que de quitter la Toscane, j'étois bien
aise de revoir encore une fois la ville de Florence,
qui en est la capitale.

Faisant mes visites et mes adieux aux personnes
de ma connoissance, on me proposa d'aller à
l'Académie des Apatistes. Elle ne m'étoit pas
inconnue, mais il s'agissoit de voir ce jour-là le
Sibillone, amusement littéraire que l'on y donne
de tems à autre, et que je n'avois pas encore vu.

Le Sibillone, ou la grande Sibille, n'est qu'un
enfant de dix à douze ans que l'on place sur une
chaire, au milieu de la salle de l'assemblée. Une
personne prise au hasard parmi le nombre des
assistans, adresse une demande à cette jeune
Sibille ; l'enfant doit sur le champ prononcer un
mot, c'est l'oracle de la prophétesse, c'est la réponse
à la question proposée.

Ces réponses, ces oracles donnés par un écolier,
sans même avoir de tems de la réflexion, n'ont pas
pour l'ordinaire le sens commun ; mais il se trouve
à côté de la tribune un académicien, qui, se levant
de son siége, soutient que le Sibillone a très bien
répondu, et se propose de donner à l'instant l'interprétation de l'oracle.

Pour faire connoître au lecteur jusqu'où peut
aller l'imagination et la hardiesse d'un esprit Italien,
je vais rendre compte de la question, de la reponse
et de l'interprétation dont je fus témoin.

Le demandeur qui étoit un étranger, comme
moi, prie la Sibille de vouloir bien lui dire:

Pourquoi les femmes pleurent plus souvent et plus facilement que les hommes. La Sibille pour toute réponse prononce le mot paille, et l'interprète, adressant la parole à l'auteur de la question, soutient que l'oracle ne pouvoit être ni plus décisif, ni plus satisfaisant.

Ce savant académicien qui étoit un abbé d'environ quarante ans, gros et gras, ayant une voix sonore et agréable, parla pendant trois quarts-d'heure. Il fit l'analyse des plantes légères, il prouva que la paille surpassoit les autres en fragilité ; il passa de la paille à la femme ; il parcourut avec autant de vîtesse que de clarté, une espèce d'essai anatomique du corps humain. Il détailla la source des larmes dans les deux sexes. Il prouva la délicatesse des fibres dans l'un, la résistance dans l'autre. Il finit par flatter les dames qui étoient assistantes, en donnant les prérogatives de la sensibilité à la foiblesse, et se garda bien de parler des pleurs de commande.

J'avoue que cet homme me surprit. On ne peut pas employer plus de science, plus d'érudition, plus de précision dans une matière qui n'en paroissoit pas susceptible. Ce sont des tours de force, si vous voulez, c'est dans le goût à-peu-près du chef-d'œuvre d'un inconnu, mais il n'est pas moins vrai que ces talens rares sont estimables, et qu'il ne leur manque que de l'encouragement, pour se mettre au niveau de tant d'autres, et faire passer leurs noms à la postérité.

En rentrant ce même jour chez moi, je trouvai
la lettre de voiture que j'attendois de Pise ; mes
coffres étoient à la Douane de Florence ; j'allai le
lendemain les faire expédier pour Bologne, et je
ne tardai pas à les suivre.

Depuis la porte de la ville que je quittois à regret jusqu'à Capagiuolo, maison de plaisance du
grand duc, à quatorze milles de la capitale, je
jouissois encore de l'exposition agréable et de l'in-
dustrieuse culture du pays Toscan ; mais aussitôt
que je commençai à grimper l'Appenin, je vis un
changement étonnant dans le sol, dans l'air, dans
la nature entière. Je franchis avec le dépit de la
comparaison, ces trois hautes montagnes le Giogo,
l'Uccellatoio, et la Raticosa, en souhaitant que les
Florentins et les Boulonnois trouvassent les
moyens d'applanir cette route escarpée qui rendoit
fatiguante at ennuyeuse la communication de ces
deux pays intéressans ; mes vœux furent exaucés
quelque tems après.

Arrivés à Bologne, nous avions besoin, ma
femme et moi, de nous reposer ; nous ne vîmes
personne : au bout de vingt-quatre heures, nous
reprîmes notre route, et nous arrivâmes à Mantoue à la fin du mois d'Avril.

Medebac, qui m'attendoit avec impatience et
me reçut avec joie, m'avoit préparé mon logement
chez Madame Balletti....C'étoit une ancienne
comédienne, qui, sous le nom de Fravoletta, avoit
excellé dans l'emploi de soubrette, qui jouissoit,

dans sa retraite, d'une aisance fort agréable, et conservoit encore, à l'âge de quatre-vingt-cinq ans, des restes de sa beauté, et une lueur assez vive et piquante de son esprit.

C'étoit la belle mère de Mademoiselle Silvia, qui fit les délices de la comédie Italienne à Paris, et la grande-mère de M. Baletti, que je vis briller à Venise par le talent de la danse, et qui sut se distinguer en France par celui de la comédie.

Je passai un mois à Mantoue fort mal à mon aise, et presque toujours dans mon lit ; l'air de ce pays marécageux ne me convenoit pas ; je donnai au directeur deux nouvelles comédies que j'avois composé pour lui. Il en parut assez content, et ne trouva pas mauvais que j'allasse l'attendre à Modène, où il devoit se rendre pour y passer la saison de l'été ; je fis bien de partir, car, à la seconde poste, je me sentis soulagé, et j'arrivai à Modène en parfaite santé.

La guerre étoit terminée : l'Infant Don Philippe étoit en possession des duchés de Parme, Plaisance et Guastalle ; le duc de Modène étoit revenu chez lui ; la banque ducale proposoit des arrangemens aux rentiers, et j'étois bien aise de me trouver à portée de vaquer par moi-même à mes propres intérêts.

A la fin de Juillet, Medebac et sa troupe arrivèrent à Modène ; je donnai à ce directeur une troisième pièce ; mais je gardai le début de mes nouveautés pour Venise.

C'étoit-là où j'avois jetté les fondemens d'un théâtre Italien, et c'étoit-là où je devois travailler pour la construction de ce nouvel édifice. Je n'avois pas de rivaux à combattre, mais j'avois des préjugés à surmonter.

Si mon lecteur a eu la complaisance de me suivre jusqu'ici, la matière que je vais lui offrir l'engagera peut-être à me continuer sa bienveillance et son attention.

Mon style sera toujours le même, sans élégance et sans prétention, mais enflammé par le zèle de mon art, et dicté par la vérité.

FIN DE LA PREMIÈRE PARTIE.

DEUXIÈME PARTIE.

CHAPITRE XIX.

Mon Retour à Venise.—Medebac prend à bail le Théâtre Saint Ange.—-Antoinet le Gentil, l'Homme prudent, les deux Jumeaux Vénitiens, Pièces de Caractère, chacune en trois Actes, et en Prose.—Leur Succès.—Critique de mes Comédies.—Brochures insultantes contre les Comédiens.—Leur Histoire et leur Défense. —La Vedova Scaltra, la Veuve Rusée, Comédie en trois Actes, en Prose.—L'Honnête Fille, Comédie Vénitienne en trois Actes, en Prose.—Son Succès.—Critiques, Disputes, Avis différens sur mes nouvelles Comédies.—Ma Façon de penser sur l'Unité de Lieu.—L'Explication et l'Utilité du Mot Protagoniste.—Quelques Mots sur les Comédies que les François appellent Drames.— La Bonne Femme, Suite de l'Honnête Fille, Comédie Vénitienne, en trois Actes et en Prose. —Son heureux Succès.—Anecdote d'un jeune Homme converti.—Reflexions sur les Sujets populaires.—Le Cavalier et la Dame, ou les Cicisbécs, Comédie en trois Actes et en Prose.— Son Succès.

QUELLE satisfaction pour moi de rentrer au bout de cinq ans dans ma patrie, qui m'avoit toujours été chère, et qui embellissoit à mes yeux toutes les fois que j'avois le bonheur de la revoir.

Ma mère après mon dernier départ de Venise avoit loué pour elle et pour sa sœur un appartement dans la cour de Saint Georges, aux environs de Saint Marc. Le quartier étoit beau, le local passable, et j'allai me réunir à cette tendre mère qui me caressoit toujours, qui ne se plaignoit jamais de moi.

Elle me demanda des nouvelles de mon frère, et je lui fis la même question ; nous ne savions ni l'un ni l'autre ce qu'il étoit devenu. Ma mère le croyoit mort, et pleuroit ; je le connoissois un peu mieux, j'étois sûr qu'il reviendroit un jour à ma charge, et je ne me suis pas trompé.

Medebac avoit loué le théâtre Saint Ange, qui n'étant pas des plus vastes, fatiguoit moins les acteurs, et contenoit assez de monde pour produire de suffisantes recettes.

Je ne me souviens pas quelle fut la pièce que l'on donna à l'ouverture. Je sais bien que cette troupe nouvellement arrivée, ayant à lutter contre des rivaux très habiles, et habitués dans la capitale, eut de la peine à se faire des protecteurs et des partisans.

Ce fut la Griselda, qui au bout de quelque tems commença à donner quelquer crédit à notre théâtre. Cette tragédie intéressante, et le jeu de l'actrice qui l'embellisoit encore davantage, firent une sensation générale dans le public, en faveur de

Madame Medebac, et la Dona di Garbo, la brave femme, que l'on donna quelques jours après, acheva d'établir sa réputation.

Darbes, le pantalon de la compagnie, avoit été bien reçu, et fort applaudi jusqu'alors dans les rôles de son emploi ; mais il n'avoit pas encore joué à visage découvert, et c'étoit là où il pouvoit briller davantage.

Il n'osoit pas jouer les pièces que j'avois faites pour le pantalon Golinetti, au théâtre de Saint Samuel, et j'étois moi-même de son avis, car les premières impressions ne s'effacent pas facilement, et il faut éviter, tant qu'on peut, les comparaisons.

Darbes ne pouvoit donc paroître que dans la pièce Vénitienne que j'avois travaillée pour lui ; je me doutois bien qu' Antoinet le Gentil, n'auroit pas valu le Cortésan Vénitien, mais il falloit l'essayer.

Nous allâmes aux répétitions. Les comédiens rioient comme des fous, je riois aussi ; nous crûmes que le public auroit fait comme nous, mais ce public que l'on dit n'avoir point de tête, en eut une bien ferme et bien décidée à la première représentation de cette pièce, et je fus obligé de la retirer sur le champ.

Dans de pareilles circonstances, je ne me suis jamais révolté contre les spectateurs, ni contre les comédiens. J'ai commencé toujours par m'examiner moi-même de sang-froid, et je vis cette fois-là que le tort étoit de mon côté.

Cette comédie tombée est imprimée, tant pis pour moi, et pour ceux qui se donneront la peine de la lire. Je dirai seulement, pour me faire pardonner mes fautes, que quand j'écrivis cette comédie, j'étois hors d'exercice depuis quatre ans; j'avois la tête remplie des occupations de mon état; j'avois du chagrin; j'étois de mauvaise humeur, et pour comble de malheur, mes comédiens la trouvèrent bonne; nous fîmes la sottise de moitié, et nous la payâmes de même.

Le pauvre Darbes étoit très mortifié, il falloit tâcher de le consoler. J'entrepris sur le champ une nouvelle pièce dans le même genre, et je le fis paroître en attendant avec son masque dans une nouvelle comédie, qui lui fit beaucoup d'honneur, et eut beaucoup de succès. C'étoit l'Homme Prudent, pièce en trois actes et en prose. ···

Cette comédie eut à Venise un succès complet; Les tirades dont elle étoit chargée, n'étoient pas dans le goût de la bonne comédie, mais le pantalon y étoit on ne peut pas plus à son aise pour faire valoir la supériorité de son talent dans les différentes nuances qu'il devoit exprimer, et il n'en fallut pas davantage pour le faire généralement proclamer l'acteur le plus accompli qui fut alors sur la scène.

Il falloit cependant pour établir encore davantage sa réputation, le faire briller à visage découvert; c'étoit mon projet, c'étoit mon but principal. Pendant que Darbes jouissoit des applau

dissemens de l'Homme Prudent, je travaillois
pour lui une pièce intitulée les deux Jumeaux
Vénitiens.

J'avois eu assez de tems, et assez de facilité
pour examiner les différens caractères personnels
de mes acteurs. J'avois apperçu dans celui-ci
deux mouvemens opposés et habituels dans sa
figure, et dans ses actions. Tantôt c'étoit l'homme
du monde le plus riant, le plus brillant, le plus
vif; tantôt il prenoit l'air, les traits, les propos
d'un niais, d'un balourd, et ces changemens se
faisoient en lui tout naturellement, et sans y
penser.

Cette découverte me fournit l'idée de le faire
paroître sous ces deux differens aspects dans la
même pièce.

Cette pièce fut portée jusqu'aux nues.—Ce qui
contribua infiniment au succès, fut le jeu incomparable du pantalon qui se vit au comble dé sa
gloire et de sa joie. Le directeur n'étoit pas
moins content de voir la réussite de son entreprise
assurée, et j'eus ma part aussi de satisfaction, me
voyant fêté et applaudi beaucoup plus que je ne
l'avois mérité.

J'avois donné trois pièces nouvelles depuis mon
retour à Venise sans qu'aucune critique vint interrompre ma tranquillité ; mais pendant la neuvaine
de Noël, il y des eut personnes désœuvrées, qui,
étant privées de l'amusement des spectacles, firent
paroître quelques brochures contre l'auteur et

contre les comédiens ; on ne disoit rien contre ma première pièce qui étoit tombée ; au contraire, la critique frappoit plutôt sur mon pays que sur mon ouvrage : on prétendoit que la comédie d'Antoinet-le-Gentil étoit bonne, mais trop vraie et trop piquante, et on me condamnoit seulement de l'avoir exposée à Venise.

A l'égard des deux autres, on trouvoit que dans l'Homme Prudent il y avoit autant de ruse que de prudence : on condamnoit le rôle de Pancrace dans les deux Jumeaux Vénitiens : il y avoit dans ces critiques du bon et du mauvais, des raisons et des torts, quelques mots piquans compensés par des éloges, et de l'encouragement ; et je ne pouvois pas en être fâché.

Mais c'étoit à la troupe de Medebac qu'on en vouloit davantage ; on l'appelloit la troupe des balladins, et les propos étoient d'autant plus méchans, qu'ils étoient fondés sur quelques principes de vérité.

Madame Medebac étoit fille d'un danseur de cordé. Brighella son oncle avoit été paillasse, et le pantalon avoit épousé la belle-sœur du chef de ces voltigeurs.

Cette famille cependant, quoique élevée dans un état périlleux et décrié, vivoit dans la plus exacte régularité pour les mœurs, et n'avoit manqué ni d'instruction, ni d'éducation.

Medebac, bon comédien, ami et compatriote de ces bonnes gens, voyant que plusieurs d'entr'eux avoient des dispositions pour la comédie, les conseilla de changer d'état ; il fut écouté, Medebac les forma ; les nouveaux comédiens firent des progrès rapides, et parvinrent en très peu de tems à tenir tête aux compagnies les plus anciennes et les plus accréditées en Italie.

Méritoit-elle, cette troupe devenue habile et toujours honnête, qu'on lui reprochât sa première profession ? C'étoit de la méchanceté toute pure, c'étoit la jalousie de ses rivaux, c'étoit les autres spectacles de Venise, qui la craignoient, et ne pouvant pas la détruire, avoient la bassesse de la mépriser.

Lorsque je vis ces comédiens à Livourne pour la première fois, je m'y attachai, autant pour leurs talens que pour leur conduite, et je tâchai de les porter par mes soins, et par mes travaux à ce degré de considération qu'ils ont par tout mérité.

Les ennemis de Medebac avoient beau dire et beau faire, les comédiens gagnèrent tous les jours plus de consistance, et la pièce dont je vais rendre compte assura leur crédit, et les mit en état de jouir d'une parfaite tranquillité.

Ce fut par la Vedova scaltra, la Veuve rusée, que l'on fit l'ouverture du Carnaval de l'année 1748.

J'avois donné des pièces très heureuses ; aucune ne l'avoit été au point de celle-ci.—Elle eut trente représentations de suite ; elle a été jouée par tout avec le même bonheur. Le début de ma réforme

ne pouvoit pas être plus brillant. J'avois encore
une pièce à donner pour le Carnaval ; il falloit
que la clôture ne démentît pas les premiers succès
de cette année décisive, et je trouvai l'ouvrage
qu'il me falloit pour couronner mes travaux.

J'avois vu au théâtre Saint Luc une pièce intitulée le Putte de Castello (les jeunes filles du
quartier du château) ; c'étoit une comédie populaire dont le sujet principal étoit une Vénitienne
sans esprit, sans mœurs et sans conduite.

Cet ouvrage avoit paru avant l'ordonnance de
la censure des spectacles ; tout étoit mauvais,
caractère, intrigue, dialogue, tout étoit dangereux ;
cependant c'étoit une comédie nationale ; elle
amusoit le public ; elle attiroit du monde, et on
rioit aux mauvaises plaisanteries.

J'étois si content de ce public, qui commençoit
à préférer la comédie à la farce, et la décence à la
scurilité, que pour empêcher le mal que cette
pièce auroit pu faire dans les esprits encore chan-
celans, j'en donnai une dans le même genre, mais
honnête et instructive, intitulée la Putta Onorata
(l'honnête fille) qui étoit le contrepoison des filles
du quartier du Château.

Il y a dans cette comédie des scènes de gondoliers Vénitiens, tracées d'après nature, et très
divertissantes pour ceux qui connoissent le langage et les manières de mon pays.

Je voulois me réconcilier avec cette classe de

domestiques qui mérite quelque attention, et qui
étoit mécontente de moi.

Les gondoliers à Venise ont place aux spectacles quand le parterre n'est pas plein : ils ne pouvoient pas entrer à mes comédies ; ils étoient
forcés d'attendre leurs maîtres dans la rue ou dans
leurs gondoles ; je les avois entendus moi-même
me charger de titres fort drôles et fort comiques ;
je leur fis ménager quelques places dans des angles
de la salle ; ils furent enchantés de se voir joues,
et j'étois devenus leur ami.

Cette pièce eut tout le succès que je pouvois
desirer ; la clôture ne pouvoit pas être plus brillante, plus accomplie ; voilà ma reforme déjà bien
avancée ; quel bonheur ! quel plaisir pour moi !

Pendant que je travaillois sur d'anciens fonds
de la comédie Italienne, et que je ne donnois que
des pièces partie écrite et partie à canevas, on me
laissoit jouir en paix des applaudissemens du parterre ; mais aussi-tôt que je m'annonçai pour auteur, pour inventeur, pour poëte, les esprits se
réveillèrent de leur léthargie, et me crurent digne
de leur attention et de leurs critques.

Mes compatriotes habitués depuis si long-tems
aux farcés triviales et aux représentations gigan-
tesques, devinrent tout d'un coup censeurs rigides
de mes productions ; ils faisoient retentir dans les
cercles les noms d'Aristote, d'Horace, et de Castelvetro, et mes ouvrages faisoient la nouvelle du
jour.

Je pourrois me passer de rappeller aujourd'hui
ces disputes verbales que le vent emportoit, et que
mes succès étouffoient : mais je suis bien aise d'en
faire mention, pour prévenir mes lecteurs de ma
façon de penser sur les préceptes de la comédie,
et sur la méthode que je m'étois proposée dans
l'exécution.

Les unités requises pour la perfection des
ouvrages théâtrals, furent de tout tems des sujets
de discussion parmi les auteurs et les amateurs.

Les censeurs de mes pièces de caractère n'a-
voient rien à me reprocher à l'égard de l'unité
d'action, rien non plus sur celle du tems ; mais
ils prétendoient que j'avois manqué à l'unité du
lieu.

L'action de mes comédies se passoit toujours
dans la même ville ; les personnages n'en sortoient
point : ils parcouroient, il est vrai, différens endroits, mais toujours dans l'enceinte des mêmes
murs ; et je crus, et je crois encore, que de cette
manière l'unité du lieu étoit suffisamment observée.

Dans tous les arts, dans toutes les découvertes,
l'expérience a toujours précédé les préceptes : les
écrivains ont donné par la suite une méthode à la
pratique de l'invention, mais les auteurs modernes
ont toujours eu le droit d'interpréter les anciens.

Pour moi, ne trouvant pas dans la poétique
d'Aristote ni dans celle d'Horace le précepte clair,
absolu et raisonné de la vigoureuse unité de lieu,

je me suis fait un plaisir de m'y conformer toutes
les fois que j'en ai cru mon sujet susceptible ; mais
je n'ai jamais sacrifié une comédie qui pouvoit
être bonne à un préjugé qui auroit pu la rendre
mauvaise.

Les Italiens n'auroient jamais été si rigides envers moi et encore moins pour mes premières productions, s'ils n'eussent pas été provoquées par le
zèle mal entendu de mes partisans.

Ceux-ci faisoient monter le mérite de mes pièces
trop haut, et les gens instruits ne condamnoient
que la fanatisme.

Les disputes s'échauffèrent davantage à l'égard
de ma dernière pièce. Mes athletes soutenoient
que l'Honnète Fille étoit une comédie sans défauts, et les rigoristes trouvoient que j'avois mal
choisi le Protagoniste.

Je demande pardon à mes lecteurs, si j'ose me
servir ici d'un mot Grec, qui doit être connu,
mais qui n'est guere usité : ce mot ne se trouve
ni dans les dictionnaires François, ni dans les dictionnaires Italiens. Cependant, des auteurs célèbres de ma nation s'en sont servi et s'en servent
communément. Castelvetro, Crescimbeni, Gravina, Quadriò, Muratori, Maffei, Metastasio, et
tant d'autres, ont employé le terme de Protagoniste, pour dire le sujet principal de la pièce.
Vous voyez l'utilité de ce Grécisme, qui renferme
la valeur de six mots, et je demande la permission
d'en faire usage pour éviter la monotonie d'une

phrase, qui, dans le cours de mon ouvrage, pourroit devenir ennuyeuse.

J'avois donc mal choisi le caractère du Protagoniste, parce que je ne l'avois pas pris dans la classe des vicieux ou des ridicules.

L'Honnête Fille étoit, au contraire, un sujet vertueux, qui intéressoit par ses mœurs, par sa douceur et par sa position, et j'avois manqué, disoient-ils, le but de la comédie, qui est de faire abhorrer le vice, et de corriger les défauts : mes censeurs avoient raison, mais je n'avois pas tort.

Je voulois commencer par flatter ma patrie, pour laquelle je travaillois ; le sujet étoit neuf, agréable, national. Je proposois à mes spectateurs un modèle à imiter. Pourvu que l'on inspire la probité, ne vaut-il pas mieux gagner les cœurs par les attraits de la vertu, que par l'horreur du vice?

Quand je parle de la vertu, je n'entends pas cette vertu héroïque, touchante par ses désastres, et larmoyante par sa diction. Ces ouvrages auxquels on donne en France le titre de drames, ont certainement leur mérite ; c'est un genre de représentation théâtrale, entre la comédie et la tragédie. C'est un amusement de plus fait pour les cœurs sensibles ; les malheurs des héros tragiques nous intéressent de loin, mais ceux de nos égaux doivent nous toucher davantage.

La comédie qui n'est qu'une imitation de la nature, ne se refuse pas aux sentimens vertueux et pathétiques, pourvu qu'elle ne soit pas dépouillée de ces traits comiques et saillans qui forment la base fondamentale de son existence.

Dieu me garde de la folle prétention de m'ériger en précepteur. Je fais part à mes lecteurs du peu que j'ai appris, du peu que je fais, et dans les livres les moins estimés, on trouve toujours quelque chose qui mérite attention.

Je finirai ce chapitre par dire quelques mots sur le dialecte Vénitien que j'employai dans la comédie de l'Honnête Fille, et dans plusieurs autres de mon théâtre.

Le langage Vénitien est sans contredit le plus doux et le plus agréable de tous les autres dialectes de l'Italie. La prononciation en est claire, délicate, facile; les mots abondans, expressifs; les phrases harmonieuses, spirituelles; et comme le fond du caractère de la nation Vénitienne est la gaîté, ainsi le fond du langage Vénitienne est la plaisanterie.

Cela n'empêche pas que cette langue ne soit susceptible de traiter en grand les matières les plus graves et les plus intéressantes; les avocats plaident en Vénitien, les harangues des sénateurs se prononcent dans le même idiôme, mais sans dégrader la majesté du trône, ou la dignité du barreau; nos orateurs ont l'heureuse facilité naturelle d'associer à l'éloquence la plus sublime, la tournure la plus agréable et la plus intéressante.

Je tâchai de donner une idée du style nerveux et brillant de mes compatriotes, dans la comédie de l'avocat Vénitienne. Cette pièce fut reçue, entendue, et goûtée par-tout, elle fut même traduite en François. Les succès de mes premières pièces Vénitiennes, m'encouragèrent à en faire d'autres. Il y en a un nombre considérable dans ma collection, ce sont celles peut-être qui me font le plus d'honneur, et je me garderois bien d'y toucher.

Je mis, et je mettrai toujours dans mes éditions l'explication des mots les plus difficiles, pour l'intelligence des etrangers ; et pour peu que l'on connoisse la langue Italienne, on n'aura pas beaucoup de peine à lire, et à comprendre le Vénitien comme le Toscan.

L'Honnête Fille qui avoit fait la clôture de l'année comique 1748, fit par sa reprise l'ouverture de l'année suivante ; elle se soutint toujours avec le même bonheur, et ne cessa que pour faire place à la première représentation de la Buona Meglie, la Bonne Femme.

Voilà une autre pièce, très heureuse, dont j'avois pris le sujet principal dans la classe du peuple ; je cherchois la nature par tout, et je la trouvois toujours belle quand elle me fournissoit de modeles vertueux, et des traits de bonne morale.

Mais en voici une du haut comique : Il Cavaliere et la dama ; le seigneur et la dame de qualité.

Il y avoit long tems que je regardois avec étonnement ces êtres singuliers que l'on appelle en Italie Cicisbées, et qui sont les martyrs de la galanterie ; et les esclaves des fantaisies du beau sexe.

Cette pièce les regarde particulièrement ; mais je ne pouvois pas afficher la cicisbeature pour ne pas irriter d'avance la nombreuse société de galans, et je cachai la critique sous le manteau de deux personnages vertueux qui font contraste avec les ridicules.

Cette comédie fut extrêmement applaudie ; elle eut quinze représentations de suite, et fit la clôture de l'automne.

CHAPITRE XX.

Reprise de la Veuve rusée—Parodie critique et satirique de cette Pièce—Mon Apologie—Mon Triomphe—Epoque de la Censure des Pièces de Théâtre à Venise—L'Heureuse Héritière, Comédie en trois Actes, en Prose—Sa Chute—Départ du Pantalon Darbes—Mon Engagement avec le Public—Découverte d'un nouveau Pantalon—Le Théâtre Comique, Pièce en trois Actes, en Prose—Les Femmes Pointilleuses, Comédie en trois Actes, en Prose—Le Café, Comédie en trois Actes, en Prose—Son Succès—Le Menteur, Comédie en trois Actes, en Prose, Imitation du Menteur de Corneille—Le Flatteur, Comédie en trois Actes, en Prose—La Famille de l'Antiquaire, Comédie en trois Actes, en Prose—Traduction de cette Ouvrage par un Auteur François.

J'avois donné des pièces très heureuses, aucune ne l'avoit été comme la Veuve rusée ; mais aucune n'essuya des critiques aussi fortes et aussi dangereuses.

Mes adversaires, ou ceux de mes comédiens, tentèrent un coup qui pouvoit nous écraser tous

également, si je n'eusse pas eu assez de courage
pour soutenir la cause commune.

A la troisième représentation de la reprise de
cette pièce, on vit paroître les affiches du Théâtre
Saint Samuel, qui annonçoient une comédie nouvelle, intitulée l'Ecole des Veuves.

Quelqu'un m'avoit dit que ce devoit être la
parodie de ma pièce. Point du tout, c'étoit ma
Veuve elle-même, la même intrigue et les mêmes
moyens.

Il n'y avoit que la dialogue de changé, et ce
dialogue étoit rempli d'invectives et d'insultes
contre moi et contre mes comédiens.

Un acteur débitoit quelques phrases de mon
original, un autre ajoutoit sotises, sotises. On
répétoit quelques bons mots, quelques plaisanteries de ma pièce, on crioit en chorus : bêtise,
bêtise.

Cet ouvrage n'avoit pas coûté beaucoup de peine
à l'auteur ; il avoit suivi mon plan et ma marche,
et son style n'étoit pas plus heureux que le mien ;
cependant, les applaudissemens éclatoient de tous
les côtés ; les sarcasmes, les traits satyriques
étoient relevés par des risées, par des bravo, par des
battemens de mains réitérés : j'étois dans ma loge,
couvert de mon masque, je gardois le silence, et
j'appellois le public ingrat.

Mais j'avois tort ; ce public conjuré contre moi,
n'étoit pas le mien.

Les trois quarts des spectateurs n'étoient composés que de gens intéressées à ma perte ; nous avions à faire, Medebac et moi, a six autres spectacles dans la même ville. Chacun d'eux avoit ses amis, ses adhérens, et la médisance ne manquoit pas d'amuser les indifférens.

Je pris mon parti sur le champ ; j'avois promis de ne pas répondre aux critiques ; mais pour cette fois-ci, il y auroit eu de la lâcheté de ma part, si je n'eusse pas arrêté ce torrent qui menaçoit de me détruire.

Je rentre chez moi ; je donne mes ordres pour que l'on soupe, qu'on aille se coucher qu'on me laisse tranquille ; je m'enferme dans mon cabinet ; je prends la plume avec du dépit, et je ne la quitte que quand je me crois satisfait.

Je mis mon apologie en action ; je composai un dialogue à trois personnages, sous le titre du Prologue apologetique de la Veuve rusée.

Je ne m'étendis pas sur l'inertie de l'ouvrage de mes ennemis ; je tâchai d'abord de faire connoître l'abus dangereux de la liberté des spectacles, et la nécessité d'une police pour la décence théâtrale.

J'avois remarqué, dans cette méchante parodie, des propos qui devoient blesser la délicatesse la république, à l'égard des étrangers. Le peuple de Venise se sert, par exemple, du mot Panimbruo, pour insulter les protestans ; c'est un mot vague, à peu-près comme celui de Huguenot en France ; et le gondolier de milord, dans l'Ecole des Veuves,

traitoit de Panimbruo, son maître ; les autres
étrangers n'étoient pas ménagés davantage ; et
j'étois sûr que mes observations ne pouvoient pas
manquer le but que je m'étois proposé.

Après avoir soutenu l'intérêt de la société civile, je traitois ma cause, je prouvois l'injustice
que je venois d'essuyer ; je repoussois les critiques
par des raisons, et je répondois par des réflexions
honnêtes aux satyres insultantes.

Mon ouvrage fait, je n'allai pas le présenter au
gouvernement. J'évitai les conflits des jurisdic-
tions et des protections ; j'envoyai ma brochure à
a presse, et j'adressai mes plaintes au public.

Je ne pouvois pas cacher mon projet ; on le sut,
on le craignit, on fit l'impossible pour m'empêcher
de l'exécuter.

Medebac avoit un protecteur du premier ordre
de la noblesse, et dans les premières charges de
l'état, il auroit dû me favoriser : au contraire, il
craignoit que ma témérité ne causât ma perte et
celle de son protégé : il me fit l'honneur de venir
me voir ; il me conseilla d'abord de retirer mon Prologue ; voyant que je résistois, il me confia que
je courrois risque de déplaire au suprême tribunal
qui a la grande police de l'état.

J'étois ferme dans ma résolution, rien ne pouvoit m'ébranler ; je dis très franchement à son
excellence, que mon ouvrage étoit à l'impression,
que mon imprimeur devoit être connu, et que le
gouvernement étoit le maître de faire enlever mon

manuscrit, mais que je partirois sur le champ pour le faire imprimer dans le pays étranger.

Ce seigneur fut étonné de ma fermeté ; il me connoissoit, il me fit la grace de s'en rapporter à moi ; il me prit par la main d'un air de confiance, et me laissa maître de ma volonté.

Le jour suivant ma brochure parut. J'en avois fait tirer trois mille exemplaires ; je les fis distribuer gratis à tous les cafés ; à tous les casins de société, aux portes des spectacles ; à mes amis, à mes protecteurs, a mes connoissances. Voici le résultat de la peine que je m'étois donnée, voici mon triomphe.

L'Ecole des Veuves fut supprimée sur le champ, et il parut deux jours après un arrêt du gouvernement qui ordonnoit la censure des pièces de théâtre. Ma Veuve rusée alla son train avec plus d'éclat et plus d'affluence que jamais. Nos ennemis furent humiliés, et nous redoublâmes de zèle et d'activité.

Si mon lecteur étoit curieux de connoître l'auteur de l'Ecole des Veuves, je ne pourrois pas le satisfaire. Je ne nommerai jamais les personnes qui ont eu l'intention de me faire du mal.

Nous touchions à la fin du Carnaval de 1749 ; nous allions à merveille, et nous avions l'avantage sur tous les autres spectacles ; mais après la bataille que j'avois soutenue, et la victoire que j'avois remportée, il me falloit un coup d'éclat pour couronner mon année.

La méchanceté de mes ennemis m'avoit trop occupé pour que je puisse exécuter le projet d'une clôture brillante que j'avois ébauchée. Je trouvai dans mon porte-feuille une comédie dont je n'étois pas content ; je ne voulois pas la hasarder. J'aurois mieux aimé remplir le reste du carnaval par des reprises. Medebac me fit voir que nous n'avions donné que deux nouveautés dans l'année, que le public qui paroissoit content de la défense de la Veuve rusée, ne seroit peut-être pas assez discret pour nous pardonner la disette de nouveautés, et qu'il falloit absolument se garantir de ses reproches, et finir par une nouvelle comédie.

Je me rendis à ces réflexions qui n'étoient pas mal fondées. Je donnai l'Heureuse Héritière, comédie en trois actes et en prose ; elle tomba, comme je l'avois prévu ; et comme le public oublie facilement ce qui l'a amusé, et ne pardonne pas quand il est ennuyé, nous allions fermer le spectacle avec désagrément.

Un autre événement bien plus fâcheux, et d'une conséquence plus dangereuse, vint nous troubler en même-tems.

Darbes, ce pantalon excellent, qui étoit un des soutiens de la troupe, fut demandé à la république de Venise, par le ministre de Saxe, pour le service du roi de Pologne. Il devoit partir incessamment, et il quitta la comédie sur le champ, pour ne s'occuper que de son voyage.

La perte de Medebac étoit d'autant plus consi-

dérable, qu'on ne connoissoit pas de sujets capables
de le remplacer ; et nous vîmes dans les jours gras
refuser les loges pour l'année suivante.

Piqué de mon côté de la mauvaise humeur du
public, et ayant la présomption de valoir quelque
chose, je fis le compliment de clôture pour la
première actrice, et je lui fis dire en mauvais vers,
mais très clairement, et très positivement, que
l'auteur qui travailloit pour elle, et pour ses camarades, s'engageoit de donner dans l'année suivante
seize pièces nouvelles.

La troupe d'un côté, et le public de l'autre, me
donnèrent à la fois une preuve certaine et bien
flatteuse de leur confiance. Car les comédiens
n'hésitèrent pas à s'engager sur ma parole, et huit
jours après toutes les loges furent louées pour
l'année suivante.

Lorsque je contractai cet engagement, je n'avois
pas un seul sujet dans ma tête. Cependant il
falloit tenir parole, ou créver. Mes amis trem-
bloient, mes ennemis rioient, je confortois les uns,
je me moquois des autres. Vous verrez comment
je m'en suis tiré.

Voici une terrible année pour moi, dont je ne
puis me souvenir sans frissonner encore. Seize
comédies en trois actes remplissant chacune, selon
l'usage d'Italie, deux heures et demie de spectacle.

Ce qui m'inquiétoit davantage, c'étoit la difficulté de retrouver un acteur aussi habile et aussi
agréable que celui que nous venions de perdre.

Je faisois diligence de mon côté, et Medebac du sien, pour recruter quelque bon sujet dans la Terre-Ferme, et nous découvrîmes un jeune homme qui jouoit avec applaudissement les rôles de pantalon dans les troupes roulantes.

Nous le fîmes venir à Venise pour l'essayer; il avoit de bonnes dispositions avec son masque, et étoit encore meilleur à visage découvert: belle figure, belle voix: il chantoit à ravir, c'étoit Antoine Mattiuzzi, dit Callalto, de la ville de Vicence.

Cet homme, qui avoit eu de l'éducation et ne manquoit pas d'esprit, ne connoissoit que les anciennes comédies de l'art, et avoit besoin d'être instruit dans le nouveau genre que j'introduisois.

Je m'y attachai; je pris soin de lui, il m'écoutoit avec confiance: sa docilité m'engageoit toujours davantage, et je suivis la compagnie à Bologne, et à Mantoue pour achever de former mon nouvel acteur qui étoit devenu mon ami.

Pendant les cinq mois que nous passâmes dans ces deux villes de la Lombardie, je ne perdis pas mon tems; je travaillai jour et nuit, et nous revînmes vers le commencement de l'automne, à Venise où nous étions attendus avec beaucoup d'impatience.

Nous fîmes l'ouverture du spectacle par une pièce qui avoit pour titre, Il Teatro Comico, le Théâtre Comique. Je l'avois annoncée et affichée, comédie en trois actes; mais ce n'étoit à vrai dire qu'une poétique mise en action, et devisée en trois parties.

J'eûs l'intention, en composant cet ouvrage, de le mettre à la tête d'une nouvelle édition de mon théâtre ; mais j'étois bien aise aussi d'instruire les personnes qui ne s'amusent pas de la lecture, et de les engager à écouter sur la scène des maximes et des corrections qui les auroient ennuyées dans un livre.

Le lieu de la scène de cette comédie ne change point : c'est le théâtre même où les comédiens doivent se rassembler pour répéter une petite pièce intitulée le Père rival de son Fils.

La pièce finit avec applaudissement.—Je n'ai pas le tems de rendre compte des complimens de mes amis, et de l'étonnement de mes ennemis; il ne s'agit pas maintenant de me vanter de mes projets, mais d'en faire connoître l'exécution.

Nous donnâmes, quelques jours après, la première représentation delle Donne Pentigliose, les Femmes Pointilleuses.

Je composai cette comédie pendant mon séjour à Mantoue, et je la fis donner sur le théâtre de cette ville pour l'essayer. Elle fit le plus grand plaisir, mais je courus le risque de m'attirer l'indignation d'une des premières dames du pays.

Elle s'étoit trouvée, il n'y avoit pas long-tems, dans le même cas qu' une dame de la pièce. Tout le monde avoit les yeux tournés vers sa loge; mais heureusement pour moi, cette dame avoit trop d'esprit pour donner prise à la méchanceté des rieurs, et applaudissoit à tous les endroits qui pouvoient lui être appliqués.

La même chose m'arriva depuis à Florence et à Vérone ; on croyoit dans chacune de ces deux villes que j'avois pris là mon sujet. C'est une preuve évidente que la nature est la même par tout, et que puisant dans sa source, les caractères ne sont jamais manqués.

Cette pièce fit moins de plaisir à Venise que par tout ailleurs, et cela devoit être.

Les femmes des patriciens chez elles ne sont pas dans le cas qu'on leur dispute la pré-éminence, et ne connoissent pas les vétilles de la province.

J'avois puisé cette pièce dans la classe de la noblesse, et je pris la suivante dans celle de la Bourgeoisie ; c'étoit en Italien, la Bottega di Cafe, et le Cafe tout simplement en François.

Elle eut un succès très brillant ; l'assemblage et le contraste des caractères ne pouvoient pas manquer de plaire ; celui du médisant étoit appliqué à plusieurs personnes connues. Une entr'autres m'en voulut beaucoup ; je fus menacé ; on parloit de coups d'épée, de couteau, de pistolets ; mais curieux peut-être, de voir seize pièces nouvelles dans une année, ils me donnèrent le tems de les terminer.

Dans un tems où je cherchois des sujets de comédies par-tout, je me rappellai que j'avois vu jouer, à Florence, sur un théâtre de société, le

Menteur, de Corneille, traduit en Italien : et comme on retient plus facilement une pièce que l'on a vu représenter, je me souvenóis très bien des endroits qui m'avoient frappé ; et je me rappelle d'avoir dit, en la voyant, voilà une bonne comédie ; mais le caractère du Menteur seroit susceptible de beaucoup plus de comique.

Comme je n'avois pas le tems de balancer sur le choix de mes argumens, je m'arrêtai à celui-ci, et mon imagination, qui étoit dans ce tems-là très vive et très prompte, me fournit sur le champ telle abondance de comique, que j'étois tenté de créer un nouveau Menteur.

Mais je rejettai mon projet. Corneille m'en avoit donné la première idée ; je respectai mon maître, et je me fis un honneur de travailler d'après lui, en ajoutant cependant ce qui me paroissoit nécessaire pour le goût de ma nation, et pour la durée de ma pièce qui eut tout le succès que je pouvois desirer.

Le sujet d'un Menteur, qui étoit moins vicieux que comique, m'en suggéra un autre plus méchant et plus dangereux ; c'est le Flatteur dont je parle.

Celui de Rousseau n'eut pas de succès en France, le mien fut très bien reçu en Italie : en voici la raison ; le poëte François avoit traité cet argument plus en philosophe qu'en auteur comique ; et je cherchai, en inspirant de l'horreur pour un vicieux, les moyens d'égayer la pièce par des épisodes comiques, et des traits saillans.

Mais voici une comédie d'un genre tout-à-fait
différent ; car elle est prise dans la classe des ridicules, alternative qui n'est pas inutile à la produc-
tion successive de plusieurs ouvrages.

C'est la Famiglia dell' antiquario, la maison de
l'antiquaire, qui fait la sixième des seize pièces
projetées.

Je l'avois d'abord intitulée tout simplement
l'Antiquaire, qui en est le protagoniste ; mais
craignant que les disputes entre sa femme et sa
bru ne produisissent un double intérêt, je donnai
un titre à la comédie qui embrasse tous les sujets
à la fois, d'autant plus que les ridicules de deux
femmes, et celui du chef de la famille, se donnent
la main, et contribuent également à la marche
comique et à la moralité de l'ouvrage.

Le mot d'antiquaire s'applique également en
Italie à ceux qui s'occupent savamment de l'étude
de l'antiquité, et à ceux qui ramassent, sans connoissance, des copies pour des originaux, et des
futilités pour des monumens précieux ; c'est parmi
ces derniers que je pris mon sujet.

Je vis, quelques années après, donner cette pièce
à Parme, traduite en François par M. Collet, secrétaire des commandemens de Madame Infante:
cet auteur, très estimable à tous égards, et très
connu à Paris par de charmans ouvrages qu'il a
donné à la comédie Françoise, a parfaitement
bien traduit ma pièce ; et c'est lui, sans doute,
qui la fit valoir.

Mais il en changea le dénouement ; il crut que
la pièce finissoit mal, laissant partir la belle-mère,
et la belle-fille brouillées, et il les raccommoda sur
la scene.

Si ce raccommodement pouvoit être solide, il
auroit bien fait ; mais qui peut assurer que le lendemain ces deux dames acariâtres n'eussent pas
renouvellé leurs disputes ?

Je puis me tromper, mais je crois que mon
dénouement est d'après nature.

CHAPITRE XXI.

Pamela, Comédie en trois Actes, en Prose, et sans Masques.—L'Homme de goût, Comédie en trois Actes, en Prose.—Son médiocre Succès.—Le Joueur, Pièce en trois Actes.—Sa Chute.—Défense de Jeux du Hasard, et Suppression de la Redoute à Venise.—Petit Libelle, Galanterie de mes Ennemis.—Le véritable Ami, Pièce en trois Actes et sans Masques.—Son Succès.—La Feinte malade, Pièce en trois Actes.—Son Succès.—La Femme Prudente, Pièce en trois Actes, sans Masques.—Quelques Mots sur cette Pièce. —Son Succès. — L'Inconnue, Comédie Romanesque en trois Actes, en Prose.—L'Honnête Aventurier, Comédie en trois Actes, en Prose. —Analogie du Protagoniste avec l'Auteur.— La Femme capricieuse, autre Comédie en trois Actes, en Prose.—Les Caquets, Comédie en trois Actes, en Prose.—Succès de ces quatre Pièces. —Mon engagement rempli.—Satisfaction du Public.

Il y avoit quelque tems que le roman de Pamela faisoit les délices des Italiens, et mes amis me tourmentoient pour que j'en fisse une comédie.

Je connoissois l'ouvrage ; je n'étois pas embarrassé pour en saisir l'esprit, et rapprocher les objets ; mais le but moral de l'auteur Anglois ne
convenoit pas aux mœurs et aux loix de mon pays.

A Londres un lord ne déroge pas à la noblesse
en épousant une paysanne ; à Venise un patricien
qui épouse une plébéienne, prive ses enfans de la
noblesse patricienne, et ils perdent leurs droits à
la souveraineté.

La comédie, qui est ou devroit être l'école des
mœurs, ne doit exposer les foiblesses humaines
que pour les corriger, et il ne faut pas hazarder le
sacrifice d'une postérité malheureuse sous prétexte de récompenser la vertu.

J'avois donc renoncé au charme de ce roman ;
mais dans la nécessité où j'étois de multiplier mes
sujets, et entouré à Mantoue comme à Venise de
personnes qui m'excitoient à travailler d'après lui,
j'y consentis de bon gré.

La comedie de Pamela est un drame selon la
définition des François ; mais le public la trouva
intéressante et amusante, et ce fut de tous mes
ouvrages donnés jusqu'alors celui qui emporta la
palme.

Après une pièce à sentimens, j'en fis suivre une
autre fondée sur les usages de la société civile, et
intitulée, Il Cavaliere di buon gusto, qu'on pourroit traduire en François, l'Homme de Goût.

Il est vrai que ce titre annonceroit en France
un homme instruit dans les sciences et dans les

beaux arts ; et l'Italien de bon goût que je peins dans ma pièce est un homme qui, avec une fortune modique, fait trouver le moyen d'avoir une maison charmante, des domestiques choisis, un cuisinier excellent, et brille dans les sociétés comme un homme très riche, sans faire tort à personne et sans déranger ses affaires.

Il y a des curieux dans la pièce qui voudroient pouvoir deviner son secret : il y a des médisans qui osent le dénigrer, et ces derniers sont du nombre de ceux qui fréquentent sa table, et profitent de sa générosité.

Cette pièce a assez bien réussi, mais elle eut le malheur de succéder à Pamela qui avoit fait tourner la tête à tout le monde ; l'Homme de goût fut plus heureux à sa reprise l'année suivante.

La même aventure arriva au Joueur, qui étoit la neuvième comédie de mon engagement, mais ne s'étant pas relevée comme avoit fait la dernière, je la jugeai d'après le public, pièce tombée sans ressource.

J'avois placé fort heureusement dans la comédie du Café, troisième pièce de cette année, un joueur que le nouveau pantalon avoit rendu à visage découvert, d'une manière très agréable et très intéressante. Je crus alors n'en avoir pas assez dit sur cette passion malheureuse, je me proposai de traiter la matière à fond ; mais le Joueur épisodique du Café l'emporta sur celui qui en faisoit le sujet principal.

Il faut ajouter encore, que dans ce tems là tous les jeux de hasard étoient tolerés à Venise. Il y avoit cette fameuse redoute qui enrichissoit les uns, et ruinoit les autres; mais qui attiroit les joueurs des quatre parties du monde, et faisoit circuler l'argent.

C'étoit mal à propos de mettre à découvert les conséquences de cet amusement dangereux, et encore plus la mauvaise foi de certains joueurs, et les artifices des courtiers de jeu; et dans une ville de deux cens mille ames, ma pièce ne devoit pas manquer d'avoir beaucoup d'ennemis.

La république de Venise vient de défendre les jeux de hasard, et de supprimer la redoute. Il peut y avoir des particuliers qui se plaignent de cette suppression, mais il suffit de dire pour en prouver la sagesse, que ceux même du grand conseil qui aimoient le jeu, ont donné leurs voix en faveur du nouvel arrêt.

Je ne cherche pas à excuser la chute de ma pièce par des raisons étrangères, elle échoua, elle étoit donc mauvaise, et ce n'est pas peu pour moi que de seize comédies, celle-ci fut la seule qui tomba.

Le public redemandoit Pamela, je refusal pour cette fois là de le contenter; j'étois jaloux de remplir mon engagement, et j'avois encore sept pièces nouvelles à donner.

Je savois bien que mes partisans m'auroient fait grace de quelques unes pour le plaisir de revoir celle qui les avoit tant amusé. Mais les méchans m'auroient insulté, et je préférai la gloire de confondre mes adversaires au doux plaisir de satisfaire mes amis. J'étois presque sûr du succès de la comédie que j'allois donner : je la fis annoncer, je la fis afficher avec confiance, et je ne me suis pas trompé.

La quantité des pièces que je donnois l'une après l'autre, ne laissoit pas le tems à mes ennemis de faire éclater leur haine contre moi. Mais pendant les dix jours de relâche à cause de la neuvaine de Noël, ils ne manquèrent pas de me régaler d'une brochure qui contenoit plus d'injures que de critiques.

On disoit, d'après la chûte de ma dernière comédie, que Goldoni avoit jetté son feu, qu'il commençoit à décliner, qu'il finiroit mal, que son orgueil seroit humilié.

Il n'y avoit que ce dernier mot qui me déplaisoit ; on pouvoit m'accuser d'imprudence, pour avoir contracté un engagement qui pouvoit me coûter le sacrifice de ma santé ou celui de ma réputation ; mais pour de l'orgueil, je n'en ai jamais eu, ou du moins je ne m'en suis jamais apperçu.

Je ne fis aucun cas de ce libelle ; mais je compris de plus en plus la nécessité de rétablir sur mon théâtre, l'intérêt, la gaieté, l'instruction et l'ancien crédit.

La comédie du Véritable Ami, que je donna

à l'ouverture du Carnaval, remplit toutes mes vues ; une anecdote historique m'en fournit l'argument, et je le traitai avec toute la délicatesse que ce sujet méritoit.

Cette pièce est une de mes favorites, et j'eus le plaisir de voir le public d'accord avec moi ; j'étois étonné moi-même d'avoir réussi à lui donner le tems et les soins nécessaires dans une année si laborieuse pour moi.

Mais en voici une autre qui ne me coûta pas moins de peine, et n'eut pas moins de succès ; c'est la Finta ammalata, la Feinte malade.

Madame Medebac qui m'en fournit le sujet étoit une actrice excellente, très attachée à sa profession, mais c'étoit une femme a vapeurs ; elle étoit souvent malade, souvent elle croyoit l'être et quelquefois elle n'avoit que des vapeurs de commande.

Dans ces derniers cas, on n'avoit qu'à proposer de donner un beau rôle à jouer à une actrice subalterne, la malade guérissoit sur le champ.

Je pris la liberté de jouer Madame Medebac elle-même ; elle s'en apperçut un peu, mais trouvant son rôle charmant, elle voulut bien se'n charger, et le rendit en perfection.

Malgré la simplicité du sujet, cette pièce fut généralement bien reçue, et extrêmement applaudie ; elle doit son succès, peut-être, au jeu de l'actrice qui se plaisoit à se jouer elle-même, et le faisoit sans effort et sans gêne. Trois différens carac-

tères des médecins, et un apoticaire sourd et nou-
velliste, qui entendoit tout de travers, et préféroit
la lecture des gazettes à celle des ordonnances, n'y
contribuèrent pas moins.

Ce fut donc le comique et la gaieté qui firent
le bonheur de la Feinte Malade ; et ce fut l'intérêt tout seul qui fit celui della Donna Prudente,
de la Femme Prudente.

Ce qui m'en avoit fourni le sujet, c'étoient ces
mêmes sociétés où j'avois pris celui du Cavalier
et de la Dame, c'est-à-dire, dans la classe des
cicisbées.

Il y a des maris en Italie qui tolerent de bon
gré les galans de leurs femmes, et sont même
leurs amis et leurs confidens ; mais il y en a aussi
de jaloux qui souffrent avec dépit ces êtres singuliers, qui sont les maîtres en second dans les
ménages déréglés.

Le Public parut assez content de la pièce qui
finit avec applaudissement, et se soutint très
heureusement jusqu'à la nouveauté qui la rem-
plaça.

Après la comédie de Pamela; et sur-tout pendant le succès équivoque de l'Homme de Goût,
et la chute du Joueur, mes amis vouloient absolument que je donnasse quelqu'autre sujet de
roman afin, disoient-ils, de m'épargner la peine
de l'invention.

Fatigué de leurs sollicitations, je finis par dire,
qu'au lieu de lire un Roman pour en faire une

pièce, j'aimerois mieux composer une pièce dont
on pourroit faire un roman.

Les uns se mirent à rire, les autres me prirent
au mot : faites-nous donc, me dirent-ils un roman en action, une pièce aussi embrouilée qu'un
roman.—Je vous la ferai—Oui !—Oui !—Parole
d'honneur ?—Parole d'honneur ?

Je rentre chez moi, et échauffé de ma gaguere,
je commence la pièce, et le roman tout-à-la-fois,
sans avoir le sujet ni de l'une, ni de l'autre.

Il faut, me dis-je à moi-même, beaucoup d'intrigue, du surprenant, du marveilleux, et de l'intérêt en même tems, du comique et du pathétique.

Une héroïne pourroit intéresser plus qu'un
héros ; où irai-je la chercher ? Nous verrons ;
prenons en attendant une inconnue pour protagoniste ; et je couche sur le papier. L'inconnue,
comédie : acte premier, scène première. Cette
femme doit avoir un nom ; oui, donnons-lui le
nom de Rosaure ; mais viendra-t-elle toute seule
donner les premières notices de l'argument de la
pièce ? Non, c'est le défaut des anciennes comédies : faisons-la entrer avec.....Oui, avec Florinde
.....Rosaure et Florinde.

Voilà comme je commençai l'Inconnue, et je
continuai de même ; bâtissant un vaste édifice
sans savoir si j'en faisois un temple ou une
balle.

Chaque scène en produisoit une autre ; un
événement m'en produisoit quatre : à la fin du pre-

mier acte, le tableau étoit esquissé; il ne s'agissoit
que de le remplir.

J'étois étonné moi-même de la quantité, et de
la nouveauté des incidens que l'imagination me
fournissoit.

Ce fut à la fin du second acte que je pensai au
dénouement, et je commençai dès-lors à le préparer pour en avoir un inattendu, surprenant;
mais qui ne tombât par des nues.

Mes amis en furent contens; le public aussi,
et tout le monde avoua que ma pièce auroit pu
fournir assez de matériaux pour un roman de
quatre gros volumes in octavo.

Sortant d'une pièce romanesque, je tombai sur
un autre sujet, qui sans donner dans le merveilleux, pouvoit, à cause de ses combinaisons singulières, être placé dans la classe des Tom Jones
des Tompsons, des Robinsons, et de leurs pareils.

Le Protagoniste avoit cependant un principe
historique; car si l'honnête aventurier qui donne
le titre à la pièce, n'est pas mon portrait, il a
essuyé au moins autant d'aventures, et il a exercé
autant de métiers que moi; et comme le public
en applaudissant la pièce me faisoit la grace de
mapproprier des faits et des maximes, qui me
faisoient honneur, je ne pus pas cacher de m'être
donné un coup d'œil en la composant.

Mon ouvrage, soit dans l'historique, soit dans
le fabuleux, fut reçu très favorablement. L'Honnête Aventurier eut un succès aussi bien décidé,

que constamment soutenu, et je jouis en même
tems du bonheur de la pièce, et de l'honneur de
l'allégorie.

Mais il falloit sortir de ce genre de pièces à
sentimens, et revenir aux caractères et au vrai
comique, d'autant plus que nous touchions à la
fin du Carnaval, et qu'il falloit égayer le spectacle,
et le mettre à la portée de tout le monde.

Ce fut donc la Donna volubile (la Femme capricieuse) que je donnai pour l'avant-dernière de
l'année. Nous avions une actrice dans la compagnie qui étoit la femme du monde la plus capricieuse; je ne fis que la copier; et Madame
Medebac qui connoissoit l'original, n'étoit pas
fâchée, toute bonne personne qu'elle étoit, de se
moquer un peu de sa camarade.

Ce caractère est par lui-même comique, mais
s'il n'est pas étayé par des situations intéressantes
et agréables, il pourroit facilement devenir ennuyeux.

On peut ridiculiser les changemens de modes,
de coëffures, des parties de plaisirs, mais pour
rendre la femme changeante un sujet de comédie,
il faut que ce soient les caprices de l'esprit qui
en fournissent le ridicule.

Une femme qui est amoureuse, et qui une
heure après ne veut plus aimer; qui débite des
maximes, et s'enflamme d'une passion tout-à-fait
contraire à sa première façon de penser: voilà le
personnage comique.

TOME I.   C C

Le dénouement de cette pièce est celui qui
convient à une folie qui merite d'être corrigée.
Rosaure est enfin décidée pour le mariage ; tout
le monde l'évite, et personne n'en veut.

Madame Medebac joua le rôle à la perfection,
sa douceur naturelle rendoit à merveille la niai-
serie de la femme capricieuse, et la pièce fit tout
l'effet que je pouvois desirer.

Il ne me restoit plus qu'une comédie à donner
pour terminer l'année, et pour remplir mon engagement.

Nous étions à l'avant-dernier dimanche du Carnaval ; je n'avois pas encore écrit une ligne de
cette dernière pièce, je ne l'avois pas même encore
imaginée.

Je sors ce même jour de chez moi ; je vais
pour me distraire dans la Place Saint Marc ; je
regarde si quelques masques ou quelques bateleurs ne me fourniroient pas le sujet d'une comédie ou d'une parade pour les jours gras.

Je rencontre sous l'arcade de l'horloge un
homme qui me frappe tout d'un coup, et me
fournit le sujet que je cherchois. C'étoit un
vieux Arménien, mal vêtu, fort sale et avec une
longue barbe, qui couroit les rues de Venise, et
vendoit des fruits secs de son pays, qu'il appelloit
Abagigi.

Cet homme qu'on rencontroit par-tout, et que
j'avois rencontré moi-même plusieurs fois, étoit
si connu et si méprisé, que voulant se moquer

pièces tant comiques que tragiques, dont la plus grande partie a obtenu les applaudissemens du public.

Je vais rarement au spectacle, et je ne puis pas parler des pièces que je ne connois que par relation ; mais j'ai vu l'Inconstant de M. Collin ; j'ai trouvé la pièce charmante et les acteurs excellens : M. Mollé, entr'autres, m'a paru toujours nouveau, toujours étonnant : c'est le même jeune homme, vif, agréable, brillant, qu'il étoit il y a vingt ans.

Paroît-il cet acteur célèbre, en jouant l'Inconstant, le même homme qui joue le rôle de Dorval dans le Bourru Bienfaisant ? Je crois qu'il réussiroit également dans celui de Géronte.

Les Italiens n'ont pas été moins heureux dans ces derniers tems.

Richard, Cœur de Lyon, a eu le plus grand succès. M. Sedaine, membre de l'Académie François, et M. Gretry se surpasserent l'un et l'autre dans cet opéra-comique charmant, et M. Clairval fit valoir encore davantage le mérite du poëte et celui du musicien.

Lorsqu'on retira l'opéra de Richard, il paroissoit difficile d'en trouver un autre qui pût le remplacer avec autant de bonheur. Nina, ou la Folle par amour, fit le miracle ; et si le succès de cette pièce ne l'emporta pas sur la précédente, elle l'a au moins égalé.

Cet ouvrage de M. Marsoiller eut le mérite de

faire tolérer sur la scène un être malheureux sans crime et sans reproche, et la musique de M. d'A. lerac fut trouvée bonne et analogue au sujet.

Mais Madame du Gazon qui avoit donné tant de preuves de ses talens dans tous les genres, dans tous les caractères, dans toutes les positions les plus intéressantes, rendit avec tant d'art et avec tant de vérité le rôle extraordinaire de Nina, qu'on a cru voir une nouvelle actrice, ou, pour mieux dire, on a cru voir la malheureuse créature dont elle représentoit le personnage et imitoit les délires.

Me voilà parvenu à l'année 1787, qui est la quatre-vingtième de mon âge, à laquelle j'ai borné le cours de mes Mémoires.

Mes quatre-vingts ans sont complets ; mon ouvrage l'est aussi.

Tout est fini, et je vais envoyer mes deux volumes à la presse.

Ce dernier chapitre ne peut donc pas regarder les événemens de l'année courante, mais il ne me sera pas inutile pour m'acquitter de quelques devoirs qu'il me reste à remplir.

Je commence par remercier les personnes qui ont eu assez de confiance en moi pour m'honorer de leurs souscriptions.

Je ne parle pas des bontés et des bienfaits du roi et de la cour ; ce n'est pas ici le lieu d'en parler.

J'ai nommé dans mon ouvrage quelques uns de

mes amis, quelques uns même de mes protecteurs.
Je leur demande pardon si j'ai osé le faire sans
leur permission ; ce n'est pas par vanité ; les à-
propos m'en ont fourni l'occasion ; leurs noms
sont tombés sous ma plume ; le cœur a saisi l'instant, et la main ne s'y est pas refusée.

Voici, par exemple, une de ces heureuses occasions dont je viens de parler.   J'ai été malade ces
jours derniers ; M. le Comte Alfieri m'a fait l'honneur de venir me voir ; je connoissois ses talens,
mais sa conversation m'a averti du tort que j'aurois
eu, si je l'avois oublié.

C'est un homme de lettres très instruit, très
savant, qui excelle principalement dans l'art de
Sophocle et d'Euripide, et c'est d'après ces grands
modèles qu'il a tracé ses tragédies.

Elles ont eu deux editions en Italie ; elles
doivent être actuellement sous la presse, chez
Didot à Paris.   Je n'en donnerai pas les détails,
puisque tout le monde est à portée de les voir et
de les juger.

Dans ces mêmes jours de ma convalescence, M.
Caccia, banquier à Paris, mon compatriote et mon
ami, m'envoya un livre qu'on lui avoit adressé
d'Italie pour moi.

C'est un Recueil d'Epigrammes et de Madri-
gaux François traduits en Italien par M. le Comte
Roncali, de la ville de Brescia, dans les états de
Venise.

Ce poëte charmant n'a traduit que les pensées ;

il a dit les mêmes choses en moins de mots, et il a trouvé dans sa langue des pointes aussi brillantes, aussi saillantes que celles de ses originaux.

J'eus l'honneur de voir M. Roncali, il y a douze ans à Paris, et il me fait espérer que j'aurai le bonheur de l'y revoir ; cela me flatte infiniment ; mais, de grace, qu'il se dépêche, car ma carrière est fort avancée, et ce qui est encore pis, je suis extrêmement fatigué.

J'ai entrepris un ouvrage trop long, trop laborieux pour mon âge, et j'y ai employé trois années, craignant toujours que je n'aurois pas l'agrément de le voir achevé.

Cependant me voilà, Dieux merci, encore en vie, et je me flatte que je verrai mes deux volumes imprimés, distribués, lus....Et s'ils ne sont pas loués, au moins j'espère qu'ils ne seront pas méprisés.

On ne m'accusera pas de vanité ou de présomption, si j'ose espérer quelque lueur de grace pour mes Mémoires, car si j'avois cru devoir déplaire absolument, je ne me serois pas donné tant de peine, et si dans le bien et dans le mal que je dis de moi-même, la balance panche du bon côté, je dois plus à la nature qu'à l'étude.

Toute l'application que j'ai mise dans la construction de mes pièces, a été celle de ne pas gâter la nature, et tout le soin que j'ai employé dans mes Mémoires, a été de ne dire que la vérité.

d'une fille qui cherchoit à se marier, on lui proposoit Abagigi.

Il ne m'en fallut pas davantage pour revenir content chez moi. Je rentre, je m'enferme dans mon cabinet, j'imagine une comédie populaire intitulée I Pettegolezzi (les Caquets).

C'est sous ce dernier titre qu'on la donne à Paris à la comédie Italienne, traduite en François par M. Riccoboni fils. Le traducteur changea adroitement le personnage d'Abagigi, qui n'étoit pas connu en France, en celui d'un Juif, marchand de lunettes, mais ni le Juif en François, ni l'Arménien en Italien, ne jouent les rôles de Protagoniste, ils ne servent l'un et l'autre qu'à faire le nœud de la pièce qui a été heureuse dans les deux langues.

Je ne pus la donner pour la première fois que le mardi gras, et elle fit la clôture du Carnaval. Le concours fut si extraordinaire ce jour-là, que le prix des loges monta au triple et au quadruple, et les applaudissemens furent si tumultueux, que les passans doutèrent si c'étoit l'effet de la satisfaction, ou d'une révolte générale.

J'étois dans ma loge fort tranquille, entouré de mes amis qui pleuroient de joie. Une foule de monde vient me chercher, m'oblige de sortir, me porte et me traîne malgré moi à la Redoute, me promène de salle en salle, et me fait recueillir des complimens que j'aurois évités si je l'avois pu.

J'étois trop fatigué pour soutenir une pareille

cérémonie ; d'ailleurs ne sachant pas d'où partoit l'enthousiasme du moment, j'étois fâché que l'on mit cette pièce au-dessus de tant d'autres que j'aimois davantage.

Mais je démêlai peu-à-peu le vrai motif de cette acclamation générale. C'étoit le triomphe de mon engagement rempli.

FIN DU TOME PREMIER.

A Londres : de l'Imprimerie de J. Gillet, Crown-court, Fleet-street.

MÉMOIRES

DE

GOLDONI,

POUR SERVIR

A L'HISTOIRE DE SA VIE,

ET

A CELLE DE SON THÉATRE.

———◆———

ECRITS PAR LUI-MÊME.

═══════

EN DEUX VOLUMES.

TOME II.

═══════

PARIS;

ET LONDRES CHEZ COLBURN LIBRAIRE,

CONDUIT-STREET, HANOVER-SQUARE

———

1814.

A Londres: De l'Imprimerie de A. Gillot, Crown-court, Fleet-street.

TABLE DES CHAPITRES

CONTENUS

DANS CE SECOND VOLUME.

━━━━━━

SUITE DE LA SECONDE PARTIE.

━━━

a 2

CHAPITRE III.

CHAPITRE IV.

CHAPITRE V.

CHAPITRE VI.

CHAPITRE IX.

CHAPITRE X.

TROISIÈME PARTIE.

CHAPITRE XI.

CHAPITRE XII.

CHAPITRE XIII.

CHAPITRE XIV.

CHAPITRE XV.

MÉMOIRES DE GOLDONI.

SUITE DE LA SECONDE PARTIE.

CHAPITRE I.

Suite de mes pénibles Travaux—Ingratitude du Directeur—Projet de la première Édition de mon Théâtre—Premier Volume de mes Œuvres —Mon Voyage à Turin—Quelques Mots sur cette Ville—Moliere, Comédie en cinq Actes et en Vers—Histoire de cette Pièce—Son Succès à Turin—Mon Voyage à Genes—Mon Retour à Venise—Première Représentation de Moliere dans cette Capitale—Son Succès—Le Père de Famille, Comédie en trois Actes—L'Avocat Vénitien—Le Feudataire et son Extrait—La Fille obéissante—Singularités de ses Episodes.

J'AVOIS, à quarante-trois ans, beaucoup de facilité pour l'invention et pour l'exécution de mes sujets ; mais j'étois homme comme un autre.

L'assiduité au travail avoit dérangé ma santé ; je tombai malade, et je payai la peine de ma folie.

Sujet comme je l'étois à des vapeurs noires qui attaquent, à la fois, le corps et l'esprit, je les sentis se renouveller dans mon individu avec plus de violence que jamais.

J'étois épuisé de fatigue, mais le chagrin n'avoit pas moins de part à ma situation ; il faut tout dire, je ne dois rien cacher à mes lecteurs.

J'avois donné seize pièces dans le cours d'une année ; le directeur ne les avoit pas demandées, mais il n'en avoit pas moins profité. Quel parti en avois-je tiré pour moi ? Pas une obole au-delà du prix convenu pour l'année. Pas la moindre gratification, beaucoup d'éloges, beaucoup de complimens, et pas la plus petite reconnoissance ; j'en étois fâché, mais je ne disois mot.

Cependant, on ne vit pas de gloire ; il ne me restoit d'autre ressource que celle de l'impression de mes Œuvres ; mais qui l'auroit cru ? Medebac s'y opposa, et quelques-uns de ses protecteurs lui donnoient raison.

Cet homme me contestoit les droits d'auteur, sous prétexte d'avoir acheté mes ouvrages. J'avois encore du tems à rester avec lui ; je ne pouvois pas, ou, pour mieux dire, je ne voulois pas être en procès avec des personnes que je devois voir tous les jours ; j'aimois trop la paix pour la sacrifier à l'intérêt ; je cédai mes prétentions, et je me contentai de la permission de faire imprimer, chaque année, un seul volume de mes comédies ; je compris, par cette permission singulière, que Medebac comptoit m'avoir attaché à lui pendant toute ma vie ; mais je n'attendis que la fin de la cinquième année pour le remercier.

Je donnai donc les manuscrits de quatre de mes pièces au libraire, et ce fut Antoine Bettinelli qui entreprit la première édition de mon théâtre, et en publia le premier volume en l'année 1751 à Venise.

La troupe de mes comédiens devoit aller passer le printems et l'été à Turin ; je crus que le changement d'air et l'agrément d'un voyage pourroient contribuer au rétablissement de ma santé. Je suivis la troupe (à mes frais), et ayant intention de passer à Genes, j'amenai ma chère compagne avec moi.

Je ne connoissois pas Turin ; je le trouvai délicieux. L'uniformité des bâtimens dans les rues principales, produit un coup-d'œil charmant. Ses places, ses églises sont de toute beauté. La citadelle est une promenade superbe ; il y a de la magnificence et du goût dans les habitations royales, soit à la ville, soit à la campagne. Les Turinois sont fort honnêtes et fort polis ; ils tiennent beaucoup aux mœurs et aux usages des François ; ils en parlent la langue familièrement ; et voyant arriver chez eux un Milanois, un Vénitien ou un Génois, ils ont l'habitude de dire, c'est un Italien.

Les comédiens donnoient mes pièces à Turin ; elles étoient suivies ; elles étoient même applaudies ; mais il y avoit des êtres singuliers qui disoient à chacune de mes nouveautés ; c'est bon, mais ce n'est pas du Moliere ; on me faisoit plus d'honneur que je ne méritois : je n'avois jamais eu la prétention d'être mis en comparaison avec l'auteur François ; et je savois que ceux qui prononçoient un jugement si vague et si peu motivé, n'alloient au spectacle que pour parcourir les loges, et y faire la conversation.

Je connoissois Moliere, et je savois respecter ce maître de l'art aussi bien que les Piémontois, et l'envie me prit de leur en donner une preuve qui les en auroit convaincus.

Je composai sur le champ une comédie en cinq actes et en vers, sans masques et sans changemens de scènes, dont le titre et le sujet principal étoient Moliere lui-même.

Deux anecdotes de sa vie privée m'en fournirent l'argument. L'une est son mariage projeté avec Isabelle, qui étoit la fille de la Béjard ; et l'autre la défense de son Tartuffe. Ces deux faits historiques se prêtent l'un à l'autre si bien, que l'unité de l'action est parfaitement observée.

Les imposteurs de Paris allarmés contre la comédie de Moliere, savoient que l'auteur avoit envoyé au camp où étoit Louis XIV., pour obtenir la permission de la jouer, et ils craignoient que la révocation de la défense ne lui fût accordée.

J'employai, dans ma pièce, un homme de leur classe, appellée Pirlon, hypocrite dans toute

l'étendue du terme, qui s'introduit dans la maison
de l'auteur, découvre à la Béjard l'amour de Moliere pour sa fille, qu'elle ignoroit encore, et
l'engage à quitter son camarade et son directeur ;
en fait autant avec Isabelle, lui faisant regarder
l'état de comédienne comme le chemin de la per-
dition, et tâche de séduire la Forêt, leur suivante,
qui, plus adroite que ses maitresses, joue celui
qui vouloit la jouer, le rend-amoureux, et lui ôte
son manteau et son chapeau pour en régaler Moliere, qui paroît sur la scène avec les hardes de
l'imposteur.

J'eus la hardiesse de faire paroître, dans ma
pièce, un hypocrite bien plus marqué que celui
de Moliere ; mais les faux dévots avoient beaucoup
perdu de leur ancien crédit en Italie.

Pendant le dernier entr'acte de ma comédie on
joue le Tartuffe de Moliere sur le théâtre de l'hôtel
de Bourgogne ; tous les personnages de ma pièce
paroissent au cinquième acte, pour faire compliment à Moliere ; Pirlon, caché dans un cabinet où
il attendoit la Forêt, sort malgré lui à la vue de
tout le monde, et essuie tous les sarcasmes qu'il
avoit mérités ; et Moliere, pour comble de son
bonheur et de sa joie, épouse Isabelle en dépit de
sa mère, qui aspiroit à la conquête de celui qui
alloit devenir son gendre.

Il y a, dans la pièce, beaucoup de détails de la
vie de Moliere. Le personnage de Valerio n'est
autre chose que Baron, comédien de la troupe de

Moliere ; Léandre est la copie de la Chapelle, ami
de l'auteur, et très connu dans son histoire ; et le
Comte Lasca est un de ces Piémontois qui
jugeoient les pièces sans les avoir vues, et mettoient mal adroitement l'auteur Vénitien en comparaison avec l'auteur François ; c'est à dire,
l'écolier avec le maître.

; Cet ouvrage est en vers ; j'avois fait des tragi-
comédies en vers blancs ; mais c'est la première
comédie que je composai en vers rimés.

Comme il s'agissoit d'un auteur François qui
avoit beaucoup écrit dans ce style, il falloit l'imiter,
et je ne trouvai que les vers appellés Martelliani,
qui approchassent des Alexandrins ; j'ai parlé de
cette versification dans un chapitre passé de la
première partie de mes Mémoires.

Ma pièce achevée et les rôles distribués, j'en
fis faire deux répétitions à Turin, et je partis pour
Genes sans la voir représenter.

Mes comédiens et quelques-uns de la ville
étoient instruits de l'allégorie du Comte Lasca ; je
les avois chargés de m'en donner des nouvelles ;
et je sus, quelques jours après, que la pièce avoit
eu grand succès, que l'original de la critique avoit
été reconnu, et qu'il avoit été d'assez bonne foi
pour avouer qu'il l'avoit méritée.

Je restai à Genes pendant tout l'été, y menant
une vie délicieuse, et dans la plus parfaite oisiveté.
Ah ! qu'il est doux, sur-tout quand on a beaucoup travaillé, de passer quelques jours sans rien

faire ! Mais nous allions grand train vers la saison
de l'automne ; le tems commençoit à se refraîchir,
et je repris le chemin qui devoit me reconduire à
mon attelier.

Arrivé à Venise, je trouvai mon premier volume
imprimé, et de l'argent chez mon libraire ; je reçus,
en même-tems, une montre d'or, une boîte du
même métal, un cabaret d'argent, avec du chocolat, et quatre paires de manchettes de point de
Venise. C'étoient les présens de ceux à qui j'avois
dédié mes quatre premières comédies.

Medebac arriva quelques jours après moi ; il
me parla beaucoup du plaisir qu'avoit fait le Moliere à Turin ; j'avois grande envie de le voir, et
nous le donnâmes dans le mois d'Octobre 1751, à
Venise.

Cette pièce contenoit deux nouveautés à la fois ;
celle du sujet et celle de la versification. Les vers
martelliani étoient oubliés ; la monotonie de la
césure, et la rime trop fréquente, et toujours ac-
couplée, avoient déjà dégoûté les oreilles des
Italiens, du vivant même de leur auteur, et tout
le monde étoit prévenu contre moi qui prétendoit
faire revivre des vers que l'on avoit proscrits.

Mais l'effet démentit la prévention ; mes vers
firent autant de plaisir que la pièce, et Moliere fut
placé par la voix publique à côté de Pamela.

Si je me permettois de prononcer sur la valeur
de mes pièces, d'après mon sentiment, je dirois
bien des choses en faveur du Père de famille ; mais

ne jugeant mes ouvrages que sur la décision du public, je ne puis le placer que dans la seconde classe de mes comédies.

J'avois travaillé cependant ce sujet intéressant avec tout le soin, que mes observations et mon zèle m'avoient inspiré: j'étois tenté même d'intituler ma pièce: l'Ecole de Pères; mais il n'appartient qu'aux grands maîtres de donner des écoles, et je pouvois me tromper comme l'auteur de l'Ecole des Veuves.

J'avois vu dans le monde des mères complaisantes, des marâtres injustes, des enfans gâtés, des précepteurs dangereux: je rassemblai tous ces différens objets dans un seul tableau, et je traçai vivement dans un père sage et prudent la correction du vice et l'exemple de la vertu.

Il y a un autre père dans cette comédie qui, formant une épisode, produit l'intrigue et le dénouement. Ce dernier père a deux filles; l'une élevée à la maison, l'autre chez une tante, qui fait l'allégorie du couvent, ne pouvant pas en Italie prononcer ce mot sur la scène. ⊱

La première a très bien réussi, l'autre a tous les défauts possibles cachés sous le manteau de l'hypocrisie. Mon intention étoit de donner la préférence à l'éducation domestique, et le public la comprit très bien, et y donna son approbation.

Je fis succéder à cette pièce morale et critique un sujet vertueux et intéressant, qui fut infiniment goûté, et que le public plaça dans la première

classe de mes productions : c'étoit l'Avocat Vénitien.

J'avois donné dans la comédie de l'Homme
Prudent un essai de mon ancien état de crimi-
naliste en Toscane : je voulus rappeller à mes compatriotes que j'avois été avocat civil à Venise.

Tout le monde étoit content de ma pièce, et
mes confrères, habitués à voir la robe ridiculisée
dans les anciennes comédies de l'art étoient satis-
faits du point de vue honorable dans lequel je
l'avois exposée.

Les méchans cependant ne manquèrent pas
d'empoisonner l'intention de l'auteur et l'effet de
l'ouvrage. Il y en avoit un entr'autres qui crioit
tout haut, que ma pièce n'étoit que la critique
des avocats, que mon Protagoniste étoit un être
imaginaire; qu'il n'y en avoit pas un sur le tableau
qui fut capable de l'imiter, et que j'avois montré
un avocat incorruptible pour relever la foiblesse
et l'avidité de tant d'autres en nommant même
ceux qui étoient les plus accrédités par leurs
talens, comme les plus à craindre pour leur probité.

On aura de la peine à croire que l'auteur de la
critique fut de ce même corps respectable; mais
le fait n'est que trop vrai, l'homme audacieux eut
l'imprudence de s'en vanter. Il fut puni par le
mépris universel, et forcé de changer d'état.

Passons bien vite d'une pièce heureuse à une
autre qui ne le fut pas moins; c'est le Feudataire,

en Italien Feudatario, dont le sujet principal est une héritière presomptive d'un fief qui étoit tombé dans des mains étrangères.

Les différends entre la demoiselle et le possesseur de la terre en question, s'arrangent par le mariage de ces deux personnes : mais il y a des incidens fort intéressans, et la pièce est égayée par des caractères et des scènes d'un comique original et nouveau.

C'étoit une provision de ridicules que j'avois faite quelques années auparavant à Sanguinetto, Fief du Comte Leoni, dans le Véronois, lorsque je fus amené par ce seigneur pour y dresser un procès verbal.

Je ne sais pas si cette comédie a autant de mérite que le Père de Famille ; mais elle eut beaucoup de succès, je dois la respecter d'après la décision de mes juges.

Même aventure arriva à la Figlia obbediente (la Fille obéissante) inférieure aussi, à mon avis, au Père de Famille ; elle eut le même succès que la comédie précédente. En cherchant la cause de ce phénomène, je la trouve dans l'agrément du comique, dont les dernières abondent, au lieu que l'autre a son mérite principal dans la critique et dans la morale. Cela prouve qu'en général on aime mieux s'amuser que s'instruire.

Dans cette dernière comédie, le sujet principal n'est pas bien intéressant, car il manque de suspension, la péripétie étant prévue dès le com-

mencement de l'action ; mais ce furent encore les
episodes originales et fort comiques qui firent le
bonheur de la pièce.

Rosaure, l'héroïne de la pièce sacrifie son amour
au respect qu'elle doit a son père. Celui-ci ne
condamne pas l'inclination de sa fille ; mais dans
l'absence de son amant, il l'engage avec un riche
étranger, et il est l'esclave de sa parole.

L'homme à qui Rosaure est destinée par son
père, est d'un caractère si singulier, qu'on l'auroit
trouvé fabuleux, et presqu'impossible, si l'original
n'eut pas été reconnu.

Il n'y avoit rien dans ses extravagances qui put
faire du tort à ses mœurs ni à sa probité ; au contraire, il étoit noble, juste, généreux, mais sa manière d'être, ses conversations par monosyllabes,
ses prodigalités à contre-tems, et ses réflexions
bisarres, quoique sensées, le rendoient fort comique, et faisoient beaucoup parler de lui.

Pouvois-je perdre de vue un pareil original ?
Je le jouai, mais avec décence, et les personnes
qui le connoissoient et qui lui étoient même
attachées, ne purent pas se plaindre de moi.

Un autre personnage moins noble, mais pas
moins comique, contribue à l'agrément de cette
comédie : c'est le père d'une danseuse, glorieux
des richesses de sa fille, fruits, disoit-il, de son
talent, sans porter atteinte à sa vertu.

J'avois été malade à Bologne. Cet homme
venoit me voir dans ma convalescence, il ne me

parloit que des princes, que de rois, que de magnificences, et toujours de la délicatesse de son enfant.

A ma première sortie, j'allai lui rendre visite. Sa fille n'y étoit pas ; il me fit voir son argenterie : voyez, voyez, disoit-il, des plats d'argent, des soupières d'argent, des assiettes d'argent, jusqu'à la chauffrette d'argent, tout est argent chez nous, tout est argent. Falloit-il oublier le père content, la fille heureuse, la vertu récompensée ?

Cette épisode se lie fort bien dans la comédie avec celle de l'Homme extraordinaire, et l'un et l'autre contribuent au bonheur de la fille obéissante, qui épouse son amant à la satisfaction de son père.

Cette pièce fut applaudie, fut suivie, et elle fit la clôture de l'automne en 1751.

CHAPITRE II.

La Suivante généreuse, la Femme de bon sens, les Négocians, les Femmes jalouses, quatre Pièces en trois Actes, et en Prose—Leur Succès —Mon Voyage à Bologne—Heureuse Connoissance contractée avec une Sénateur de cette Ville —Ses Bontés à mon Egard—Les Tracasseries Domestiques, Pièces en trois Actes—Son Succès —Le Poëte Fanatique, Pièce en trois Actes— Son Histoire—Son Jugement—Annonce à Medebac de notre Séparation pour l'Année suivante —Mon Engagement avec le Propriétaire du Théâtre Saint Luc—La Locandiera, Comédie en trois Actes et sans Masques—Son brillant Succès—Convulsions de Madame Medebac— L'Amant Militaire, Pièce en trois Actes—Son Succès—Les Femmes curieuses, Pièce en trois Actes, et la dernière de mon Engagement avec Medebac—Allégorie de cette Comédie—Son Succès—Trois Pièces nouvelles données à Medebac à l'Instant de notre Séparation.

PENDANT les jours de relâche, à cause de la neuvaine de Noël, il arriva une aventure fort heureuse pour Medebac, et agréable aussi pour moi.

Marliani, le Brighella de la compagnie, étoit
marié ; sa femme, qui avoit été danseuse de corde
comme lui, étoit une jeune Vénitienne, fort jolie,
fort aimable, pleine d'esprit et de talens, et montroit d'heureuses dispositions pour la comédie ;
elle avoit quitté son mari pour des étourderies de
jeunesse ; elle vint le rejoindre au bout de trois
ans et prit l'emploi de soubrette, sous le nom de
Coraline, dans la troupe de Medebae.

Elle étoit gentille ; elle jouoit les rôles de soubrette ; je ne manquai pas de m'y intéresser ;
je pris soin de sa personne, et je composai une
pièce pour son début.

Madame Medebac me fournissoit des idées intéressantes, touchantes, ou d'un comique simple et
innocent ; et Madame Marliani, vive, spirituelle,
et naturellement accorte, donnoit un nouvel essor
à mon imagination, et m'encourageoit à travailler
dans ce genre de comédies qui demande de la
finesse et de l'artifice.

Je commençai par la Serva Amorosa ; c'est-à-
dire, par la Suivante généreuse, car l'adjectif
amoureux, amoureuse en Italien, s'applique
aussi bien à l'amitié qu'à l'amour.

Cette pièce eut un succès complet ; Coraline
fut extremement applaudie, mais elle devint sur
le champ une rivale redoutable pour Madame
Medebac.

Il falloit consoler la femme du directeur ; il
falloit soutenir et flatter cette actrice qui avoit été

pendant trois ans, la principale colonne de notre
édifice.

Je mis immédiatement à l'étude une comédie
que j'avois travaillée pour elle : c'étoit la Moglie
saggia (la Femme de bon sens).

Cette pièce fut généralement et constamment
applaudie ; et voilà Madame la directrice guérie
des convulsions que la jalousie lui avoit causées.

J'avois fait briller l'ancienne actrice et l'actrice
nouvelle ; il ne falloit pas oublier Collalto, acteur
aussi excellent, aussi essentiel que ses deux camarades.

Il avoit joué dans les deux Jumeaux il n'avoit
pas réussi aussi bien que Darbes, son prédécesseur
pour lequel la pièce avoit été composée. J'imaginai, pour ce nouvel acteur, un ouvrage à peu
près dans le même genre, lui faisant jouer pantalon
père et pantalon fils dans la même pièce ; le premier sous son masque, l'autre à visage découvert
et tous les deux dans la même costume.

Cette comédie avoit pour titre dans son origine,
I due Pantaloni, les deux pantalons ; mais vu la
difficulté de rencontrer pour l'avenir des acteurs
aussi habiles que Collalto, je changeai ces deux
personnages en la faisant imprimer, et je donnai
le nom de Pancrace au père, et celui de Jacinthe
au fils, faisant parier à l'un et à l'autre le langage
Toscan.

Je gagnai, par ce changement, la facilité de les
faire paroître tous deux en même-tems sur la

scène, rencontre que j'avois évitée, lorsqu'un seul
acteur soutenoit les deux rôles. L'ouvrage y pérd
du côté de la surprise, de voir un seul homme se
transformer en deux personnages différens ; mais
la pièce est toujours la même, et d'après sa nouvelle forme, je l'intitulai I Mercanti (les Négocians).

Cette pièce très heureuse dans son origine,
n'eut pas moins de succès sur plusieurs théâtres
d'Italie, comme on la voit imprimée.

J'étois fort content de la réussite de trois pièces
que j'avois données dans le courant du carnaval ;
mais nous touchions à la fin de l'année comique,
et il falloit faire la clôture avec quelque chose
qui put amuser les personnes qui ne vont au
spectacle que dans les jours gras, sans déplaire à
ceux qui le fréquentent toute l'année.

Je n'avois pas attendu à ce moment là pour y
pourvoir ; il y avoit un mois que j'avois composé
une comédie pour cet objet ; c'étoit le Donne
gelose (les Femmes jalouses) pièce Vénitienne.

Le rôle de Lucrece soutenu par Coraline, fut
rendu avec tant d'énergie et de vérité, que l'ouvrage eut le succès le plus brillant.

Tant pis pour Madame Medebac. La pauvre
femme retomba dans ses convulsions.

Les vapeurs de Madame Medebac réveillèrent
apparemment les miennes, avec cette différence
qu'elle n'étoit malade que d'esprit, et je l'étois
de corps.

Je me ressentois encore, et je me suis ressenti toujours du travail des seize comédies : j'avois besoin de changer d'air, et j'allai rejoindre mes comédiens à Bologne.

Arrivé dans cette ville, je vais dans un café qui est en face de l'eglise de Saint Petrone ; j'entre, personne ne me connoît ; arrive quelques minutes après un seigneur du pays qui, adressant la parole à une table entourée de cinq à six personnes de sa connoissance, leur dit en bon langage Bolonois : mes amis, savez-vous la nouvelle ? On lui demande de quoi il s'agit ; c'est, dit-il, que Goldoni vient d'arriver.

Cela m'est égal, dit l'un. Qu'est-ce que cela nous fait, dit un autre ? Le troisième répond plus honnêtement : je le verrai avec plaisir. Ah, la belle chose à voir ! disent les deux premiers. C'est, répond l'autre, l'auteur de ces belles comédies.... Il est interrompu par un homme qui n'avoit pas encore parlé, et qui crie tout haut: oui, oui, grand auteur ! magnifique auteur, qui a supprimé les masques, qui a ruiné la comédie.... Dans cet instant le docteur Fiume arrive, et dit en m'embrassant : ah, mon cher Goldoni, soyez le bien arrivé.

Celui qui avoit marqué l'envie de me connoître s'approche de moi, et les autres défilent un à un sans rien dire.

Cette petite scène m'amusa beaucoup. Je vis avec plaisir le docteur, qui avoit été quelques

années auparavant mon médecin : je fis des politesses à l'honnête Bolonnois qui avoit quelque
bonne opinion de moi, et nous allâmes tous
ensemble chez M. le Marquis d'Albergati Capacelli, sénateur de Bologne.

Ce seigneur très connu dans la république des
lettres par ses traductions de plusieurs tragédies
Françoises, par de bonnes comédies de sa façon,
et encore plus par le cas qu'en faisoit M. de Voltaire, avoit indépendamment de sa science et de
son génie, les talens les plus heureux pour l'art
de la déclamation théâtrale ; et il n'y avoit pas
en Italie de comédiens, ni d'amateurs qui jouas-
sent comme lui les héros tragiques, et les amoureux
dans la comédie.

Il faisoit les délices de son pays, tantôt à Zola,
tantôt à Medicina, ses terres ; il étoit secondé
par des acteurs et des actrices de sa société, qu'il
animoit par son intelligence et par son expérience ; j'eus le bonheur de contribuer à ses
plaisirs, ayant composé cinq pièces pour son
théâtre, dont je rendrai compte à la fin de cette
seconde partie.

M. d'Albergati eut toujours beaucoup de
bonté et d'amitié pour moi ; j'étois logé chez lui
toutes les fois que j'allois à Bologne, et il ne m'a
pas oublié dans notre éloignement actuel, m'ayant
adressé une de ses comédies, précédée d'une epître
charmante et très honorable pour moi.

Pendant mon séjour à Bologne, je ne perdis

pas mon tems ; je travaillai pour mon théâtre, et
je composai entr'autres une comédie, intitulée I
Pontigli domestici : (Les Tracasseries domestiques,) par laquelle nous fîmes à Venise l'ouverture de l'année comique 1752.

J'avois ramassé le fond de cette pièce dans
plusieurs sociétés que j'avois vu être la dupe de
leur attachement pour leurs domestiques, et j'eus
le plaisir de voir applaudir une morale qui paroissoit très utile pour les familles qui vivent sous le
même toît.

Je passai d'un sujet intéressant à un sujet comique. J'avois vu un homme fort riche qui,
ayant une fille unique, jeune, jolie, et avec dispositions très heureuses pour la poësie, refusoit
de la marier, pour jouir lui tout seul du talent de
cette Muse charmante.

Il tenoit chez lui des assemblées de littérature :
tout le monde y alloit avec plaisir pour la fille ;
mais le père étoit d'un ridicule insoutenable.

Quand la demoiselle débitoit ses vers, cet
homme infatué se tenoit de bout, il regardoit de
droite et de gauche, il faisoit faire silence, il se
fâchoit si on éternuoit, il trouvoit indécent que
l'on prît du tabac, il faisoit tant de mines et de
contorsions, qu'on avoit toutes les peines du
monde à retenir les éclats de rire.

Les vers de la fille achevés, le père étoit le
premier à battre des mains, ensuite il sortoit du
cercle ; et sans égard pour les poëtes, qui réci-

toient leurs ˙ compositions, il alloit derrière la
chaise de tout le monde, disant tout haut et avec
indécence : avez-vous entendu ma fille ? Oh !
qu'en dites-vous ? C'est bien autre chose.

Je me suis rencontré plusieurs fois à de pareilles scènes : la dernière que je vis, finit mal ;
car les auteurs se brouillèrent tout de bon, et
quittèrent la place fort brusquement.

Ce père fanatique vouloit aller à Rome pour
faire couronner sa fille dans le capitole; les parens
l'en empêchèrent, le gouvernement s'en mêla ;
la demoiselle fut mariée malgré lui, et quinze
jours après il tomba malade, et le chagrin le tua.

D'après cette anecdote, je composai une comédie intitulée, le Poëte fanatique, donnant au père
aussi le goût tant bon que mauvais de la poësie
pour répandre plus de gaîté dans la pièce ; mais
cet ouvrage ne vaut pas la Métromanie de Piron ;
au contraire, c'est une de mes plus foibles comédies.

Elle eut cependant quelque succès à Venise,
mais elle le dut aux agrémens dont j'avois étayé
le sujet principal. Collalto jouoit un jeune Im-
provisateur, et plaisoit par les graces de son chant
en débitant ses vers. Le Brighella, domestique,
étoit poëte aussi, et ses compositions et ses im-
promptus burlesques étoient fort amusans ; mais
une comédie sans intérêt, sans intrigue et sans
suspension, malgré ses beautés de détail, ne peut
être qu'une mauvaise pièce.

Pourquoi est-elle donc imprimée ? Parceque les libraires s'emparent de tout, et ne consultent pas même les auteurs vivans.

Arrivé à la neuvaine de Noël de l'année 1751, c'étoit le tems de faire ressouvenir Medebac que nous touchions à la fin de notre engagement, et de le prévenir qu'il ne comptât pas sur moi pour l'année suivante.

Je lui en parlai à l'amiable, sans formalité ; il me répondit très poliment qu'il en étoit fâché, mais que j'étois le maître de mes volontés ; il fit cependant son possible pour m'engager à rester avec lui ; il me fit parler par plusieurs personnes, mais mon parti étoit pris ; et pendant les dix jours de relâche, je m'arrangeai avec son Excellence Vendramini, noble Vénitien, et propriétaire du théâtre Saint Luc.

Je devois encore travailler pour le théâtre Saint Ange jusqu'à la clôture de 1752 ; et je fis si bien mon devoir, que je donnai au directeur plus de pièces qu'il n'y avoit de tems pour les faire jouer, et il lui en resta quelques-unes qu'il fit valoir après notre séparation.

Madame Medebac étoit toujours malade ; ses vapeurs devenoient toujours plus gênantes et plus ridicules ; elle rioit et elle pleuroit tout-à-la-fois ; elle faisoit des cris, des grimaces, des contorsions. Les bonnes gens de sa famille la croyoient ensorcelée : ils firent venir des exorcistes ; elle étoit

chargée de reliques, et jouoit et badinoit avec ces
monumens pieux comme un enfant de quatre ans.

Voyant la première actrice hors d'état de s'exposer sur la scène, je fis, à l'ouverture du Carnaval,
une comédie pour la soubrette. Madame Medebac se fit voir debout et bien portante le jour de
Noël ; mais quand elle sut qu'on avoit affiché pour
le lendemain la Locandiera, pièce nouvelle faite
pour Coraline, elle alla se remettre dans son lit,
avec des convulsions de nouvelle invention, qui
faisoient donner au diable sa mère, son mari, ses
parens et ses domestiques.

Nous ouvrimes donc le spectacle le 26 Décembre, par la Locandiera ; ce mot vient de Locanda,
qui signifie, en Italien, la même chose qu'hôtel
garni en François. Il n'y a pas de mot propre,
dans la langue Françoise, pour indiquer l'homme
ou la femme qui tiennent un hôtel garni. Si on
vouloit traduire cette pièce en François, il faudroit
chercher le titre dans la caractère, et ce seroit,
sans doute, la Femme adroite.

Le succès de cette pièce fut si brillant qu'on la
mit au pair, et au dessus même, de tout ce que
j'avois fait dans ce genre, où l'artifice supplée à
l'intérêt.

On ne croira peut-être pas, sans la lire, que les
projets et les démarches et le triomphe de la Locandiera soient vraisemblables dans l'espace de
vingt-quatre heures.

On m'a flatté peut-être en Italie ; mais on m'a
fait croire que je n'avois rien fait de plus naturel
et de mieux conduit, et qu'on trouvoit l'action parfaitement soutenue, et complette.

D'après la jalousie que les progrès de Carolina
produisoit dans l'ame de Madame Medebac, cette
dernière pièce auroit du l'enterrer ; mais comme
ses vapeurs étoient d'une espèce singulière, elle
quitta le lit deux jours après, et demanda qu'on
coupât le cours des représentations de la Locandiera, et qu'on remît au théâtre Pamela.

Le public n'en étoit pas plus content ; mais le
directeur ne crut pas devoir s'opposer au desir de
sa femme, et Pamela reparut sur le théâtre, après
la quatrième représentation d'une pièce heureuse
et nouvelle. Ce sont des petites galanteries qui
arrivent presque par-tout où le despotisme se
moque de la raison. Pour moi, je n'avois rien à
dire ; il s'agissoit de deux de mes filles ; et j'étois
tendre père de l'une comme de l'autre.

Après quelques représentations de Pamela, je
parlai à mon tour, et je fis voir au directeur que
nous avions des comédies nouvelles à donner, et
qu'il ne falloit pas satisfaire les caprices aux dépens de son intérêt.

Je fus écouté, et nous donnâmes la première représentation de l'Amant Militaire, que j'imaginai
d'après les connoissances que j'avois acquises dans
les deux guerres de 1732 et de 1740.

Cette comédie eut tout le succès qu'elle pouvoit

avoir, elle fut mise par le public dans la classe des
pièces heureuses.

En voici une autre qui s'éleva encore plus haut,
et dans laquelle Rosaure et Coraline jouoient des
rôles presque égaux, sans pouvoir décider laquelle
des deux étoit la plus applaudie. C'étoit le Donne
curiose, (les Femmes curieuses) pièce qui, sous
un titre bien caché, bien déguisé, ne représentoit
qu'une loge de Francs-Maçons.

Elle fut extrêmement applaudie. Les étrangers
en reconnurent le fond sur le champ, et les Vénitiens disoient que si Goldoni avoit deviné le
secret des Francs-Maçons, on auroit tort en Italie
d'en défendre les assemblées.

Les Femmes curieuses firent la clôture de l'année
comique, et ce fut la dernière pièce de mon engagement avec Medebac.

J'en avois trois autres que j'avois composées
d'avance, pour qu'il n'en manquât pas, et je les
lui donnai de bonne foi à l'instant de notre séparation.

La première étoit la Gastalda, pièce en trois
actes. La Gastalda est tantôt la concierge d'une
maison de campagne, tantôt la jardinière, tantôt
la femme du régisseur, et quelquefois ce n'est
que la femme de basse-cour.

La deuxième, intitulée le Contre-tems, ou le
Bavard imprudent, comédie en trois actes, est une
école sans prétention, mais très utile pour prévenir les dangers de l'imprudence et du bavardage;

car Octave, homme d'un certain mérite, et qui ne manque pas d'esprit, perd sa fortune par ses propos inconsidérés, et par des échappées à contre tems.

La troisième, la Femme vindicative, pièce en trois actes, est un petit trait de vengeance de l'auteur lui-même. Coraline très piquée de me voir partir, et voyant l'inutilité de ses démarches pour m'arrêter, me jura une haine éternelle.

Je lui fis la galanterie de lui destiner le rôle de la Femme vindicative ; elle ne le joua pas ; mais j'étois bien aise de répondre à la vivacité de sa colère, par une douce et honnête plaisanterie.

CHAPITRE III.

*Mon Passage du Théâtre Saint Ange à celui de
Saint Luc.—Mes nouvelles Conditions.—Fa-
natisme du Mari de la première Actrice.—
Prétentions ridicules de Medebac et de mon
Libraire.—Mon Voyage en Toscane.—Edition
de mon Théâtre à Florence.—Défense de mon
Edition à Venise.—L'Avare jaloux, Comédie
en trois Actes, en Prose.—Son médiocre Succès.
Propos de mes Adversaires.—La Femme légère,
Comédie en trois Actes, en Prose.—Sa Chute.—
Réflections sur l'Evènement de ces deux Pièces.
—L'Epouse Persanne, Comédie en cinq Actes,
en Vers et sans Changemens de Décorations.—
Son brillant Succès.—Entêtement du Mari de
la première Actrice.—Sa Colère et sa Résolu-
tion.—Hircana à Julfa, Suite de l'Epouse Persanne.—Son Succès.—Hircana à Hispahan,
dernière Suite de l'Epouse Persanne.—Son
Succès.*

JE passai du théâtre Saint Ange à celui de Saint
Luc : il n'y avoit pas là de directeur ; les comédiens partageoient la recette, et le propriétaire de la
salle qui jouissoit du bénéfice des loges, leur fai-

soit des pensions à proportion du mérite ou de l'ancienneté.

C'étoit à ce patricien que j'avois à faire ; c'étoit à lui que je remettois mes pièces, qui m'étoient payées sur le champ, et avant la lecture ; mes émolumens étoient presque doublés : j'avois liberté entière de faire imprimer mes ouvrages, et point d'obligation de suivre la troupe en Terre-Ferme : ma condition étoit devenue beaucoup plus lucrative, et infiniment plus honorable.

Mais y a-t-il dans le monde d'états heureux qui ne soient accompagnés de quelque désagrément ? La première actrice de la troupe touchoit à l'âge de cinquante ans. On venoit de recevoir une Florentine charmante, mais c'étoit pour l'emploi de seconde ; et je courois le risque d'être obligé de donner les rôles de charge à la jeune, et ceux d'amoureuse à la surannée.

Madame Gandini qui étoit la première, avoit assez de bon sens pour se rendre justice ; mais son mari déclara hautement qu'il ne souffriroit pas qu'on fît aucun tort à sa femme ; et le propriétaire du théâtre qui avoit le droit de parler en maître, n'osoit pas renvoyer deux anciens personnages qui avoient été très utiles à la compagnie.

Je parlai en particulier à M. Gandini ; je lui demandai combien de tems il croyoit que son épouse pût jouir de son état et de ses profits. Ma femme, dit-il, peut encore briller sur le théâtre pendant dix ans ; eh bien, lui dis-je, j'ai la parole

du maître; je vais assurer à Madame Gandini la
pension, et la part entière pour l'espace de dix
années ; je vous promets de mon côté de la faire
travailler, de la faire applaudir; mais laissez-moi
libre de l'employer à ma fantaisie. Non, Monsieur,
me répondit-il brusquement ;. ma femme est première actrice, et je me ferai péndre plutôt que de
la voir dégradée ; il me tourna le dos assez vilaine-
ment.   Je jurai que je tromperois : vous verrez
à la troisième pièce de cette année, si je tins parolé.

La troupe dévoit aller passer le printems, et l'été
à Livourne ; je comptois rester à Venise, et mon
premier soin fut celui de mon edition.. Le libraire
Bettinelli avoit publié les deux premiers volumes
de mon théâtre; j'allai donc lui apporter le
manuscrit du troisième ; mais quel fut mon étonnement, lorsque cet homme flegmatique me dit
tout bonnement, et d'un sang-froid glacial, qu'il
ne pouvoit plus recevoir de moi mes originaux,
qu'il les tenoit de la main de Medebac, et que
c'étoit pour le compte de ce comédien qu'il alloit
continuer l'edition.

Revenu de ma surprise, et faisant succéder le
calme à l'indignation : mon ami, lui dis-je, prenez-
y garde, vous n'êtes pas riche, vous avez des enfans, n'allez pas vous perdre, ne me forcez pas à
vous ruiner ; il insiste.

Bettinelli à qui j'avois consenti, trop légèrement peut-être, qu'on donnât le privilege de l'impression de mes œuvres, avoit été gagné par de

l'argent ; et j'avois à combattre contre le directeur qui me disputoit la propriété de mes pièces,
et contre le libraire qui étoit en possession de la
faculté de les publier.

J'aurois gagné sans doute mon procès, mais
il falloit plaider, et la chicane est la même par-
tout : je pris le parti le plus court ; j'allai à
Florence sur le champ ; je recommençai une nouvelle edition ; je laissai Medebac et Bettinelli en
liberté d'en faire une à Venise, mais je publiai un
prospectus qui les terrassa l'un et l'autre, car je
proposois des changemens et des corrections.

Je fus addressé à Florence à M. Paperini, imprimeur très accrédité et très honnête homme ;
nous fîmes nos conventions en deux heures de
tems, et dans le mois de Mai de l'année 1753,
nous mîmes le premier volume sous la presse.
Cette heureuse edition de dix volumes in-octavo,
faite par souscription et à mes frais, fut portée à
dix-sept cens exemplaires, et à la publication
du sixième volume, elle étoit remplie.

J'avois cinq cens souscripteurs à Venise, et on
avoit défendu l'entrée de mon edition dans les
états de la république : cette proscription de
mes œuvres dans ma patrie paroîtra singulière,
mais, c'étoit une affaire de commerce ; Bettinelli
avoit trouvé des protecteurs pour faire valoir son
privilege exclusif, et le corps des libraires lui prê-
toit la main, parcequ'il s'agissoit d'une edition
étrangère.

Cependant malgré la défense et malgré les précautions de mes adversaires, toutes les fois qu'un
de mes volumes sortoit de la presse, il en partoit
cinq cens exemplaires pour Venise ; on avoit
trouvé sur les rives du Po un asyle pour les dé-
poser ; une compagnie de nobles Vénitiens alloit
chercher la contrebande aux confins, l'introduisoit
dans la capitale, et en faisoit la distribution à la
vue de tout le monde ; car le gouvernement ne se
méloit pas d'une affaire qui étoit plus ridicule
qu'intéressante.

Etant à Florence, et mes nouveaux comédiens
à Livourne, j'allois de tems en tems les voir, et je
remis entre les mains du premier amoureux deux
comédies que j'avois composées malgré l'occupation fatiguante et assidue de mon edition.

Nous nous rencontrâmes tous à Venise au commencement du mois d'Octobre, et nous y donnâmes pour première pièce nouvelle, l'Avaro
geloso, (l'Avare jaloux).

Je peignis le Protagoniste de cette pièce d'après
nature : on me fit son portrait et son histoire à
Florence, où cet homme existoit à la honte de
l'humanité : il étoit chargé de deux vices également odieux, mais qui par le contraste de ses passions, le mettoient dans des positions comiques.

Il est très plaisant de voir un mari excessivement jaloux, recevoir lui-même un cabaret d'argent avec du chocolat, un flacon d'or avec de
l'eau de santé, et tourmenter ensuite sa femme,

qui, disoit-il, avoit donné motif à ses adorateurs
de lui faire des présens.

La méchanceté de sa caractère est faite pour ré-
volter ; cependant la pièce se seroit soutenue, si
l'acteur chargé du rôle n'eût pas été aussi dis-
gracié de la nature, et aussi peu estimé du public
qu'il étoit.

Je crus bien faire, en choisissant pour un rôle
méchant, un homme qui ne l'étoit pas mal lui-
même, et je crus que sa maigreur, sa mauvaise
mine et sa voix cassée conviendroient à ce caractère ; je me trompai : je donnai quelque tems
après le même rôle à Rubini qui étoit le pantalon
de la troupe, et cette pièce qui étoit tombée à son
début, devint par la suite une des pièces favorites
de cet acteur excellent.

Mes ennemis n'étoient pas fâchés du triste
événement de ma première pièce, et les partisans
du théâtre Saint Ange disoient avec une espece
de joie, que je me repentirois d'avoir quitté une
compagnie qui faisoit valoir mes ouvrages.

Tous ces propos ne m'inquiétoient pas ; j'étois
sûr de les faire taire à ma troisième pièce ; mais
je craignois infiniment pour la seconde que j'allois
donner.

C'étoit la Donna di testa debole, ou la Vedova in-
fatuata : (la Femme legère, ou la Veuve infatuée).

La pièce tomba à la première représentation, je
l'avois prévu, et je vis malheureusement mon pro-
nostique vérifié.

Je m'étois apperçu trop tard des circonstances
qui étoient défavorables pour moi et pour mes
comédiens.   Ceux-ci n'étoient pas encore suffisamment instruits dans la nouvelle méthode de
mes comédies ; je n'avois pas eu le tems de leur
insinuer ce goût, ce ton, cette manière naturelle
et expressive qui avoient formés les comédiens du
théâtre Saint Ange.

. Autre circonstance encore plus remarquable.
La salle de Saint Luc étoit beaucoup plus vaste ;
les actions simples et délicates, les finesses, les
plaisanteries, le vrai comique y perdoient beaucoup.

On pouvoit se flatter qu'avec le tems, le public
se prêteroit au local, et écouteroit avec plus d'attention les pièces régulières et d'après nature ;
mais il eût fallu en imposer d'abord par des sujets
vigoureux, par des actions, qui sans être gigan-
tesques, s'élevassent au-dessus de la comédie ordinaire.

C'étoit mon premier projet ; mais mon edition
ne m'avoit pas laissé le maître de ma volonté, je
me fis qu'à ma troisième pièce ce coup d'éclat, cet
effort d'imagination qui étoit nécessaire pour m'in-
staller avec honneur dans la nouvelle salle où je
devois avancer la réforme et soutenir ma réputation.

. D'après l'objet que je m'étois proposé, je cherchai un argument qui pût me fournir du comique,
de l'intérêt et du spectacle.

J'avois parcouru l'histoire des peuples modernes
de Salmon, traduite l'Anglois en Italien ; ce n'est
pas là que je trouvai la fable qui forme le sujet de
la pièce que j'avois projetée ; mais c'est dans ce
livre instructif, exact et intéressant que je puisai
les loix, les mœurs et les usages des Persans ; et
c'est d'après les détails de l'auteur Anglois, que
je composai une comédie intitulée, la Sposa Per-
siana, (l'Epouse Persanne).

Le sujet de cette pièce n'est pas héroïque ;
c'est un riche financier d'Isaphan, appellé
Machmout, qui engage et force Thamas, son fils, à
épouser, malgré lui, Fatima la fille d'Osman,
officier gradué dans les armées du Sophi. C'est
ce qu'on voit tous les jours dans nos pièces ; une
demoiselle fiancée à un jeune homme qui a le
cœur prévenu pour une autre.

Cependant, les noms de Fatima, de Machmout,
de Thamas, commencent déjà à prévenir le
public de quelque chose d'extraordinaire ; et le
sallon du financier meublé d'un sopha et de cous-
sins à la Mahométanne, les vêtemens et les turbans
dans le costume oriental, annoncent une nation
étrangère ; et tout ce qui est étranger doit exciter
la curiosité.

Mais voici ce qui éloigne encore davantage
cette pièce Asiatique de nos comédies ordinaires ;
il y a, dans la maison de Machmout, un sérail
pour lui, et un pour son fils ; arrangement bien
différent des usages d'Europe, où le père et le fils

peuvent avoir plus de maitresses qu'on n'en a en
Perse, mais point de sérail.

Thamas a dans le sien une esclave Circassienne,
appellée Hircana, à laquelle il est tendrement attaché, et qui, orgueilleuse dans sa servitude, prétend que son amant et son maître ne partage point
ses faveurs avec d'autres femmes, pas même avec
celle que son père lui a destinée pour épouse.

Voilà encore un caractère nouveau pour nos
climats; car, en France comme en Italie, une
maitresse ne s'opposeroit pas à ce que son ami
contractât une liaison de bienséance et de convenance, pourvu qu'il continuât de la voir, ou
qu'il lui fît un état pour la consoler dans son affliction.

Cette comédie eut le plus grand succès; elle
fut jouée pendant si long tems, que les curieux
eurent le tems de la transcrire, et elle parut imprimée, sans date, quelque tems après.

Je dois les agrémens que me procura cette pièce
à Madame Bresciani, qui jouoit le rôle d'Hircana;
c'étoit pour elle que je l'avois imaginée et travaillée. Gandini ne vouloit pas qu'on empiétât
sur l'emploi de sa femme; il auroit en raison, si
Madame Gandini n'eût pas touché à sa cinquant-
aine; mais, pour éviter les disputes, je fis un rôle
à la seconde amoureuse, qui l'emporta sur celui de
la première.

Je fus bien récompensé de ma peine: il n'est
pas possible de rendre une passion vive et inté-

ressante avec plus de force, plus d'énergie, plus de vérité que Madame Bresciani n'en fit paroître dans ce rôle important.

Cette actrice qui ajoutoit à son esprit et à son intelligence, les agrémens d'une voix sonore et d'une prononciation charmante, fit tant d'impression dans cette heureuse comédie, qu'on ne la nomma depuis que par le nom d'Hircana.

L'intérêt que le public prenoit au rôle d'Hircana, pouvoit faire douter que j'eusse manqué le titre de la pièce, ou que j'eusse porté atteinte à l'action principale. Fatima en est cependant le Protagoniste, et Hircana l'Antagoniste ; mais l'illusion n'y étoit pas, et une esclave de vingt-cinq ans l'emportoit sur une epouse de cinquante.

Ce public attaché toujours à la charmante Circassienne, étoit fâché de la voir partir avec un soupir, et auroit voulu savoir où elle étoit allée, ét ce qu'elle étoit devenu : on me demandoit la suite de l'Epouse Persanne, et ce n'étoit pas l'Epouse qui intéressoit les curieux.

J'aurois bien voulu les contenter, mais je ne le pouvois pas ; Gandini étoit piqué contre le public et contre moi : je l'avois trompé, disoit-il, je lui avois joué un tour pendable ; j'avois eu l'art diabolique de sacrifier sa femme, sans qu'il pût s'en appercevoir.

Mon intention n'étoit pas de lui faire du tort ; je voulois le forcer d'accepter le parti avantageux

que je lui avois proposé, et c'étoit lui rendre service malgré sa brutalité.

Obstiné plus que jamais, cet homme déraisonnable alla prévenir le propriétaire du théâtre, que
sa femme ne joueroit pas dans la suite de l'Epouse
Persanne dont il avoit entendu parler. Son excellence Vendramini le reçut fort mal : le comédien
ne pouvant pas exhaler sa colère contre son supérieur, mit en pièces sa montre, la jetta en partant
contre une porte vitrée, et il cassa les vitres dans
tous les sens du proverbe.

Mais il fit encore pis, il alla chez le ministre de
Saxe qui cherchoit des comédiens pour le roi
auguste de Pologne : il s'engagea avec sa femme
pour Dresde, et l'un et l'autre disparurent sans
rien dire ; personne ne les regretta, et moi encore
moins que les autres, car je restai libre de travailler à ma fantaisie, et je contentai mes compatriotes en leur donnant cette suite qu'ils avoient
tant desiré.

J'intitulai la seconde pièce de ce même sujet,
Hircana à Julfa : Julfa ou Zulfa est une Ville à
une lieue d'Ispahan, et habitée par une colonie
d'Arméniens que Scak-Abas avoit fait venir en
Perse pour l'utilité du commerce.

Hircana forcée de sortir d'Ispahan, prend le parti
d'aller à Julfa où à la fin Thamas lui offre sa main.

Elle est au comble de sa joie. Les voilà contens
l'un et l'autre, et le public me remercie avec des

claquemens réitérés d'avoir achevé la catastrophe
d'Hircana d'une manière satisfaisante.

Mais on entendoit dire ce même public le lendemain ; cette épouse de Thamas sera-t-elle heureuse ? Machmout pardonnera-t-il à son fils tous
les désagrémens qu'il lui a fait essuyer ? Voudra-
t-il recevoir une femme qui a mis dans la maison
le trouble et la désolation ?

Le roman, disoit-il, étoit bien avancé, mais il
n'étoit pas fini. Je le voyois aussi, et je l'avois
prévu si bien, que j'avois une troisième pièce toute
arrangée dans mon imagination ; je la donnai l'année suivante sous le titre d'Hircana à Ispahan, et
elle fut si heureuse, qu'elle surpassa les deux
autres, soutenant toujours le même intérêt, et ne
laissant plus rien à desirer aux partisans de la Circassienne.

Hircana à Ispahan troisième comédie Persanne
neparut sur la scène qu'un an après la seconde,
et trois ans après la première ; mais j'ai cru devoir
les placer ici l'une après l'autre, pour présenter
tout-à-la-fois à mon lecteur l'ensemble de trois
actions différentes sur le même sujet.

L'heureux succès de cette pièce a surpassé
celui des deux précédentes.

CHAPITRE IV.

La Soubrette Femme d'Esprit, Comédie en trois Actes, en Prose—Son médiocre Succès—Le Philosophe Anglois, Comédie en cinq Actes, en Vers, sans Changement de Décoration—Son brillant Succès—La Mère tendre, Comédie en trois Actes, en Prose—Son Succès—Les Cuisinières Vénitiennes, Comédie en cinq Actes et en Vers—Lettre de mon Frère—Son Arrivée a Venise avec ses Enfans—Ma Maladie à Modene—Mes Vapeurs à Milan—La Partie de Campagne, Pièce en trois Actes, en Prose—Son Succès—La Femme forte, Pièce en cinq Actes et en Vers—Son heureux Succès—L'aimable Vieillard, Pièce en trois Actes et en Prose—Sa Chute—Méchanceté de mes Adversaires—Le Bal Bourgeois, Pièce en cinq Actes et en Vers—Effet admirable de cette Comédie.

IL faut revenir à l'année 1753, dont je m'étois éloigné pour ne pas interrompre la suite des trois Persannes.

Après la première de ces trois pièces orientales, j'en donnai une bourgeoise en trois actes et en prose, intitulée la Cameriera brillante : on emploie

différemment en Italie l'adjectif brillant ; c'est en
François, *la Soubrette, Femme d'esprit.*

Elle étoit fort applaudie ; mais les vers de
l'Epouse Persanne avoient tourné la tête à tout
le monde : le Public demandoit des vers : il fallut le contenter, et je donnai dans le Carnaval
suivant, il Filosofo Inglese, (le Philosophie Anglois).

Le théâtre représente un carrefour dans la ville
de Londres avec deux boutiques dont l'une est un
café, l'autre un magasin de livres.

On débitoit alors en Italie la traduction du
Spectateur Anglois, feuille périodique qu'on voyoit entre les mains de tout le monde.

Les femmes, qui pour lors à Venise ne lisoient
pas beaucoup, prirent du goût pour cette lecture,
et commençoient à devenir philosophes : j'étois
enchanté de voir mes chères compatriotes admettre
l'instruction et la critique à leurs toilettes, et je
composai la pièce en question.

Je voulois bien satisfaire le public et le rassasier
de vers, mais la prose avoit aussi ses partisans.
Il falloit contenter les uns sans dégoûter les
autres ; et je donnai pour les amateurs de la vraie
comédie, la Madre amorosa, (la Mère tendre),
pièce en trois actes et en prose.

Elle eut un succès bien marqué ; les femmes
étoient glorieuses de la vertu de la mère tendre, et
il n'y en avoit pas une, peut-être, qui eut le courage de l'imiter.

Nous n'étions pas loin de la clôture ; il falloit amuser le public, et le remercier d'avoir accordé son suffrage à la pièce que je venois de donner.

Je crus que le Massaere, (les Cuisinières) comédie Vénitienne, pourroient remplir mes vues. Je la donnai avec confiance, et je n'eus pas à me repentir.

Le sujet de cette pièce est pris dans le plus bas ordre de la société civile ; mais la nature offre dans tous les états des citoyens intéressans, et des défauts à corriger.

La pièce dont il s'agit est plus amusante qu'instructive. Les Cuisinières de Venise doivent avoir par privilege incontestable un jour libre dans le courant du carnaval, pour l'employer uniquement à se divertir ; et les femmes de cet état renonceroient aux meilleures conditions, plutôt que de perdre le droit de cette journée.

Tout ce qu'il y a de plus intéressant, ce sont les critiques et les médisances des cuisinières, sur le compte des mauvais ménages. La morale qui ne gagneroit rien sur les servantes, devient très utile pour la correction des maitresses.

Au commencement de l'année 1754, je reçus une lettre de mon frère. Il y avoit douze ans que je n'en avois pas eu de nouvelles ; il m'en donnoit tout-à-la-fois depuis la bataille de Veletri, où il s'étoit trouvé à la suite du duc de Modene, jusqu'au jour qu'il a trouvé bon de m'écrire.

Sa lettre étoit de Rome ; il s'étoit marié dans cette ville à la veuve d'un homme de robe. Il avoit deux enfans ; un garçon de huit ans, et une fille de cinq : sa femme étoit morte : il s'ennuyoit beaucoup dans un pays où les militaires n'étoient ni utiles ni considérés, et il desiroit se rapprocher de son frère, et lui présenter les deux rejettons de la famille Goldoni.

Bien loin d'être piqué d'un oubli et d'un silence de douze années, je m'intéressai sur le champ à ces deux enfans, qui pouvoient avoir besoin de mon assistance : j'invitai mon frère à revenir chez moi ; j'écrivis à Rome pour qu'on lui fournît l'argent dont il pouvoit avoir besoin ; et dans le mois de Mars de la même année, j'embrassai, avec une véritable satisfaction, ce frère que j'avois toujours aimé, et mes deux neveux que j'adoptai comme mes enfans.

Ma mère qui vivoit encore, fut très sensible au plaisir de revoir ce fils qu'elle ne comptoit plus au nombre des vivans ; et ma femme dont la bonté et la douceur ne se démentirent jamais, reçut ces deux enfans comme les siens, et prit soin de leur éducation.

Entouré de ce que j'avois de plus cher, et content du succès de mes ouvrages, j'étois l'homme du monde le plus heureux, mais j'étois extrêmement fatigué. Je me ressentois encore du travail immense qui m'avoit occupé pour le théâtre Saint Ange, et les vers auxquels j'avois mal adroité-

ment accoutumé le public, me coûtoient infiniment plus que la prose.

Mes vapeurs m'attaquèrent avec plus de violence qu'à l'ordinaire. La nouvelle famille que
j'avois chez moi me rendoit la santé plus que
jamais nécessaire, et la peur de la perdre augmentoit mon mal. Il y avoit dans mes accès autant
de physique que de moral; tantôt c'étoit l'humeur
exaltée qui échauffoit l'imagination, tantôt c'étoit
l'appréhension qui dérangeoit l'économie animale;
notre esprit tient si étroitement à notre corps, que
sans la raison qui est le partage de l'ame immortelle, nous ne serions que des machines.

Dans l'état où j'étois, j'avois besoin d'exercice et de distraction. Je pris le parti de faire un
petit voyage, et j'amenai toute ma famille avec moi.

Arrivé à Modene, je fus attaqué d'une fluxion
de poitrine. Tout le monde craignoit pour moi,
je ne craignois rien : voilà comme j'ai été toute
ma vie. Beaucoup de courage quand j'étois en
danger, et des craintes ridicules quand je me portois bien.

Je m'étois bien tiré de ma maladie et de ma
convalescence, mais je n'avois pas eu le tems de
m'amuser. Mes comédiens étoient à Milan ;
j'allai les rejoindre, toujours avec ma femme, mon
frère et mes deux enfans ; je ne craignois pas la
dépense, mon édition alloit au mieux, l'argent me
venoit de tous les côtés, et l'argent n'a jamais fait
longue station chez moi.

On avoit donné à Milan l'Epouse Persanne, elle avoit eu le même succès qu'à Venise ; j'étois comblé d'éloges, de politesses, de présens. Ma santé alloit se rétablir, mes vapeurs s'étoient dissipées, je menois une vie délicieuse ; mais ce bonheur, ce bien-être, cette tranquillité, ne furent pas de longue durée.

Les comédiens du théâtre Saint Luc avoient fait l'acquisition d'un excellent acteur, appellé Angeleri, qui étoit de la ville de Milan, et qui avoit un frère dans la robe, et des parens très estimés dans la classe de la bourgeoisie.

Cet homme étoit vaporeux, et j'avois eu à Venise plusieurs conversations avec lui sur les extravagances de nos vapeurs.

Je le rencontre à mon arrivée à Milan ; je le trouve pire que jamais ; il étoit combattu par l'envie de faire connoître la supériorité de son talent, et par la honte de paroître sur le théâtre de son pays. Il souffroit infiniment de voir ses camarades applaudis, et de n'avoir pas sa part des applaudissemens du public. Ses vapeurs augmentoient tous les jours, et les entretiens que j'avois avec lui réveilloient les miennes.

Il cede enfin à la violence de son génie ; il s'expose au public ; il joue, il est applaudi, il rentre dans la coulisse, et tombe mort dans l'instant.

La scène est vuide, les acteurs ne paroissent point, la nouvelle se répand peu-à-peu, elle parvient jusqu'à la loge où j'étois. O ciel ! Angeleri

est mort ! mon camarade de vapeurs ! Je sors
comme un forcené ; je vais sans savoir où j'allois.
Je me trouve chez moi sans avoir vu le chemin
que j'avois fait. Tout mon monde s'apperçoit de
mon agitation, on m'en demande la cause ; je crie
à plusieurs reprises Angeleri est mort, et je me
jette sur mon lit.

Ma femme qui me connoissoit, tâcha de me
tranquilliser, et me conseilla de me faire saigner.
Je crois que j'aurois bien fait si j'avois suivi son
conseil ; mais au milieu des fantômes qui m'étouffoient, je reconnoissois ma bêtise, et j'étois honteux d'y avoir succombé.

Malgré la raison que je rappellois à mon secours,
la révolution avoit été si forte dans mon individu,
qu'elle me coûta une maladie, et j'eus plus de
peine à guérir l'esprit que le corps.

Le Docteur Baronio, qui étoit mon médecin,
après avoir employé tous les secours de son art,
me tint un jour un discours qui me guérit totale-
ment. Regardez votre mal, me dit-il, comme un
enfant qui vient vous attaquer une épée nue à la
main. Prenez-y garde, il ne vous blessera pas ;
mais si vous lui présentez la poitrine, l'enfant vous
tuera.

Je dois à cet apologue ma santé ; je ne l'ai
jamais oublié. J'en ai eu besoin à tout âge ; ce
maudit enfant me menace encore par fois, et il me
faut faire des efforts pour le désarmer.

Pendant ma convalescence à Modene, et dans

les intervalles de mes vapeurs à Milan, je ne perdis pas de vue mon théâtre. Je revins à Venise avec assez de matériaux pour l'année comique 1754, et je fis l'ouverture par une pièce intitulée, la Villeggiatura, (la Partie de campagne).

J'avois parcouru sur ma route plusieurs de ces maisons de campagne qui bordent la Brenta, où le luxe déploie son faste.

C'est là où nos ancêtres n'alloient que pour recueillir leurs biens, qu'on va aujourd'hui pour le dissiper. C'est à la campagne où l'on tient gros jeu, table ouverte, et où l'on donne des bals, des spectacles, et c'est-là où la cicisbéature Italienne, sans gêne et sans contrainte, fait plus de progrès que par-tout ailleurs.

Je traçai quelque tems après ces différens tableaux dans trois pièces consécutives.

Il n'y a point d'intérêt dans cette première comédie ; mais les détails de la galanterie sont très amusans, et les différens caractères des personnages produisent un comique saillant, et une critique très vraie et très piquante. Mon but a été deviné et applaudi, et la pièce quoiqu'en prose, eut plus de succès que je ne l'aurois imaginé.

Je voyois cependant qu'il ne falloit pas abuser de l'indulgence du public, et j'en donnai une bientôt en cinq actes et en vers, intitulée la Donna forte, (la Femme forte). Ce n'est pas celle de l'écriture ; mais c'en est une qui pourroit servir d'exemple à bien d'autres.

Cette pièce eut beaucoup de succès, et les connoisseurs m'ont assuré qu'elle auroit réussi aussi bien en prose qu'en vers ; car le fond, la marche, l'intrigue, la morale, tout étoit bon à leur avis, et le dénouement l'emportoit sur le reste.

Nous achevâmes l'automne avec la Femme forte, et je préparai pour le carnaval une comédie en prose, dont l'argument ne me paroissoit pas susceptible de vers. C'étoit il Vecchio bizzarro, ce mot bizzarro, se prend quelquefois en Italien pour capricieux, fantasque, et même pour extravagant, comme en François ; mais on l'emploie encore plus souvent comme synonime de gai, amusant, brillant ; et la traduction la plus propre pour mon Vecchio bizzarro, c'est l'aimable Vieillard.

Je m'étois souvenu du Cortésan Vénitien que j'avois donné quinze ans auparavant au théâtre Saint Samuel, et que le pantalon Golinetti avoit rendu avec tant de succès, et j'avois envie de composer une pièce dans le même genre pour Rubini qui jouoit le pantalon sur le théâtre Saint Luc.

Mais Golinetti étoit un jeune homme, et Rubini avoit au moins cinquante ans ; et comme je voulois l'employer dans cette pièce à visage découvert, il falloit adapter le rôle à son âge.

Les hommes qui ont été aimables dans leur jeunesse, le sont aussi à proportion dans leur vieillesse, et Rubini en étoit la preuve lui-même, étant aussi agréable sur la scène, que charmant dans la société.

Je crus que cette comédie Vénitienne auroit dû avoir pour le moins, le même succès que le Cortésan, mais je me trompai horriblement. Rubini qui n'avoit jamais joué sans masque, se trouva si géné, si embarrassé, qu'il n'avoit plus ni grace, ni esprit, ni sens commun. La pièce tomba de la manière la plus cruelle et la plus humiliante pour lui et pour moi ; l'on eut de la peine à l'achever, et quand on baissa la toile, les sifflets partoient de tous côtés.

Je me sauvai bien vîte de la salle, pour éviter les mauvais complimens ; j'allai à la Redoute. Je me jettai, caché sous mon masque, dans la foule qui s'y rassemble à la sortie des spectacles, et j'eus le tems et la commodité d'entendre les éloges que l'on faisoit de moi et de ma pièce.

Je parcourus les salles de jeu, je voyois des cercles par tout, et par tout on parloit de moi. Goldoni a fini, disoient les uns, Goldoni a vuidé son sac, disoient les autres. Je reconnus la voix d'un masque qui parloit du nez, et qui disoit tout haut : le porte-feuille est épuisé. On lui demande quel étoit le porte-feuille dont il parloit ; ce sont des manuscrits, dit il qui out fourni à Goldoni tout ce qu'il a fait jusqu'aujourd'hui. Malgré l'envie que l'on avoit de rire de moi, tout le monde se mît à rire du nazard. Je cherchois les critiques, et je ne rencontrois que de l'ignorance et de l'animosité.

Je rentre chez moi, je passe la nuit, je cherche le moyen de me venger des rieurs ; je le trouve enfin, et je commence au lever du soleil une comédie en cinq actes et en vers, intitulée il Festino (le Bal bourgeois).

J'envoyois acte par acte au copiste. Les comédiens apprenoient leurs rôles à mesure ; le quatorzième jour elle fut affichée, et elle fut jouée le quinzième. C'étoit bien là le cas de l'axiôme facit indignatio versus.

Le fond de la pièce est encore un sujet de Cicisbéature. Un mari force sa femme à donner un bal à sa cicisbée. Je ménageai dans un sallon contigu à celui de la danse, une assemblée de danseurs fatigués.

Je fais tomber la conversation sur le Vecchio bizzarro. Je fais répéter tous les propos ridicules que j'avois entendus à la Redoute ; je fais parler les personnages pour et contre, et ma défense est approuvée par les applaudissemens du public.

On voyoit que Goldoni n'avoit pas fini, que son sac n'étoit pas vuidé, que son porte-feuille n'étoit pas épuisé.

Ecoutez-moi, mes confrères, il n'y a d'autre moyen pour nous venger du public, que de le forcer à nous applaudir.

CHAPITRE V.

*Nouvelle Edition de mes Œuvres sous le Titre de
Nouveau Théâtre de M. Goldoni—Mon Voyage
à Bologne—Fâcheuse Aventure au Pont de
Lago-Scuro—Générosité d'un Commis ambulant
—Plaintes des Bolonois sur ma Réforme—Observations sur les quatre Masques de la Comédie
Italienne, et sur les Pièces à Canevas—Autres
Plaintes des Bolonois contre ma Réforme—Térence, Comédie en cinq Actes et en Vers—Son
brillant Succès—Mon Retour à Venise—Charmante Partie de Campagne—J'y joue la Comédie—Je réussis mal dans un Rôle d'Amoureux—Je prends ma Revanche dans des Rôles
de Charge—Le Chevalier Joconde, Comédie en
cinq Actes et en Vers—Mon Jugement sur cet
Ouvrage.*

Au milieu de mes occupations journalières, je
ne perdis pas de vue l'impression de mes œuvres:
j'avois publié, dans mon édition de Florence, les
pièces que j'avois composées pour les théâtres Saint
Samuel et Saint Ange. Je commençai à envoyer
à la presse les productions des deux premières

années de mon nouvel engagement avec celui de
Saint Luc.

Ce fut le libraire Pitteri de Venise, qui se chargea, pour son compte, de cette édition in-octavo,
sous le titre de Nouveau Théâtre de M. Goldoni;
je fournis assez de matériaux pour un travail de
six mois, et j'allai rejoindre mes comédiens, qui
étoient allés passer le printems à Bologne.

Arrivé au pont de Lago-Scuro, a une lieue de
Ferrare, où l'on paye les droits de douane, j'avois
oublié de faire visiter mon coffre, et je fus arrêté
à la sortie du bourg.

J'avois une petite provision de chocolat, de
café et. de bougies.   C'étoit de la contrebande;
tout devoit être confisqué.   Il y avoit une amende
considérable à payer; et dans l'état de l'église, les
publicains ne sont pas aisés.

Le commis ambulant, qui avoit des sbires avec
lui, trouve, en fouillant dans mon coffre, quelques
volumes de mes comédies; il en fait l'éloge; ces
pièces faisoient ses délices: il y jouoit lui-même
dans sa société: je me nomme, et le commis enchanté, surpris, amadoué, me fait tout espérer.

S'il eût été seul, il m'auroit laissé partir sur le
champ, mais les gardes n'auroient pas consenti de
perdre leurs droits.   Le commis fit recharger la
malle, et me fit revenir à la douane du Pont.   Le
directeur des fermes n'y étoit pas; mon protecteur
alla le chercher lui-même à Ferrare: il revint au
bout de trois heures, et apporta, avec lui, l'ordre

de ma liberté, moyennant quelque petit argent
pour les droits de mes provisions : je voulois récompenser le commis du service qu'il m'avoit
rendu ; il refusa deux sequins que je le priois
d'accepter, et même mon chocolat que je voulois
partager avec lui.

Je ne fis donc que le remercier, que l'admirer ;
j'écrivis son nom dans mes tablettes ; je lui promis
un exemplaire de ma nouvelle édition : il accepta
mon offre avec reconnoissance ; je remontai dans
ma chaise, je repris ma route, et j'arrivai le soir à
Boulogne.

C'est dans cette ville, la mère des sciences, et
l'Athenes d'Italie, qu'on s'étoit plaint, quelques
années auparavant, de ce que réforme tendoit à la
suppression des quatre masques de la comédie
Italienne.

Les Bolonnois tenoient plus que les autres à ce
genre de comédies. Il y avoit, parmi eux, des gens
de mérite qui se plaisoient à composer des pièces
à canevas, et des citoyens très habiles les jouoient
fort bien, et faisoient les délices de leur pays.

Les amateurs de l'ancienne comédie voyant que
la nouvelle faisoit des progrès si rapides, crioient
partout qu'il étoit indigne à un Italien de porter
atteinte à un genre de comédie dans lequel l'Italie
s'étoit distinguée, et qu'aucune nation n'avoit su
imiter.

Mais ce qui faisoit encore plus d'impression
dans les esprits révoltés, c'étoit la suppression des

masques que mon système paroissoit menacer ; on disoit que ces personnages avoient, pendant deux siècles, amusé l'Italie, et qu'il ne falloit pas la priver d'un comique qu'elle avoit créé et qu'elle avoit si bien soutenu.

Avant d'exposer ce que je pensois à cet égard, je crois que mon lecteur ne me saura pas mauvais gré de l'entretenir, pendant quelques minutes, de l'origine, de l'emploi et des effets de ces quatre masques.

La comédie, qui a été, de tout tems, le spectacle favori des nations policées, avoit subi le sort des arts et des sciences, et avoit été engloutie dans le ruines de l'empire, et dans la décadence des lettres.

Le germe de la comédie n'étoit pas cependant tout-à-fait éteint dans le sein fécond des Italiens. Les premiers, qui travaillèrent pour le faire revivre, ne trouvant pas, dans un siècle d'ignorance, des écrivains habiles, eurent la hardiesse de composer des plans, de les partager en actes et en scènes, et de débiter, à l'impromptu, les propos, les pensées et les plaisanteries qu'ils avoient concertées entre eux.

Ceux qui savoient lire (et ce n'étoit pas les grands ni les riches), trouvèrent que dans les comédies de Plaute et de Térence il y avoit toujours des pères dupés, des fils débauchés, des filles amoureuses, des valets frippons, des servantes corrompues ; et parcourant les différens cantons de

'Italie, prirent les pères à Venise et à Bologne, les valets à Bergame, les amoureux, les amoureuses et les soubrettes dans les états du Rome et de la Toscane.

Il ne faut pas s'attendre à des preuves écrites puisqu'il s'agit d'un tems où l'on n'écrivoit point; mais voici comme je prouve mon assertion : le pantalon a toujours été Vénitien, le docteur a toujours été Bolonnois, le brighella et l'arlequin ont toujours été Bergamasques ; c'est donc dans ces endroits que les histrions prirent les personnages comiques que l'on appelle les quatre masques de la comédie Italienne.

Ce que je viens de dire n'est pas tout-à-fait de mon imagination : j'ai un manuscrit du quinzième siècle très bien conservé, et relié en parchemin, contenant cent vingt sujets ou canevas de pièces Italiennes, que l'on appelle comédies de l'art, et dont la base fondamentale du comique est toujours pantalon, négociant de Venise ; le docteur, jurisconsulte de Bologne ; brighella et arlequin, valets Bergamasques. Le premier adroit, et l'autre balourd. Leur ancienneté et leur existence permanente prouvent leur origine.

A l'égard de leur emploi, le pantalon et le docteur, que les Italiens appellent les deux vieillards, représentent les rôles des pères et les autres rôles à manteau.

Le premier est un négociant, parceque Venise étoit, dans ces anciens tems, le pays qui faisoit le

commeree le plus riche et le plus étendu de l'Italie.
Il a toujours conservé l'ancien costume Vénitien ; la robe noire et le bonnet de laine sont encore en usage à Venise, et le gilet rouge et la
culotte coupée en caleçons, et les bas rouges et
les pantoufles, représentent au naturel, l'habillement des premiers babitans des Lagunes adria-
tiques ; et la barbe, qui faisoit la parure des hommes
dans ces siècles reculés, a été chargée et ridiculisée
dans les derniers tems.

Le second vieillard appellé le docteur, a été
pris dans la classe des gens de loix, pour opposer
l'homme instruit, a l'homme commerçant, et on l'a
choisi Bolonnois parcequ'il existoit dans cette
ville une université qui, malgré l'ignorance du
tems, conservoit toujours les charges et les émolumens des professeurs.

L'habillement du docteur conserve l'ancien
costume de l'université et du barreau de Bologne,
qui est à-peu-près le même aujourd'hui ; et le
masque singulier qui lui couvre le front et le nez,
a été imaginé d'après une tache de vin qui défor-
moit le visage d'une jurisconsulte de ce tems-là.
C'est une tradition qui existe parmi les amateurs
de la comédie de l'art.

Le brighella et l'arlequin, appellés, en Italie,
les deux Zani, ont été pris à Bergame ; parceque
le premier étant extrêmement adroit, et le second
complettement balourd, il n'y a que là où l'on
trouve ces deux extrêmes dans la classe du peuple.

Brighella représente un valet intriguant, fourbe, frippon. Son habit est un espèce de livrée, son masque basané marque en charge la couleur des habitans de ces hautes montagnes, brûlées par l'ardeur du soleil.

Il y a des comédiens de cet emploi qui ont pris le nom de fenocchio, de fiqueto, de scapin; mais c'est toujours le même valet et le même Bergamasque.

Les arlequins prennent aussi d'autres noms. Il y a des tracagnins, des truffaldins, des gradelins, des mezetins, mais toujours les mêmes balourds et les mêmes Bergamasques; leur habillement représente celui d'un pauvre diable qui ramasse les pièces qu'il trouve de différentes étoffes et de différentes couleurs pour raccommoder son habit; son chapeau répond à sa mendicité, et la queue de lievre qui en fait l'ornement est encore aujourd'hui la parure ordinaire des paysans de Bergame.

Je crois avoir assez démontré l'origine et l'emploi des quatre masques de la comédie Italienne; il me reste à parler des effets qui en résultent.

Le masque doit toujours faire beaucoup de tort à l'action de l'acteur, soit dans la joie, soit dans le chagrin; qu'il soit amoureux, farouche ou plaisant, c'est toujours le même cuir qui se montre; et il a beau gesticuler et changer de ton, il ne fera jamais connoître, par les traits du visage qui sont les interprètes du cœur, les différentes passions dont son ame est agitée.

Les masques chez les Grecs et les Romains,
étoient des espèces de porte-voix qui avoient été
imaginés pour faire entendre les personnages dans
la vaste étendue des amphithéâtres. Les passions
et les sentimens n'étoient pas portés dans ce tems-
là au point de délicatesse que l'on exige actuellement ; on veut aujourd'hui que l'acteur ait de
l'ame, et l'ame sous le masque est comme le feu
sous les cendres.

Voilà pourquoi j'avois formé le projet de réformer les masques de la comédie Italienne, et de
remplacer les farces par des comédies.

Mais les plaintes alloient toujours en augmentant : les deux partis devenoient dégoûtans pour
moi, et je tâchai de contenter les uns et les autres :
je me soumis à produire quelques pièces à canevas,
sans cesser de donner mes comédies de caractère.
Je fis travailler les masques dans les premières,
j'employai le comique noble et intéressant dans
les autres ; chacun prenoit sa part de plaisir ; et
avec le tems et de la patience, je les mis tous
d'accord, et j'eus la satisfaction de me voir auto-
risé à suivre mon goût, qui devint, au bout de
quelques années, le goût le plus général et le plus
suivi en Italie.

Je pardonnois aux partisans des comédiens à
masque les griefs dont ils m'avoient chargé ; car
c'étoient des amateurs très habiles qui avoient le
mérite de rendre eux-mêmes les comédies à canevas intéressantes.

Ce qui me choquoit davantage, c'étoit des personnages qualifiés qui crioient vengeance contre
moi, parce que j'avois ridiculisé la cicisbéature,
et n'avois pas ménagé la noblesse.

Je n'avois pas envie de m'excuser à cet égard et
encore moins de me corriger; mais je faisois trop
de cas du suffrage des Bolonnois pour ne pas
tâcher de convertir les mécontens, et de mériter
leur estime.

J'imaginai une comédie dont l'argument étoit
digne d'un pays où les arts et les sciences, et la
littérature étoient plus que par tout ailleurs généralement cultivés.

Je pris pour sujet de ma pièce Térence l'Afri-
quain, comme j'avois fait quelques années auparavant du Térence François.

Cette comédie est une de mes favorites; elle
me coûta beaucoup de peine, elle me procura
beaucoup de satisfaction, elle mérita l'éloge général des Bolonnois; pourrois-je lui refuser la préférence.

Content du succès de mon Térence, je revins à
Venise, et j'allai passer le reste de l'été à Bagnoli,
superbe terre dans le district de Padoue, qui appartient au Comte Widiman, noble Vénitien et
feudataire dans les états impériaux.

Ce seigneur riche et généreux amenoit toujours
avec lui une société nombreuse et choisie; on y
jouoit la comédie; il y jouoit lui-même; et tout
sérieux qu'il étoit, il n'y avoit pas d'arlequin plus

gai, plus leste que lui.   Il avoit étudié Sacchi et
l'imitoit à ravir.

Je fournissois de petits canevas; mais je n'avois
jamais osé y jouer.   Des dames qui étoient de la
partie, m'obligèrent à me charger d'un rôle d'a-
moureux ; je les contentai, et elles eurent de quoi
rire et de quoi s'amuser à mes dépens.

J'en étoit piqué ; j'ébauchai le jour suivant une
petite pièce intitulée la Foire : et au lieu d'un
rôle pour moi, j'en fis quatre ; un charlatan, un
escamoteur, un directeur de spectacle et un marchand de chansons.

Je contrefaisois dans les trois premiers personnages les bateleurs de la place Saint Marc, et
je débitois, sous le masque du quatrième, des
couplets allégoriques et critiques, finissant par la
complainte de l'auteur sur ce qu'on s'étoit moqué
de lui.

La plaisanterie fut trouvée bonne, et me voilà
vengé à ma manière.

A la fin du mois de Septembre, je quittai la
compagnie de Bagnoli, et je me rendis chez moi
pour assister a l'ouverture de mon théâtre.

Nous donnâmes pour première nouveauté, il
Cavaliere Giocondo (le Chevalier Joconde), pièce
que j'aurois oubliée peut-être, si je ne l'avois pas
vue imprimée malgré moi dans l'édition de Turin ;
elle n'étoit pas tombée à son début ; elle étoit en
vers, elle n'avoit déplu à personne ; mais c'étoi
moi qui en étois dégoûté.

Je crois que celui qui étoit chargé de la correction des épreuves de l'édition de Turin avoit pris en déplaisance cette comédie comme moi ; car la quantité de fautes que j'y ai trouvées est inconcevable. Laissons-là cette pauvre malheureuse dont quelqu'un m'appellera peut-être père dénaturé ; mais je parlerois de mes enfans, si j'en avois, comme je parle des productions de mon esprit.

Après cette pièce en vers, j'en donnai une qui, malgré le désavantage de la prose, fit beaucoup de plaisir et eut beaucoup de succès.

J'avois trois autres pièces sur le même sujet, et en voici les titres.

Le Smanie della Villeggiatura, (la Manie de la Campagne) ; le Avventure della Campagna, (les Aventures de la Campagne), et il Ritorno della Campagna, (le Retour de la Campagne).

C'est en Italie, et à Venise principalement, que cette manie, ces aventures et ces regrets fournissent des ridicules dignes de la comédie.

On n'aura peut-être pas en France une idée de ce fanatisme, qui fait de la campagne une affaire de luxe plutôt qu'une partie de plaisir.

J'ai vu cependant, depuis que je suis à Paris, des gens qui, sans avoir un pouce de terre à cultiver, entretiennent, à grands frais, des maisons de campagne, et s'y ruinent aussi bien que les Italiens ; et ma pièce, en donnant une idée de la folie de mes compatriotes, pourroit dire, en passant, qu'on se dérange par tout, lorsque les fortunes médiocres veulent se mettre au niveau des opulentes.

CHAPITRE VI.

La Péruvienne, Comédie en cinq Actes, en Vers—Une plaisante Aventure, Comédie en trois Actes et en Prose—Son Succès—La Femme d'importance, Comédie en trois Actes, en Prose—Son heureux Succès—Le Directeur d'Opéra pour Smirne, Comédie en trois Actes et en Prose—Les Bonnes Ménagères, Comédie Venitienne en cinq Actes et en Vers—Mon Voyage à Parme—Trois Opéras Comiques composés par Ordre de S. A. R., La Bonne Fille, le Bal Bourgeois, et les Voyageurs ridicules—Les trois Musiciens qui ont composé la Musique—Mon Retour à Venise avec un Titre et une Pension—Le Père par attachement, Comédie en cinq Actes et en Vers—La Guerre, Comédie en trois Actes et en Prose—Le Médecin Hollandois, Comédie en trois Actes et en Prose.

C'est la Peruviana, (la Peruvienne) que je donnai la première dans l'année 1755 : tout le monde connoît les Lettres d'une Péruvienne ; je suivis le roman en rapprochant les objets principaux ; je tâchai d'imiter le style simple et naïf de Zilia, d'après l'original de Madame de Graffigni ; j'en fis une pièce romanesque ; j'eus le bonheur de réussir.

Je fis succéder à celle-ci une comédie en prose, intitulée, un curioso Accidente (une plaisante aventure).

Le fait est vrai ; cette aventure singulière et plaisante étoit arrivée à un gros négociant Hollandois, et deux de ses correspondans à Venise m'en firent part comme d'un sujet digne de la comédie ; je changeai le lieu de la scène, je déguisai les noms, et je consentis de tracer le tableau sans porter atteinte aux originaux.

Cette pièce eut un succès très complet : on la trouve d'une marche fort délicate et d'un travail très fin et très agréable ; il y a des scènes d'équivoques naturellement produits et soutenus sans efforts ; c'est encore une de mes pièces favorites.

Mais en voici une autre qui plut encore davantage : c'est la Donna di maneggio : (la Femme d'importance), comédie en trois actes et en prose.

A trois pièces que je venois de donner, j'en fis succéder une quatrième d'un genre tout-à-fait différent ; c'est l'Impresario de Smirne ; (le Directeur d'Opéra à Smirne), comédie en trois actes, qui étoit en vers, quand je la donnai la première fois, et qui plut davantage remise en prose comme elle est actuellement.

Cette pièce étoit une critique très ample et très complette sur l'insolence des acteurs et des actrices, et sur l'indolence des directeurs ; et elle eut le plus grand succès.

Je finis le Carnaval de l'année 1755 par une

comédie Vénitienne, intitulée le Donne de casa
Soa, qu'on diroit en bon Toscan, le Donne Casa-
linghe (et les Bonnes Ménagères en François).
Elle a beaucoup réussi, elle a été bien fêtée, bien
applaudie, et elle a fait la clôture la plus heureuse
et la plus brillante.

D'ailleurs le mérite principal de cette pièce
consiste dans le dialogue : les Vénitiens emploient
continuellement dans leurs discours des plaisanteries, des comparaisons, des proverbes ; on ne
pourroit pas les traduire, ou on les traduiroit mal.

Je fis cette pièce en Italie pour encourager les
bonnes ménagéres, et pour corriger les mauvaises ;
qu'on en fasse une pareille en France, elle sera
peut-être autant utile à Paris qu'à Venise.

Dans le mois de Mars de l'année 1756, je fus
appellé à Parme, par ordre de son altesse royale
l'infant Dom Philippe.

Ce prince, qui entretenoit une troupe Françoise
très nombreuse et très bien montée, vouloit avoir
aussi un opéra comique Italien. Il me fit l'honneur
de me charger de trois pièces pour l'ouverture de
ce nouveau spectacle.

Arrivé à Parme, on m'amena à Colorno, où
étoit la cour ; on me présenta à M. du Tillot, qui,
n'étant alors qu'intendant général de la maison de
S. A. R. parvint, par la suite, au grade de ministre
d'état, et fut décoré du titre de Marquis de Felino.

Ce brave et digne François, plein d'esprit, de
talens et de probité, me reçut avec bonté, me donna

un très joli appartement, me destina un couvert à
sa table, et me renvoya, pour les renseignemens,
à M. Jacobi, qui étoit chargé de la direction des
spectacles.

J'allai, le même jour, à la comédie de la cour ;
c'étoit pour la première fois que je voyois les
comédiens François ; j'étois enchanté de leur jeu,
et j'étois étonné du silence qui régnoit dans la
salle : je ne me rappelle pas quelle étoit la comédie
que l'on donnoit ce jour-là ; mais voyant, dans
une scène, l'amoureux embrasser vivement sa
maitresse, cette action, d'après nature, permise
aux François et défendue aux Italiens, me plut si
fort que je criai de toutes mes forces, bravo.

Ma voix indiscrette et inconnue, choqua l'assemblée silencieuse ; le prince voulut savoir d'où
elle partoit ; on me nomma, et on pardonna la
surprise d'un auteur Italien.   Cette escapade me
valut une présentation générale au public ; j'allai
au foyer après le spectacle ; je me vis entouré de
beaucoup de monde, je fis des connoissances qui
me rendirent, par la suite, le séjour de Parme très
agréable, et je le regrettai en partant.

J'eus l'honneur, quelques jours après, de baiser
la main à l'infant, à l'infante, et à la princesse
royale leur fille.   Je jouis des délices de Colorno
pendant quelque tems, et je me retirai à Parme
ensuite, pour travailler avec tranquillité.

Je fis les trois pièces que l'on m'avoit ordon-

nées. La première fut la Buona Figliuola, (la
Bonne Fille); la seconde avoit pour titre, il Festino,
(le Bal Bourgeois) ; et la troisième, Il Viaggiacoli
ridicoli (les Voyageurs ridicules).

J'avois tiré le sujet de la Bonne Fille de ma
comédie de Pamela. M. Duni en fit la musique ;
l'opéra fit beaucoup de plaisir, et il auroit plu davantage, si l'exécution eût été meilleure ; mais on
s'étoit pris trop tard pour avoir de bons acteurs.

La Bonne Fille fut plus heureuse entre les mains
de M. Piccini, qui étant chargé, quelques années
après, d'un opéra comique pour Rome, préféra ce
vieux drame à tous les nouveaux qu'on lui avoit
proposés.

M. Ferradini composa la musique pour le Bal
Bourgeois, et M. Mazzoni pour les Voyageurs
ridicules. Les deux musiciens réussirent parfaitement bien l'un et l'autre ; les deux drames furent
également bien reçus à la lecture et à la représentation ; mais les efforts des compositeurs ne suffi-
soient pas pour suppléer aux défauts des acteurs :
et dans l'opéra comique principalement, j'ai vu la
bonne exécution soutenir souvent des ouvrages
médiocres, et très rarement réussir les bons ouvrages mal exécutés.

Pour moi, ma commission a été très honorable
et très heureuse : je fus largement récompensé de
mon tems et de mes peines, et je partis de Parme
avec des lettres-patentes de poëte et de serviteur

actuel de son altesse royale, avec une pension annuelle, que le duc régnant eut la clémence de me
conserver.

Pendant mon séjour à Parme, je n'oubliai pas
mes comédiens de Venise. J'avois vu représenter
par les acteurs François, Cénie, comédie de Madame de Graffigny ; j'avois trouvé cette pièce
charmante, et j'en fis une Italienne d'après ce
modèle, et sous le titre del Padre per àmore, (du
Père par attachement).

Je suivis l'auteur François autant que le goût
Italien pouvoit se conformer à une composition
étrangère. Cénie n'étoit qu'un drame très touchant, tres intéressant, mais dénué tout-à-fait de
comique.

Une anecdote que j'avois lue dans le Recueil
des Causes celèbres, me fournit le moyen d'égayer
la pièce. Deux nez monstrueux et très ressem-
blans dans leur difformité, avoient donné lieu à
une procédure qui avoit embarrassé pendant long
tems les défenseurs et les juges.

J'appliquai un de ces deux nez au mari de la
gouvernante, et l'autre à l'imposteur qui vouloit
la supplanter ; ceux qui connoissent Cénie pour-
ront juger si je l'ai gâté, ou si je l'ai rendu agréable,
sans porter atteinte à la noblesse et à l'intérêt du
sujet. Les Italiens ne s'apperçurent pas que c'étoit
une imitation, mais je le dis à tout le monde, me
croyant trop honoré de partager les applaudisse-

mens avec une femme respectable, qui faisoit honneur à sa nation et à son sexe.

La vue de Parme m'avoit aussi rappellé à la
mémoire la bataille que j'y avois vu en 1746, et
pour varier les sujets de mes comédies, je composai
une pièce intitulée la Guerra, (la Guerre).

J'avois traité un pareil sujet dans la comédie de
l'Amant Militaire ; mais il me restoit bien des
choses à dire sur cet argument, et je m'étendis dans
celle-ci beaucoup plus que dans l'autre.

L'action principale de cette pièce est le siége
d'une forteresse, et le lieu de la scène est tantôt
au camp des assiégeans, et tantôt dans la place
assiégée. Je ne nomme ni l'endroit, ni les puissances belligérantes, pour éviter l'inconvénient de
déplaire à la nation qui se croiroit moins bien
traitée.

Cet ouvrage est plus comique qu'intéressant.
Le tableau de l'armistice tracé d'après celui que
j'avois vu au siége de Pizzigueton, fait un coup-
d'œil frappant, et répand beaucoup de gaieté dans
la pièce. Il y a un lieutenant estropié, qui, malgré
ses béquilles est de toutes les parties de plaisir, et
se bat comme un paladin, et en veut à toutes les
femmes du canton.

Je ne traite pas trop bien un commissaire de
guerre qui avançoit de l'argent aux officiers, avec
un intérêt proportionné aux dangers de la guerre.
J'eus tort, peut-être, mais je n'avois rien fait de

ma tête. On m'en avoit parlé, on me l'avoit
montré, et je l'ai mis sur la scène sans le nommer.

La pièce ne manque pas d'amourettes ; il y
en a au camp et à la ville : on y voit des officiers
entrepenans, des familles brouillées ; la paix
racommode tout, et la paix termine la comédie.

La guerre eut un succès assez passable, et se
soutint jusqu'à la fin de l'automne ; mais la pièce
qui la suivit, et qui fit l'ouverture du Carnaval,
fut bien plus heureuse, et rapporta plus de profit
aux comédiens, et plus d'agrément à ·l'auteur.
C'étoit il Medico Olandese, (le Médecin Hollandois).

J'avois fait la connoissance à Colorno de Monsieur Duni. Cet homme, qui indépendamment
de son talent, avoit beaucoup d'esprit et beaucoup
de littérature, avoit été sujet aux vapeurs hypocondriaques comme moi.

Nous faisions de longues promenades ensemble,
et nos conversations tomboient presque toujours
sur nos maux réels, et sur nos maux imaginaires.

M. Duni me compta un jour qu'il avoit été
à Leiden, en Hollande, pour voir le célèbre
Boerrhave, et le consulter sur les symptômes de
sa maladie.

Cet homme si connu, à qui l'on écrivoit de la
Chine : à Monsieur Boerrhave, en Europe, connoissoit aussi bien les maladies de l'esprit que
celles du corps, et il proposa pour toute ordon-

F 2

nance au musicien vaporeux, de monter à cheval, de s'amuser, de vivre à son ordinaire, et de se bien garder de toute espèce de médicamens.

Cette ordonnance me parut conforme à celle de mon médecin de Milan, qui m'avoit guéri avec l'apologue de l'enfant. Je fis l'éloge du savant Hollandois, et Duni qui l'avoit vu pendant plusieurs mois, me fit le détail de ses mœurs et de ses habitudes ; il me parla de Mademoiselle Boerrhave qui étoit jeune, riche, jolie, et n'étoit pas encore mariée.

De propos en propos le discours de mon ami tomba sur l'éducation des demoiselles Hollandoises, qui, incapables de manquer à leurs devoirs, jouissent d'une liberté délicieuse, et ne se marient ordinairement que par des raisons de convenance.

Je l'écoutois attentivement, et je plaçois dans ma tête des embrions de comédie que je vis éclore par la suite, à l'aide de la réflexion et de la morale.

Je cachai dans ma pièce le nom de Boerrhave sous celui de Bainer, médecin et philosophe Hollandois. Je fais venir chez lui un Polonois affecté de la même maladie que celle de Duni. Bainer le traite de la même manière ; mais au bout du compte le Polonois épouse la fille du médecin.

Duni vit ma pièce quelque tems après ; il auroit bien voulu avoir été guéri comme le vaporeux du nord ; mais la musique ne fait pas en Hollande la fortune qu'elle fait à Londres et à Paris.

CHAPITRE VII.

Critiques de mes Adversaires.—Défenses de mes Partisans.—On m'accuse d'avoir manqué à la Pureté de la Langue Toscane.—Le Tasse a été critiqué de même.—Ma Comédie en cinq Actes et en Vers, intitulée Torquato Tasso, ou le Tasse.—Avertissement sur les Dates de mes Comédies.—L'Égoïste, Comédie en cinq Actes et en Vers.—Quelques Mots sur cette Pièce.—La Belle Sauvage, Comédie en cinq Actes et en Vers.—Le Carrefour, Comédie en cinq Actes et en Vers libres.—Son brillant Succès.—La Bonne Famille, Comédie en trois Actes et en Prose.—Son médiocre Succès.—Connoissance de Madame du Boccage faite à Venise.—Quelques Mots sur cette Dame respectable et sur ces Ouvrages.—La Dalmate, Comédie en cinq Actes et en Vers.—Son heureux Succès.—I Rusteghi, (les Rustres) Comédie Vénitienne en trois Actes et en Prose.—Son Succès.—Le Riche assiégé, Comédie en trois Actes, en Prose.—Son Succès.—La Veuve Femme d'esprit, Comédie en cinq Actes, en Vers, tirée des Contes Moraux de M. Marmontel.—Quelques Mots sur cet Auteur.—La Gouvernante, Comédie en

trois Actes en Prose. — Les Partisans du
Plaisir, Pièce Vénitienne en cinq Actes, en
Vers.—Son brillant Succès.

Mon voyage de Parme, le diplôme, et la pension
que j'en avois obtenus excitèrent l'envie et le
courroux de mes adversaires.

Ils avoient débité à Venise pendant mon absence
que j'étois mort ; et il y eut un moine qui osa
dire qu'il avoit été à mon enterrement.

Arrivé sain et sauf chez moi, les esprits malins
se vengèrent de ma bonne fortune ; ce n'étoit pas
les auteurs, mes antagonistes, qui me tourmentoient, mais les partisans des différens spectacles
de Venise.

Des gens de lettres qui avoient quelque considération pour moi, prirent à tâche de me défendre : voilà une guerre déclarée dans laquelle
j'étois fort innocemment la victime des esprits irrités. Mon système a toujours été de ne pas
nommer les méchans, mais je puis bien m'honorer
du nom de mes défenseurs.

Le Père Roberti, Jésuite, aujourd'hui l'Abbé
Roberti, un des plus illustres poëtes de la société
supprimée, publia un poëme en vers blancs, intitulé la Comédie ; dans lequel, parlant de ma réforme, et faisant l'analyse de quelques scènes de
mes pièces, il encourage ses compatriotes et les
miens à suivre l'exemple, et le système de l'auteur
Vénitien,

Le Comte Verri, Milanois, suivit de près l'Abbé
Roberti ; il mit pour titre à son ouvrage, la véritable Comédie, fit les détails de mes pièces qui
lui parurent les meilleures, et les donna comme
des modèles à suivre pour achever la réforme du
théâtre Italien.

Le Musée d'Apollon, poëme en vers Martelliani de son excellence Nicolas Berengan, noble
Vénitien, étoit encore plus considérable que les
autres : cet ouvrage très bien fait, et décoré de
notes savantes, fut extrêmement goûté du public,
et me fit un honneur infini.

D'autres patriciens de Venise écrivirent en ma
faveur à l'occasion des disputes qui s'échauffoient
toujours davantage : Le Comte Gáspar Gozzi,
homme de lettres, très savant, auteur de quelques
tragédies et de quelques comédies Italiennes,
prit aussi mon parti, et m'honora par ses poésies de
ses éloges ; et le Comte Horace Arrighi Landini
de Florence trouva dignes de sa Muse Toscane,
les ouvrages de l'auteur Vénitien.

On voyoit tous les jours des compositions pour
et contre ; mais j'avois l'avantage que les personnes qui s'intéressoient à moi, étoient par leurs
mœurs, par leurs talens, et par leur réputation les
plus sages et les plus considérés de l'Italie.

Je n'oublierai pas M. Etienne Sugliaga en Gar-
mogliesi de la ville de Raguse, et actuellement sécrétaire royal et impérial à Milan ; cet homme très
savant, ce philosophe estimable, ami chaud et intéressant, dont le cœur et la bourse étoient tou-

jours ouverts pour moi, cet homme enfin dont le
talent et les mœurs étoient également respectables,
entreprit de répondre aux traits satyriques qu'on
lançoit contre moi, et sa prose vigoureuse et élo-
quente faisoit encore plus d'effet que le clinquant
des vers et les images poétiques.

Un des articles sur lesquels on m'attaquoit
vivement, étoit celui de la pureté de la langue ;
j'étois Vénitien, j'avois le désavantage d'avoir sucé
avec le lait l'habitude d'un patois très agréable,
très séduisant, mais qui n'étoit pas le Toscan.

J'appris par principes, et je cultivai avec la
lecture le langage des bons auteurs Italiens ; mais
les premières impressions se reproduisent quelquefois malgré l'attention que l'on met à les éviter.

Je fis un voyage en Toscane, où je demeurai
pendant quatre ans pour me rendre cette langue
familière, et je fis faire à Florence la première édition de mes ouvrages, sous les yeux et sous la
censure des savans du pays, pour les purger des
défauts de langage : toutes mes précautions ne suf-
firent pas pour contenter les rigoristes ; j'avois
toujours manqué en quelque chose ; on me re-
prochoit toujours le péché originel du Véné-
tianisme.

Parmi tant de vétilles ennuyeuses, je me rappellai un jour que le Tasse avoit été tracassé toute
sa vie par les académiciens de la Crusca, qui soutenoient que la Jérusalem délivrée n'avoit pas
passé par le bluteau qui fait l'emblême de leur
société.

J'étois dans mon cabinet, je tournai les yeux vers les douze volumes in-quarto des ouvrages de cet auteur ; et je m'écriai ; ah, mon Dieu ; faut-il être né en Toscane pour oser écrire en langue Italienne !

Je tombai machinalement sur les cinq volumes du Dictionnaire de la Crusca : j'y trouvai plus de six cens mots, et quantité d'expressions approuvées par l'académie, et réprouvées par l'usage : je parcourus quelques-uns des auteurs anciens, qui sont des textes de langue, et qu'on ne pourroit pas imiter aujourd'hui sans reproche, et je finis par dire, il faut écrire en bon Italien, mais il faut écrire pour être compris dans tous les cantons de l'Italie : le Tasse eut tort de réformer son poëme pour plaire aux académiciens de la Crusca : sa Jérusalem délivrée est lue de tout le monde, et personne ne lit sa Jérusalem conquise.

J'avois perdu beaucoup de tems dans mes observations et dans mes recherches, mais je tirai parti de mon tems perdu ; je pris le Tasse pour sujet d'une nouvelle comédie ; j'avois mis sur la scène Térence et Molière ; j'imaginai d'en faire autant du Tasse, qui n'étoit pas étranger dans la classe dramatique ; son Aminte est un chef-d'œuvre ; son Torrismonde est une tragédie très bien faite, et sa Comédie des Intrigues d'Amour n'est pas un excellent ouvrage, mais on y voit toujours la touche d'un homme de génie.

La vie du Tasse fournit par elle-même des anecdotes intéressantes pour une pièce de théâtre ; ses

amours qui ont été la source de ses malheurs ;
forment l'action principale de ma comédie.

Tout le monde sait que le Tasse devint amoureux de la Princesse Eléonore, sœur d'Alphonse
d'Est, Duc de Ferrare : le respect pour cette illustre maison qui regne encore en Italie, m'a fait
changer dans ma pièce le grade de princesse en
celui d'une marquise, maîtresse du duc, et attachée à la princesse.

Il y avoit alors à la cour de Ferrare deux autres
Eléonores ; l'une étoit la femme d'un courtisan
appellé Dom Guerard, l'autre une femme de
chambre de la marquise ; je trouvai cette anecdote dans le dictionnaire de Moréri ; si le fait
n'est pas bien authentique pour l'histoire, je le
crois suffisant pour une comédie ; et il n'est pas
extraordinaire que l'on rencontre en Italie trois
noms pareils dans la même cour, puisque les
Italiens s'appellent toujours par leurs noms de
baptème.

Cette pièce eut un succès si général et si constant, qu'elle fut placée par la voix publique dans
le rang, je ne dirai pas des meilleures, mais des
plus heureuses de mes productions.

Continuant à rendre compte de mes pièces de
l'année 1755, je trouve que l'Amante di se stesso,
(l'Amant de soi-même, ou l'Egoïste), appartient à
cette époque, et porte, dans une edition étrangère,
la date de l'année 1747 ; tems où j'écrivois pour le
théâtre Saint Ange, et trois ans avant que je com-
mençasse à employer les vers dans mes comédies.

J'avertis le lecteur, à cette occasion, de ne pas s'en rapporter aux dates de mes ouvrages imprimés, car elles sont presque toutes fautives.

Cette pièce eut assez de succès, et fut placée dans la seconde classe de mes comédies.

Je fis paroître, quelques jours après, la Bella Selvaggia, (la Belle Sauvage) pièce dont le fond existe dans les voyages de l'Abbé Prévôt.

C'est une pièce romanesque. Elle eut cependant un succès étonnant. L'intérêt y étoit bien soutenu, et j'avois trouvé du comique sur la rivière des Amazones.

Il y avoit, dans les deux pièces dont je viens de parler, plus d'intérêt que d'amusement ; il falloit égayer la scène, et je donnai, pour la fin de l'automne, une comédie Vénitienne, en vers libres, intitulée il Campiello, (le Carrefour); c'est une de ces pièces que les Romains appelloient Tabernariæ, et que nous dirions Populaires ou Poissardes.

Ce Campiello, qui est le lieu de la scène, et qui ne change point, est entouré de petites maisons habitées par des gens du peuple : on y joue, on y danse, on y fait du tapage ; tantôt c'est le rendez-vous de la gaieté, tantôt c'est le théâtre des disputes.

Le Campiello a fait le plus grand plaisir. Tout étoit pris dans le bas peuple, mais tout étoit d'une vérité que tout le monde connoissoit, et les grands aussi bien que les petits en furent contens ; car j'avois accoutumé mes spectateurs à préférer la

simplicité au clinquant, et la nature aux efforts
de l'imagination.

A une pièce gaie, je fis succéder une pièce
morale, en prose, dont le titre étoit la Buona
Famiglia (la Bonne Famille). C'est de mes
comédies la plus utile peut-être pour la société ;
elle a été goûtée et applaudie par les gens raisonnables, par les bons ménages, par des pères sages,
par des mères prudentes ; mais comme ce n'est
pas cette classe d'hommes et de femmes qui font
la fortune des spectacles, elle eut peu de représentations, et elle fut plus souvent jouée dans
des maisons particulières, que sur les théâtres
publics.

Dans l'année 1757, j'eus l'honneur de faire la
connoissance à Venise de Madame du Boccage.

Cette Sapho Parisienne, aussi aimable que sa-
vante, honoroit alors de sa présence ma patrie, et
recevoit les hommages qui étoient dus à ses talens
et à sa modestie.

Je dus ce bonheur au noble Vénitien Farsetti,
qui, donnant à dîner à l'imitatrice de Milton, ne
crut pas indigne de sa société un écolier de Moliere ; c'est Madame du Boccage elle-même qui
fait mention de cette journée dans sa dix-huitième
lettre sur l'Italie.

Sa conversation douce et instructive, fut pour
moi le prélude de la satisfaction que devoit me
causer un jour le séjour de Paris, et sa vue m'in-
spira sur le champ l'idée d'un ouvrage théâtral
qui réussit à merveille, et me fit un honneur infini.

J'avois lu les Amazones de Madame du Boccage : j'imaginai une pièce à-peu-près du même
genre ; mais elle avoit choisi les héroïnes du Ter-
modonte pour sujet d'une tragédie, et je pris une
femme courageuse et sensible de la Dalmatie pour
le sujet d'une tragi-comédie, que j'intitulai la
Dalmatina (là Dalmate).

Les Vénitiens font le plus grand cas des Dalmates, qui étant limitrophes du Turc, défendent
leurs biens, et garantissent en même tems les
droits de leurs souverains.

C'est de cette nation que la république tire
l'élite de ses troupes, et c'est parmi les femmes de
ce peuple courageux que je choisis l'héroïne de
mon drame.

La salle étoit pleine ce jour-là de Dalmates ;
ils furent si contens de moi, qu'ils me comblèrent
d'éloges et de présens ; mais ce qui me flatta
davantage, ce fut d'avoir plu à mon ami Sciugliaga,
qui fait honneur à cette illustre nation.

Après une pièce de haut comique qui avoit fait
grand plaisir ; j'en donnai une Vénitienne qui,
loin de réfroidir le théâtre, l'échauffa de manière,
qu'elle seule remplit notre spectacle tout le reste
de l'automne. I Rusteghi, (les Rustres) ; c'étoit
le titre de cette comédie.

Ne commenceriez-vous pas, mon cher lecteur,
à vous ennuyer de cette collection immense, de
sujets de comédies ? Pour parler vrai, je me sens
las et fatigué moi même ; mais je manquerois à

mon engagement, si je ne rendois pas compte de la totalité de mes ouvrages, et on ne reconnoîtroit pas, en parcourant les différentes editions de mon théâtre, les pièces qui m'appartiennent, et celles que mal-à-propos quelques editeurs m'ont attribuées.

Souffrez donc de grace le reste de cette longue kirielle ; je vais me dépêcher avec toute la célérité possible.　Voici une bonne paquotille de sujets.

Il Ricco insidiato, (le Riche assiégé) est une pièce qui fut extrêmement goûtée et applaudie. Voyons l'autre qui la suivit de près.

J'avois lu, étant à Parme, le Mercure de France ; c'étoit alors M. Marmontel qui le faisoit, et cet auteur très connu dans la république des lettres, et secrétaire perpétuel de l'Académie Françoise, rendoit le Mercure très amusant, et fort intéressant par ses contes moraux pleins de goût et d'imagination.

Le Scrupule, ou l'Amour mécontent de lui-même, étoit un de ses contes qui me plaisoient le plus : je trouvois le sujet susceptible d'être mis au théâtre, et j'en fis une comédie la Vedova spiritosa, (la Veuve femme d'esprit), qui eut un succès très brillant et très suivi.

Les Contes de M. Marmontel sont entre les mains de tout le monde, et on trouvera le Scrupule dans le premier volume de ce Recueil précieux.

Je m'étendrai peu sur la pièce suivante, qui,

par raison de sa foiblesse, n'en mérite pas la peine;
c'est la Donna di Governo, la Gouvernante, ou
plutôt la Femme de ménage).

Il n'y a rien de si commun et rien de moins
intéressant que ces espèces de servantes maitresses,
qui trompent leurs maîtres pour entretenir leurs
amans. La soubrette qui étoit un assez bon
personnage, crut se voir jouée elle-même dans son
rôle : elle avoit quelques raisons peut être pour
le croire ; sa mauvaise humeur la rendoit maussade,
ridicule ; et soit par la faute du fond ou par celle
de l'exécution, la pièce tomba à la première représentation, et elle fut retirée sur le champ.

Une comédie Vénitienne releva immédiatement
après le théâtre : c'étoit I Morbinosi; le mot mor-
bin ; en langage Vénitien, signifie gaieté, amusement, partie de plaisir. On pourroit dire I morbinosi, en François : gens de bonne humeur, partisans
de la joie.

Le fond de la pièce étoit historique ; un de ces
hommes enjoués proposa un piquenique dans un
jardin de l'isle de la Zueca, à très peu de distance de Venise. Il rassembla une société de cent
vingt compagnons, et j'étois du nombre.

Nous étions tous à la même table, très bien
servis, avec un ordre admirable, avec une précision étonnante. Il n'y avoit pas de femmes au
dîner ; mais il nous en arriva beaucoup entre le
dessert et le café. Il y eut un bal charmant, et
nous y passâmes la nuit fort agréablement.

Le sujet de cette pièce n'étoit qu'une fête;
mais il falloit l'enjoliver avec des anecdotes intéressantes et des caractères comiques. J'en trouvai
dans notre société, et sans blesser personne, je
tâchai d'en tirer parti.

La pièce fut extrêmement goûtée : j'avois, à
la première représentation, deux ou trois cens
personnes intéressées à l'applaudir; elle ne pouvoit
pas manquer de réussir, et elle fit la clôture de
l'année.

Dans le carême suivant, je reçus une lettre de
Rome.   Le Comte *** se trouvoit engagé à soutenir, dans cette capitale, le théâtre de Tordinona;
il avoit jetté les yeux sur moi ; il me demandoit
des pièces pour ses comédiens, et m'invitoit à y
aller moi-même pour les diriger.

Je n'avois pas encore été à Rome : les conditions qu'on me proposoit étoient très honorables.
Pouvois-je me refuser à une occasion si favorable
et si avantageuse ?

Je ne pouvois cependant m'y engager sans
l'aveu du patricien qui m'avoit confié l'intérêt de
son théâtre à Venise. Je lui fis part du projet;
je l'assurai que je n'aurois pas laissé manquer de
nouveautés ses comédiens. Il y consentit sans
difficulté, et en marqua même beaucoup de satisfaction.

J'acceptai donc l'invitation, et je demandai des
renseignemens sur le local de la salle de Tordinona,
et sur les acteurs de ce spectacle.

L'homme qui étoit chargé de ma correspondance, ne me dit rien sur ces deux articles qui me paroissoient intéressans : il imaginoit qu'en arrivant à Rome, j'aurois soufflé des comédies comme on souffle des verres à boire; il me prévint seulement qu'il avoit eu soin de me louer un joli appartement dans le meilleur quartier de Rome, chez un abbé fort poli et fort honnête, qui étoit dans le cas de me rendre, par ses connoissances, le séjour de Rome encore plus agréable et plus intéressant.

J'acceptai la proposition; et ne pouvant rien faire pour les acteurs de Rome que je ne connoissois pas, j'employai mon tems pour les comédiens de Venise.

CHAPITRE VIII.

Seconde Lettre de Rome — Mon Départ pour cette Ville avec ma Femme—Vue de Loret—Quelques Observations sur ce Sanctuaire et sur ses Richesses—Mon Arrivée à Rome—Entrevue avec M. le Comte *** et ses Comédiens—Ma première Visite au Cardinal Neveu—Ma Présentation au Saint Père—Mon Etourderie—Offre généreuse du Cardinal Porto-Carrero, et de l'Ambassadeur de Venise—Quelques Mots sur Saint Pierre de Rome—Caractère de mon Hôte—Ses Attentions pour moi—Première Répétition de la Veuve, Femme d'Esprit—Mauvais Prélude—Chute de cette Pièce—Bouranello, fameux Musicien, tombe le même Jour au Théâtre d'Aliberti—Singularité du Parterre de Rome—Mon nouvel Arrangement avec le Comte ***—Heureux Succès de mes Pièces au Théâtre Capranica — Pamela maritata, (Pamele mariée), Comédie en trois Actes, en Prose, composée pour les Acteurs de ce Spectacle.

JE savois que depuis quelques années on donnoit à Rome mes comédies sur le théâtre Capranica, et qu'elles y étoient applaudies aussi bien qu'à Venise.

J'allois donc lutter contre moi-même, et je voulois faire en sorte, que ma présence et mes soins fissent donner la préférence au nouveau spectacle qui devoit s'ouvrir, sous ma direction.

Je n'avois jamais hasardé mes ouvrages sans connoître les acteurs, qui devoient les exécuter, et j'écrivis de nouveau pour être instruit du caractère et de l'aptitude des comédiens qu'on m'avoit destinés.

On me manda en réponse que M. le Comte *** ne connoissoit pas lui-même ses acteurs, dont la plus grande partie étoit composée de Napolitains, qui ne se rendoient à Rome qu'à la fin du mois de Novembre.

On me marquoit dans la même lettre que M. le Comte ne me demandoit pas des pièces nouvelles, que je pouvois apporter avec moi celles que j'avois composées dernièrement pour Venise ; que je verrois que j'examinerois la troupe moi-même, et qu'on pouvoit en un mois de tems se mettre en état de faire l'ouverture de son spectacle.

Au commencement du mois d'Octobre, je m'embarquai avec ma femme ; je ne voulois pas aller seul, et je ne pouvois pas avoir une compagnie plus agréable pour moi. Nous allâmes d'abord à Bologne ; c'est là où l'on choisit la route pour Rome, entre celle de Florence et celle de Loret. Je préférai cette dernière pour satisfaire en même tems à la dévotion et à la curiosité.

On ne peut rien voir de plus riche que le trésor
de Notre Dame de Loret. Tous les voyageurs
en parlent avec admiration, et tout le monde connoît ce temple magnifique, et cette chapelle miraculeuse. Je ne faisois en parcourant ces mer-
veilles, que vérifier sur les lieux ce que j'avois
admiré de loin.

J'ai tout vu, j'ai tout examiné jusqu'aux caves;
il n'est pas possible d'en voir de plus vastes et de
mieux bâties; ce sont des réservoirs immenses de
bons vins pour l'usage d'un monde infini de prê-
tres, de desservans, de pénitenciers, de voyageurs,
de pélerins, de domestiques et de fainéans, et cela
prouve l'immensité des biens fonds que la piété
chrétienne a consacré à la dévotion des étrangers,
et à l'aisance des habitans.

La petite ville de Loret a l'apparence d'une
foire perpétuelle de chapelets, de médailles, et
d'images.

Il semble que tous ceux qui traversant cette
contrée, soient dans le devoir d'acheter de cette
pieuse marchandise, pour en régaler les étrangers.

En faisant aussi ma provision, comme les autres,
je m'amusois à questionner mon marchand sur
l'utilité de son commerce. Hélas! Monsieur,
me dit-il, il fut un tems où par la grace de la
bonne Vierge Marie, ceux de notre état faisoient
des fortunes rapides; mais depuis quelques années
la Mère de Dieu irritée par nos péchés, nous

a abandonnés ; le débit va tous les jours en dimi-
nuant, nous ne faisons plus que vivoter, et sans
les Vénitiens nous serions forcés de fermer boutique.

Mes paquets bien arrangés, bien ficelés, le marchand me présente son mémoire en conscience.
Je le paye sans beaucoup marchander ; le bon-
homme fait un signe de croix avec l'argent que je
lui avois donné, et je m'en vais très édifié.

Je fis voir à l'abbé Toni de Loret, à qui j'avois
été recommandé, la pacotille que je venois d'acheter, et j'appris que le marchand m'avoit reconnu
pour Vénitien, et m'avoit fait payer la marchandise un tiers au-delà de son prix ordinaire. Il
étoit tard, j'étois pressé de partir, je n'eus pas le
tems d'aller prouver à mon dévot qu'il étoit un
fripon.

Je reprends ma route pour Rome ; j'arrive dans
cette capitale, et je fais part à M. le Comte ***
de mon arrivée.

Il m'envoie le lendemain son valet de chambre.
Il me prie à dîner chez lui ; il y avoit un carrosse
à ma porte pour m'y conduire ; je m'habille, je
m'y rends, et j'y trouve tous les comédiens rassemblés.

Après les cérémonies d'usage, je m'adresse à
celui qui étoit plus près de moi, et je lui demande
quel étoit son emploi. Monsieur, me dit-il, d'un
air d'importance, je joue le polichinel. Comment,
monsieur, lui dis-je, le polichinel! en langage Na-

politain ? Oui, monsieur, reprend-il, de même que
vos arlequins parlent le Bergamasque ou le Vénitien ; il y a dix ans que, sans me vanter, je fais
les plaisirs de Rome ; M. Francisco, que voici,
joue la popa, (la soubrette), et M. Petrillo que
voilà joue les mères et les raisonneuses, et nous
avons soutenu pendant dix ans le théâtre de Tordinona.

Les bras me tombent ; je regarde M. le Comte
qui étoit aussi embarrassé que moi. Je m'apperçois trop tard, me dit-il, de l'inconvénient ; tâchons
d'y rémédier s'il est possible. Je fais entendre
aux acteurs Napolitains et Romains, que depuis
quelque tems les masques n'étoient plus employés
dans mes pièces. Et bien, ne vous fâchez pas,
monsieur, dit le célèbre polichinel, nous ne sommes pas des marionettes, nous avons assez d'esprit
et assez de mémoire ; voyons, de quoi s'agit-il ?

Je tire de ma poche la comédie que je leur avois
destinée, et j'offre d'en faire la lecture. Tout le
monde se range ; je lis la Veuve, Femme d'esprit.
La comédie plaît infiniment à M. le Comte ; les
comédiens n'osant pas dire, peut-être, ce qu'ils
pensoient, s'en rapportent à celui qui étoit le
maître du choix des pièces. La copie des rôles
est ordonnée sur le champ ; les comédiens s'en
vont. Nous nous mettons à table, et je ne cache
pas à M. le Comte la crainte que j'avois que nous
n'eussions faite une sottise, lui en m'appellant à
Rome, et moi en y étant venu,

Pendant que les comédiens alloient se mettre en état de répéter leurs rôles, je ne pensai plus qu'à voir Rome, et ceux à qui j'étois recommandé : j'avois une lettre du ministre de Parme pour le cardinal Porto-Carrero, ambassadeur d'Espagne, et une du prince Rezzonico, neveu du pape régnant, pour le cardinal Charles Rezzonico son frère.

Je commençai par présenter cette dernière au cardinal Padrone qui me reçut avec bonté, et avec cette même familiarité dont j'étois honoré par ses illustres parens de Venise : il ne tarda pas à me procurer la visite de sa sainteté, et je lui fus présenté quelques jours après tout seul, et dans son cabinet de retraite, faveur qui n'est pas ordinaire!

Ce pontife Vénitien que j'avois eu l'honneur de connoître dans sa ville épiscopale de Padoue, et dont ma muse avoit chanté l'exaltation, me fit l'accueil le plus gracieux ; il m'entretint pendant trois quarts-d'heure, me parlant toujours de ses neveux et de ses nièces, charmé des nouvelles que j'étois dans le cas de lui en donner.

Sa sainteté toucha à la sonnette qui étoit sur sa table ; c'étoit pour moi le signal de partir : je faisois en m'en allant des révérences, des remerciemens ; le saint père ne paroissoit pas satisfait ; il remuoit ses pieds, ses bras, il toussoit, il me regardoit, et ne disoit rien. Quelle étourderie de ma part ! enchanté, pénétré de l'honneur que je venois de recevoir, j'avois oublié de baiser le pied

du successeur de Saint Pierre; je reviens enfin de
ma distraction; je me prosterne; Clement XIII.
me comble de bénédictions, et je pars mortifié de
ma bêtise, et édifié de son indulgence.

Je continuai pendant plusieurs jours mes visites;
le cardinal Porto-Correro m'offrit un couvert à sa
table, et un carrosse à mes ordres; son excellence
le chevalier Correro, ambassadeur de Venise, me
fit les mêmes offres, et j'en profitai, sur-tout des
voitures qui sont aussi nécessaires à Rome qu'à
Paris.

Je voyois des cardinaux, des princes, des princesses, des ministres étrangers; et aussi-tôt que
j'avois été reçu, j'étois visité le lendemain par les
valets de pied qui venoient me complimenter sur
mon arrivée, et il falloit donner aux uns trois
paules, à d'autres dix, selon le rang de leurs maîtres, et à ceux du pape trois sequins; c'est l'usage
du pays; le prix est fait, il n'y a pas à marchander.

En faisant mes visites, je ne manquois pas de
parcourir en même tems les monumens précieux
de cette ville, autrefois la capitale du monde, et
aujourd'hui le siège dominant de la religion catholique.

Je ne parlerai pas des chefs-d'œuvre qui sont
connus de tout le monde; je me bornerai uniquement à rappeller ici l'effet que produisit sur mon
esprit et sur mes sens la vue de Saint Pierre de
Rome.

J'avois cinquante-deux ans quand je vis ce

temple pour la première fois ; depuis l'âge de la raison jusqu'à ce tems-là j'en avois entendu parler avec enthousiasme ; j'avois parcouru les historiens et les voyageurs qui en font des descriptions exactes et des détails raisonnés ; je crus qu'en le voyant moi-même, la prévention auroit diminué la surprise ; au contraire, tout ce que j'avois entendu étoit au-dessous de ce que je voyois ; tout ce qui me paroissoit exagéré de loin, grandissoit infiniment à mes yeux ; je ne suis pas connoisseur en architecture, et je n'irai pas étudier les termes de l'art pour expliquer le charme que j'éprouvai ; mais je suis sûr que c'etoit l'effet de l'exactitude des proportions dans son immense étendue.

Autant les objets de construction et d'ornement attirent l'admiration, autant le sanctuaire de cette basilique excite la dévotion.

C'est dans les souterreins du Maître-Autel qui reposent les corps de Saint Pierre et de Saint Paul, et les Romains qui ne sont en général rien moins que dévots, ne cessent de s'y rendre fréquemment en témoignage de leur vénération pour les princes des apôtres.

Mon hôte, par exemple, n'auroit pas manqué pour tout l'or du monde d'aller tous les jours faire sa prière à la cathédrale ; il aimoit les plaisirs, il rentroit chez lui quelquefois à minuit, il se souvenoit qu'il n'avoit pas visité ses patrons ; il demeuroit dans un quartier très éloigné de Saint

Pierre : c'étoit égal, il y alloit toujours, il faisoit
sa prière a la porte, et revenoit content.

Il faut que je fasse connoître à mon lecteur
cet homme qui avoit quelques singularités, mais
qui avoit un cœur excellent et une sincérité sans
égale.

C'étoit l'Abbé *** correspondant de plusieurs
evèques d'Allemagne pour les affaires de la dat-
terie ; il m'avoit loué un appartement de quatre
pièces, avec huit croisées de front sur la plus belle
rue de Rome, appellé le Cours, où tout le monde
se rassembloit pour les courses de chevaux barbes
et pour jouir des masques dans les jours gras.

L'Abbé *** avoit une femme et une fille charmantes ; il n'etoit pas riche, mais il faisoit bonne
chère, et je me mis en pension chez lui : il y avoit
tous les jours un plat sur sa table qu'il avoit fait
lui-même, et il ne manquoit jamais d'annoncer
aux convives, que c'étoit un plat pour M. l'Avocat Goldoni, fait par les mains de son serviteur
*** et ajoutant que personne n'y toucheroit sans
la permission de M. l'avocat.

Il donnoit chez lui des concerts ; Mademoiselle
*** chantoit à ravir, et elle étoit secondée par des
voix et par des instrumens du premier mérite dont
Rome abonde dans toutes les classes et dans tous
les rangs.

C'étoit toujours, au dire de mon cher abbé,
pour M. l'Avocat Goldoni que ces parties de plai-

sirs étoient ordonnées, et je ne pouvois lui causer
plus grand chagrin qu'en allant dîner en ville, ou
passer le soirée dans quelqu'autre maison.

Un jour en rentrant chez lui, et apprenant que
je ne dînois pas, il se donna au diable, il gronda
ma femme ; personne ne mangera, dit-il, du plat
que j'avois fait pour M. l'avocat Goldoni ; il entre
dans sa cuisine, il regarde d'un air affligé les mets
délicieux qu'il avoit fait lui-même avec tant de
plaisir, avec tant de soin ; la colère le gagne, il
jette la casserole dans la cour.   Je rentre le soir ;
l'abbé étoit couché, il ne voulut pas me voir, tout
le monde rioit, et j'en étois fâché ; mais le domestique me remit le billet d'invitation pour aller le
lendemain à la répétition de ma pièce ; cela m'intéressoit davantage ; j'oubliai l'abbé dans l'instant,
et je dormis fort tranquille.

Je me rends chez M. le Comte ***, pour assister à la répétition de ma pièce : les comédiens
s'y trouvent : ils avoient étudié leurs rôles, ils les
savoient par cœur. J'etois édifié de leur attention,
et je me proposois de seconder leur zèle et de les
aider de toutes mes forces. On commence; Donna
Placida et Donna Luigia ; c'étoient deux jeunes
Romains, un garçon perruquier et un apprentif
menuisier.

Oh Ciel ! quelle déclamation chargée ! quelle
gaucherie dans les mouvemens ! point de vérité,
point d'intelligence ; je parle en général sur le
mauvais goût de leur déclamation.   Le polichinel

qui étoit toujours l'orateur de la troupe, me dit
fort lestement : chacun a sa manière, monsieur, et
celle-ci est la nôtre.

Je prends mon parti, je ne dis plus rien : je leur
fais observer seulement que la pièce me paroissoit
trop longue ; c'étoit le seul article sur lequel nous
étions d'accord, et je l'abrégeai d'un bon tiers,
pour me diminuer la peine de les entendre ; tout
ennuyé que j'en étois, je ne manquai pas d'inter-
venir aux répetitions successives jusqu'à la der-
niére au théâtre.

Le 26 du mois de Décembre, on ouvre à Rome
tous les spectacles à la fois : j'étois tenté de ne
pas y aller ; mais M. le Comte m'avoit destiné une
place dans sa loge, et je ne pouvois pas décem-
ment refuser de m'y rendre.

J'y vais ; tout étoit éclairé, on étoit prêt à lever
la toile, et il y avoit tout a plus cent personnes
dans les loges, et trente dans le parterre. J'étois
prévenu que le théâtre de Tordinona étoit celui
des charbonniers et des matelots, et que, sans le
polichinel, les amateurs des farces ne s'y ren-
droient pas : je croyois, cependant, qu'un auteur
que l'on avoit fait venir exprès de Venise, exci-
teroit la curiosité, et attireroit du monde du centre
de la ville ; mais on connoissoit à Rome mes
acteurs.

On leve la toile ; les personnages paroissent, et
jouent comme ils avoient répété. Le public s'im-
patiente, on demande polichinel, et la pièce va de

mal en pis : je n'en puis plus : je suis prêt à me
trouver mal : je demande à M. le Comte la permission de sortir, il me l'accorde de bonne grace, et il
m'offre même son carrosse. Je quitte le théâtre de
Tordinona, et je vais rejoindre ma femme qui étoit
à celui d'Aliberti.

Ma femme prévoyant comme moi la chûte de
ma piéce, étoit allée à l'opéra avec la fille de mon
hôte ; j'entre dans leur loge, et sans que je parle,
elles s'apperçoivent, à ma mine, de mon chagrin.
Consolez-vous, me dit la demoiselle en riant, cela
ne va pas mieux ici ; la musique ne plaît pas du
tout : pas un air, pas un récitatif, pas une ritournelle
agréable. Buranello s'est furieusement oubliés
cette fois-ci ; celle étoit musicienne, elle pouvoit
en juger par elle même, et on voyoit que tout le
monde étoit de son avis.

Le parterre de Rome est terrible : les abbés
décident d'une manière vigoureuse et bruyante :
il n'y a point de gardes, il n'y a point de police ;
les siflets, les cris, les risées, les invectives retentis-
soient de tous les côtés.

Mais aussi, heureux celui qui plaît aux petits
collets : je vis, dans le même théâtre, l'opéra de
Ciccio de Mayo, à la première représentation.
Les applaudissemens étoient de la même violence.
Une partie du parterre sortit à la fin du spectacle,
pour reconduire en triomphe le musicien chez lui,
et l'autre resta dans la salle, criant toujours viva

Mayb, jusqu'à l'extinction du dernier bout de chandelle.

Que serois-je devenu, si j'eusse resté à Tordinona jusqu'à la fin de ma pièce ? Cette réflexion me faisoit trembler. Je vais, le lendemain, chez M. le Comte***, bien déterminé à ne plus m'exposer à un pareil danger: j'avois affaire à un homme juste et raisonnable; il voyoit lui-même l'impossibilité de tirer parti de ses comédiens, à moins que de les laisser libres de travailler à leur mode ; et voici, en peu de mots, l'arrangement auquel nous fumes obligés d'avoir recours.

Il fut arrêté que les Napolitains donneroient leurs canevas ordinaires, entremêlés, d'intermedes en musique, dont j'arrangerois les sujets sur des airs parodies : ce projet fut mis en très peu de jours en exécution. Nous trouvâmes, chez les marchands de musique, les meilleures partitions de mes opéras comiques.

Rome est une pépinière de chanteurs : nous en trouvâmes deux bons, et six de passables : nous donnâmes, pour premier intermede, Arcifanfano. Re de'' Pazzi, (le Roi des Fous), Musique de Buranello ; ce petit spectacle fit beaucoup de plaisir, et le théâtre de Tordinona se soutint de manière que M. le Comte n'y perdit pas beaucoup.

J'avois échoué à Tordinona ; c'étoit un chagrin cuisant pour moi ; mais je fus dédommagé par les acteurs de Capranica. Ce théâtre qui depuis quelques années s'étoit dévoué à mes pièces, donnoit, dans ce tems-là, ma comédie de Pamela. Cette pièce étoit si bien rendue et elle faisoit tant de plaisir, qu'elle soutint toute seule le spectacle depuis l'ouverture jusqu'à la clôture, c'est-à-dire, depuis le 26 Decembre jusqu'au Mardi gras.

Toutes les fois que j'y allois, c'étoit un jour de triomphe pour moi. Les acteurs de Capranica que j'avois comblé d'éloges, parce qu'ils les méritoient, me firent prier de vouloir bien composer une pièce pour leur spectacle.

Ils n'avoient pas besoin d'une comédie travaillée pour eux, puisqu'ils étoient les maîtres de celles que tous les ans je faisois imprimer ; mais c'étoit une galanterie qu'ils vouloient me faire en reconnoissance des profits que mes ouvrages leur avoient procurés.

Je consentis à leurs desirs, sans faire semblant de m'appercevoir de leur intention : je demandai s'ils avoient quelque sujet à me donner, qui pût leur être agréable : ils me proposèrent la suite de Pamela : je promis qu'ils l'auroient avant mon départ : je leur tins parole, ils en furent contens ; et je le fus aussi, par la manière noble et généreuse dont mes soins furent récompensés.

Cette comédie se trouve dans le recueil de mes œuvres, sous le titre de Pamela maritata (Pamela mariée).

Je n'ai pas vu jouer cette pièce : je sus qu'elle

eut à Rome un succès moins brillant que celui de la précédente Pamela, et je n'en fus pas étonné. Il y avoit plus d'étude et plus de finesse dans la seconde : il y avoit plus d'intérêt et plus de jeu dans la première. L'une étoit faite pour le théâtre, et l'autre pour le cabinet.

Je demande pardon à ceux qui me l'avoient ordonnée, si je manquai leur but. Je leur avois donné le choix du sujet, et je n'ai pas à me reprocher de l'avoir négligé.

CHAPITRE IX.

Le Carnaval de Rome—Course de Chevaux Barbes
—Embarras de mon Hôte—Amusemens de Ca-
rême—Messe Pontificale—La Cêne—Le Misé-
rère de la Chapelle du Vatican—La Fête de
Saint Pierre et Saint Paul—Raisons qui m'ont
empêché d'aller à Naples—Ma Visite de congé
au Saint Père—Mon Départ de Rome—Mes
Comédies nouvelles données à Venise pendant
mon Absence—La Femme adroite, Pièce en cinq
Actes et en Vers.—Son heureux Succès—L'Esprit
de Contradiction, Pièce en cinq Actes et en Vers
—Quelques Mots sur le même Sujet traité par
Dufreny—La Femme seule, Pièce en cinq Actes
et en Vers—Le Secret de cette Comédie—Son
Succès—La Bonne Mère, Pièce en trois Actes,
en Prose—Son peu de Succès—Les Femmes
gaies, Pièce Vénitienne, en cinq Actes et en Vers
—Son brillant Succès—Mon Retour à Venise
—Je n'avois Rien fait pour l'Ouverture de mon
Théâtre—Facilité acquise par l'Expérience—
Les Amoureux, Pièce en trois Actes et en Prose
—Quelques Mots sur cet Ouvrage—Son Succès
—La Maison Neuve, Comédie Vénitienne en
trois Actes, en Prose—Son brillant Succès.

L'OUVERTURE du Carnaval se fait presque par
tout en Italie, à la fin de Décembre ou au com-

mencement de Janvier ; à Rome, ce tems de gaieté ou de folie, marqué par la liberté des masques, ne commence que dans les jours gras ; ce n'est que depuis deux heures après-midi jusqu'à cinq que le masque est toléré ; tout le monde, à la nuit tombante, doit marcher à visage découvert ; on peut dire que le Carnaval de Rome n'a que vingt-quatre heures de durée, mais ce tems y est bien employé.

On n'a point d'idée du brillant et de la magnificence de ces huit jours : on voit dans toute la longueur du cours quatre files de voitures richement décorées ; les deux latérales ne sont que spectatrices des deux qui roulent dans le milieu ; une foule de masques à pied, qui ne sont pas des gens du peuple, courent sur les trotoirs, chantent, font des singeries et des lazis fort adroits, et lancent dans les voitures des boisseaux de dragées qui leur sont rendues avec profusion, de sorte que le soir on ne marche plus que sur de la farine sucrée.

On fait dans ces mêmes jours et dans ce même endroit la course des chevaux Barbes, dont le vainqueur gagne une pièce d'étoffe d'or ou d'argent ; ces chevaux libres et sans guide, dressés à la course, irrités par des pointes de fer qui les piquent, et animés par les cris et par les claquemens du peuple, partent du palais de Saint Marc, et sont arrêtés à la porte de la ville où l'on adjuge le prix au premier arrivé.

J'avois la commodité de jouir de cette vue

charmante sans sortir de ma chambre, mais mon hôte m'avoit destiné un balcon dans la salle de son appartement, et il avoit affiché un écriteau en grandes lettres où se lisoient ces mots : Balcon pour M. l'Avocat Goldoni.

Il n'y avoit que huit croisées, et l'abbé *** avoit invité soixante personnes ; le monde qui arrivoit ne prenoit pas garde au placard, chacun tâchoit de se placer le premier, et mon pauvre abbé étoit très embarrassé pour me garder une place ; je pouvois aller dans ma chambre avec sa femme et la mienne ; point du tout, il me vouloit dans la salle ; j'arrive, tout étoit plein ; on s'arrange, et je suis placé ; mais des dames surviennent, il faut leur donner la préférence ; je sors avec les autres et je reste sans place.

L'Abbé outré, furieux, me prend par le bras, il me traîne dans la chambre, fait sortir sa femme et sa fille, me pousse par force sur le devant du balcon, se met à côté de moi, y reste toujours en me faisant remarquer les voitures des princes, des princesses, et des cardinaux dont il connoissoit les cochers, et me nomme les chevaux dont il distinguoit les devises.

La fête finie, l'embarras de mon abbé devient plus considérable ; le monde qui étoit chez lui ne s'en alloit pas ; il en avoit prié beaucoup à souper, et il ne se souvenoit ni du nom, ni du nombre des personnes qu'il avoit invitées.

Il y avoit dans cette société des amateurs de

musique ; on arrange un concert, on joue, on chante, tout cela va bien, mais personne ne s'en va ; comment faire ?

Le pauvre abbé vient à moi, il étoit tremblant, il me consulte sur son embarras ; rien, mon ami, lui dis-je : vous avez fait la sottise, il faut la boire ; mais nous sommes, dit-il, quarante, cinquante.... Courage, lui dis-je encore mon cher abbé, courage ; envoyez chercher des violons, dressez un petit buffet à la hâte, faites danser tout ce monde-là, et tirez-vous d'affaires comme vous pourrez ; il trouve mon avis bon ; le bal fut donné : les rafraîchissemens furent suffisans, la nuit fut brillante, et tout le monde partit content.

Nous touchions à la fin du Carnaval, et nous passâmes ces derniers jours de gaieté chez les uns et les autres fort agréablement : le Carême arrive, on change de décoration, mais on ne s'amuse pas moins ; on trouve par-tout de la musique et des tables de jeu ; parmi les jeux de commerce, c'est la Mouche que l'on appelle la Bête, qui est le plus en usage ; je remarquai une politesse envers les femmes que je n'ai pas vue ailleurs ; si la dame est en danger d'être à la bête, il faut lui donner le coup de grace, il faut jouer une petite carte pour lui éviter ce désagrément.

Tous les plaisirs dont j'avois joui jusqu'à ce tems-là à Rome, n'étoient rien en comparaison de ceux que j'éprouvai dans la semaine sainte. C'est dans ces jours consacrés à la piété que l'on s'apper-

çoit de la majesté du pontife et de la grandeur de
la religion.

Rien de si magnifique, rien de si imposant que
la célébration d'une messe pontificale dans la
Basilique du Vatican : le pape y figure en souverain, avec une pompe et un appareil qui concilient
la dévotion et l'admiration ; tous les cardinaux
qui sont les princes de l'eglise, et les héritiers
présomptifs du trône, y assistent ; le temple est
immense, et le cortege l'est aussi.

La cérémonie de la Cène ne me parut pas moins
majestueuse : on voit par-tout laver les pieds à
des pauvres qui figurent les apôtres ; mais cette
thiare à triple couronne, et ces bonnets rouges,
cette hiérarchie d'evêques et de patriarches, sur-
prennent et frappent l'imagination.

Un autre spectacle pieux que j'admirai dans
cette eglise, me parut, aussi agréable qu'étonnant ;
c'étoit le miserère du Vendredi Saint. Vous entrez
à Saint Pierre de Rome ; la distance qu'il y a du
portail au maître-autel, ne vous laisse pas appercevoir s'il y a du monde ou s'il n'y en a pas ;
quand vous êtes à portée de voir et d'entendre,
vous voyez une assemblée très nombreuse de
musiciens en soutane et en petit collet, et vous
croyez entendre tous les instrumens possibles pendant qu'il n'y en a pas un seul.

Je ne suis pas musicien, je ne saurois vous
expliquer cette variété, cette gradation de voix
dans les mêmes accords qui produisent cette illu-

sion, mais tous les compositeurs doivent connoître
ce chef-d'œuvre de l'art.

Je restai à Rome jusqu'à la fête de Saint Pierre
et Saint Paul ; je vis tout ce qui me restoit à voir
à la ville et à la campagne. J'avois grande envie
d'aller à Naples ; j'étois presque à la porte, j'eus
même des occasions pour y aller sans qu'il m'en
coutât une obole ; mais voici les raisons qui m'empêchèrent de me satisfaire.

Lorsque je devois partir de Venise pour Rome ;
je fis part de mon projet au ministre de Parme,
qui me procûra l'agrément de son altesse royale,
et m'envoya des lettres de recommandation pour
l'ambassadeur d'Espagne.

J'écrivis au même ministre pour aller à Naples.
Point de réponse. Je réitérai mes instances, même
désagrément ; je savois que dans ce tems-là la
cour de Parme n'étoit pas en bonne intelligence
avec celle de Naples ; j'interprétai le silence du
ministre comme un refus du prince, et je ne voulus
pas risquer de perdre pour une partie de plaisir, la
bienveillance de mon protecteur et de mon maître.

Je vis donc à Rome la veille de Saint Pierre
cette immense coupole éclairée, cette fameuse
girandole qui ressemble à un torrent de feu lancé
dans l'air par la violence des volcans, et la cérémonie de la haquenée, présentée au saint père par
le connétable colonna, au nom du roi de Naples.

L'air de Rome commençoit à devenir dangereux.
Les Romains le craignent eux-mêmes, et la ville

est déserte depuis le mois de Juillet jusqu'à celui d'Octobre.

Je quittai Rome le deuxième jour du mois d'Août, au grand regret de mon hôte, qui m'avoit toujours comblé de politesses ; il ne cessa pas de m'écrire et de m'envoyer tous les ans l'almanach de Rome jusqu'à sa dernière maladie.

Retournant dans ma patrie, je pris la route de la Toscane, et je traversai avec un plaisir infini ce pays délicieux, qui, pendant quatre années consécutives, m'avoit agréablement occupé.

Je revis presque tous mes anciens amis ; je me détournai un peu de mon chemin pour revoir Pise, Livourne et Luque. Je commençois à faire mes adieux à l'Italie, sans savoir encore que je devois la quitter pour toujours.

Arrivé à Venise je n'eus rien de plus pressé que de m'informer du succès de mes nouvelles pièces, que pendant mon absence l'on y avoit jouées.

J'en avois reçu à Rome quelques notices, mais il y en avoit de contradictoires, et aucune de détaillées.

La Sposa sagace, (la Femme adroite), étoit la première que l'on y avoit donnée. C'étoit une comédie que j'avois travaillée avec soin, et je fus bien aise de savoir qu'elle avoit répondu à mon desir.

La Sposa en Italien, ne veut pas toujours dire

une femme mariée. Une fille promise en mariage, que l'on dit en France, la prétendue ou la future, s'appelle l'épouse à Venise.

Celle dont il s'agit dans ma pièce n'est véritablement ni épouse ni mariée ; mais elle se croit l'une et l'autre par un engagement clandestin qu'elle a contracté.

La pièce étoit fort gaie, fort amusante, et on m'assura que son succès avoit été très brillant.

Cette que l'on avoit fait succéder à la sposa sagace, étoit lo Spirito di contradizzione (l'Esprit de contradiction).

Je n'avois pas à Venise cette collection d'auteurs François, qui font aujourd'hui l'ornement le plus intéressant de ma petite bibliothèque. Je ne connoissois pas l'esprit de contradiction de Dufreny ; mais comme ce vice est un de plus incommodes pour la société, je ne pouvois pas l'oublier.

J'ai vu jouer à Paris la pièce de l'auteur François : je l'ai lue et confrontée depuis avec la mienne, nous avons traité l'un et l'autre ce même sujet, mais nos moyens ne se ressemblent pas.

Celle de Dufreny n'est qu'un acte en prose. La mienne est en cinq actes, en vers, et je crois, si je ne me trompe pas, qu'il y a dans celle-là plus d'art que de nature, et dans la mienne plus de nature que d'art. Je voudrois que mon lecteur fut en état de les confronter ; il verroit, peut-être, que je n'ai pas tort.

Allons à la troisième pièce donnée à Venise
pendant que j'étois à Rome; c'étoit la Donna sola,
(la Femme seule).

Madame Bresciani qui jouoit les premiers rôles,
et qui jouissoit d'une considération qu'elle méritoit à tous égards, n'etoit pas sans défaut. Elle
étoit jalouse de ses camarades, et ne pouvoit pas
souffrir qu'une autre actrice fut applaudie.

Ce ridicule de Madame Bresciani, me déplaisoit,
me gênoit, et j'étois dans l'habitude de punir
doucement mes acteurs, quand ils me causoient
du chagrin.

Je composai une pièce où il n'y avoit qu'une
femme, et je voulois dire par le titre et par le sujet
à Madame Bresciani—Vous voudriez être seule;
vous voilà contente.

Elle avoit de l'esprit; elle n'en fut pas la dupe,
mais elle trouva la pièce à son gré; elle s'y prêta
de bonne grace et avec intérêt. L'actrice fit beaucoup de plaisir, et la pièce eut beaucoup de succès.

Voilà trois comédies qui avoient bien réussi; mais
la quatrième la Buona Madre, (la Bonne Mère),
n'eut pas le même bonheur. J'avois fait dans
les années précédentes la Bonne Fille, la Bonne
Femme, la Bonne Famille; la bonté ne peut jamais
déplaire, mais le public s'ennuie de tout, et quoique
le sujet soit varié, il n'aime pas la répétition des
mêmes motifs, ou la ressemblance des caractères.

La Bonne Mère ne fut ni méprisée, ni applaudie: on l'écouta froidement, et elle n'eut que

quatre représentations. Voilà une pièce honnète qui est tombée très honnètement.

La dernière qui avoit fait la clôture du Carnaval de l'année 1758, réussit de manière qu'on m'accabla de lettres, d'éloges et de détails qui ne finissoient pas. J'eus pendant trois courriers consécutifs de quoi lire et de quoi m'amuser.

Le Morbinose, étoit le titre de cette heureuse comédie. J'avois donné l'année précédente à Venise I Morbinosi, dont j'ai rendu compte dans un chapitre précédent. J'ai expliqué dans cette occasion le terme Vénitien Morbinosi. C'est ici le féminin qui peut être employé comme substantif et comme adjectif; et le Morbinose en langage Vénitien, n'est pas autre chose que les femmes gaies dans la langue Françoise.

Le lieu de la scène est à Venise, et les personnages sont tous Vénitiens, à la réserve d'un seul étranger, qui, par son langage Toscan, et par les habitudes qu'il à contractées chez lui, fait contrasté avec l'idiôme et avec les mœurs de la nation Vénitienne.

Cet étranger, appellé M. Ferdinand, étant recommandé à de bons bourgeois de Venise, y a fait des connoissances.

Il est très bien reçus dans les sociétés; mais les femmes de ce pays qui font le principal agrément de la gaieté nationale, trouve le Toscan empesé, maniéré, et se moquent un peu de lui; elles profitent du Carnaval, et lui jouent des tours, rien que pour amollir sa roideur naturelle, et lui donner le ton et l'aisance Vénitienne, et elles y parviennent si bien, que M. Ferdinando devient amoureux d'une de ces demoiselles, se marie avec elle, et s'établit pour toujours à Venise.

Je faisois ma cour aux femmes de mon pays, mais j'agissois pour mon intérêt en même tems ; car pour plaire au public, il faut commencer par flatter les dames.

A peine avois-je eu le tems de me reposer, que je dus me mettre au travail : j'arrivai le premier jour de Septembre ; on devoit faire l'ouverture des spectacles le 4 du mois suivant, et je n'avois rien de fait.

J'avois trouvé à Rome des distractions trop agréables pour que j'eusse le tems de m'occuper ; tout laborieux que j'étois, j'ai toujours aimé le plaisir ; et sans perdre de vue mes engagemens, je profitois des momens de liberté que je pouvois me donner ; je me connoissois beaucoup de facilité, et je travaillois avec plus d'ardeur quand j'étois pressé de finir.

Il faut dire aussi que le tems, l'expérience, et l'habitude, m'avoient tellement familiarisé avec l'art de la comédie, que, les sujets imaginés et les caractères choisis, le reste n'étoit plus pour moi qu'une routine.

Je faisois autrefois quatre opérations avant que de parvenir à la construction et à la correction d'une pièce.

Première opération : le plan avec la division, trois parties principales, l'exposition, l'intrigue, et le dénouement.

Seconde opération : le partage de l'action en actes et en scènes.

Troisième : le dialogue des scènes les plus intéressantes.

Quatrième : le dialogue général de la totalité de la pièce.

Il m'étoit arrivé souvent que parvenu à cette dernière opération, j'avois changé tout ce que j'avois fait dans la seconde et dans la troisième ; car les idées se succedent ; une scène produit l'autre ; un mot trouvé par hasard fournit une pensée nouvelle, et je suis parvenu au bout de quelque tems à réduire les quatre opérations à une seule ; ayant le plan et les trois divisions dans ma tête, je commence tout de suite, Acte premier, Scène première ; je vais jusqu'à la fin, toujours d'après la maxime que toutes les lignes doivent aboutir au point fixé ; c'est-à-dire, au dénouement de l'action, qui est la partie principale pour laquelle il semble que toutes les machines soient préparées.

Je me suis rarement trompé dans mes dénouemens ; je puis le dire hardiment puisque tout le monde l'a dit, et la chose ne me paroît pas même difficile: il est très aisé d'avoir un dénouement heureux quand on l'a bien préparé au commencement de la pièce, et qu'on ne l'a jamais perdu de vue dans le courant du travail.

Je commençai donc, et je finis en quinze jours une comédie en trois actes en prose, intitulée Gl'innamorati (les Amoureux). Le titre ne promettoit rien de nouveau, car il est peu de pièces sans l'amour ; mais je n'en connois aucune dont les amoureux soient de la trempe de ceux que j'ai employés dans celle-ci ; et l'amour seroit le fléau le plus redoubtable de la terre, s'il rendoit les amans aussi furieux, aussi malheureux que le sont les deux sujets principaux de ma comédie.

J'en connoissois cependant les originaux ; je les avois vus à Rome, j'avois été l'ami et le confident de l'un et de l'autre : j'avois été le témoin de leur passion, de leur tendresse, souvent de leurs accès de fureur et de leurs transports ridicules.

J'avois entendu plus d'une fois leurs querelles, leurs cris, leurs désespoirs, les mouchoirs déchirés, les glaces brisées, les couteaux tirés. Mes amoureux sont outrés, mais ils ne sont pas moins vrais ; il y a plus de vérité que de vraisemblance dans cet ouvrage, je l'avoue ; mais d'après la certitude du fait, je crus en pouvoir tirer un tableau qui faisoit rire les uns et effrayoit les autres.

En France un pareil sujet n'auroit pas été supportable ; en Italie on le trouva un peu chargé, et j'entendis plusieurs personnes de ma connoissance se vanter d'avoir été à-peu-près dans le même cas ; je n'eus donc pas tort de peindre en grand les folies de l'amour dans un pays où le climat échauffe les cœurs et les têtes plus que par-tout ailleurs.

A cette pièce qui avoit eu plus de succès que je n'avois cru, j'en fis succéder une qui la surpassa de beaucoup, intitulée la Casa Nova (la Maison Neuve), comédie Vénitienne ; je venois de changer de logement, et comme je cherchois par-tout des argumens de comédies, j'en trouvai un dans les embarras de mon déménagement : ce n'est pas de mon particulier que je tirai le sujet de ma pièce, mais la circonstance me fournit le titre, et l'imagination fit le reste.

La Casa Nova qui contient le germe du Bourru bienfaisant fut extrêmement goûtée ; elle fit la clôture de l'automne, et elle s'est toujours soutenue dans la classe de ces pièces qui plaisent constamment, et qui paroissent toujours nouvelles au théâtre.

CHAPITRE X.

*La Femme Capricieuse, Comédie en cinq Actes et
en Vers—Son Succès—Les Disputes du Peuple
de la Ville de Chiozza, Comédie en trois Actes,
en Prose—Son brillant Succès—Projet de mon
Edition de Pasquali— Lettre d'un Auteur
François—Je suis appellé en Paris—L'Ambassadeur de France a des Ordres pour me faire
partir—Mes Réflexions—Je suis forcé de quitter
ma Patrie—Mes dernières Pièces pour Venise—
Théodore-le-Grognard, Comédie Vénitienne en
trois Actes et en Prose—Son brillant Succès—
Extrait de la Préface de l'Ecossoise, Tome XIII
de mon Théâtre, Edition de Pasquali—La Soirée
des Jours gras, dernière Pièce donnée à Venise
avant mon Départ, Comédie Vénitienne, en
trois Actes et en Prose—Son brillant Succès—
Cinq Pièces qui forment un petit Théâtre de
Société—L'Homme d'Esprit, la Femme d'Esprit, l'Apatiste, l'Hôtellerie de la Poste, et
l'Avare—Mon Départ de Venise—Je tombe
malade à Bologne—Présentations de mes Volumes à la Cour de Parme, et à celle de la
Landgrave d'Armstadt—Vue de nos Parens à
Genes—Mon Embarquement avec le Courier de*

France—Danger sur Mer—Dispute comique—
Je mets Pied à Terre à Nice—Je traverse le
Var—Me voilà en France.

LA DONNA stravagante, (la Femme capricieuse)
fit l'ouverture du Carnaval de l'année 1760.

Le caractère principal de la pièce étoit si méchant, que les femmes n'auroient pas souffert
qu'on le crût d'après nature, et je fus forcé de dire
que c'étoit un sujet de pure invention.

Cette pièce eut assez de succès, et elle étoit
faite pour en avoir un plus marqué; mais Madame
Bresciani qui, de son naturel, étoit un peu capricieuse, crut se voir jouée elle-même, et sa mauvaise humeur affoiblit le succès de l'ouvrage.

Je réparai bien vîte les torts que j'avois vis-à-
vis cette actrice excellente. Je composai une
pièce Vénitienne, intitulée le Baruffe Chiozzote
(les Disputes du peuple de la ville de Chiozza).
Cette comédie populaire et poissarde fit un effet
admirable. Madame Bresciani, malgré son accent
Toscan, avoit si bien saisi les manières et la prononciation Vénitienne, qu'elle faisoit autant de
plaisir dans les pièces de haut-comique que dans
celles du plus bas.

J'avois été à Chiozza, dans ma jeunesse, en
qualité de coadjuteur du chancelier criminel, emploi qui revient à celui de substitut du lieutenant-
criminel: j'avois eu affaire à cette population

nombreuse et tumultueuse de pêcheurs, de matelots, et de femmelettes, qui n'ont d'autre salle de
compagnie que la rue : je connoissois leurs mœurs,
leur langage singulier, leur gaieté et leur malice ;
j'étois en état de les peindre, et la capitale, qui
n'est qu'à huit lieues de distance de cette ville,
connoissoit parfaitement mes originaux ; la pièce
eut un succès des plus brillans, et elle fit la clôture du Carnaval.

Le jour des cendres suivant, je me trouvai à un
de ces soupers en maigre, par où . nos gourmands
de Venise commencent leurs collations de Carême.
Il y avoit tout ce que la mer Adriatique et le lac
de Garda peuvent fournir en poissons.

La conversation tomba sur les spectacles, et la
modestie de l'auteur, qui étoit un des convives,
ne fut pas ménagée : j'étois ennuyé de toujours
entendre les même propos ; et pour détourner les
complimens et les éloges qui ne finissoient pas, je
fis part à la société d'un nouveau projet que je
venois de concevoir. Les vins et les liqueurs
avoient égayé les esprits ; mais on fit silence, et
l'on m'écouta avec assez d'attention.

C'étoit d'une nouvelle edition de mon théâtre
que je voulois les entretenir : je tâchai d'être
court : j'en dis assez cependant pour faire comprendre mon intention.

On m'applaudit, on m'encouragea, on fit venir
du papier et de l'encre. L'assemblée étoit composée de dix-huit personnes, sans me compter ;

TOME I. I

on dressa sur le champ un billet de souscription, chacun souscrit pour dix exemplaires ; je fis, d'un coup de filet, cent quatre-vingt souscriptions.

Voilà l'origine de mon edition de Pasquali ; j'en ai assez parlé dans la préface de ces mémoires, je n'en fatiguerai pas mon lecteur davantage : j'aime mieux lui faire part d'une lettre que je reçus quelques jours après, datée de Ferney.

Vous croyez peut être que c'étoit de M. de Voltaire ? Vous vous trompez : j'en ai reçu plusieurs de ce grand homme, de cet homme unique, mais je n'avois pas l'honneur, dans ce tems-là, d'être en correspondance avec lui.

La lettre dont je vous parle étoit signée Poinsinet ; je ne le connoissois pas, mais il s'annonçoit comme auteur. Il me parloit de quelques pièces qu'il avoit données à l'opéra-comique, à Paris ; il étoit à Ferney, chez son ami, qui l'avoit chargé de me dire bien des choses de sa part, et il me prioit de lui adresser ma réponse à Paris.

Ce qui l'avoit engagé à m'écrire étoit le projet qu'il avoit formé de traduire en François tout mon théâtre Italien ; il me demandoit tout franchement, et sans beaucoup de cérémonies, les manuscrits de mes pièces qui n'étoient pas encore imprimées, et les anecdotes qui pouvoient me regarder. Je me crus honoré d'abord qu'un auteur François voulût bien s'occuper de mes ouvrages ; mais je trouvois ses demandes un peu trop prématurées ; et ne connoissant pas la personne, je lui répondis, d'une manière honnête, mais suffisante, pour le détourner de son entreprise.

Je prévins M. Poinsinet que je venois d'entreprendre une nouvelle edition avec des corrections et des changemens, et que d'ailleurs mes pièces étoient remplies des différens patois d'Italie, qui rendoient la traduction de mon théâtre presqu'impossible pour un étranger.

Je croyois en avoir assez dit : point du tout, voici une seconde lettre du même auteur, datée de Paris : " J'attendrai, monsieur, les changemens et les corrections que vous vous proposez de faire dans votre nouvelle edition. A l'égard des différens patois Italiens, soyez tranquille ; j'ai un domestique qui a parcouru l'Italie, il les connoît tous, il est en état de m'en expliquer la valeur, et vous en serez content."

Cette proposition me choqua infiniment : je crus que l'auteur François se moquoit de moi : je vais sur le champ chez M. le Comte de Baschi, ambassadeur de France à Venise ; je lui fais part des deux lettres de M. Poinsinet, et je lui demande quel étoit l'homme qui m'écrivoit.

Je ne me souviens pas de ce que son excellence me dit à l'égard de M. Poinsinet, mais il me remit dans le même instant une lettre qu'il venoit de recevoir avec les dépêches de sa cour. C'étoit une nouvelle très agréable pour moi, et j'en rendrai compte.

La lettre que m'avoit remise M. l'ambassa-

deur de France, venoit de M. Zanuzzi, premier
amoureux de la comédie Italienne à Paris. Cet
homme estimable par ses mœurs et par son talent,
avoit apporté en France le manuscrit de ma comédie, intitulée l'Enfant d'Arlequin perdu et retrouvé. Il avoit présenté cette pièce à ses camarades qui l'avoient trouvé bonne : on l'avoit
jouée ; elle avoit fait le plus grand plaisir, elle
avoit confirmé, disoit-il, cette réputation dont mes
ouvrages jouissoient en France depuis long tems,
et ma personne y étoit desirée.

M. Zanuzzi, en conséquence de ce préliminaire,
étoit chargé par les premiers gentilshommes de la
chambre du roi, et ordonnateurs des spectacles de
sa majesté, de me proposer un engagement de deux
ans, avec des appointemens honorables.

M. le Comte de Baschi me fit voir en même-
tems l'empressement de M. le Duc d'Aumont,
premier gentilhomme de la chambre, en exercice,
pour me faire partir ; en y ajoutant, que s'il y
avoit quelque difficulté, il enverroit des lettres en
forme, pour me demander au gouvernement de la
république.

Il y avoit long tems que je desirois de voir
Paris, et j'étois tenté d'abord de répondre af-
firmativement ; mais j'avois des ménagemens à
garder, et je demandai du tems pour me déterminer.

J'étois pensionnaire du Duc de Parme, et j'avois
un engagement à Venise ; il falloit demander la

permission au prince, et obtenir l'agrément du
noble Vénitien, propriétaire du théâtre Saint Luc.
L'un et l'autre ne me paroissoient pas difficiles ;
mais j'aimois ma patrie, j'y étois chéri, fêté, applaudi ; les critiques contre moi avoient cessé, je
jouissois d'une tranquillité charmante.

Ce n'étoit que pour deux années qu'on m'appelloit en France ; mais je voyois de loin qu'une
fois expatrié, j'aurois de la peine à revenir : mon
état étoit précaire, il falloit le soutenir par des
travaux pénibles et assidus, et je craignois les
tristes jours de la vieillesse, où les forces dimi-
nuent, et les besoins augmentent.

Je parlai à mes amis et à mes protecteurs à Venise ; je leur fis voir que je ne regardois pas le
voyage de France comme une partie de plaisir,
mais que la raison m'y forçoit, pour tâcher de
m'assurer un état.

J'ajoutai à ces personnes qui paroissoient me
desirer à Venise, qu'en ma qualité d'avocat, je
pouvois prétendre à toutes sortes d'emplois, et
même aux charges de la magistrature, et je finis
ma harangue avec la déclaration autant sincère
que décisive, que si on vouloit m'assurer un état
à Venise, soit à titre d'emploi, soit à titre de
pension, je préférois ma patrie à tout le reste de
l'univers.

Je fus écouté avec attention et avec intérêt.
On trouva mes réflexions justes, et mon procédé
honnête ; tout le monde se chargea de chercher les

moyens de me satisfaire. On tint plusieurs assemblées sur mon compte ; en voici le résultat.

Dans un état républicain, les graces ne sont
accordées que par la pluralité des voix. Il faut
que les postulans demandent pendant long tems
avant que d'être ballotés, et à l'égard des pensions,
s'il y a concurrence de demandeurs, les arts utiles
l'emportent toujours sur les talens agréables. C'en
étoit assez pour me déterminer à ne plus y penser.

J'écrivis à Parme ; j'eus la permission de partir.
Je surmontai avec un peu de peine l'opposition
du propriétaire du théâtre Saint Luc ; et lorsque
je me vis en liberté, je donnai ma parole à l'ambassadeur de France, et j'écrivis en conséquence
à M. Zanuzzi à Paris ; mais il étoit juste que je
donnasse le tems à mes comédiens, et à leur maître,
de se pourvoir d'un compositeur, et je fixai mon
départ de Venise, au mois d'Avril de l'année 1761.

Je fis trois pièces dans cet intervalle, dont la
première étoit intitulée Todaro Brontolon, (Théodore-le-Grognard), comédie Vénitienne.

Il y eut un vieillard à Venise, je ne sais pas
dans quel tems, qui s'appelloit Théodore ; il étoit
l'homme du monde le plus rude, le plus chagrin
et le plus incommode, et il laissa de lui une si
bonne réputation, que quand on rencontre à Venise
un grondeur, on l'appelle toujours Todaro Brontolon.

J'en connoissois un de ces vieillards de mauvaise
humeur, qui faisoit enrager sa famille, et sur-tout

sa bru, qui étoit très jolie et très aimable, et dont
le mari qui trembloit à la vue de son père, la rendoit encore plus malheureuse.

Je voulus venger cette brave femme que je
voyois très souvent.   Je traçai dans le même tableau le portrait du mari et celui du beau-père ;
elle étoit du secret, et elle jouit plus que les autres
du succès de la pièce ; car les originaux s'étoient
reconnus, et elle les vit revenir de la comédie, l'un
furieux, et l'autre humilié.

Cette pièce fit tant de plaisir qu'elle alla jusqu'à
la clôture de l'automne de l'année 1760, et je
gardai pour l'ouverture du Carnaval de l'année
1761, l'Ecossoise, comédie qui n'étoit pas de mon
invention, mais qui ne me fit pas moins d'honneur.

L'historique de cette comédie, est une anecdote
qui me paroît intéressante.   Je ne pouvois mieux
la faire connoître qu'en donnant ici un extrait de
la préface que je mis à la tête de cet ouvrage, dans
mon edition de Pasquali.

Ceux qui s'amusent à la lecture des nouvelles
du jour, doivent se souvenir que l'année 1750 il
parut en Italie, comme par-tout ailleurs, une
comédie Françoise qui avoit pour titre le Café
ou l'Ecossoise.

On lisoit dans la préface de cette pièce, que
c'étoit l'ouvrage de M. Hume, pasteur de l'Eglise
d'Edembourg, capitale de l'Ecosse, mais tout le
monde savoit que M. de Voltaire en étoit l'auteur.

Je fus un des premiers qui l'eut à Venise ;

l'illustre patricien Vénitien Andrea memo, homme savant, homme de goût, et très versé dans la littérature, trouva cette pièce charmante, et me l'envoya croyant que je pourrois en faire quelque chose pour mon théâtre.

Je la lus avec attention, elle me plut infiniment, je la trouvai même de ce genre de compositions théâtrales que j'avois adopté, et l'amour-propre m'attacha encore davantage en voyant que l'auteur François m'avoit fait l'honneur de me nommer dans son discours préliminaire.

J'eus grande envie de traduire l'Ecossoise pour la faire connoître et la faire goûter à ma nation; mais en relisant la pièce avec des réflexions relatives à l'objet que je m'étois proposé, je m'apperçus qu'elle ne réussiroit pas telle qu'elle étoit sur les théâtres d'Italie.

Il est vrai, comme dit l'auteur lui-même, que cet ouvrage est fait pour plaire dans toutes les langues; car l'on y peint la nature qui est la même par-tout; mais cette nature est différemment modifiée dans les différens climats, et il faut la présenter par-tout avec les mœurs et les habitudes du pays où l'on s'avise de l'imiter.

Mes pièces, par exemple, qui ont été bien reçues en Italie, ne le seroient pas de même en France, et il faudroit y faire des changemens considérables pour en faire passer quelques-unes.

Mais j'avois promis que l'Ecossoise paroîtroit sur le théâtre Saint Luc, et regardant l'exacte traduction, comme dangereuse, je ne pensai plus qu'à l'imiter ; je fis une pièce Italienne d'après le fond, les caractères et l'intérêt de l'original François.

Le succès de cette comédie ne pouvoit être ni plus général, ni plus éclatant ; nous eûmes l'auteur François et moi chacun notre part au mérite et aux applaudissemens ; on dira peut-être qu'il est téméraire à moi de vouloir partager l'honneur de l'Ecossoise pour l'avoir habillée à l'Italienne ; ce reproche qui pourroit être fondé sur des considérations respectives, m'oblige à faire part à mes lecteurs d'une anecdote singulière arrivée dans la même année au sujet de ce même ouvrage.

Tous les trois théâtres de comédie de Venise le firent paroître l'un après l'autre ; celui de Médébac fut le premier ; mais l'Ecossoise étoit cachée sous le titre de la belle Pellerine ; Lindane avoit l'air d'une aventurière : Friport, ce Marin Anglois, grossier par habitude, et généreux par caractère, étoit remplacé par un petit-maître Vénitien ; le fond de la pièce étoit le même ; mais les caractères étoient changés, et il n'y avoit plus ni noblesse, ni intérêt dans le sujet ; la pièce eut le succès qu'elle méritoit ; elle fut arrêtée à la troisième représentation.

Le théâtre Saint Samuel avoit aussi son Ecossoise à produire ; on y annonce la véritable, la légitime Ecossoise, traduite mot pour mot, trait pour trait de l'original François ; elle tomba rudement à la première représentation.

J'avois cédé la place à tout le monde, et la mienne parut la dernière : quel événement heureux pour moi ! Elle fut si attentivement écoutée, elle fut si complétement applaudie, que si j'avois été susceptible de jalousie, j'aurois été jaloux pour mes pièces.

La chûte des deux précédentes donna plus de relief au succès de la mienne ; elle se soutint toujours, et par-tout de même, et elle fut mise à côté de tout ce que j'avois fait de plus agréable dans mes ouvrages.

On savoit que le fond n'étoit pas de moi, mais l'art et les soins que j'y avois employés pour la rapprocher de nos mœurs et de nos usages, me valurent le mérite de l'invention.

Je ne rendrai pas compte ici de tous les changemens que je crus devoir faire dans l'Écossoise ; ce détail ne pourroit intéresser que les connoisseurs des deux langues, et ceux-ci peuvent se satisfaire plus amplement par la lecture, et par la confrontation de la même pièce dans les deux idiômes.

Je demande pardon à l'auteur François d'avoir osé toucher à sa pièce ; mais l'expérience a prouvé que sans moi elle n'auroit pas été goûté en Italie, et cet illustre poëte qui fait honneur à sa patrie doit faire cas des applaudissemens de la mienne.

Voici la dernière pièce que je donnai à Venise.

avant mon départ.   Una delle ultime sere di Car-
nòvale, (la Soirée des Jours gras), comédie Vénitienne, et allégorique, dans laquelle je faisois mes
adieux à ma patrie.

La pièce eut beaucoup de succès ; elle fit la
clôture de l'année comique 1761, et la Soirée du
Mardi gras fut la plus brillante pour moi, car la
salle retentissoit d'applaudissemens, parmi lesquels
on entendoit distinctement crier : Bon voyage :
Revenez : N'y manquez pas. J'avoue que j'en
étois touché jusqu'aux larmes.

C'est ici où ce termine la collection de mes
pièces composées pour le public à Venise, et c'est
ici où la deuxième partie de ces Mémoires devroit
se terminer aussi ; mais je ne puis quitter la partie sans rendre compte de pièces qui se trouvent
imprimées dans mon théâtre.

Ce sont des comédies que je composai pour M.
le Marquis Albergati Capacelli, sénateur de
Bologne. Ces pièces beaucoup plus courtes que
les autres, et avec moins de personnages, forment
un petit théâtre de société ; elles sont travaillées
avec soin, elles ont très bien réussi, quelques-
unes ont été même jouées sur des théâtres publics
avec succès, et je vais en donner une idée le plus
succintement qu'il me sera possible.

Il Cavaliere di Spirito, (l'Homme d'Esprit), comédie en cinq actes et en vers ; c'est un homme
aimable et instruit qui fait les délices de la société.

C'étoit le portrait du jeune sénateur qui jouoit lui-même à ravir le rôle principal de la pièce.

La Donna bizzara, (la Femme bel ésprit), comédie en cinq actes et en vers ; c'est un jeune veuve, jolie, intéressante, qui a du mérite, mais qui est gâtée par la société, et à force de vouloir plaire, se donne des ridicules.

L'Apatista, (l'Apatiste), comédie en cinq actes et en vers. Le Protagoniste est un homme de sang-froid, toujours calme, toujours égal, qui jouit du bonheur sans transport, qui souffre les désastres sans plaintes, qui, attaqué se défend sans colère ; et finit par se marier sans passion. Je défie qu'aucun comédien soutienne ce caractère avec tant d'intelligence et de vérité que M. le Marquis Albergati en a marqué dans l'exécution.

L'Hosteria della Posta, (l'Hôtellerie de la Poste), comédie en un acte et en prose. Le sujet de cette petite pièce est historique ; l'intrigue en est fort comique, et le dénouement très heureux. On n'auroit pas beaucoup de peine, je crois, à la traduire en François.

L'Avaro, (l'Avare), comédie en un acte et en prose ; est la dernière de cinq pièces de mon théâtre de société.

C'est une nouvelle espece d'avare qui ne vaut pas les autres. Cependant j'y ai mis assez de jeu et assez d'intérêt pour le faire passer, et il eut tout le succès qu'il pouvoit avoir.

J'ai rendu compte des pièces que j'ai composées
en Italie, et qui ont été jouées avant mon départ.
Il m'en reste encore une qui n'a pas été représentée, mais qui se trouve imprimée dans le dix-
septième volume de l'edition de Pasquali, et dans
l'onzième de celle de Turin.

C'est une comédie en cinq actes et en vers, intitulée la Pupille, ouvrage de fantaisie, travaillé à
la manière des anciens, et destiné uniquement à
l'impression, afin qu'il y eût dans mon théâtre des
pièces de tout genre, et une idée du comique de
tous les tems.

Le sujet de la pupille est simple. Point de
caractères, point de complication dans l'intrigue,
une marche naturelle sans artifice ; mais je tâchai
d'animer la sécheresse de l'ancienne comédie, par
des scènes équivoques, qui augmentent l'intérêt et
donnent de la suspension.

La catastrophe n'est pas neuve ; c'est un tuteur
qui est amoureux de sa pupille. Il découvre en
elle sa fille unique, et devient le beau-père de celui
qui avoit été son rival.

Le style dont je me suis servi n'est pas celui de
mes autres pièces ; je me suis rapproché un peu
plus des écrivains du bon siècle ; et à l'égard de la
versification, j'ai imité celle de l'Arioste dans ses
comédies.

Après ma dernière comédie, et après les adieux
que j'avois faits au public, je ne pensai plus
qu'aux préparatifs de mon départ.

Je commençai par des arrangemens de famille.
Ma mère étoit morte ; ma tante alla vivre avec ses
parens.   J'abandonnai à mon frère la totalité de
nos revenus ; je mis sa fille au couvent, et je destinai mon neveu à me suivre en France.

Il me falloit quelqu'un à Venise qui eût soin de
ma nièce dont je m'étois chargé.   Son père étoit
militaire, il ne falloit pas compter sur lui.   Je
trouvai un ami qui voulut bien recevoir ma procuration ; c'étoit M. Jean Cornet, frère cadet de
Gabriel Cornet, l'un et l'autre négocians de Venise, et originaires François.   Je me tais sur le
mérite de cette digne et respectable famille, elle
est connue par son commerce, et estimée par sa
probité.

Le deuxième volume de mes œuvres venoit de
sortir de dessous la presse ; j'avois commencé cette
edition à Venise, j'avois beaucoup de souscripteurs, je ne pouvois pas la retirer.

Je fournis assez de matériaux pour la continuer.
M. le Comte Gaspar Gozzi s'étoit chargé de la
correction typographique ; l'illustre sénateur Nicolas Balbi m'assura de sa protection.   M. Pasquali étoit un libraire imprimeur honnête et accrédité ; je n'avois rien à craindre pour l'exécution.

Je partis de Venise avec ma femme et mon
neveu, au commencement du mois d'Avril de
l'année 1761. Arrivé à Bologne, je tombai malade ;
on me fit faire par force un opéra-comique ;

l'ouvrage sentoit la fièvre comme moi : heureusement il n'y eut que l'opéra d'enterré.

Revenu en bonne santé, je repris ma route ; je
passai par Modene où je ne fis que renouveller ma
procuration à mon notaire, à cause de la cession
que j'avois faite en faveur de mon frère, et le lendemain je partis pour Parme.

Je passai huit jours dans cette ville fort agréablement ; j'avois dédié la nouvelle edition de mon
théâtre à l'infant Don Philippe. J'eus l'honneur
de lui présenter les deux premiers volumes ; je
baisai la main à leurs altesses royales. Je vis
pour la première fois l'infant Don Fernand, pour
lors Prince héréditaire, et aujourd'hui duc regnant ;
il me fit l'honneur de me parler, il me félicita sur
mon voyage en France ; vous êtes bien heureux,
me dit-il, vous verrez le roi mon grand père.

J'augurai par sa douceur que ce prince feroit un
jour le bonheur de ses sujets ; je ne me suis pas
trompé. L'Infant Don Fernand fait les délices de
ses peuples, et l'auguste archiduchesse son épouse,
met le comble à la félicité publique et à la gloire
de son gouvernement.

Ce fut dans cette occasion que je vis, au bout
de trois ans de brouillerie, l'Abbé Frugoni revenir à moi. Ce nouveau Pétrarque avoit sa
Laure à Venise ; il chantoit de loin les graces et
les talens de la charmante Aurisbe Tarsense,
Pastourelle d'Arcadie, et je la voyois tous les

jours. Frugoni étoit jaloux de moi, et n'étoit pas fâché de me voir partir.

J'avois des volumes à présenter à son altesse sérénissime la princesse Henriette de Modene, duchesse douariere de Parme, et en dernier lieu Landgrave d'Armstadt. Cette princesse qui faisoit sa résidence à Borgo san Donino, entre Parme et Plaisance, étoit alors à Corte Maggiore, sa maison de plaisance.

Je me détournai de quelques milles pour lui faire ma cour : je fus très bien reçu, très bien logé, moi et mon monde ; nous y passâmes trois jours délicieux. Des dames et des courtisans qui jouoient mes comédies sur le théâtre de la Landgrave, auroient bien voulu me régaler d'un petit spectacle ; mais la chaleur étoit excessive, et je devois partir pour Plaisance.

Arrivés dans cette ville nous fûmes comblés d'honnêtetés et de nouveaux plaisirs. Le Marquis Casati qui étoit un de mes souscripteurs, nous attendoit avec impatience. Nous trouvâmes chez lui tout ce qu'on peut desirer d'agréable ; bel appartement, bonne chère, société charmante. Madame la Marquise et sa belle-fille nous procurèrent tous les agrémens possibles ; nous y restâmes quatre jours, on ne vouloit pas nous laisser aller ; mais nous avions perdu trop de tems, il y avoit trois mois que nous avions quitté Venise, et malgré la chaleur insupportable il fallut partir.

C'étoit précisément à Plaisance que je devois
choisir la route pour passer en France ; ma femme
desiroit revoir ses parens avant que de quitter
l'Italie ; je préférai pour la contenter la voie de
Genes à celle de Turin.

Nous passâmes huit jours fort gaiement dans la
patrie de mon épouse, mais les larmes et les san-
glots ne finissoient pas au moment de notre départ ; séparation étoit d'autant plus douloureuse,
que nos parens désespéroient de nous revoir. Je
promettois de revenir au bout de deux ans ; ils
ne le croyoient pas. Enfin au milieu des adieux,
des embrassemens, des pleurs et des cris, nous
nous embarquâmes dans la felouque du courier de
France, et nous fîmes voile pour Antibes, en
côtoyant le rivage que les Italiens appellent la
Riviera di Genova. Un ouragan nous éloigna de
la rade, et nous manquâmes périr en doublant le
Cap de Noli.

Une scène comique diminua ma frayeur ; il y
avoit dans la felouque un Carme Provençal qui
écorchoit l'Italien comme j'écorchois le François.

Ce moine avoit peur quand il voyoit venir de
loin une de ces montagnes d'eau qui menaçoit de
nous submerger : il crioit à gorge déployée ; la
voilà, la voilà : on dit en Italien la vela pour dire
la voile. Je crus que le Carme vouloit que les
matelots forçassent de voiles ; je voulois lui faire
connoître son tort, il soutenoit que ce que je
disois n'avoit pas le sens commun ; pendant la

disputé le Cap-fut doublé, nous gagnâmes la rade.
J'eus le tems alors de reconnoître mon tort, et la
bonne foi d'avouer mon ignorance.

Le gros tems nous empêcha de continuer notre
route. Le courier qui ne pouvoit pas s'arrêter,
prit le chemin de terre à cheval, et s'exposa à
traverser des montagnes encore plus dangereuses
que la mer.

Ce ne fut qu'au bout de quarante-huit heures
que nous pûmes nous rembarquer ; mais la mer
étant toujours orageuse, je descendis à Nice où
les chemins étoient praticables ; je quittai la
felouque, et je fis chercher une voiture.

On en trouva une par hasard qui étoit arrivée
le jour précédent. C'étoit une berline qui avoit
amené à Nice la fameuse Mademoiselle Des-
champs, échappée de la prison de Lyon. On me
conta une partie de ses aventures ; je couchai
dans la chambre qu'on lui avoit destinée, et qu'elle
avoit refusée à cause d'une punaise qu'elle y avoit
vue en entrant. Je trouvai fort commode la voiture
qu'on m'avoit préparée ; je fis mon marché pour
Lyon, à condition d'aller à Marseille, et d'y passer
quelques jours. Le voiturin étoit de ce pays-là ;
il n'y eut point de difficulté dans nos conventions.

Je partis de Nice le lendemain ; je traversai le
Var qui sépare la France de l'Italie ; je renouvellai
mes adieux à mon pays, et j'invoquai l'ombre de
Moliere pour qu'elle me conduisît dans le sien.

TROISIÈME PARTIE.

CHAPITRE XI.

Ma Route du Bord du Var à Paris—Ma première Couchée à Vidauban—Courte Dissertation sur le Souper et sur la Soupe—Vue de Marseille— Vue d'Avignon—Quelques Mots sur Lyon— Lettre de Paris—Union de l'Opéra-Comique à la Comédie Italienne—Réflexions sur moi- même—Mon Arrivée à Paris—Mon premier Coup-d'œil sur la Ville de Paris—Mes pre- mières Visites—Charmant Dîner—Vue de l'O- péra-Comique—Quelques Mots sur ce Spectacle et sur ces Acteurs—Quelques Détails sur les Acteurs Italiens de Paris—Mon premier Voyage à Fontainebleau—Quelques Mots sur la Cour— Signature de la Paix entre la France et l'An- gleterre—Les Italiens donnent sur le Théâtre de Fontainebleau l'Enfant d'Arlequin perdu et retrouvé—Cette Pièce déplaît à la Cour—Dan- ger des Pièces à Canevas—Mes Projets Con- trariés.

A L'ENTREE du royaume de France, je com- mençai à m'appercevoir de la politesse Françoise ; j'avois souffert quelques désagrémens aux douanes

d'Italie, je fus visité en deux minutes à la barrière
de Saint Laurent, près du Var, et mes coffres ne
furent point dérangés.

Arrivé à Antibes, que d'honnêtetés, que de politesses n'ai-je pas reçues du commandant de cette
place frontière? J'allois lui faire voir mon passe-
port; je vous en dispense, monsieur, me dit-il,
partez bien vîte, on vous attend avec impatience
à Paris; je continuai ma route, et je m'arrêtai
pour ma première couchée à Vidauban.

On nous sert à souper; il n'y a pas de soupe
sur la table; ma femme en avoit besoin, mon
neveu en desiroit une; ils en demandent; c'est
inutile: on n'en sert pas en France le soir: mon
neveu soutient que c'est la soupe qui donne le
nom au souper, et qu'il ne doit pas y avoir de
souper sans soupe; l'aubergiste n'y entend rien,
tire sa révérence et s'en va.

Mon jeune homme dans le fond n'avoit pas tort,
et je m'amusai à lui faire une petite dissertation
sur l'étymologie du souper, et sur la suppression
de la soupe.

Les anciens, lui dis-je, ne faisoient qu'un repas
par jour; c'étoit la cêne qu'on servoit le soir; et
comme ce repas commençoit toujours par la soupe;
les François changèrent le mot de cêne, en celui
de souper: le luxe et la gourmandise multiplièrent
les repas; la soupe fut transportée de la cêne au
dîner, et la cêne n'est plus chez les François qu'un
souper sans soupe.

Mon neveu qui avoit entrepris un petit journal de notre voyage, ne manqua pas de placer dans ses tablettes mon érudition, qui toute bisarre qu'elle paroît, n'est pas destituée peut-être de quelques principes de fondement.

Nous partîmes le jour suivant de très bonne heure de Vidauban, et nous arrivâmes le soir à Marseille. M. Cornet, consul de Venise dans cette ville, vint nous voir sur le champ; il nous offrit un appartement chez lui, nous le refusâmes par discrétion; mais tourmentés pendant la nuit par cette vermine insupportable qui pique et infecte en même tems, nous fûmes obligés d'accepter l'offre généreuse du frère de nos bons amis de Venise.

Nous jouîmes pendant six jours de la vue de Marseille: sa position est agréable; son commerce est très riche ses habitans très aimables, et son port est un chef-d'œuvre de la nature et de l'art.

En continuant notre route, nous passâmes par Aix; nous ne fîmes que traverser en voiture cette superbe promenade, appellée le cours, et nous arrivâmes de bonne heure à Avignon.

Je reconnus à l'entrée de cette ville les clefs de Saint Pierre, surmontées de la thiare pontificale.

J'étois curieux de voir ce palais qui a été pendant soixante-deux ans le siége du chef de la religion catholique; j'allai rendre visite au vice-légat; ce prélat m'invita à dîner pour le lendemain, et je

vis cet ancien édifice si bien conservé, que si le
pape avoit envie d'y venir, il trouveroit encore de
quoi s'y loger commodément.

Il y avoit quatre mois que j'étois parti de Venise ; j'avois été malade à Bologne, mais je m'étois
beaucoup amusé depuis, et je commençois à
craindre que la lenteur de mon voyage ne me fît
quelque tort dans l'esprit de ceux qui m'attendoient à Paris.

Arrivé à Lyon, je trouvai une lettre de M.
Zanuzzi avec des reproches, à la vérité un peu
vifs, mais pas aussi forts que je les avois mérités.

L'homme est un être inconcevable, indéfinis-
sable ; je ne saurois rendre compte moi-même des
motifs qui me font agir quelquefois contre mes
principes et contre mes projets.

Avec la meilleure volonté du monde d'être
entièrement à la chose qui m'intéresse ; je trouve
dans mon chemin des misères, des inepties qui
m'arrêtent ou qui me détournent.

Un plaisir innocent, une complaisance honnête,
une curiosité ; une conseil amical, un engagement
sans conséquence ne sont pas des habitudes vici-
euses ; mais il est des cas, il est des circonstances
où chaque distraction peut être dangereuse, et
c'est de ces distractions dont je n'ai jamais pu
me garantir.

La lettre que je venois de lire en arrivant à
Lyon, auroit dû me faire partir sur le champ ; mais
pouvois-je quitter une des plus belles villes de

France sans y donner un coup-d'œil ? Pouvois-je
ne pas voir de près ces manufactures qui fournissent
l'Europe de leurs étoffes et de leurs desseins ? Je
pris mon logement au parc royal, et j'y restai dix
jours : falloit-il dix jours de tems, me dira-t-on,
pour examiner les curiosités de Lyon ? Non, mais
ce n'étoit pas trop pour accepter tous les dîners,
et tous les soupers que ces riches fabriquans
m'offroient à l'envie.

D'ailleurs je ne faisois de tort à personne ; mes
honoraires à Paris ne devoient commencer que du
jour de mon arrivée, et en supposant que les
comédiens Italiens eussent besoin de moi ; j'étois
sur que l'activité de mon travail les auroit dé-
dommages en arrivant.

Mais ce besoin avoit cessé : on avoit uni pendant mon voyage l'opéra-comique à la comédie
Italienne, le nouveau genre l'emportoit sur l'ancien, et les Italiens qui faisoient la base de ce
théâtre n'étoient plus que les accessoires du spectacle.

Je fus instruit à Lyon de cette nouveauté, mais
pas assez pour concevoir tout le désagrément que
j'en devois ressentir ; je crus au contraire que mes
compatriotes piqués d'honneur, profiteroient de
l'émulation de leur nouveau camarades, et je les
croyois en état de soutenir le combat.

Animé par cette confiance, je pris avec ma gaieté
et mon courage ordinaires le chemin de la capitale ; et la beauté de la route et la fertilité des

plaines que je traversois ne faisoient que me fournir des idées riantes et des espérances flatteuses.

Arrivé à Villejuif, je trouvai M. Zanuzzi, et
Madame Savi, première actrice de la comédie Italienne ; ils nous firent passer ma femme et moi
dans leur voiture ; mon neveu nous suivit dans la
mienne, et nous allâmes descendre au Faubourg
Saint Denis où ces deux acteurs avoient dans la
même maison leurs appartemens.

Mon arrivée fut fêtée le même jour par un
souper fort galant et fort gai ; une partie des comédiens Italiens y étoit invitée ; nous étions
fatigués, mais nous soutinmes avec plaisir les
agrémens d'une société brillante qui réunissoit
les saillies Françoises au bruit des conversations
Italiennes.

Fatigué du voyage, et restauré par ce nectar
délicieux qui peut faire nommer la Bourgogne la
terre de promission, je passai une nuit douce et
tranquille.

Mon réveil fut pour moi aussi agréable que
l'avoient été les rêves de mon sommeil ; j'étois à
Paris, j'étois content, mais je n'avois rien vu, et
je mourois d'envie de voir.

J'en parle à mon ami et mon hôte. Il faut
commencer, dit-il, par faire des visites ; attendons
la voiture. Point du tout, lui dis-je, je ne verrai
rien dans un fiacre. Sortons à pied.—Mais c'est
loin.—N'importe !—Il fait chaud.—Patience.

Effectivement, la chaleur cette année-là étoit

aussi forte qu'en Italie; c'étoit égal pour moi; je n'avois alors que cinquante-trois ans, j'étois fort, sain, vigoureux, et la curiosité et l'impatience me prêtoient des ailes.

Je vis en traversant les Boulevarts un échantillon de cette vaste promenade qui environne la ville, et offre aux passans la fraîcheur de l'ombre en été, et la chaleur du soleil en hiver.

J'entre au palais-royal. Que de monde! quel assemblage de gens de toutes espèces! quel rendez-vous charmant! quelle promenade délicieuse?

Mais quel coup-d'œil surprenant frappa mes sens et mon esprit à l'approche des Tuileries! Je vois ce jardin immense, ce jardin unique dans l'univers; je le vois dans toute sa longueur, et mes yeux ne peuvent pas en mesurer l'étendue; je parcours à la hâte ses allées, ses bosquets, ses terrasses, ses bassins, ses parterres; j'ai vu des jardins très riches, des bâtimens superbes, des monumens précieux, rien ne peut égaler la magnificence des Tuileries.

En sortant de cet endroit enchanteur, voilà un autre spectacle frappant. Une rivière majestueuse, des ponts très commodes et multipliés, des quais très vastes; une affluence de voitures, une foule de monde perpétuelle; j'étois étourdi par le bruit, fatigué par la course, épuisé par la chaleur excessive; j'étois en nage, et je ne m'en appercevois pas.

Nous traversons le pont-royal, nous entrons dans l'hôtel d'Aumont. M. le Duc étoit chez lui;

ce premier gentilhomme de la chambre du roi, qui
étoit dans son année d'exercice, m'avoit fait venir ;
il me reçut avec bonté, et m'honora toujours de
sa bienveillance.

Il étoit tard, il ne nous restoit pas assez de tems
pour faire les visites que nous avions projettées ;
nous prîmes une voiture, et nous allâmes chez
Mademoiselle Camille Veronese, où nous étions
attendus pour dîner.

Il n'est pas possible d'être plus gaie et plus
aimable que Mademoiselle Camille ne l'étoit.
Elle jouoit les soubrettes dans les comédies Italiennes ; elle faisoit les délices de Paris sur la
scène, et celles de la société par-tout où l'on avoit
le bonheur de la rencontrer.

Nous fûmes servis. Les convives étoient nombreux, le dîner fort délicat, la compagnie très amusante. Nous prîmes le café à table, et nous ne la
quittâmes que pour aller à la comédie.

La salle des Italiens étoit alors rue Mauconseil,
à l'ancien hôtel de Bourgogne, où Moliere avoit
déployé les lumières de son esprit et de son art.
C'étoit un jour d'opéra-comique, et on donnoit
le Peintre amoureux de son modele, et Sancho
Pança.

Ce fut pour la première fois que je vis ce mê-
lange singulier de prose et d'arriettes ; je trouvai
d'abord que si le drame musical étoit par lui-même
un ouvrage imparfait, cette nouveauté le rendoit
encore plus monstrueux.

Cependant je fis des réflexions depuis; je n'étois
pas content du récitatif Italien, encore moins de
celui des François ; et puisqu'on doit dans l'opéra-
comique se passer de régles et de vraisemblance,
il vaut mieux entendre un dialogue bien récité,
que souffrir la monotonie d'un récitatif ennuyeux.

Je fus très content des acteurs de ce spectacle.
Le jeu de Madame la Ruette égaloit la beauté de
sa voix. M. Clerval, acteur excellent, très agréable
dans le comique, très intéressant dans le pathétique,
plein d'esprit, d'intelligence et de goût, ne faisoit
alors qu'annoncer ses talens; il les porta par la
suite au dernier degré de perfection, et jouit toujours du même crédit et des applaudissemens du
public.

M. Caillot étoit aussi un de ces personnages
rares, auxquels rien ne manque pour se faire applaudir. M. la Ruette, supérieur dans les rôles
de charge, toujours vrai, toujours exact, se faisoit
estimer par son jeu, malgré la contrariété de son
organe. Madame Bérard et Mademoiselle Desglands, l'une par sa vivacité, l'autre par sa belle
voix, brilloient également dans les rôles de duegnes.
Tous ces sujets admirables, estimables, ne pouvoient pas manquer de me plaire ; mais je n'étois
pas dans le cas de profiter de leurs talens, puisque
l'inspection à laquelle j'étois destiné ne les regardoit pas.

Pour être mieux à portée de connoître mes
acteurs Italiens, je louai un appartement près de

la comédie, et je rencontrai dans cette maison une
charmante voisine, dont la société m'a été très
utile et trés agréable.

C'étoit Madame Riccoboni, qui, ayant renoncé
au théâtre, faisoit les délices des Paris, par des
romans, dont la pureté du style, la délicatesse des
images, la vérité des passions, et l'art d'intéresser
et d'amuser en même-tems, la mettoient au pair
avec tout ce qu'il y a d'estimable dans la littérature Françoise.

C'est à Madame Riccoboni que je m'adressai
pour avoir quelques notices préliminaires sur mes
acteurs Italiens. Elle les connoissoit à fond, et
elle m'en fit un détail que je trouvai par la suite
très juste, et digne de son honnêteté et de sa sincérité.

Monsieur Charles Bertinazzi, dit Carlin, qui est
le diminutif de Charles en Italien, étoit un homme
estimable par ses mœurs, célèbre dans l'emploi
d'arlequin, et jouissoit d'une réputation qui le
mettoit au pair de Dominique et de Thomassin en
France, et de Sacchi en Italie; la nature l'avoit
doué de graces inimitables; sa figure, ses gestes,
ses mouvemens prévenoient en sa faveur; son jeu
et son talent le faisoient admirer sur la scène autant
qu'il étoit aimé dans la société.

Carlin étoit le favori du public; il avoit su si
bien gagner la bienveillance du parterre, qu'il lui
parloit avec une aisance et avec une familiarité
qu'aucun autre acteur n'auroit pu se permettre.

Devoit-on haranguer le public? y avoit-il des excuses à faire? C'étoit lui qui en étoit chargé, et
ses annonces ordinaires étoient des entretiens
agréables entre l'acteur et les spectateurs.

Mademoiselle Camille étoit une excellente soubrette, bien assortie à l'arlequin dont je viens de
parler; pleine d'esprit et de sentiment, elle
soutenoit le comique avec une vivacité charmante, et jouoit les situations touchantes avec
ame et avec intelligence; elle étoit sur la scène
ce qu'elle étoit dans son particulier, toujours gaie,
toujours égale, toujours intéressante, ayant l'esprit
orné, et les qualités du cœur excellentes.

M. Collalto étoit un des meilleurs acteurs
d'Italie; c'étoit le pantalon pour lequel j'avois
beaucoup travaillé chez moi, et dont j'ai beaucoup
parlé dans la deuxième partie de mes Mémoires.

Cet homme qui étoit comédien dans l'ame, avoit
l'art de faire parler son masque, mais c'étoit à
visage découvert qu'il brilloit encore davantage;
il avoit joué en Italie une de mes pièces, intitulée
les deux Jumeaux Vénitiens, dont l'un étoit
balourd et l'autre spirituel; il y donna à ce sujet
une tournure nouvelle, et il ajouta un troisième
Jumeau brusque, emporté; il rendit les trois différens caractères en perfection; il fut extrêmement
goûté et applaudi, et je me fis un vrai plaisir de
lui abandonner tout le mérite de l'imagination.

M. Ciavarelli jouoit sous le nom de Scapin les
rôles de nos briguelles Italiens; c'étoit un excel-

lent pantomime et d'une exécution très exacte.
M. Rubini remplissoit par interim l'emploi du
docteur de la comédie Italienne.

J'ai parlé de ces cinq personnages avant d'entrer
dans les détails des amoureux et des amoureuses,
parceque c'étoit là la base de la comédie Italienne
à Paris.

M. Zanuzzi étoit le premier amoureux ; je le
connoissois depuis long tems ; il étoit considéré
en Italie, on l'appelloit par sobriquet Vitalbino,
diminutif de Vitalba, comédien Italien très célèbre, et dont j'ai fait une mention honorable dans
la première partie de mes Mémoires.

C'étoit M. Balletti qui le secondoit ; cet acteur
fils d'un père Italien et d'une mère Françoise,
possédoit également les deux langues, et en connoissoit le génie ; des accidens fâcheux avoient
affoibli son esprit et altéré sa santé, mais on reconnoissoit toujours dans son jeu l'école de Silvia
qui l'avoit mis au monde, et de Lelio et de Fla-
minia qui avoient contribué à son éducation.

Madame Savi, première actrice, et Madame
Piccinelli qui étoit la seconde, n'avoient pas de
dispositions heureuses pour la comédie, mais elles
étoient jeunes, et l'une par sa bonne volonté, et
l'autre par l'agrément de son chant, pouvoient
parvenir avec le tems à se rendre utiles ; la première mourut quelque tems après, et la dernière
quitta le théâtre comique pour reparoître sur celui
de l'opéra en Italie.

Je voyois les jours d'opéra-comique une affluence de monde étonnante, et les jours des
Italiens la salle vuide ; cela ne m'effrayoit pas ;
mes chers compatriotes ne donnoient que des
pièces usées, des pièces à canevas du mauvais
genre, de ce genre que j'avois réformé en Italie.
Je donnerai, me disois-je à moi-même, je donnerai des caractères, du sentiment, de la marche,
de la conduite, du style.

Je faisois part de mes idées à mes comédiens.
Les uns m'encourageoient à suivre mon plan, les
autres ne me demandoient que des farces ; les premiers étoient les amoureux qui desiroient des
pièces écrites ; les derniers, c'étoient les acteurs
comiques, qui, habitués à ne rien apprendre par
cœur, avoient l'ambition de briller sans se donner
la peine d'étudier ; je me proposai d'attendre
avant que de commencer. Je demandai quatre
mois de tems pour examiner le goût du public,
pour m'instruire dans la manière de plaire à Paris,
et je ne fis pendant ce tems-là que voir, que
courir, que me promener, que jouir.

Paris est un monde. Tout y est en grand ;
beaucoup de mal, et beaucoup de bien. Allez
aux spectacles, aux promenades, aux endroits de
plaisirs, tout est plein. Allez aux eglises, il y a
foule par-tout. Dans une ville de huit cens
mille ames, il faut de toute nécessité qu'il y ait
plus de bonnes gens et plus de vicieux que par-

tout ailleurs, on n'a qu'à choisir. Le débauché
trouvera facilement de quoi satisfaire ses passions,
et l'homme de bien se verra encouragé dans l'exercice de ses vertus.

Je n'étois ni assez heureux pour me placer dans
la classe de ces derniers, ni assez malheureux
pour me laisser entraîner dans l'inconduite. Je
continuai à Paris ma manière de vivre ordinaire,
aimant les plaisirs honnêtes, et faisant cas des personnes qui sont faites pour édifier.

Mais plus j'allois en avant, plus je me trouvois
confondu dans les rangs, dans les classes, dans les
manières de vivre, dans les différentes façons de
penser. Je ne savois plus ce que j'étois, ce que
je voulois, ce que j'allois devenir. Le tourbillon
m'avoit absolument absorbé ; je voyois le besoin
que j'avois de revenir à moi-même, et je n'en trouvois pas, ou pour mieux dire, je n'en cherchois
pas les moyens.

Heureusement pour moi la cour alloit à Fontainebleau. Les comédiens devoient s'y rendre
pour y donner leurs représentations. Je les suivis
de près avec ma petite famille, et je retrouvai dans
ce séjour délicieux, le repos, la tranquillité que
j'avois sacrifiés aux amusement de la capitale.

Je voyois tous les jours la famille royale, les
princes du sang, les grands du royaume, les ministres François, les ministres etrangers. Tout le
monde se rassembloit au château, on alloit aux

levers, aux dîners dans les appartemens, on suivoit la cour à la messe, à la chasse, au spectacle, sans embarras, sans gêne, sans confusion.

Fontainebleau n'est ni grand, ni riche, ni décorée; mais sa position est agréable. La forêt offre des points de vue rustiques admirables, et le château royal, fort vaste et fort commode, est un monument précieux d'ancienne architecture, très riche et très bien conservé.

C'est dans ce château de plaisance, et dans celui de Compiegne, qu'on termine pour l'ordinaire les grandes affaires de l'état, et ce fut à Fontainebleau que, dans l'année 1762, dont je parle actuellement, la paix fut signée entre l'Angleterre et la France.

Les Italiens donnèrent dans le courant de ce voyage, l'Enfant Arlequin perdu et retrouvé. Cette pièce qui avoit eu beaucoup de succès à Paris, n'en eut aucun à Fontainebleau. Elle étoit à canevas; les comédiens y avoient mêlé des plaisanteries du Cocu imaginaire; cela déplut à la cour, et la pièce tomba.

Voilà l'inconvénient des comédies à sujet. L'acteur, qui joue de sa tête, parle quelquefois à tort et à travers, gâte une scène et fait tomber une pièce. Je n'étois pas attaché à cet ouvrage, au contraire, j'en ai assez dit dans la première partie de ces Mémoires, pour prouver le peu de cas que j'en faisois; mais j'étois fâché de voir tomber à la cour la première pièce que l'on y donnoit de moi.

Cet événement facheux me prouvoit encore davantage la nécessité de donner des pièces dialoguées. Je revins à Paris avec une volonté ferme et vigoureuse; mais je n'avois pas affaire à mes comédiens d'Italie, je n'étois pas le maître ici comme je l'étois chez moi.

CHAPITRE XII.

Mon Retour à Paris — Mes Observations et mes Projets — Mon Logement sur le Palais-Royal — L'Amour Paternel, ma première Comédie — Son peu de Succès — Pièces données à la Comédie Italienne pendant le Cours de deux Années — Nouvelle Observations sur l'Opéra-Comique — Quelques Mots sur la Comédie Françoise — Je vais à la Comédie Françoise pour la première Fois — Je vois le Misantrope — Quelques Mots sur cet Ouvrage et sur les Acteurs — Le Père de Famille de M. Diderot — Anecdotes qui regardent cet Auteur et moi — Les Dominiqueaux, Société Littéraire — La première Fois que je vais à l'Opéra François — Mon Attachement pour l'ensemble de ce Spectacle — Trait d'Imprudence de ma Part — Castor et Pollux me raccommode avec l'Opéra François — Quelques Mots sur Rameau, sur Gluk, sur Piccini et Sacchini.

DE retour à Paris, je regardai d'un autre œil cette ville immense, sa population, ses amusemens et ses dangers ; j'avois eu le tems de la réflexion, j'avois compris que la confusion que j'y avois éprouvée n'étoit pas un défaut du physique, ni du moral du pays ; je décidai de bonne foi que la curiosité et l'impatience avoient été les causes de mon étourdissement, et qu'on pouvoit jouir et s'amuser à Paris sans se fatiguer, et sans sacrifier son tems et sa tranquillité ; j'avois fait en arrivant trop de connoissances à la fois ; je me proposai de les conserver, mais d'en profiter sobrement ; je destinai mes matinées au travail, et le reste du jour à la société.

J'avois loué un appartement sur le palais-royal ; mon cabinet donnoit sur ce jardin qui n'avoit pas la forme et les agrémens qu'il a aujourd'hui, mais qui offroit à la vue des beautés que quelques-uns ne cessent de regretter.

J'avois beau être occupé, je ne pouvois me passer de donner de tems en tems un coup-d'œil à cette allée délicieuse qui rassembloit à toute heure tant d'objets différens.

Je voyois sous mes fenêtres les déjeûners du Café de Foi, où des gens de tout étage venoient se reposer et se rafraîchir.

J'avois devant moi ce fameux maronier que l'on appelloit l'Arbre de Cracovie, autour duquel les nouvellistes se rassembloient, débitant leurs nouvelles, traçant sur le sable avec leurs cannes des tranchées, des camps, des positions militaires, et partageant l'Europe à leur gré.

Ces distractions volontaires m'étoient utiles quelquefois ; mon esprit se reposoit agréablement, et je revenois au travail avec plus de vigueur et plus de gaieté.

Il s'agissoit de mon début ; je devois paroître sur la scène Françoise, avec une nouveauté qui répondît à l'opinion que ce public avoit conçue de moi ; les avis de mes comédiens étoient toujours partagés ; les uns persistoient en faveur des pièces écrites, les autres pour les canevas : on tint une assemblée sur mon compte: j'y étois présent, je fis sentir l'indécence de présenter un auteur sans dialogue ; il fut arrêté que je commencerois par une pièce dialoguée.

J'étois content, mais je voyois de loin que les acteurs qui avoient perdu l'habitude d'apprendre leurs rôles m'auroient sans malice et sans mauvaise volonté mal servi ; je me vis contraint à borner mes idées, et à me contenir dans la médiocrité du sujet pour ne pas hazarder un ouvrage qui demanderoit plus d'exactitude dans l'exécution, me flattant que je les amenerois peu-à-peu à cette réforme à laquelle j'avois conduit mes acteurs d'Italie.

Je composai donc une comédie en trois actes intitulée l'Amour Paternel, ou la Suivante reconnoissante. Elle n'eut que quatre representations.

Je voulois partir sur le champ, mais pouvois-je quitter Paris qui m'avoit enchaîné ? J'avois un engagement pour deux ans, j'étois tenté d'y rester : la plupat des comédiens Italiens ne me demandoient que des canevas ; le public s'y étoit accou-

tumé, la cour les souffroit ; pourquoi aurois-
refusé de m'y conformer ? Allons, dis-je, faisons
des canevas, s'ils en veulent ; tout sacrifice me
paroît doux, toute peine me paroît supportable
pour le plaisir de rester deux ans à Paris.

On ne peut pas dire cependant que les amusemens m'aient empêché de remplir mon devoir ;
je donnai dans l'espace de ces deux années vingt-
quatre pièces dont les titres et les succès bons ou
mauvais se trouvent dans l'Almanach des spectacles.

Huit de ces pièces restèrent au théâtre, et me
coûtèrent plus de peine qui si je les eusse écrites
en entier : je ne pouvois plaire qu'à force de situations intéressantes, et d'un comique préparé avec
art, et à l'abri des fantaisies des acteurs ; je réussis
plus que je ne croyois ; mais quel que fût le succès
de mes pièces, je n'allois gueres les voir, j'aimois
la bonne comédie, et j'allois au théâtre François
pour m'amuser et pour m'instruire.

J'avois mes entrées à ce spectacle ; on m'avoit
fait l'honneur de me les offrir à mon arrivée à
Paris ; c'étoit d'autant plus flatteur pour moi, que
personne n'auroit cru que je parviendrois un jour à
entrer dans le catalogue de leurs auteurs.

Je trouvai ce spectacle de la nation également
bien monté pour le tragique et pour le comique.
Les Parisiens me parloient avec enthousiasme des
acteurs célèbres qui n'étoient plus ; on disoit que
la nature avoit cassé les moules de ces grands

comédiens, on se trompoit. La nature fait le moule et le modèle, et l'original tout à la fois, et elle les renouvelle à son gré. C'est l'ordinaire de tous les tems : on regrette toujours le passé, on se plaint du présent ; c'est dans la nature.

Pouvoit-on desirer deux actrices plus accomplies que Mademoiselle Duménil et Mademoiselle Clairon ? L'une représentoit la nature dans la plus grande vérité, l'autre avoit poussé l'art de la déclamation au point de la perfection.

Pouvoit-on moins estimer, moins admirer dans la comédie, la noblesse et la finesse du jeu de Madame Préville, et la naïveté charmante de Mademoiselle d'Oligny ?

Cette dernière a rendu un grand service aux femmes de son état. Elle leur a prouvé que les simples profits du spectacle peuvent assurer en France une retraite agréable et décente.

M. le Kain étoit un homme prodigieux ; il avoit contre lui sa figure, sa taille, sa voix. L'art l'avoit rendu sublime, et M. Brisard jouissoit de tous les avantages de son personnel et du mérite de son talent.

M. Molé jouoit alors les amoureux. On a beau faire des comparaisons, on a beau remuer les cendres des anciens acteurs, je ne crois pas qu'il y en eût un dans ce genre plus brillant, plus agréable que lui. Noble dans la passion, vif dans la gaieté, original dans les rôles chargés ; c'étoit un Prothée toujours beau, toujours vrai, toujours surprenant.

A l'égard de M. Préville, je vis d'abord que tout le monde lui rendoit justice ; je n'entendis pas faire de comparaisons sur son compte, aussi est-ce un acteur qui n'a imité personne, et que personne ne pourra jamais imiter. Notre siècle a produit trois grands comédiens presqu'en même-tems. Garrick, en Angleterre, Préville, en France, Sacchi, en Italie. Le premier a été conduit au lieu de sa sépulture par des ducs et pairs. Le second est comblé d'honneur et de récompenses. Le troisième, tout célèbre qu'il est, ne finira pas sa carrière dans l'opulence.

La première fois que j'allai à la comédie Françoise, on y donnoit le Misantrope, et c'étoit M. Grandval qui jouoit le rôle d'Alceste.

Cet acteur très habile, très aimé, très estimé du public, avoit fini son tems, s'étoit retiré avec pension ; au bout de quelques années l'envie lui prit de remonter sur le théâtre, et c'étoit ce jour-là qu'il reparoissoit sur la scène.

Il fut extrêmement applaudi à sa première entrée ; on voyoit le cas que le public faisoit de lui ; mais à un certain âge, " spiritus promptus est caro autem infirma ;" il ne resta pas long tems à la comédie, et c'est par cette raison que je n'ai pas parlé de lui auparavant.

Quant à moi je le trouvois excellent, et je le préférois à bien d'autres à cause de sa belle voix ; mon oreille ne s'étoit pas encore familiarisée avec

le langage François ; je perdois beaucoup dans les
sociétés et encore plus au théâtre.

Heureusement je connoissois le Misantrope ;
c'étoit la pièce que j'estimois le plus parmi les
ouvrages de Moliere, pièce d'une perfection sans
égale qui, indépendamment de la régularité de sa
marche et de ses beautés de détail, avoit le mérite
de l'invention et de la nouveauté des caractères.

Les auteurs comiques, anciens et modernes
avoient mis jusqu'alors sur la scène les vices et les
défauts de l'humanité en général ; Moliere fut le
premier qui osât jouer les mœurs et les ridicules
de son siècle et de son pays.

Je vis avec un plaisir, infini représenter à Paris
cette comédie que j'avois tant lue et tant admirée
chez moi ; je n'entendois pas tout ce que les
comédiens débitoient, et ceux encore moins qui
brilloient par une volubilité que je voyois applaudir,
et qui étoit fort gênante pour moi, mais j'en comprenois assez pour admirer la justesse, la noblesse
et la chaleur du jeu de ces acteurs incomparables.

Ah ! me disois-je alors à moi-même, si je
pouvois voir une de mes pièces jouée par des
pareils sujets ; la meilleure de mes pièces ne vaut
pas la dernière de Moliere, mais le zèle et l'activité
des François la feroient valoir bien plus qu'elle
n'a valu chez moi.

C'est ici l'école de la déclamation : rien n'y est
forcé ni dans le geste, ni dans l'expression ; les pas,
les bras, les regards, les scènes muettes sont.

étudiées, mais l'art cache l'étude sous l'apparence du naturel.

Je sortis du théâtre enchanté ; je souhaitois de deux choses, l'une, ou de parvenir à donner une de mes pièces aux François, ou de voir mes compatriotes en état de les imiter : quelle étoit la plus difficile à voir réaliser ? il n'y avoit que le tems qui pût décider ce problème.

En attendant je ne quittois pas les François ; ils avoient donné l'année précédente le Père de Famille de M. Diderot, comédie nouvelle qui avoit eu du succès. On disoit communément à Paris, que c'étoit une imitation de la pièce que j'avois composée sous ce titre, et qui étoit imprimée.

J'allai la voir, et je n'y reconnus aucune ressemblance avec la mienne. C'étoit à tort que le public accusoit de plagiat ce poëte philosophe, cet auteur estimable, et c'étoit une feuille de l'année littéraire qui avoit donné lieu à cette supposition.

M. Diderot avoit donné quelques années auparavant une comédie intitulée le Fils Naturel ; M. Freron en avoit parlé dans son ouvrage périodique ; il avoit trouvé que la pièce François avoit beaucoup de rapport avec le vrai ami de M. Goldoni ; il avoit transcrit les scènes Françoises à côté des scènes Italiennes. Les unes et les autres paroissoient couler de la même source, et le journaliste avoit dit en finissant cet article, que l'auteur du Fils Naturel promettoit un Père de Famille, que Goldoni en avoit donné un, et qu'on verroit si le hasard les feroit rencontrer de même.

M. Diderot n'avoit pas besoin d'aller chercher au-delà des monts des sujets de comédie, pour se délasser de ses occupations scientifiques. Il donna au bout de trois ans un Père de Famille qui n'avoit aucune analogie avec le mien.

Mon Protagoniste étoit un homme doux, sage, prudent, dont le caractère et la conduite peuvent servir d'instruction et d'exemple. Celui de M. Diderot, étoit au contraire, un homme dur, un père sévere, qui ne pardonnoit rien, qui donnoit sa malédiction à son fils....C'est un de ces êtres malheureux qui existent dans la nature, mais je n'aurois jamais osé l'exposer sur la scène.

Je rendis justice à M. Diderot, je tâchai de désabuser ceux qui croyoient son Père de Famille puisé dans le mien ; mais je ne disois rien sur le Fils Naturel. L'auteur étoit fâché contre M. Freron et contre moi ; il vouloit faire éclater son courroux, il vouloit le faire tomber sur l'un ou sur l'autre, et me donna la préférence. Il fit imprimer un discours sur la Poésie dramatique, dans lequel il me traite un peu durement.

Charles Goldoni, dit-il, a écrit en Italien une comédie, ou plutôt une farce en trois actes...... Et dans un autre endroit. Charles Goldoni a composé une soixantaine de farces....On voit bien que M. Diderot, d'après la considération qu'il avoit pour moi et pour mes ouvrages, m'appelloit

Charles Goldoni, comme on appelle Pierre le Roux
dans Rose et Colas. C'est le seul ecrivain François, qui ne m'ait pas honoré de sa bienveillance.

J'étois fâché de voir un homme du plus grand
mérite indisposé contre moi. Je fis mon possible
pour me rapprocher de lui ; mon intention n'étoit
pas de me plaindre, mais je voulois le convaincre
que je ne méritois pas son indignation. Je tâchai
de m'introduire dans des maisons où il alloit ha-
bituellement ; je n'eus jamais le bonheur de. le
rencontrer. Enfin, ennuyé d'attendre, je forçai sa
porte.

J'entre un jour chez M. Diderot, escorté par M.
Duni, qui étoit du nombre de ses amis, nous
sommes annoncés, nous sommes reçus ; le musicien Italien me présente comme un homme de
lettres de son pays, qui desiroit faire connoissance
avec les Athlètes de la littérature Françoise. M.
Diderot s'efforce en vain de cacher l'embarras
dans le quel mon introducteur l'avoit jetté. Il ne
peut pas cependant se refuser à la politesse et
aux égards de la société.

On parle de choses et d'autres ; la conversation tombe sur les ouvrages dramatiques. M.
Diderot a la bonne foi de me dire que quelques-
unes de mes pièces lui avoient causé beaucoup de
chagrin ; j'ai le courage de lui répondre, que je
m'en étois apperçu. Vous savez, monsieur, me
dit-il, ce que c'est qu'un homme blessé dans la
partie la plus délicate. Oui, monsieur, lui dis-je,

je le sais ; je vous entends, mais je n'ai rien à me
reprocher.   Allons, allons, dit M. Duni, en nous
interrompant : ce sont des tracasseries littéraires,
qui ne doivent pas tirer à conséquence ; suivez
l'un et l'autre le conseil du Tasse.

" Ogni trista memoria omai si taccia ;

E pongansi in obblio le andate cose."

" *Qu'on ne rappelle pas des souvenirs fâcheux,
et que tout ce qui s'est passé soit enseveli dans
l'oubli.*"

M. Diderot, qui entendoit assez l'Italien,
semble souscrire de bonne grace à l'avis du poëte
Italien ; nous finissons notre entretien par des
amitiés réciproques, et nous partons M. Duni et
moi très contens l'un et l'autre.

J'ai été toute ma vie au-devant de ceux qui
avoient des raisons bonnes ou mauvaises pour
m'éviter, et quand je parvenois à gagner l'estime
d'un homme mal prévenu sur mon compte, je
regardois ce jour-là comme un jour de triomphe
pour moi.

En sortant de chez M. Diderot, je pris congé
de mon ami Duni, et j'allai me rendre à une
assemblée littéraire à laquelle j'étois associé, et où
je devois dîner ce jour-là.

Cette société n'étoit pas nombreuse, nous n'é-
tions que neuf.   M. de la Place, qui faisoit le
Mercure de France ; M. de la Garde, qui travailloit
dans le même ouvrage pour la partie des spectacles ;
M. Saurin, de l'académie Françoise ; M. Louis,

secrétaire perpétuel de l'académie royale de
chirurgie ; M. l'Abbé de la Porte, auteur de
plusieurs ouvrages de littérature ; M. Crébillon,
fils ; M. Favart et M. Jouen. Ce dernier ne
brilloit pas par l'esprit, mais il se distinguoit par
la délicatesse de sa table.

Chaque membre de la société recevoit à son
tour chez lui ses confrères, et leur donnoit à dîner,
et comme les séances se tenoient les dimanches,
on les appelloit des *Dominicales*, et nous étions
des *Dominicaux*.

Il n'y avoit parmi nous d'autres statuts que
ceux de la bonne société, mais nous étions
convenus que les femmes n'entreroient pas dans
nos assemblées ; on connoissoit leurs charmes, et
on craignoit les douces distractions que cause le
beau-sexe.

On tenoit un jour la Dominicale à l'Hôtel de
Madame la Marquise de Pompadour, dont M. de
la Garde étoit secrétaire. Nous allions nous
mettre à table ; une voiture entre dans la cour ;
on y voit une femme ; on la reconnoît ; c'étoit
une actrice de l'Opéra, la plus estimée par son
talent, la plus brillante par son esprit, la plus
aimable dans la société.

Deux de nos confrères descendent et lui donnent le bras ; elle monte, elle nous demande à
dîner en riant, en plaisantant ; pouvoit-on lui
refuser un couvert ? Chacun lui auroit donné le
sien, et je n'aurois pas été le dernier.

Cette demoiselle étoit faite pour plaire, pour
enchanter ; dans le courant du repas elle demande
une place dans la confrérie ; elle arrange sa
peroraison d'une manière si neuve et si singulière,
qu'elle est reçue avec acclamation.

Au dessert, on regarde à la pendule, il étoit
quatre heures et demie. Notre nouvelle associée
ne jouoit pas ce jour-là ; mais elle vouloit aller à
l'opéra, et les confrères étoient presque tous
disposés à la suivre. Il n'y avoit que moi qui ne
marquoit pas la même disposition.

Ah ! Monsieur l'Italien, dit la belle en riant,
vous n'aimez donc pas la musique Françoise ? Je
ne la connois pas trop, lui dis-je, je n'ai pas
encore été à l'opéra ; mais on chante partout, et
je n'entends que des airs qui me font mal au cœur.
Voyons, reprend-elle, voyons si je ne pourrois pas
gagner quelque chose sur vous, en faveur de notre
musique ; elle chante, je me sens ravi, pénétré,
enchanté. Quelle charmante voix ! pas forte,
mais juste, touchante, délicieuse ; j'étois en
extase. Venez, me dit-elle, embrassez moi, et
venez avec nous à l'opéra. Je l'embrasse, et je
vais à l'opéra.

Me voilà enfin à ce spectacle que plusieurs personnes auroient voulu que je visse le premier, et
que je n'aurois pas vu peut-être de sitôt sans l'occasion qui m'y avoit amené.

L'actrice qui venoit d'être reçue dans notre
société, monta dans sa loge avec trois de nos con-

frères, et je pris place avec deux autres à l'amphithéâtre; cet endroit qui occupe une partie de la
salle de spectacle en France est en face du théâtre,
coupé en demi-cercle, et élevé en gradins bien garnis et très commodes; c'est la position la plus heureuse pour tout voir et pour bien entendre; j'étois
content de ma place, et je plaignois le parterre qui
étoit debout qui étoit serré, et qui n'avoit pas tort
de s'impatienter.

Voilà l'orchestre qui part; je trouve l'accord et
l'ensemble des instrumens d'un mérite supérieur et
d'une exécution très exacte; mais l'ouverture me
paroît froide, languissante; ce n'étoit pas de Rameau, j'en étois sûr; j'avois entendu de ses ouver-
tures et de ses airs de ballets en Italie.

L'action commence; tout bien placé que je
suis, je n'entends pas un mot; patience, j'attendois les airs dont la musique m'auroit au moins
amusé. Les danseurs paroissent; je crois l'acte
fini, pas un air; j'en parle à mon voisin, il se
moque de moi, et m'assure qu'il y en avoit eu six
dans les différentes scènes que j'avois entendues.

Comment, dis-je, je ne suis pas sourd; les instrumens ont toujours accompagné les voix; tantôt un peu plus fort, tantôt un peu plus lentement, mais j'ai tout pris pour du récitatif.

Regardez, regardez, me dit-il, voyez Vestris.
voyez le danseur le plus beau, le mieux fait, le
plus habile de l'Europe.

Effectivement je vois dans une danse cham-

pêtre, ce Berger de l'Arne l'emporter sur les bergers de la Seine ; mais deux minutes après trois
personnages chantent tous les trois à la fois, c'étoit
un trio que je confondis peut-être de même avec
le récitatif ; et le premier acte finit.

Comme il n'y a rien dans les entr'actes des
opéras François, on ne tarda pas à commencer le
deuxième acte ; même musique, même ennui :
j'abandonne tout-à-fait le drame et ses accompagnemens, je m'arrête à examiner, à admirer
l'ensemble de ce spectacle, et je le trouve surprenant ; je vois les premiers danseurs, les premières
danseuses d'une perfection étonnante, et leur suite
très nombreuse et très élégante ; la musique des
chœurs me paroît plus agréable que celle du
drame : j'y reconnois les pseaumes de Corelli, de
Biffi, de Clari.

Les décorations superbes, les machines bien ordonnées, parfaitement exécutées ; des habits très
riches, beaucoup de monde sur la scène.

Tout étoit beau, tout étoit grand, tout étoit
magnifique, hors la musique ; il n'y avoit qu'à la
fin du drame une espèce de chacone, chantée par
une actrice qui n'étoit pas du nombre des personnages du drame, et qui étoit secondée par la musique des chœurs et par des pas de danse ; cet agrément inattendu auroit pu égayer la pièce, mais
c'étoit un hymne plutôt qu'un ariette.

On baisse la toile ; tous ceux qui me connoissent me demandent comment j'ai trouvé l'opéra ;

la réponse part de mes levres comme un éclair ;
c'est le paradis des yeux, c'est l'enfer des oreilles.

Cette repartie insolente, inconsiderée, fait rire
les uns, fait grincer les dents à d'autres ; deux
messieurs de la chapelle du roi la trouvent excellente.   L'auteur de la musique n'étoit pas loin
de ma place, il m'avoit peut-être entendu, j'étois
au désespoir ; c'étoit un brave homme....Re-
quiescat in pacè.

Je vis quelques jours après Castor et Pollux :
ce drame parfaitement bien écrit, supérieurement
décoré, me racommoda un peu avec l'opéra François, et je reconnus la différence qu'il y avoit
entre la musique de M. Rameau et celle qui m'a-
voit déplu.

J'étoit fort lié avec ce célèbre compositeur, et
j'avois la plus haute considération pour sa science
et pour son talent ; mais il faut être vrai ; Rameau
s'étoit distingué, et avoit produit une heureuse
révolution en France pour la musique instrumentale, mais il n'avoit pas fait des changemens
essentiels dans la musique vocale.

On croyoit que la langue Françoise n'étoit pas
faite pour se prêter au nouveau goût que l'on vouloit introduire dans le chant : Jean-Jacques Rousseau le croyoit comme les autres, et fut étonné
lorsqu'il crut voir le contraire dans la musique du
Chevalier Gluk.

Mais ce savant musicien Allemand n'avoit fait
qu'effleurer le goût récent de la musique Italienne,

et il étoit réservé à M. Piccini, et à M. Sacchini de perfectionner cette réforme, que les François semblent tous les jours goûter davantage.

Je me suis étendu dans cette petite digression sans m'en appercevoir.

Je ne suis pas musicien, mais j'aime la musique de passion ; si un air me touche, s'il m'amuse, je l'écoute avec délice, je n'examine pas si la musique est Françoise où Italienne : je crois même qu'il n'y en a qu'une.

CHAPÍTRE XIII.

L'Incendie de l'Opéra—Le Concert Spirituel—Les deux Années de mon Engagement à Paris touchent à leur Fin—Mon Indécision—L'Ambassadeur de Venise veut me rapprocher de ma Patrie— Mort de ce Ministre—Heureux Evénement pour moi—Je suis employé au Service de Mesdames de France—Je cours risque de perdre la Vue— Mes Défauts—Mes Ridicules dans la Société— Mon Logement au Château de Versailles— Petit Voyage de la Cour à Marly—Quelques Observations sur cet Endroit Charmant—Le grand Voyage de la Cour à Compiegne—Quelques Mots sur cette Ville et sur les Camps de cette année là—Mort de l'Infant Don Philippe, Duc de Parme—Mon Voyage à Chantilly.

AUROIS-JE pu me douter, lorsque j'assistai à la représentation de Castor et Pollux, que ces planches et ces coulisses qui avoient résisté aux flammes infernales de cet opéra, scroient réduites en cendre avant la fin du mois.

C'est cependant ce qui est arrivé: une chandelle oubliée causa la destruction de la salle du palais-royal, et l'opéra en attendant la construction d'un nouveau bâtiment, fut transporté au château des Tuileries où est actuellement le concert spirituel.

Voici l'occasion de parler de ce spectacle pieux, consacré aux louanges de Dieu, et qui n'est ouvert que les jours où les autres sont fermés.

C'est un concert composé de tout ce qu'il y a de mieux en voix et en instrumens ; on y chante des pseaumes, des hymnes, des oratorios ; on y exécute des symphonies, des concertos, et on y fait venir des musiciens les plus célèbres de l'Europe.

Les chanteurs étrangers dérogent pour ainsi dire à la première institution de ce concert qui ne faisoit usage autrefois que de la langue Latine, mais la prononciation Françoise est si différente de celle des autres nations, que l'étranger le plus habile et le plus agréable se rendroit ridicule à Paris, s'il s'exposoit à chanter un Motet Latin.

C'est donc de l'Italien que les étrangers chantent ; car il paroît que les autres nations n'ont pas une musique particulière, et la liberté qu'on leur accorde de changer de langage, entraîne celle de changer les sujets de leur chant, de manière qu'au milieu des cantiques spirituels on entend les cantatilles, et ce ne sont pas celles qui font le moins de plaisir.

Il n'y a pas en Italie un concert public, monté comme celui de Paris ; nous avons à Venise les quatre hôpitaux de filles dont j'ai rendu compte dans la première partie de ces Mémoires : il y a à

Naples les conservatoires qui sont des écoles de musique vocale et instrumentale ; les pères de l'oratoire donnent des oratorios dans leurs congrégations, et on trouve par-tout des concerts de professeurs ou d'amateurs ; mais tous ces établissemens n'offrent pas la magnificence de celui de Paris.

Je rends compte des agrémens de cette ville pour ceux qui ne la connoissent pas ; mes Mémoires pourroient être destinés à servir d'enveloppes, mais je les écris comme s'ils devoient être lus dans les quatre parties du monde.

Je connoissois tous les jours de mieux en mieux le mérite de cette ville ; je m'y attachois toujours davantage, et les deux années de mon engagement touchoient à leur fin ; et je regardois comme indispensable la nécessité de changer de ciel.

L'ambassadeur de Portugal m'avoit fait travailler pour sa cour : il m'avoit fait présent de mille écus pour un petit ouvrage qui avoit réussi à Lisbonne ; j'avois lieu d'espérer que ma personne n'auroit pas été refusée dans un pays où les spectacles dans ce tems-là fleurissoient, et les talens étoient récompensées.

D'un autre côté le Chevalier Tiepolo, ambassadeur de Venise, ne cessoit de m'encourager à rentrer dans le sein de ma patrie qui me chérissoit, qui me desiroit ; il étoit à la fin de son ambassade, il m'y auroit reconduit lui-même ; il m'auroit

soutenu, protégé, mais il étoit sérieusement malade; il fit son entrée de congé accablé de douleurs
et de peines; il alla à Geneve pour consulter le
fameux Tronchin; c'est-là où il finit ses jours,
au grand regret de sa république et de la cour de
France qui l'estimoient également.

Pendant l'état d'indécision où j'étois, une
heureuse étoile vint à mon secours; je fis la connoissance de Mademoiselle Sylvestre, lectrice de
feue Madame la Dauphine, mère du roi Louis
XVI.; cette demoiselle, fille du premier peintre
du roi auguste de Pologne et electeur de Saxe,
avoit été employée à Dresde pour l'éducation de
son auguste maitresse, et jouissoit en France auprès d'elle du crédit que ses talens et sa conduite
lui avoient mérité.

Mademoiselle Sylvestre qui savoit bien l'Italien,
qui connoissoit mes ouvrages, et qui étoit foncièrement bonne, serviable, obligeante, eut la
bonté de s'intéresser à moi : je lui avois parlé de
mon attachement pour Paris, et du regret avec
lequel je me voyois forcé de l'abandonner; elle se
chargea de parler de moi à la cour, où je n'étois
pas inconnu, et huit jours après elle me fit partir
pour Versailles; je m'y rends immédiatement, je
descends aux petites écuries du roi, où Mademoiselle Sylvestre vivoit en société avec ses parens,
tous employés au service de la famille royale.

Après l'accueil le plus gracieux, le plus aimable,
le plus sincère, voici le résultat de notre première

conversation, et voici une affaire très importante
pour moi entamée et terminée dans cette heureuse
journée.

Madame la Dauphine me connoissoit; elle
avoit vu jouer mes pièces à Dresde; elle se les
faisoit lire, et sa lectrice ne manquoit pas de les
embellir, et d'y mêler de tems en tems quelques
propos en faveur de l'auteur : elle réussit si bien
auprès de sa maitresse, que cette princesse lui
promit de m'honorer de sa protection, et de m'attacher à la cour.

Madame la Dauphine auroit voulu m'employer
peut-être auprès de ses enfans, mais ils étoient
trop jeunes pour s'occuper d'une langue étrangère: Mesdames de France, fille de Louis XV.,
avoient appris les principes de la langue Italienne
de M. Hardion, bibliothécaire du roi à Versailles ;
elles avoient du goût pour la littérature Italienne;
Madame la Dauphine profita d cette circonstance
heureuse, et m'envoya chez Madame la Duchesse
de Narbonne qu'elle avoit prévenue en ma faveur
pour que cette dame me présentât à Madame
Adélaïde de France, dont elle étoit alors dame
d'Atours, et actuellement dame d'honneur.

J'avois eu l'honneur de connoître Madame la
Duchesse de Narbonne à la cour de Parme ; elle
me reçut avec bonté me présenta la même jour à
son auguste maitresse, et je fus installé sur le
champ au service de Mesdames de France.

Aucun traitement ne me fut proposé.   Je n'en

demandai aucun ; trop glorieux d'un emploi si honorable, et très sûr des bontés de mes augustes écolières, je partis content ; je fis part de mon aventure à ma femme qui en connut le prix aussi bien que moi ; je pris congé de la comédie Italienne, qui n'étoit pas fâchée peut-être de se débarrasser de moi, et je reçus de bon cœur les complimens de tous ceux qui s'intéressoient à moi.

Celui qui connoissoit mieux que personne à quoi cet heureux événement pouvoit me conduire, étoit M. le Chevalier Gradenigo, ambassadeur de Venise, qui avoit succédé à M. Tiepolo ; cet illustre patricien étoit l'ami intime de M. le Duc de Choiseul ; il me recommanda à ce ministre qui avoit les deux départemens les plus considérables, celui des affaires étrangères et celui de la guerre, et étoit à juste titre l'homme le plus accrédité à la cour de France, et le plus considéré dans l'Europe.

Avec un emploi si honorable et avec des protections si fortes, j'aurois dû faire une fortune brillante en France ; c'est ma faute si je n'en ai qu'une modique ; j'étois à la cour, et je n'étois pas courtisan.

Ce fut Madame Adélaïde qui m'occupa la première pour l'exercice de la langue Italienne. Je n'avois pas encore de logement à Versailles ; elle m'envoyoit chercher avec une chaise de poste, et ce fut dans une de ces voitures que je manquai de perdre la vue.

J'avois la folie de lire en marchant ; c'étoit les

lettres de la montagne de Jean-Jacques Rousseau qui m'intéressoient dans ce moment-là.

Je perds un jour tout d'un coup l'usage de mes yeux ; le livre me tombe des mains, je n'y vois pas assez pour le ramasser ; je me crois perdu.

Il me restoit cependant assez de faculté visuelle pour distinguer la lumière ; je descends de ma chaise, je monte à l'appartement, j'entre déconcerté, agité, dans le cabinet de Madame : la princesse s'apperçoit de mon trouble ; elle a la bonté de m'en demander la cause : je n'ose pas lui dire mon état ; je me flatte de pouvoir tant bien que mal remplir mon devoir ; je trouve le tabouret à sa place, je m'assieds comme à l'ordinaire ; je reconnois le livre que je devois lire, je l'ouvre ; oh, ciel ! je ne vois que du blanc ; je suis forcé d'avouer mon malheur.

Il n'est pas possible de peindre la bonté, la sensibilité, la compassion de cette grande princesse ; elle fait chercher dans sa chambre des eaux salutaires pour la vue ; elle permet que je bassine mes yeux ; elle fait arranger les rideaux de manière qu'il n'y reste qu'un petit jour pour distinguer les objets. Ma vue revient petit à petit, j'y vois peu, mais j'y vois assez ; ce ne furent pas les eaux qui firent le miracle, mais les bontés de Madame qui donnèrent de la force à mon esprit et à mes sens.

Je reprends le livre, je me vois en état de lire ; mais Madame ne le veut pas. Elle me renvoie,

elle me recommande à son médecin ; en peu de
jours mon œil du côté droit reprend sa vigueur
ordinaire, mais l'autre je l'ai perdu pour toujours.

Je suis borgne, c'est une petite incommodité
qui ne me gêne pas infiniment, et qui ne paroît
pas extérieurement, mais il y a des cas, où elle
ajoute à mes défauts et à mes ridicules.   C'est
par exemple, à une table de jeu que je me rends
incommode à la société ; il faut que la lumière
soit placée de mon bon côté, s'il y a une dame de
la partie qui soit dans le même cas, elle n'ose pas
l'avouer, mais elle trouve ma prétention ridicule.
Au brelan on place les bougies au milieu de la
table, je n'y vois pas.   Au wisch on change de
partenerre, au treset, on change de compagnon, il
faut que j'apporte le flambeau avec moi.   Indépendamment du défaut de mes yeux, j'en ai encore des plus singuliers ; je crains la chaleur en
hiver et la fraîcheur en été.   Il me faut des écrans
qui me garantissent du feu, et une fenêtre ouverte
le soir m'enrhume dans les plus fortes chaleurs.

Je ne sais pas comment des dames que j'ai
l'honneur de connoître, peuvent me souffrir et me
faire tirer une carte pour être de leur partie ; c'est
qu'elles sont bonnes, c'est qu'elles sont honnêtes,
c'est que je joue à tous les jeux, que je ne refuse
aucune partie, que le gros jeu ne m'épouvante
pas, que le petit jeu ne m'amuse pas moins, que
je ne suis pas mauvais joueur, et que, sauf mes
défauts, je suis le bon diable de la société.

Au bout de six mois de service, j'eus mon logement au château de Versailles ; on me donna
l'appartement qui étoit destiné pour l'accoucheur
de Madame la Dauphine, dont cette princesse
pouvoit disposer, vu le mauvais état de la santé de
Monsieur le Dauphin.

Il y eut dans le mois de Mai de la même année
1765 un petit voyage à Marly ; je suivis Mesdames, et je jouis de ce séjour délicieux.

Après avoir vu le jardin des Tuileries et le parc
de Versailles, je croyois que rien dans ce genre
n'auroit pu me surprendre ; mais la position et les
agrémens du jardin de Marly me firent une telle
impression, que j'aurois donné la préférence à cet
endroit enchanteur, si le souvenir de l'étendue et
de la richesse des autres n'eût pas réglé mes comparaisons : ceux qui ont vu ce château, son jardin,
son parterre immense, ses compartimens, ses desseins, ses jets-d'eau et ses cascades, doivent me
rendre justice ; et les descriptions exactes que
nous en avons, viennent à l'appui de mon jugement.

Mais ce qui augmente les plaisirs et les agrémens de cette partie de campagne, c'est le sallon
du jeu ; tout le monde connu peut y entrer, et il
y a des travées pour ceux qui ne peuvent ou ne
veulent pas pénétrer dans le cercle.

Je préférai une place dans les travées pour voir
la première fois l'arrivée du roi et de sa suite dans
ce sallon ; c'est un coup d'œil frappant ; le roi

entre suivi de la reine, des princes, des princesses,
et de tout son cortege, et prend sa place à la grande
table, environnée de tout ce qu'il y a de plus
grand dans le royaume. La reine faisoit ce jour-
là sa partie au cavagnol ; Madame la Dauphine et
Mesdames de France tenoient différentes tables de
jeu. On m'apperçoit à l'endroit où j'étois ; on
me fait dire de descendre, et je me vois confondu
dans la foule des seigneurs, des ducs, des ministres, des magistrats. On jouoit au lansquenet à
la table du roi, où chacun tenoit la main à son
tour : on disoit que Louis XV. étoit heureux
au jeu ; j'attendis que ce fût lui qui tînt la banque ; je donnai six louis à jouer pour mon compte
en faveur de la banque, et je gagnai.

Le roi part ; la famille royale le suit. Le
monde reste ; on joue alors comme on veut, tant
qu'on veut ; il y eut une dame qui resta un jour
et deux nuits à la même table, faisant venir du
chocolat et des biscuits pour nourrir en même
tems son individu et sa passion.

Malgré les plaisirs qui faisoient le but principal
de cette agréable partie de campagne, j'avois tous
les jours mes heures réglées pour travailler avec
Mesdames ; je me trouvai un jour sur le passage
d'une de mes augustes ecolières qui alloit se
mettre à table, elle me regarde, et me dit : à
tantôt.

Tantasto, en Italien veut dire immédiatement.
Je crois que la princesse veut prendre sa leçon à

la sortie de son dîner ; je reste et j'attends aussi patiemment, que l'appétit me le permettoit, et enfin à quatre heures du soir la première femme de chambre me fait entrer.

La princesse, en ouvrant son livre, me fait la question qu'elle avoit l'habitude de me faire presque tous les jours ; elle me demande où j'avois dîné ce jour-là. Aucune part, Madame, lui dis-je. Comment, dit-elle, vous n'avez pas dîné ?— Non, Madame :—Etes-vous malade :—Non, Madame. Pourquoi donc n'avez-vous pas dîné ?— Parceque Madame m'avoit fait l'honneur de me dire, à *tantôt*.—Ce mot prononcé à deux heures ne veut-il pas dire au 'moins à quatre heures de l'après-midi ?—Cela se peut, Madame, mais ce même terme signifie en Italien, *tout-à-l'heure*, *immédiatement :* Voilà la princesse qui rit, qui ferme son livre, et m'envoie dîner.

Il y a des termes François et des termes Italiens qui se ressemblent, et dont l'acception est tout à fait différente : je donnois encore dans des *qui pro quo*, et je puis dire que le peu de François je sais, je l'ai acquis pendant les trois années de mon emploi au service de Mesdames ; elles lisoient les poëtes et les prosateurs Italiens : je bégayois une mauvaise traduction en François ; elles la répétoient avec grace, avec élégance, et le maître apprenoit plus qu'il ne pouvoit enseigner.

De retour à Versailles, la santé de Monseigneur le Dauphin paroissoit aller beaucoup mieux : il aimoit la musique, et Madame la Dauphine en faisoit chez elle pour l'amuser.

Je composai une cantate Italienne ; je fis faire la musique par un compositeur Italien, et je la présentai à cette princesse, qui, en l'acceptant, m'ordonna avec bonté d'aller en entendre l'exécution après son souper dans sa chambre.

J'appris dans cette occasion une étiquette de cour que je ne connoissois pas : j'entre dans l'appartement sur les dix heures du soir, je me présente à la porte du cabinet des nobles ; l'huissier ne m'empêche pas d'y entrer : Monseigneur le Dauphin et Madame la Dauphine étoient à table ; je me range pour les voir souper ; une dame de service vient à moi, et me demande, si j'avois mes entrées du soir ? Je ne sais pas, Madame, lui dis-je, quelle est la différence entre les entrées du jour et celles du soir ; c'est la princesse elle-même qui m'a ordonné de venir dans sa chambre après son souper. Je suis venu trop tôt, peut-être, je ne savois pas l'étiquette........ Monsieur, reprit la dame, il n'en est pas pour vous, vous pouvez rester ; j'avoue que mon amour-propre n'a pas été dans cette occasion mal satisfait.

Je reste. Le prince et la princesse rentrés, on me fait appeller, et ma cantate est exécutée. Madame la Dauphine touchoit du clavecin, Madame Adélaïde accompagnoit avec le violon, et c'étoit Mademoiselle Hardy, (depuis Madame de la Brusse), qui chantoit. La musique fit plaisir,

et l'on fit à l'auteur des paroles, des complimens
que je reçus très modestement. Je voulois sortir,
Monsieur le Dauphin eut la bonté de me faire
rester ; il chanta lui même, et j'eus le bonheur de
l'entendre ? Mais que chanta-t-il ? Un air pathétique tiré d'un oratorio intitulé le Pelerin au
Sépulchre.

Ce prince dépérissoit tous les jours ; mais il
avoit du courage, et l'envie de tranquilliser la cour
sur son état, le faisoit souffrir en secret, et lui
donnoit des forces en public.

Le roi alloit régulièrement tous les ans passer
six semaines en été à Compiegne, et autant en
automne à Fontainebleau. On appelle ces parties
de campagne les grands voyages, parceque tous
les départemens et tous les bureaux des ministres
y vont, et les grands officiers de la couronne et les
ministres étrangers s'y rendent aussi.

On les fit l'un et l'autre dans cette année 1765,
après le petit voyage de Marly ; et celui de Compiegne, a été un des plus magnifique et des plus
brillans.

On fit venir plusieurs régimens François et
étrangers au service de la couronne de France.
Chacun à son tour et dans différentes journées,
formoit des camps dans les environs de la ville. Ils
faisoient l'exercice à feu avec les évolutions que
la tactique fait proportionner à l'emplacement et
l'émulation, et la présence du souverain rendoit
encore l'exécution plus exacte.

Les revues étoient encore plus intéressantes par le cortege du roi. Ce monarque monté sur un superbe cheval, étoit suivi par une cohorte très nombreuse de cavaliers richement ornés. La reine, la dauphine, mesdames, paroissoient dans des voitures de la plus grande magnificence. Les princesses du sang et les dames de la cour augmentoient la pompe de cette suite éclatante, et l'affluence du peuple qui arrivoit de tous côtés, mettoit le comble à la grandeur du spectacle.

M. le Dauphin, colonel du régiment des dragons dauphin, commanda lui-même la revue particulière de son régiment, la veille du jour qu'il devoit paroître devant le roi.

Après l'exercice très long et très fatiguant dont j'avois été témoin, et dans lequel M. le Dauphin avoit fait des efforts qui me faisoient trembler, je revins au château dans une voiture de la cour, et je me mis tout seul dans l'embrâsure d'une porte pour voir rentrer ce prince chez lui. Il arrive, il me voit ; il me fixe avec une espèce de fierté guerrière. Regardez-moi, paroissoit-il dire, je suis fort, je suis robuste, je me porte bien ; c'étoit un esprit vigoureux qui animoit un corps languissant.

Dans cette même année, et pendant ce voyage, un courier de Parme apporta la triste nouvelle de la mort de l'Infant Don Philippe, mon protecteur et mon maître. La cour de France prit le deuil pour trois mois ; je le portai bien plus long-tems, et je le porte encore dans mon cœur.

Ce n'étoit pas l'intérêt qui excitoit mes regrets ; je connoissois la bonté de l'Infant son fils, j'étois sûr qu'il m'auroit continué sa protection et sa bienveillance ; mais je pleurois la perte d'un prince bon, sage, juste, équitable ; les Parmesans auroient été encore plus à plaindre, si leur duc regnant n'eût pas réparé leur perte, en suivant les traces et les vertus de son père. Je me rappelle avoir parlé de ce prince avec les mêmes sentimens dans la deuxième partie de mes Mémoires, qu'on ne trouve pas cette répétition inutile ; on n'en dit jamais trop quand il s'agit de faire honneur à la vérité.

Je vis quelques jours après, à Compiegne, M. le Comte d'Argental, ministre plénipotentiaire de la cour de Parme à Paris : il m'assura que ma pension me seroit continuée, et il la fit même transporter pour ma plus grande commodité sur le trésor de Parme à Paris.

C'est la moindre des obligations que j'aie à M. d'Argental, à cet ami de Voltaire, très aimable, très instruit, qui m'a toujours favorisé, protégé, chez lequel il y eut toujours un couvert pour moi à sa table, et une place à ce charmant spectacle qu'il donne de tems en tems dans son petit théâtre de société, où j'admirai les ouvrages et le jeu de M. le Chevalier de Florian, et les talens et les graces de Madame de Vimeux.

Le voyage de Compiegne avoit commencé avec une apparence de gaieté ; mais il alloit finir avec une tristesse réelle. La santé de M. le Dauphin

alloit de mal en pis ; il croyoit que l'exercice lui
auroit fait du bien, au contraire la fatigue l'avoit
épuisé.

J'avois perdu un protecteur, et je me voyois à
la veille d'en perdre un autre ; j'étois triste, et je
ne trouvois rien dans l'endroit où j'étois qui pût
m'égayer. La forêt de Compiegne est superbe ;
mais je la trouvois trop peignée, trop uniforme et
trop éloignée de la ville.

Je ne manquois pas de sociétés ; mais tout le
monde étoit triste comme moi ; je craignois moi-
même pour ma santé ; le foyer de mon ancienne
mélancolie alloit se rallumer ; je cherchois quelque
distraction agréable, j'en trouvai une charmante à
Chantilly.

Je pris cette route pour retourner à Versailles ;
je jouis pendant deux jours de ce château délicieux,
appartenant au prince de Condé. Que de beautés !
que de richesses ! quelle position heureuse ! quelle
abondance d'eau ! je n'y ai pas perdu mon tems,
j'ai tout vu, j'ai tout examiné, les jardins, les
écuries, les appartemens, les tableaux, le cabinet
d'histoire naturelle.

Cette immense collection de ce qu'il y a de plus
rare dans les trois regnes de la nature, est l'ouvrage
de M. Valmont de Bomare, et c'est ce naturaliste
célèbre qui en est le directeur et le démonstrateur.

Je partis de Chantilly très content ; mon ame
se trouva soulagée, et je revins à Versailles en
état de remplir mes devoirs à la cour.

CHAPITRE XIV.

Voyage de Fontainebleau—Quelques Mots sur le Château et sur la Ville—Mort du Dauphin— Le Duc de Berry prend le Titre de Dauphin— Mon Retour à Versailles—Triste Compliment a mon Arrivée—Mort de Madame la Dauphine, celle du Roi de Pologne et celle de la Reine de France sa Fille—Ma Position douloureuse— Présent de Mesdames—Mon Etat fixé—Propos des Parisiens sur Versailles—Mon Retour a Paris—Nouvelle Société Littéraire—Difficulté des Traductions—Quelques-unes de mes Pièces traduites en François—Théâtre d'un Inconnu —Traduction de mon Avocat Vénitien—Celle de mon Valet de deux Maîtres—Choix des meilleures Pièces Italiennes—Quelques Mots sur cet Ouvrage—Dialogue entre un Monsieur, une Dame et moi.

La cour s'étoit à peine rendue à Versailles, qu'on commençoit à parler du voyage de Fontainebleau ; il étoit fixé pour le 4 Octobre, mais l'état de M. le Dauphin le rendoit incertain.

Ce prince aimable, complaisant, étoit au désespoir que le roi fût privé d'un plaisir, et que les habitans de Fontainebleau perdissent les profits que la présence de la cour et l'affluence des étrangers pouvoient leur procurer, de manière que tout malade et tout souffrant qu'il étoit, quand il s'agissoit de Fontainebleau, il s'efforçoit d'être gai, et faisoit semblant de se bien porter.

Je n'en étois pas la dupe, et bien du monde pensoit comme moi ; cependant le voyage fut décidé et exécuté : il seroit injuste et déraisonnable de croire que le roi et la famille royale fussent moins intéressés que les autres à la santé et à la tranquillité de ce prince qui faisoit leurs délices et leur bonheur ; mais il est dans la nature que ceux qui sont les plus intéressés à la conservation d'un objet, voyent moins les dangers, et se flattent de contribuer à la santé du malade par le changement d'air et par des amusemens.

Nous partîmes donc pour ce château de plaisance au commencement d'Octobre : la position du pays, et les agrémens qu'on y trouve rendirent pendant quelques jours ce voyage charmant.

Les spectacles de Paris venoient y représenter à leur tour, et les auteurs y donnoient de préférence leurs nouveautés.

Il y avoit spectacle quatre fois par semaine ; et on y entroit moyennant des billets que le capitaine des gardes en exercice avoit droit de donner.

Je me présentai un jour avec un de ces billets à la porte d'entrée ; elle n'étoit pas encore ouverte : j'étois un des premiers ; je me flattois avec raison d'entrer avec plus de facilité, et d'être dans le cas

de choisir ma place : il n'est pas possible d'être
p'us pressé, plus foulé que je le fus en entrant, et
arrivé à la salle, je la trouve remplie de monde, et
je suis forcé de m'asseoir sur la dernière ban-
quette.

Tout ce monde n'étoit pas entré par la porte
où l'on présentoit les billets : je n'en voulus pas
savoir davantage, je pris un autre parti, et je m'en
trouvai bien ; j'avois de bonnes connoissances dans
le corps diplomatique : on me permettoit d'entrer
à la suite des ministres étrangers ; j'étois bien
placé, et je voyois le spectacle à mon aise.

Le Chevalier Gradenigo, ambassadeur de Venise, avoit toujours des bontés pour moi ; c'est
par son moyen que j'eus l'honneur de faire la connoissance de S. E. Monsieur l'Estevenon de
Berkenrod, ambassadeur de Hollande, qui m'a
toujours honoré de sa protection, et c'étoit dans
ce corps respectable que je passois très agréablement une bonne partie de mon tems.

Nous voilà donc dans la gaiété, dans les plaisirs, dans les amusemens ; mais tout change de
face à la moitié du voyage ; Monseigneur le Dauphin ne peut plus soutenir avec indifférence le
feu qui le mine intérieurement : le courage lui
devient inutile, les forces l'abandonnent ; il est
alité ; tout le monde tombe dans la consternation ;
la maladie fait des progrès effrayans ; la faculté n'a
plus de ressources ; on a recours aux prières,
Monseigneur de Luynes, archevêque de Sens, et

maintenant cardinal, va tous les jours en procession, suivi d'un monde infini à la chapelle de la Vierge qui est au bout de la ville ; on fait le vœu d'y élever un temple, si l'intercession de la Mère de Dieu rend la santé au prince moribond ; il étoit écrit dans les décrets de la Providence qu'il n'acheveroit pas sa carrière ; il mourut à Fontainebleau vers la fin de Décembre.

J'étois au château dans ce moment fatal ; la perte étoit grande, la désolation générale. Quelques minutes après j'entends crier tout le long des appartemens, Monsieur le Dauphin, Messieurs ; je reste interdit, je ne sais ce que c'est, je ne sais où je suis ; c'étoit le Duc de Berry, le fils aîné du défunt, qui devenu l'héritier présomptif de la couronne, venoit mouillé de ses larmes, consoler le peuple affligé.

Ce voyage qui devoit finir à la moitié de Novembre avoit été prolongé jusqu'à la fin de l'année ; tout le monde étoit pressé de partir ; je l'étois aussi ; mais je cédai la place à ceux dont le service étoit plus nécessaire, et je partis le dernier.

L'année étoit des plus mauvaises ; il avoit tombé beaucoup de neige ; les chemins étoient glacés ; les chevaux ne pouvoient se tenir sur leurs pieds : j'employai deux jours, et une nuit dans cette route que l'on peut faire en sept heures de tems.

Arrivé à Versailles, je suis visité sur le champ par un valet du concierge du château, qui, de la

part de son maître, me demande la clef de mon
appartement ; Monsieur le Dauphin étant décédé,
l'accoucheur de Madame la Dauphine étoit censé
supprimé : cette princesse n'avoit plus le droit
d'en disposer ; je ne devois plus en jouir, et on
l'avoit destiné apparemment pour quelqu'un qui
valoit mieux que moi.

Je crus ne devoir pas dialoguer avec l'homme
qui me parloit ; je le renvoyai, en lui disant que
j'avois besoin de me reposer. Je fis mes réflexions
pendant la nuit ; je vis que dans la circonstance
où la cour étoit, il n'étoit pas décent que j'allasse
porter des plaintes, ni demander protection. Je
louai tout bonnement un logement dans la ville,
et je rendis la clef de l'appartement.

Il n'étoit plus question d'Italien chez Mesdames;
cependant je n'osois pas m'éloigner de Versailles ;
mes finances alloient mal ; j'avois eu une gratification de cent louis sur le trésor royal, mais c'étoit
pour une fois ; j'avois besoin de tout, et je n'osois
rien demander.

Je voyois de tems en tems mes augustes ecolières ; elles me regardoient avec bonté ; mais je
ne travaillois plus avec elles ; je ne savois comment m'y prendre pour leur faire concevoir mon
état, et ces princesses étoient trop affligées pour
penser à moi. Mes revenus d'Italie arrivoient
lentement ; mon ami Sciugliaga m'avança cent
sequins, et j'attendois patiemment que le trouble
cédât la place à la sérénité.

Maïs la tristesse alla fort loin, et les malheurs se succédèrent l'un à l'autre. Madame la Dauphine succomba à sa douleur, et fut enterrée dans le même tombeau que son epoux. La mort du roi de Pologne, père de la reine de France, arriva quelque tems après, et celle de son auguste fille mit le comble à l'affliction publique.

Pouvois-je approcher de Mesdames, et leur parler de moi ? Non. Et quand je l'aurois pu, je ne l'aurois pas fait ; je respectois trop leur douleur, et j'avois trop de confiance en leurs bontés, pour ne pas souffrir en silence. Je savois mesurer mes desirs et mes forces, et hors les cent sequins que je devois à un ami, je ne devois rien à personne.

Enfin les sombres nuages commençoient à se dissiper. Tous les deuils étoient cessés, et la cour reprenoit peu-à-peu cette aménité qu'elle avoit perdue. Mesdames eurent la bonté de me faire appeller ; je reçus un présent de cent louis dans une boîte d'or ciselée, et il fut question de m'assurer un état.

Mesdames demandèrent pour moi le titre et les émolumens d'instituteur d'Italien des enfans de France. Le ministre de Paris et de la cour y trouva des difficultés. Ce seroit, disoit-il, un nouvel emploi à la cour, et une nouvelle charge pour l'état. Il y avoit mille choses que j'aurois pu demander ; je ne demandai rien ; je continuai à servir, à attendre et à espérer. Ce fut au bout de

trois ans que mes augustes protectrices me procurèrent un traitement annuel.

Elles envoyèrent chercher le ministre. Il ne
s'agit pas, lui dirent-elles, de créer un nouvel emploi pour un homme qui devroit servir, il s'agit de
récompenser un homme qui a servi ; elles demandèrent pour moi six mille livres par an. Le ministre trouva que c'étoit trop. Je crois, dit-il,
que M. Goldoni sera content de quatre mille
francs d'appointemens. Mesdames le prirent au
mot, et l'affaire fut faite sur le champ.

J'étois content ; j'allai remercier Mesdames,
elles étoient encore plus contentes que moi ; elles
eurent la bonté de m'assurer que, d'une manière
ou de l'autre, j'aurois eu pour ecoliers leurs neveux et leurs nieces, et que le traitement que je
venois d'obtenir, n'étoit que le commencement des
bienfaits dont elles espéroient me faire jouir. Si
je n'ai pas profité de cette faveur, c'est ma faute ;
je ne savois pas demander ; j'étois à la cour, et je
n'étois pas courtisan.

La première fois que mon ordonnance me fut
payée, on ne me donna au trésor royal que 3600
liv. on me retint 400 liv. pour le vingtième. Si
j'avois parlé, j'étois dans le cas, peut-être, de
l'exemption de cet impôt ; je ne dis mot ; je suis
resté là, toujours là.

Mon état n'étoit pas bien considérable, mais il
faut se rendre justice. Qu'avois-je fait pour le

mériter ? J'avois quitté l'Italie pour venir en
France. La comédie Italienne ne me convenoit
pas, je n'avois qu'à retourner chez moi. Je suis
attaché à la nation Françoise ; trois ans d'un service doux, honorable, agréable, me procurèrent,
l'agrément d'y rester ; ne dois-je pas me croire
heureux ? Ne dois-je pas me trouver content ?

D'ailleurs, mesdames, m'avoient dit : vous aurez
pour écoliers nos neveux. Il y avoit trois princes
et deux princesses. Que de perspectives heureuses ! que d'espérances fondées. N'étoit-ce pas
assez pour mon ambition ? Pourquoi aurois-je
brigué des emplois, des charges, des commissions,
qui de droit, auroient mieux convenus à un national qu'à un étranger ? Je n'ai jamais demandé
de graces pour moi ni pour mon neveu, que dans
le cas où un Italien pouvoit être préférable à un
François.

Aussi-tôt que mon traitement fut reglé, mesdames cessèrent de s'occuper de la langue Italienne,
et donnèrent à d'autres études les heures qu'elles
m'avoient destinées. J'étois maître alors d'aller
par-tout ; j'avois envie d'aller rétablir mon séjour
à Paris ; mais je m'amusois assez bien à Versailles,
et j'y restai encore quelque tems. On dit communément à Paris que la vie de Versailles est fort
triste, qu'on s'y ennuye, et que les particuliers ne
savent que devenir. Je puis prouver le contraire ;
ceux qui se déplaisent dans leur état, doivent

s'ennuyer par-tout.   Ceux qui y trouvent de
l'agrément sont aussi bien à Versailles que par-
tout ailleurs, et ceux qui n'ont rien à faire trouvent à employer leurs matinées utilement ou agréablement, au château, dans les bureaux, dans le
parc, et trouvent par-tout des objets intéressans,
et des plaisirs variés.

C'est dans l'après-midi qu'on cherche les
amusemens de la société, et il y en a, proportion
gardée, aussi bien à Versailles qu'à Paris.   On y
trouve des parties de jeu, des concerts, de la littérature, avec cette différence qu'à Paris, on manque
bien souvent les sociétés que l'on cherche, à cause
de la distance des lieux ; et à Versailles on les a
sous la main, et les pauvres piétons n'y sont pas
dans la dure nécessité de rester chez eux, ou de se
ruiner en voitures.

On dit que les dames employées au service de
la cour, ne parlent que de leurs princesses, et que
les commis des bureaux, ne s'entretiennent que
de leurs départemens. Cela peut-être. "Tractant
fabrilia fabri, de tauris tractat arator." Mais jesais
que je m'y suis bien amusé, et sans les spectacles
qui ne brillent qu'à Paris, j'aurois fixé, peut-être,
mon séjour à Versailles.

Je regrette les amis que j'y ai laissés, que j'aime
toujours, et que j'aimerai toute ma vie. J'aurois
envie de les nommer, pour leur donner une preuve
de mon souvenir, de mon estime et de ma recon-

noissance, mais ils sont en trop grand nombre, et j'aurois l'air de vouloir me parer de tous ces noms respectables, pour en tirer vanité.

Je revins m'établir à Paris, mais je gardai un pied à terre à Versailles, j'étois intéressé à faire ma cour à mes augustes protectrices, et à voir si la langue et la littérature Italiennes ne gagneroient pas quelques partisans parmi les jeunes princes et les jeunes princesses.

L'étude des langues étrangères n'est pas comprise à la cour de France dans les classes nécessaires à l'éducation : c'est un amusement que l'on accorde à celui qui le demande, et qui est dans le cas d'en profiter : il n'y avoit qu'un des trois princes qui paroissoit disposé à apprendre l'Italien; M. l'Abbé de Landonviller, de l'Académie Françoise, fut chargé de ce soin. Il employa sa manière d'apprendre les Langues, imprimée en 1768; il y réussit à merveille, et le prince fit des progrès admirables.

J'étois sans emploi et sans occupation ; pendant mes trois années de service à la cour je n'avois rien fait, et je cherchois l'occasion d'employer mon tems utilement; M. de la Place et M. Favart, deux membres de notre ancienne Dominicale, me proposèrent une nouvelle société littéraire ; c'étoit un piquenique à l'épée de bois, vis à-vis les galeries du Louvre; on s'y rassembloit une fois par semaine, on y étoit bien servi, la compagnie étoit aimable, et nos conversations fort utiles.

Voici les noms des convives ; M. de la Place,
M. Coquelet de Chaussepierre, M. de Veselle,
M. Laujon, M. Louis, M. Dorat, M. Colardeau,
M. du Doyez, M. Barthe, M. Vernet, et moi.

Au bout de quelque tems M. le Comte de Coigny
voulut bien honorer nos dîners de sa présence, et
augmenter l'agrément de nos entretiens ; mais nos
assemblées ne durèrent pas long tems : on ne pouvoit introduire personne sans l'aveu général : un
des associés s'avisa d'y amener un de ses amis qui
ne plaisoit pas à tout le monde ; c'étoit un homme
de mérite, mais il étoit auteur d'une feuille périodique ; il avoit déplu à quelqu'un de la société,
et le piquenique finit comme la dominicale.

J'en étois fâché, car il m'étoit utile de vivre
avec des personnes qui savoient parfaitement leur
langue ; j'aspirois dès-lors à faire quelque chose
en François : je voulois prouver à ceux qui ne
connoissoient pas l'Italien, que j'occupois une
place parmi les auteurs dramatiques, et je con-
cevois qu'il falloit tâcher de réussir ou ne pas s'en
mêler.

J'essayai de traduire quelques scènes de mon
théâtre : mais les traductions n'ont jamais été de
mon goût, et le travail me paroissoit même dégoûtant sans l'agrément de l'imagination.

Plusieurs personnes étoient venues me demander mon aveu pour traduire mes comédies sous
mes yeux, d'après mes avis, et avec la condition
de partager le profit : depuis mon arrivée en

France jusqu'à présent, il ne s'est pas passé une seule année sans qu'un ou deux ou plusieurs traducteurs ne soient venus me faire la même proposition : en arrivant même à Paris, j'en trouvai un qui avoit le privilege exclusif de me traduire, et venoit de publier quelques-unes de ses traductions : je tâchai de les dégoûter tous également d'une entreprise, dont ils ne connoissoient pas les difficultés.

Le théâtre d'un inconnu, vol. in-12, chez Duchesne, 1765, contient trois pièces ; la première a pour titre la Suivante Généreuse, comédie en cinq actes en vers, imitée de la Serva Amorosa de Goldoni ; la seconde n'est qu'une traduction littérale de la même pièce en prose.

La troisième et dernière porte le titre des Mécontens, qui est le même que j'avois donné à ma pièce Italienne, I malcontenti, dont j'ai rendu compte dans la deuxième partie de mes Mémoires : je ne sais si un François pourroit lire ces traductions d'un bout à l'autre.

Il y a un epitre à la tête de ce volume, adressée à une dame qui en savoit beaucoup plus que l'auteur inconnu ; elle s'amusa à traduire mon Avocat Vénitien, et elle réussit mieux que les autres dans ce travail difficile et pénible ; mais elle ne fit imprimer que les deux premiers actes de sa traduction, et cet ouvrage imparfait n'auroit pas vu le jour, si le mari, jaloux de la gloire de sa femme, ne l'eût pas, malgré elle, envoyé à la presse.

J'ai vu une traduction de mon Valet de deux Maîtres assez bien faite ; un jeune homme qui connoissoit suffisamment la langue Italienne, avoit rendu le texte avec exactitude ; mais point de chaleur, point de vis comica, et les plaisanteries Italiennes devenoient des platitudes en François.

Il parut en 1783 un livre intitulé, Choix des meilleures pièces du Théâtre Italien moderne, traduit en François, avec des dissertations, et des notes, imprimé chez Morin, à la Vérité.

L'auteur se méfia lui-même de son entreprise ; car c'étoit un ouvrage qui devoit avoir une longue étendue, et il n'a pas mis sur le frontispice tome premier.

Il avance dans son discours préliminaire que les auteurs dramatiques Italiens sont en état aujourd'hui de luter contre les auteurs François, chose très-difficile à prouver ; il présente une dissertation sur les spectacles, d'un auteur moderne Italien qui n'a fait que copier les anciens, et commence le choix de ses traductions par une de mes pièces.

Cette préférence me fait beaucoup d'honneur, mais je suis forcé de dire ici ce que j'ai dit au traducteur lui-même ; il a mal choisi, car si on devoit me juger par cette pièce, on ne pourroit pas concevoir une idée avantageuse de moi.

C'est par la Donna di Garbo que le traducteur prétend me placer parmi les rivaux des François en Italie, et c'est précisément une de mes pièces les plus foibles dont le fond sent furieusement le merveilleux de l'ancien théâtre Italien; c'st une de mes pièces où l'on trouve le moins de correction, le moins de vraisemblance; une pièce enfin qui avoit eu beaucoup de succès en Italie, mais qui ne faisoit que fronder le mauvais goût, et annoncer la réforme que j'avois projettée.

L'auteur du choix des pièces Italiennes s'est d'abord trompé dans la traduction du titre; ce n'est ni la docte intrigante, ni la femme accorte, comme on lit dans sa traduction; una donna di garbo, est en Italien une brave femme, et c'est sous ce titre que je l'ai présentée, et que j'en ai rendu compte dans la deuxième partie de ces Mémoires.

Il est vrai que l'actrice principale de cette pièce est intrigante et adroite; mais elle paroît aux yeux des personnages de la comédie une brave femme, et c'st d'après cette apparence que par une espèce d'ironie, je lui ai donné le titre de brave femme.

J'aurois pardonné au traducteur, s'il avoit annoncé, que ses deux titres corrigeoient le mien; et j'aurois mieux aimé qu'il se donnât plus de liberté dans sa traduction pour la rendre plus lisible et plus supportable en François; mas ayant rendu le texte mot pour mot, il est tombé dans l'inconvénient d'une diction triviale et insipide.

Cet ouvrage n'a pas eu de suite ; il ne pouvoit pas en avoir ; on ne peut faire connoître le génie de la littérature étrangère, que par les pensées par les images, par l'érudition ; mais il faut rapprocher les phrases, et le style du goût de la nation pour laquelle on veut traduire.

Les leçons que je pouvois donner aux autres, je les appliquois à moi-même : il ne faut pas traduire, il faut créer, il faut imaginer, il faut inventer : je n'étois pas encore en état de hasarder une pièce en François, mais je pouvois essayer, tâtonner ; je cherchois des sujets qui pussent me fournir quelque nouveauté, et j'ai cru un jour l'avoir trouvé, et je me suis trompé ; j'étois invité à dîner chez une dame très aimable, mais dont le ménage étoit mystérieux : j'y vais à deux heures, et je la trouve auprès du feu avec un monsieur à cheveux longs, qui n'étoit ni conseiller au parlement, ni au châtelet, ni à la cour des aides, ni à la chambre des comptes, ni maître de requêtes, ni avocat, ni procureur.

Madame me présente à monsieur par mon nom ; monsieur fait semblant de vouloir se lever ; je le prie de ne pas se déranger : il reste sans difficulté sur la bergère qu'il occupoit.

Je vais rendre compte de notre conversation, et pour éviter le dit-il, le dit-elle ; je vais établir un petit dialogue entre monsieur, madame, et moi.

Madame. Monsieur, vous devez connoître M. Goldoni de réputation.

Monsieur. N'est-ce pas un auteur Italien ?

Madame. Oui, monsieur, c'est le Moliere de l'Italie. *(Il faut pardonner l'exageration à une femme honnête et polie.)*

Monsieur. C'est singulier : est-ce que monsieur s'appelle Moliere aussi ?

Madame, en riant. Ne vous ai-je pas dit qu'il s'appelloit Monsieur Goldoni.

Monsieur. Eh bien, Madame, y a-t-il de quoi rire ? L'auteur François ne s'appelloit-il pas Poquelin de Moliere, pourquoi un Italien ne pourroit-il pas s'appeller Goldoni de Moliere ? *(En se retournant vers moi)* Madame a de l'esprit, mais elle est femme, elle veut toujours avoir raison ; mais je la corrigerai.

Madame, d'un ton brusque. Allons, allons, taisez-vous.

Monsieur, à Madame. Vous êtes aimable, admirable, divine. *(En se retournant vers moi.)* Monsieur, vous êtes auteur, vous êtes Italien, vous devez connoître une pièce Italienne....Une pièce...que je vais vu nommer. C'est...C'est... J'ai oublié le titre....Mais c'est égal. Il y a dans cette comédie un pantalon...Il y a...un arlequin...Il y a un docteur, un briguelle. Vous devez savoir ce que c'est.

Moi. Si monsieur n'a pas d'autres renseignemens à me donner....

Madame.　Messieurs, nous sommes servis ;
allons, dîner.

　　　　　[*Monsieur offre son bras à Madame,*
　　　　　　　　elle prend le mien.

Monsieur.　Vous me refusez, Madame : je ne
vous adore pas moins.　(*Nous nous mettons à
table.　Monsieur se place à côté de Madame, et
s'empare de la grande cuiller.*)

Monsieur.　Comment, Madame, vous donnez
de la soupe au pain à un Italien ?

Madame.　Que falloit-il donner à votre avis ?

Monsieur, en servant la soupe.　Du maccaroni,
du maccaroni.　Les Italiens ne mangent que du
maccaroni.

Madame.　Vous êtes singulier, Monsieur de
la Clo....

Monsieur, à Madame.　Paix.

Madame, un peu fâchée.　Qu'est-ce que cela
veut dire, Monsieur ? Vous êtes bien grossier
aujourd'hui.

Monsieur.　Paix, ma belle ; paix, mon ado-
rable.

Moi.　Est-ce que je ne pourrois pas savoir le
nom de celui avec qui j'ai l'honneur de dîner ?

Monsieur, à moi.　C'est inutile, Monsieur ; je
suis ici incognitò.

Madame.　Qu'appelez-vous *incognito*, Monsieur de la Cloche ?....
Vous n'êtes ici ni à l'auberge, ni dans un mauvais lieu. On vient chez moi honnêtement comme

par-tout ailleurs, et j'espère bien que ce sera la dernière fois que vous y mettrez les pieds.

Cette femme qui étoit très décente et très sensible, mais qui avoit malheuresement quelque chose à se reprocher, se crut offensée par le propos du jeune étourdi ; elle fond en larmes ; elle se trouve mal. Sa femme de chambre vient à son secours ; elle la ramene dans l'appartement. Monsieur veut la suivre, on lui ferme la porte au nez.

Je quitte la table ; il faisoit froid, je vais me chauffer dans le sallon. Monsieur, piqué à son tour, se promenoit en long et en large, se jettant tantôt sur l'ottomanne, tantôt sur les fauteuils et sur les bergères ; c'étoit un meurtre de le voir gâter avec sa chevelure des meubles très élégans.

Je ne savois quel parti prendre ; je n'avois pas dîné ; j'adresse la parole à monsieur pour savoir s'il comptoit rester ou partir. Vous êtes bien heureux, me dit-il, vous autres Italiens, vos femmes sont vos esclaves ; nous les gâtons ici, nous avons tort de les flatter, de les ménager.

Monsieur, lui dis-je, les femmes sont respectées en Italie comme en France, sur-tout quand elles sont aimables comme celle-ci.—Elle est fâchée.—J'en suis pénétré ; je suis au désespoir.—Ce n'est rien, ce n'est rien, reprend-il, vous la verrez bientôt revenir.

Il va à la porte de la chambre, il frappe, il crie ; la porte s'ouvre, c'est la femme de chambre. Ma

maitresse, dit-elle, est couchée, elle ne verra plus
personne aujourd'hui ; elle referme la porte, et
blesse la main du Robin qui vouloit entrer.

Il peste, il menace, puis se tournant vers moi ;
allons, dit-il, allons dîner quelque part. J'en
avois besoin autant que lui ; nous sortons ensemble, nous traversons le palais-royal. Monsieur
voit deux grisettes se promener dans les bosquets ;
il veut les suivre, il m'engage d'aller avec lui ;
je refuse ; il les suit tout seul ; il me plante-là, et
je vais dîner chez le suisse, bien content d'en être
débarrassé.

Je ne manquai pas de placer cet original sur mes
tablettes, non pas pour l'exposer sur la scène ;
mais pour remplir quelque vuide dans la conversation.

CHAPITRE XV.

Conversation du Lendemain avec la Dame du Chapitre précédent—Les Amours de Zelinde et Lindor, la Jalousie de Lindor, les Inquiétudes de Zelinde ; les Amans timides, le bon et mauvais Génie, Pièce à Machines, en cinq Actes—Son Succès—Mon Neveu Professeur de Langue Italienne à l'Ecole Royale-Militaire, et quelque Tems après, Secrétaire-Interprète au Bureau de la Corse—Départ de M. Gradenigo, Ambassadeur de Venise—Suppression des Entrées publiques des Ambassadeurs Ordinaires—M. le Chevalier Mocenigo, nouvel Ambassadeur de Venise—Ma Correspondance avec les Entrepreneurs de l'Opéra à Londres—Victorine, Opéra-Comique—Le Roi à la Chasse, autre Opéra-Comique pour Venise—Quelques Détails sur les Acteurs et sur les Auteurs de l'Opéra-Comique de Paris—Projet d'une petite Pièce en deux Actes, intitulée La Bouillotte—Raisons qui m'ont empêché de la donner.

J'ENVOYAI voir le lendemain comment se portoit la dame chez laquelle je n'avois pas dîné ; elle se portoit bien, et me fit prier d'aller la voir, j'y fus le même jour ; elle me fit des excuses sur

ce qui s'étoit .passé la veille, et je la trouvai fort
contente de s'être débarrassée d'un, homme qui
lui déplaisoit ; c'étoit un Provençal, qui prétendoit
avoir des droits sur une personne qui étoit née
dans un fief de son illustre famille.

.Comme cette dame étoit d'une province méri-
dionale de la France,.elle avoit beaucoup de facilité
pour la prononciation Italienne, et aimoit passion-
nément cette langue.

Notre conversation tomba sur le théâtre de la
comédie Italienne de Paris ; elle étoit fâchée que
je l'eusse quitté, et me rappella quelques-unes de
mes pièces à canevas, qui lui avoient fait grand
plaisir.

Elle me parla entr'autres de trois pièces qui
effectivement avoient eu du succès. Les Amours
d'Arlequin et de Camille, la Jalousie d'Arlequin
et les Inquietudes de Camille, Trois pièces qui
,étoient la suite l'une de l'autre, et qui formoient
une espèce de Roman comique, partagé en trois
parties, dont chacune renfermoit un sujet isolé et
achevé.

Cette dame qui avoit de l'esprit, de l'intelligence
et du goût, me fit voir que j'avois tort de perdre
trois pièces qui auroient pu me faire beaucoup
d'honneur, si elles étoient dialoguées ; je l'écoutai,
je la remerciai, et je profitai de ses avis.

On me demandoit des comédies en Italie ;
j'écrivis en totalité les trois canevas ci-dessus ;
mais comme dans la troupe qui devoit les jouer,

il n'y avoit pas un arlequin du mérite de Carlin,
ni de celui de Sacchi, j'ennoblis le sujet ; je remplaçai l'arlequin et la soubrette par deux personnes d'un moyen état, réduites à servir par des
circonstances malheureuses, et j'intitulai ces trois
pièces, les Amours de Zelinde et Lindor ; la Jalousie de Lindor, et les inquietudes de Zelinde.

Ces trois comédies n'eurent pas à Venise un
succès éclatant ; mais elles furent assez bien réçues
du public éclairé, plus content de la composition
que de l'exécution : je ne connoissois pas les
acteurs qui devoient les jouer ; on avoit fait la
distribution des rôles comme l'on avoit pu, et il
n'y a pas en Italie les doubles, et les triples comme
à Paris pour adapter les caractères à ceux qui sont
le mieux en état de les soutenir.

Même aventure arriva à une autre pièce que
j'envoyai dans le même pays et dans la même année ; c'étoit en Italien Gliamanti timidi ou l'im-
broglio de due ritratti : les amans timides, ou
l'équivoque des deux portraits.

Cette comédie en deux actes, qui sous le titre
du portrait d'Arlequin, avoit fait beaucoup de
plaisir à la comédie Italienne à Paris, ne réussit
pas de même à Venise.

Voilà quatre pièces qui avoient plu en France,
et qui avoient mal réussi en Italie ; elles étoient
pourtant de l'auteur qui avoit eu le bonheur de
plaire pendant long-tems dans son pays ; mais cet
auteur étoit en France, et ses ouvrages commen-

çoient à se sentir des influences du climat ; le génie étoit le même, mais le style et la tournure étoient changés.

J'étois fâché de ne pouvoir pas contenter mes compatriotes qui m'aimoient toujours et qui ne cessoient pas de jouer mes pièces anciennes, et de m'en demander de nouvelles.

Je savois que depuis mon départ les troupes de Venise avoient souffert des changemens qui avoient altéré ce zèle, cette méthode qu'on avoit suivi sous mes yeux, et que le succès d'une pièce de caractère ou à sentiment n'étoit plus aussi sûr qu'il l'étoit de mon tems ; j'imaginai d'envoyer une pièce dans un genre qui n'étoit pas tout à fait le mien, et je réussis on ne peut davantage.

Dans le courant des deux années de mon engagement avec les comédiens Italiens, j'avois présenté à leur assemblée une pièce à spectacle qui avoit pour titre le bon et le mauvais Génie.

On ne trouva rien à redire sur ce sujet qui étoit à la fois moral, critique et divertissant ; mais on se récria contre les décorations qui étoient necessaires, et qui auroient coûté cent écus en Italie, et mille écus peut-être à Paris.

L'opera-comique croyoit la dépense inutile pour les Italiens, et ceux-ci qui partageoient avec les autres n'étoient pas fâchés de l'épargne.

On lit dans l'Almanach des spectacles de Paris, à l'article le bon et le mauvais Génie, pièce à spectacle en cinq actes mon représentée : je ne sais par

quel hasard une comédie qui n'avoit pas même
été reçue se trouve dans ce catalogue ; c'est apparemment une galanterie du rédacteur de cet
almanach qui a voulu, pour me faire honneur, annoncer le vingt-trois pièces que j'avois composées
pour les Italiens en deux années de tems.

Je savois que la Féerie avoit repris à Venise son
ancien crédit, et je crus le bon et le mauvais
Génie un sujet encore plus adapté au goût de
l'Italie qu'à celui de la France.

J'hésitai long tems cependant avant que de me
déterminer à l'envoyer ; je me faisois conscience
de flatter le mauvais goût dans le pays, où j'avois
beaucoup travaillé pour en établir un bon ; mais
le peu de succès de mes dernières pièces m'avoit
donné du chagrin, je voulois plaire encore une fois
à mes compatriotes, je cédai à la tentation, et je
profitai de la circonstance.

Cette comédie d'ailleurs ne donnoit pas dans
les extravagances des ancienne pièces à machines:
il n'y avoit de merveilleux que les deux Génies
qui faisoient passer les acteurs en très peu d'instans d'une région à l'autre ; tout le reste étoit
dans la nature.

Cette pièce eut à Venise le plus grand succès :
elle soutint toute seule le théâtre de Saint Jean
Chrisostôme, pendant trente ou quarante jours de
suite ; elle avoit fait l'ouverture du Carnaval, et
elle en fit la clôture.

Je m'amusois à Paris en parcourant les beautés de la ville, et en donnant tous les jours quelques heures à mon cabinet, mais ce qui m'occupoit plus sérieusement, c'étoit mon neveu.

Je l'avois amené en France avec moi, sachant combien les voyages sont utiles à l'éducation, quand on donne à un jeune homme les moyens d'appendre, et que l'on veille sur sa conduite.

Je ne pensois pas en arrivant à Paris que j'y fixerois ma demeure ; mais ayant décidé d'y rester, il falloit tâcher d'y donner un état au fils de mon frère, que j'aimois comme mon propre enfant ; il étoit honnête et docile, il avoit fait ses études à Venise ; il étoit susceptible de quelque bon emploi ; je n'étois pas assez riche pour lui acheter une charge, et je voulois éviter, s'il étoit possible, le désagrément de lutter les emplois de grace contre les François.

Il y avoit à l'ecole royale militaire un professeur de Langue Italienne ; M. Conti qui occupoit cette place étoit mon ami ; il desiroit de se retirer, mais on n'accordoit la pension de retraite qu'au bout de vingt années de service, et M. Conti n'étoit pas dans le cas de la demander ; l'emploi étoit bon ; c'étoit un bel état pour un jeune homme ; j'aurois bien desiré que mon neveu pût l'obtenir, mais il y avoit des difficultés à surmonter.

J'implorai la protection de Madame Adélaïde

le Duc de Choiseul ; en quinze jours de tems M. Conti eut la pension, et mon neveu la place.

C'est par cette occasion que je vis à mon aise, et à plusieurs reprises ces deux établissemens dignes de la magnificence des monarques François, l'ecole royale militaire, et l'hôtel des invalides, le berceau et le tombeau des défenseurs de la patrie.

On élève dans le premier la noblesse qui se destine au métier des armes, et on soulage dans le second l'âge, le service et les suites malheureuses de la guerre ; les arts, les sciences, l'éducation la plus utile forment les hommes dans l'un ; les soins, le repos, les commodités de la vie, les récompensent dans l'autre ; la fondation de ce dernier monument est du regne de Louis XIV.; celle de l'autre est du regne de Louis XV.

L'hôtel des invalides est décoré d'un temple magnifique qui tiendroit à Rome une place honorable ; et les quatre grands réfectoires des soldats sont aussi curieux à voir que les cuisines où l'on prépare les alimens pour ces bonnes gens.

C'étoit un plaisir pour moi d'aller passer quelques jours dans ces deux maisons royales, qui se touchent de près, et dont je connoissois les gouverneurs et les principaux employés ; mais au bout de vingt-deux mois que mon neveu y fut placé, on fit des changemens considérables à l'ecole royale militaire ; on envoya les classes des

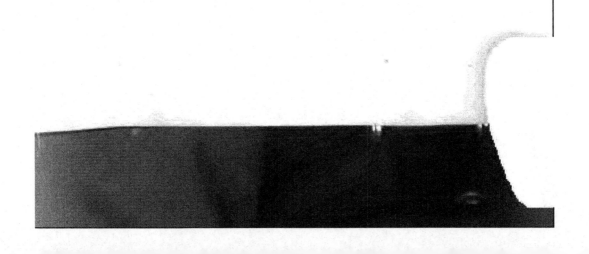

humanités au college de la Flèche, et on supprima tout-à-fait celle de la langue Italienne ; ce ne fut pas la faute du professeur ; au contraire il fut récompensé, on lui donna six cens francs de pension.

Quelqu'un m'assura que M. le Duc de Choiseul étoit prévenu de ces changemens projettés lorsqu'il y plaça mon neveu, et que ce n'étoit que pour nous procurer ce petit bénéfice qu'il nous avoit accordé un emploi qui ne devoit pas subsister.

Ce ministre, en me regardant comme un protégé de Mesdames, avoit beaucoup de bonté pour moi ; il me fit l'honneur de me dire lorsque j'allai chez lui pour le remercier : voilà les affaires de votre neveu en bon train, comment vont les vôtres ? Je lui dis que jouissois d'un traitement de 3600 liv de rente ; il se mit à rire ; ce n'est pas avoir un état, me dit-il ; il vous faut bien autre chose ; on aura soin de vous ; cependant je n'ai rien eu davantage, c'est ma faute peut-être ; mais je reviens à mon refrain ; j'étois à la cour, et je n'étois pas courtisan.

Mon neveu, qui étoit sans occupation, travailloit avec moi en attendant que le sort le pourvût de quelqu'autre emploi ; la maxime que j'avois adoptée, et que je lui avois inspirée de ne pas le chercher dans la foule des concurrens, rendoit la réussité plus difficile.

J'étois lié à Versailles avec M. Genet, chef et directeur du bureau des interprêtes, auquel il avoit

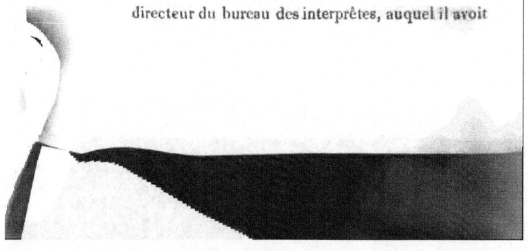

donné une forme nouvelle et une consistance solide, et dont il étoit devenu le premier commis.

Ce père de famille respectable, qui partageoit son tems entre les affaires de son état et l'éducation de ses enfans, se souvenant d'un petit service que j'avois eu le bonheur de lui rendre, faisoit l'occasion de m'en récompenser.

Depuis que la France avoit fait l'acquisition de la Corse, on avoit établi à Versailles un bureau pour toutes les affaires en général de cette Isle; il falloit un interprete qui sût bien les deux langues; le premier commis s'adressa à Monsieur Genet pour en avoir un; mon digne ami se souvint de moi, il proposa mon neveu, qui fut accepté et installé sans difficulté.

Ce jeune homme paroissoit destiné à rencontrer par-tout des réformes et des suppressions. Le bureau de la Corse fut démembré quelque tems après : les affaires de finance furent données au contrôleur général, et l'administration civile passa au bureau de la guerre.

C'est-là où l'interprete est resté : on a annexé cette inspection au bureau de M. Campi, premier commis pour les affaires contentieuses. Mon neveu tâche de s'y rendre utile; il a le bonheur de ne pas déplaire à ses supérieurs, et il a des preuves de leur bonté : si mon voyage en France ne m'avoit produit que l'établissement de cet enfant chéri, je m'applaudirois toujours de l'avoir entrepris.

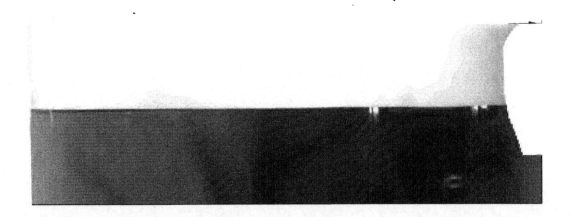

J'étois attaché à la France par inclination ; je le devins encore plus par reconnoissance ; M. le Chevalier Gradenigo, ambassadeur de Venise, tout intéressé qu'il étoit à me faire goûter les propositions de ses compatriotes, trouva juste ma résistance, et se chargea de me justifier vis-à-vis ses amis et mes protecteurs.

Ce ministre touchoit à la fin de sa commission ; la période des ambassades de la république est fixée à quatre années. M. Gradenigo étoit aimé de la cour et du ministère François : on auroit desiré qu'il restât davantage ; le roi étoit disposé à le redemander ; le ministre alloit expédier un courier. L'ambassadeur pénétré de respect et de reconnoissance, ne pouvoit pas y consentir ; les loix de la république sont immuables ; le successeur étoit en route ; M. Gradenigo devoit partir, et les préparatifs de son audience de congé étoient bien avancés.

M. le Duc de Choiseul, ministre des affaires étrangères, voyoit que cette cérémonie étoit coûteuse, gênante, et tout-à-fait inutile ; le roi, pensoit de même. M. Gradenigo fut armé chevalier par sa majesté sans la pompe ordinaire, et fit ses visites à la famille royale et aux princes du sang en particulier.

C'est l'époque de la suppression des audiences publiques pour les ambassadeurs ordinaires.

Cet ambassadeur fut relevé par M. le Chevalier Sébastien Mocenigo, qui venoit d'Espagne où la

république de Venise l'avoit envoyé pour sa
mière ambassade ; il étoit d'une illustre fam
très ancienne et très riche ; il avoit de l'espri
l'intelligence, il étoit aimable, bon musicien,
une voix charmante. Mais . . . . Il essuya
désagrémens qu'il n'avoit peut-être pas mérité

On me demandoit à Londres ; c'est le seul
qui puisse disputer en Europe la primauté à P
j'aurois été bien aise de le voir ; mais j'enten
parler de grands mariages à Versailles ; j'a
assisté à tous les convois de la cour, je vou
m'y trouver dans le tems des réjouissances.

D'ailleurs ce n'étoit pas le roi d'Angleterre
me demandoit, c'étoit les directeurs de l'opéra
vouloient m'attacher à leur spectacle.

Je tâchai cependant de tirer parti de l'opi
avantageuse qu'ils avoient de moi ; je donn
bonnes raisons pour faire agréer mes excuses,
leur offris mes services sans l'obligation de qui
la France.

Mes propositions furent acceptées ; on
demanda un opéra comique nouveau, et on
chargea de raccommoder tous les vieux dra
qu'ils avoient choisis pour le courant de l'ann

On ne parla pas de la récompense, je n'ei
pas mention non plus, je travaillai ; les Ang
furent contens de moi ; je fus très satisfait de
honnêteté.

Cette correspondance eut lieu pendant plusi
années ; elle ne cessa que lorsque les direct

cédèrent à d'autres leur entreprise, et je reçus à cette occasion une marque bien certaine de leur satisfaction, car ils me payèrent un opéra dont ils n'étoient plus dans le cas de se servir; cette direction étoit entre les mains de femmes, et les femmes sont aimables partout.

L'ouvrage le plus agréable et le mieux soigné que je leur envoyai, étoit à mon avis un opéra-comique, intitulé Victorine; j'en reçus de Londres des complimens et des remerciemens sans fin. M. Piccini chargé de la musique de cet ouvrage, écrivit de Naples, qu'il n'avoit jamais lu de drame-comique qui lui eût fait autant de plaisir, mais le succès ne répondit pas à la prévention des directeurs, ni à la mienne.

Il faut bien des beautés réunies pour faire réussir une pièce, et le plus petit inconvénient peut la faire tomber.

Je fus plus heureux à Venise où j'avois envoyé presqu'en même tems un opéra-comique, sous le titre du Roi à la chasse : le sujet de cette pièce étoit le même que celui du roi et le fermier de M. Sedaine, et de la partie de chasse d'Henri IV. de M. Collé.

Les ouvrages de ces deux auteurs François paroissoient avoir imité le Roi et le Meunier de Mansfield, comédie Angloise, mais la source véritable de tous ces sujets se trouve dans l'Alcaïde de Zalamea, comédie Espagnole de Calderon.

Dans la pièce de l'auteur Espagnol, il y a beaucoup d'intrigue ; une fille violée, une père vengé, un officier étranglé, et l'alcaïde est juge et partie, et bourreau en même tems.

Dans celle de l'auteur Anglois on trouve de la philosophie, de la politique, de la critique, mais trop de simplicité et très peu de jeu.

L'auteur de la partie de chasse d'Henri IV. en a fait un ouvrage très sage et très intéressant ; il suffit qu'il y soit question de ce bon roi, pour qu'il plaise aux François, et soit approuvé de tout le monde.

M. Sedaine y a mis plus d'action, plus de gaieté: je vis le Roi et le Fermier à sa première représentation, j'en fus extrêmement content, et je le voyois avec douleur prêt à tomber ; il se releva peu-à-peu, on lui rendit justice ; il eut un nombre infini de représentations, et on le voit encore avec plaisir.

Il faut dire aussi que M. Sedaine a été bien secondé par le musicien ; je ne me vante pas d'être connoisseur, mais mon oreille est mon guide.

Je trouve la musique de M. Monsigny, expressive ; harmonieuse, agréable : ses motifs, ses accompagnemens, ses modulations m'enchantent, et si j'avois eu des dispositions pour composer des opéras-comiques en François, ce musicien auroit été un de ceux à qui je me serois adressé.

Mais je n'y conçois rien ; j'ai fait quarante ou cinquante opéras-comiques pour l'Italie, j'en ai fait pour l'Angleterre, pour l'Allemagne, pour

le Portugal, et je ne saurois en faire un pour
Paris.

Tantòt je vois à ce spectacle des drames sérieux,
des drames larmoyans porter le titre de comédie,
et les acteurs pleurer en chantant et sanglotter en
mesure; tantòt des pièces affichées sous le titre de
Parades ; et qui le seroient effectivement sans le
prestige de la musique, et le jeu charmant des
acteurs.

Tantòt je vois aller aux nues des bagatelles qui
ne promettoient rien, tantòt tomber des pièces
bien faites, parceque le sujet n'est pas assez triste
pour faire pleurer, ou n'est pas assez gai pour faire
rire.

Quels sont les préceptes de l'opéra-comique?
Quelles sont ses regles? Il n'y en a point; c'est
par routine que l'on travaille, je le sais par expérience, on doit me croire, *experto crede Roberto.*

Me dira-t-on que les opéras-comiques Italiens
ne sont que des farces indignes d'être mises eu
comparaison avec les poëmes de ce nom en France?
Que ceux qui entendent la langue Italienne se
donnent la peine de parcourir les six volumes qui
renferment la collection de mes ouvrages en ce
genre, et l'on verra peut-être que le fond et le
style ne sont pas si méprisables.

Ce ne sont pas des drames bien faits ; ils ne
peuvent pas l'être : je ne me suis jamais avisé
d'en faire par goût, par choix ; je n'y ai travaillé

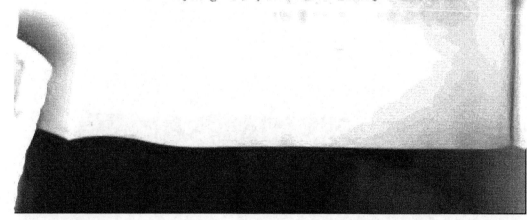

que par complaisance, et quelquefois par intérêt. Quand on a un talent, il faut en tirer parti ; un peintre en histoire ne refusera pas de peindre un magot, s'il en est bien payé.

Malgré cette espèce d'aversion que j'ai pour l'opéra-comique, j'avoue que ceux de la comédie Italienne de Paris me font un plaisir infini.

Je reconnois la supériorité des auteurs François dans ce genre comme dans tous les autres. M. Marmontel, M. Laujon, M. Favart, M. Sedaine, M. d'Hell ont donné à l'opéra-comique toute la perfection dont il étoit susceptible.

Messieurs Philidor, Monsigni, Duni, Gretri, Martini, Duséides, les ont ornés d'excellente musique, et M. Piccini a dernièrement donné de nouvelles preuves de la supériorité de ses talens sur des paroles de M. son fils.

Les acteurs augmentent tous les jours en nombre, en zèle, et en mérite ; M. Clairval est toujours le même ; c'est un acteur immortel ; Madame Trial a remplacé avec tous les agrémens possibles Madame la Ruette : Mademoiselle Colombe, et Mademoiselle Adeline sa sœur, l'une par sa belle voix, l'autre par la finesse de son jeu, font honneur à l'Italie où elles ont eu la naissance : Madame du Gazon fait les délices de ce spectacle ; Mademoiselle Desbrosses marche à grands pas sur ces traces ; et Mademoiselle Renaud âgée de quinze ans vient, par la perfection de son chant et par ses graces naturelles, d'enrichir ce spectacle, et an-

sont placées dans le répertoire de la semaine, de manière qu'elles ne tombent jamais.

Vu ces avantages, j'ai été tenté plus d'une fois de céder aux sollicitations de quelques musiciens qui me demandoient souvent, très souvent, et presque tous les jours, quelque ouvrage pour l'opéra-comique ; après avoir vu, revu, et bien examiné, je croyois pouvoir saisir la routine qui étoit nécessaire pour plaire aux François, et j'essayai de composer une petite pièce en deux actes, intitulée la Bouillotte.

Ce mot ne se trouve dans aucun dictionnaire ; mais il est très connu à Paris ; c'est un jeu de cartes, c'est un brelan à cinq, dont les tours ne sont ni fixes, ni marqués. Celui qui perd sa cave sort, et est remplacé par un autre ; il y a ordinairement dans ces parties de Bouillotte trois ou quatre personnes qui ne jouent pas d'abord, qui attendent la sortie des malheureux pour entrer en jeu, et les uns et les autres sortent successivement. Ce mouvement perpétuel, et la quantité de monde intéressé à la même partie, causent une espèce de bouillonnement qui a fourni le nom de Bouillotte.

Tant qu'il ne s'agissoit que du dialogue, je me tirois d'affaire assez bien, et je me croyois en état de hasarder ma prose sur un théâtre où le public avoit de l'indulgence pour les étrangers. Mais il falloit des airs dans un opéra-comique, et il falloit faire de la bonne poésie pour avoir de la bonne musique. Je connoissois la mécanique des vers François ;

Gardez-vous, mes amis, de ces jeunes gens, de ces auteurs médiocres qui viennent vous consulter; ce ne sont pas des conseils qu'ils vous demandent, ce sont des complimens, des applaudissemens. Vous n'avez qu'à essayer de les corriger, vous verrez comme ils soutiennent leur opinion, quel coloris ils savent donner à leurs fautes ; et si vous insistez, vous finissez par être un sot.

CHAPITRE XVI.

Mariage du Dauphin — Ouverture du grand Théâtre de la Cour—Observations sur ce Monument—Foule de Poëtes à cette Occasion— Le Bourru Bienfaisant, Comédie en trois Actes, en Prose—Son Succès—Justice rendue aux Acteurs qui l'ont exécutée—Observations qui regardent le Bourru Bienfaisant—Conversation avec J. J. Rousseau sur le même Sujet— Anecdotes qui regardent J. J. Rousseau— Quelques Réflexions sur le même Sujet.

J'ai annoncé dans le chapitre quatorzième, qu'on préparoit de grands mariages à la cour; je parlois de l'année 1770, et ce fut dans ces jours heureux, que l'archiduchesse d'Autriche Marie-Antoinette de Lorraine, vint, en qualité de Dauphine, combler ce royaume de joie, de gloire et d'espérance.

Elle gagna par les qualités de son âme et de son esprit l'estime du roi, le cœur de son époux, l'amitié de la famille royale, et mérita l'admiration du public par sa bienfaisance.

Cette vertu qui est devenue, de nos jours, la passion dominante des François, semble avoir ex-

cité l'émulation dans les ames sensibles
l'exemple de cette auguste princesse.

Ces nôces furent célébrées avec une
digne du petit-fils du Monarque François
fille de l'impératrice de l'Allemagne.

J'ai vu le temple richement décoré ; l
d'œil imposant du banquet royal, le bal
galerie, les parties de jeu dans les appartem

Des illuminations par-tout ; un feu d'ar
la plus grande beauté. Torré, artificier
porta à cette occasion l'art pyrotechnique
nier degré de sa perfection.

L'on fit en même tems l'ouverture du r
théâtre de la cour ; c'est un riche monume
l'architecture offre plus de majesté que d
modité pour les spectateurs, il faut
lorsqu'on y donne des bals parés, ou d
masqués. On arrange le théâtre dans ce
sions avec la même décoration et les mêl
nemens que la salle ; on voit alors un sa
mense enrichi de colonnes, de glaces et de l
qui prouvent la grandeur du souverain qu
donné, et le goût de l'artiste qui l'a exécut

Parmi les réjouissances de cet auguste
les poëtes François faisoient retentir la cou
ville de leurs chants : ma muse avôit envi
réveiller ; je tâchai de la satisfaire, je fis c
Italiens, mais je n'osai pas les faire imprim

Dans le nombre infini des compositions
roissoient tous les jours, il y en avôit d'exce

l on joue par-tout, qui est entre les mains de tout
le monde. Mais je ne puis pas me dispenser de
donner ici une marque de reconnoissance aux acteurs qui ont infiniment contribué à la réussite de
mon ouvrage.

Il n'est pas possible de rendre le rôle de Bourru
Bienfaisant avec plus de vérité que M. Préville
l'a rendu. Cet acteur inimitable, foncièrement
gai, d'une physionomie riante, sut si bien surmonter la contrainte de son naturel, et l'habitude
de son jeu, qu'on voyoit dans ses régards et dans
ses mouvemens l'âpreté du caractère, et la bonté
du cœur protagoniste.

M. Bellecour avoit moins de peine à soutenir le
caractère de Dorval qui étoit aussi flegmatique
que l'acteur lui-même ; mais il y mettoit toute
l'intelligence, et toute la finesse qui étoient nécessaires pour le faire valoir, et faisoit un contraste
admirable avec la vivacité de Géronte.

Le rôle de Dalancour n'étoit pas assez considérable pour l'emploi et pour le talent supérieur
de Monsieur Molé ; il le joua pour complaisance,
et le céda quelques jours après ; mais au décès de
Monsieur Bellecour, il prit le rôle de Dorval, et le
rendit à la perfection. J'estimois beaucoup Monsieur Molé, mais j'avoue de bonne foi qu'il m'a
surpris dans cette occasion ; je l'avois vu surpasser
tous les autres dans les caractères brillans, dans les
passions vigoureuses, dans les situations intéres-

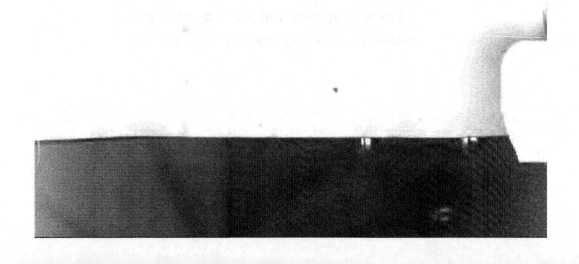

et que s'ils reçoivent quelquefois de mauvaises
pièces, c'est par des causes étrangères qui les font
agir contre leur sentiment intérieur.

Mon Bourru Bienfaisant ne pouvoit être plus
heureux qu'il l'a été; j'avois eu le bonheur de
retrouver dans la nature un caractère qui étoit
nouveau pour le théâtre, un caractère qu'on rencontre par-tout, et qui cependant avoit échappé à
la vigilance des auteurs anciens et modernes.

Ils ont cru peut-être qu'on homme brusque,
étant incommode à la société, seroit dégoûtant sur
la scène; en le regardant de cette manière, ils ont
bien fait de ne pas l'employer dans leurs ouvrages,
et je m'en serois gardé moi-même, si d'autres vues
ne m'eussent pas fait espèrer d'en tirer parti.

C'est la bienfaisance qui fait l'objet principal de
ma pièce, et c'est la vivacité du bienfaisant qui
fournit le comique inséparable de la comédie.

La bienfaisance est une vertu de l'ame; la brus-
querie n'est qu'un défaut du tempérament; l'une
et l'autre sont compatibles dans le même sujet;
c'est d'après ces principes que j'a formé mon plan,
et c'est la sensibilité qui a rendu mon Bourru supportable.

A la première représentation de ma comédie, je
m'étois caché, comme j'avois toujours fait en
Italie, derrière la toile qui ferme la décoration; je
ne voyois rien, mais j'entendois mes acteurs, et les
applaudissemens du public; je me promenois en
long et en large pendant la durée du spectacle,

j'avois besoin de dormir : mon ame étoit contente, mon esprit tranquille ; j'aurois passé une nuit heureuse dans mon lit : mais dans une voiture, je fermois l'œil ; et le cahotage me réveilloit à chaque instant : enfin, en sommeillant, en causant, en bâillant, j'arrive à Fontainebleau ; je dors, je dîne, je me promene, et je vais voir ma pièce au chateau, toujours derrière la toile.

J'ai parlé de son succès à la cour. Il n'étoit pas alors permis d'applaudir chez le roi, mais on s'appercevoit par des mouvemens naturel et permis, de l'effet que la pièce faisoit sur les spectateurs.

Le lendemain, M. le Maréchal de Duras me fit l'honneur de me présenter au roi particulièrement dans son cabinet. Sa majesté et toute la famille royale me donnèrent des marques de leur bonté ordinaire.

Je revins à Paris pour la deuxième représentation de ma pièce. Il y eut ce jour-là quelques mouvemens qui indiquoient de la mauvaise humeur dans le parterre : j'étois à ma place ordinaire ; M. Feuilli vint me dire, ne soyez pas inquiet ; c'est de la cabale ; comment, dis-je ? Il n'y en a pas eu à la première représentation : les jaloux ne vous craignoient pas, dit le comédien ; ils se moquoient d'un étranger qui vouloit donner une pièce en François, et la cabale n'étoit pas préparée ; mais vous n'avez rien à redouter, ajouta-t-il, le coup est porté, votre succès est assuré.

Effectivement la pièce alla de mieux en mieux jusqu'à la douzième représentation, et nous ne la retirâmes, les comédiens et moi, que pour la faire reparoître dans une saison plus avantageuse.

Personne ne dit du mal du Bourru Bienfaisant, mais plusieurs propos se sont tenus sur son compte ; les uns croyoient que c'étoit une pièce de mon théâtre Italien ; d'autres pensoient que je l'avois écrite ici en Italien et traduite en François. La collection de mes œuvres pouvoit convaincre les premiers du contraire, et je vais désabuser les derniers, s'il en reste encore.

Je n'ai pas seulement composé ma pièce en François, mais je pensois à la manière Françoise quand je l'ai imaginé ; elle porte l'empreinte de son origine dans les pensées, dans les images, dans les mœurs, dans le style.

On en a fait deux différentes traductions en Italie ; elles ne sont pas mal faites, mais elles n'approchent pas de l'original ; j'ai essayé moi-même pour m'amuser d'en traduire quelques scènes : je sentis la peine du travail et la difficulté de réussir ; il y a des phrases, il y a des mots de convention qui perdent tout leur sel dans la traduction.

Voyez, par exemple, dans la scène 17 du deuxième acte, le mot de jeune homme, prononcé par Angélique, il n'y a pas dans la langue Italienne le mot équivalent. Il giovine est trop bas, trop au-dessous de l'état d'Angélique. Il giovinetto seroit trop coquet pour une fille honnête et timide ; il faudroit pour le traduire employer une périphrase ; la périphrase donneroit trop de clarté au sens suspendu, et gâteroit la scène.

Les caractères de M. et Madame Dalencour sont imaginés, et sont traités avec une délicatesse qu'on ne connoît qu'en France ; de tout mon ouvrage, ce sont ces deux personnages qui me flattent davantage. Une femme qui ruine son mari sans pouvoir s'en douter ; un mari qui trompe sa femme par attachement, ce sont des êtres qui existent, et qui ne sont pas rares dans les familles ; je les ai employés comme épisodes, et j'aurois pu en faire des sujets principaux qui auroient été aussi neufs peut-être que le Bourru Bienfaisant.

J'ai donc écrit, j'ai donc imaginé cette pièce en François, mais je n'ai pas été assez hardi de la produire, sans consulter des personnes qui pouvoient me corriger et m'instruire ; et j'ai profité même de leurs avis.

C'étoit à-peu-près dans ce tems-là que M. Rousseau de Geneve étoit de retour à Paris ; chacun s'empressoit de le voir, et il n'étoit pas visible pour tout le monde ; je ne le connoissois que de réputation ; j'avois envie d'avoir un entretien avec lui, et j'aurois été bien aise de faire voir ma pièce à un homme qui connoissoit si bien la langue et la littérature Françoises.

Il falloit le prévenir pour être sûr d'être bien reçu ; je prends le parti de lui écrire, je lui marque

Q 2

le desir c
il me ré
qu'il n'
me don
rue Pl
plus g
quelq
   Je
citoy
satio
tion
que
de
su
ye

je
r

sorte de la presse aussi belle et aussi exacte qu'elle sort de chez moi : allons nous chauffer, continua-t-il, et nous ne fîmes qu'un pas pour nous approcher de la cheminée.

Il n'y avoit pas de feu, il demande une bûche, et c'est Madame Rousseau qui l'apporte ; je me leve, je me range, j'offre ma chaise à Madame ; ne vous gênez pas, dit le mari, ma femme a ses occupations.

J'avois le cœur navré ; voir l'homme de lettres faire le copiste ; voir sa femme faire la servante, c'étoit un spectacle désolant pour mes yeux, et je ne pouvois pas cacher mon étonnement ni ma peine : je ne disois rien. L'homme qui n'est pas sot, s'apperçoit qu'il se passe quelque chose dans mon esprit ; il me fait des questions, je suis forcé de lui avouer la cause de mon silence et de mon étourdissement.

Comment, dit-il, vous me plaignez, parceque je m'occupe à copier ? Vous croyez que je ferois mieux de composer des livres pour des gens qui ne savent pas lire, et pour fournir des articles à des journalistes méchans ? Vous êtes dans l'erreur, j'aime la musique de passion ; je copie des originaux excellens ; cela me donne de quoi vivre, cela m'amuse, et en voilà assez pour moi. Mais vous, continua-t-il, que faites-vous, vous-même ? Vous êtes venu à Paris pour travailler pour les comédiens Italiens ; ce sont des paresseux ; ils ne veulent pas de vos pièces ; allez

C'étoit-là où je voulois l'amener, non pas pour
le consulter, mais pour voir s'il persisteroit encore
après la lecture de ma pièce dans le peu de confiance qu'il avoit en moi. Le manuscrit étoit
entre les mains du copiste de la comédie Françoise; je promis à Monsieur Rousseau qu'il le
verroit aussi-tôt qu'il me seroit remis, et mon intention étoit de lui tenir parole. On verra quelle
fut la raison qui m'en a détourné.

Il parut, il y a trois ans, un livre intitulé les
Confessions de J. J. Rousseau, Citoyen de Geneve; ce sont des anecdotes de sa vie écrites par
lui-même. Il ne se ménage pas dans cet ouvrage; il y avance même des singularités sur son
compte, qui pourroient lui faire du tort si sa célé-
brité ne le mettoit au dessus de la critique.

Mais j'en connois une qui lui arriva dans les
dernières années de sa vie, qui ne se trouve pas
dans ses confessions; l'auteur l'a peut-être oubliée, ou n'a pas eu le tems de la placer avec les
autres, puisque son livre est posthume. Cette
anecdote ne me regarde pas particulièrement, mais
j'en fais mention, parceque ce fut la cause qui
m'empêcha de communiquer à M. Rousseau mon
Bourru Bienfaisant.

Ce savant étranger avoit des amis, et beaucoup
d'admirateurs à Paris. M***, étoit du nombre
des uns et des autres; il l'aimoit, il l'estimoit, et
le plaignoit en même tems, connoissant aussi bien
sa détresse que ses talens.

Le François docile s'accomode à tout ; mais malheureusement il étoit trop honnête, trop poli, il envoye une corbeille avec six bouteilles d'excellent vin, et six bouteilles de Malaga. Cette surprise rend le Génevois de mauvaise humeur. Le François arrive, il s'en apperçoit, il en demande l'explication. Nous ne boirons pas, dit l'homme fâché, douze bouteilles de vin à nous deux, j'en ai tiré une de votre corbeille, et c'est bien assez pour un petit souper ; renvoyez le reste sur le champ, ou vous ne souperez pas chez moi.

La menace n'étoit pas effrayante, mais c'étoit la lecture qui interressoit le convive ; son domestique étoit là, il lui fait remporter la corbeille ; Rousseau est content, et c'est lui qui lit le premier.

Le renvoi du vin leur avoit fait perdre du tems ; la lecture est interrompue par Madame Rousseau, qui avoit besoin de la table pour mettre le couvert ; on auroit pu lire sans table, mais le souper fut servi dans le même instant ; une poularde, une salade, et voilà tout.

Le souper fini, c'est à M*** à faire lecture ; il lit un chapitre, c'est fort bien, il est applaudi ; il en lit un second, M. Rousseau se leve, il se promene d'un air très piqué, très fâché. Interrogé sur le motif de sa colère, on ne vient pas, dit-il, chez les honnêtes gens pour les insulter. Comment ! dit l'autre, de quoi vous plaignez-vous ?

Cet homme étoit né avec des dispositions tres heureuses, il en a donné des preuves, mais il étoit de la religion P. R. il a fait des ouvrages qui n'étoient pas orthodoxes ; il a été obligé de quitter la France qu'il avoit adoptée pour sa patrie, c'est ce désastre qui l'a rendu chagrin. Il croyoit les hommes injustes ; il les méprisoit, et ce mépris ne pouvoit pas tourner à son avantage.

Que d'offres généreuses, que de protections, n'a-t-il pas refusées ? Son grabat lui étoit devenu plus cher qu'un palais ; les uns voyoient de la grandeur d'âme dans sa fierté, d'autres n'y voyoient que de l'orgueil ; soit d'une manière, soit de l'autre, il étoit à plaindre ; ses foiblesses, ne faisoient de tort à personne, et ses talens l'avoient rendu respectable. Il est mort en philosophe, comme il avoit vécu, et la république des lettres doit savoir bon gré à l'homme généreux qui a honoré ses cendres.

appartemens aux nôces du dauphin, je jouis des jardins à celle-ci.

Le parc de Versailles est délicieux par lui-même ; je n'en ai pas encore fait mention, c'est ici l'occasion d'en parler. Son étendue est immense, ses compartimens variés, on y voit de tous les côtés une profusion de marbres précieux, des statues originales des célèbres artistes modernes, et des copies très exactes d'après les antiques les plus estimés ; on y rencontre par tout des allées peignées et décorées, qui cachent des recoins rustiques et ombragés ; on y voit des bassins richement ornés, des parterres agréablement dessinés, des fontaines superbes et des jets-d'eau d'une élevation surprenante.

L'orangerie est un chef-d'œuvre de l'art, et la quantité et la grosseur de ses arbres, est merveilleuse, vu la contrariété du climat à la nature des orangers ; mais ce qui fait la beauté et la richesse principale de ces jardins enchanteurs, ce sont les bosquets.

Ces especes de salles ou de cabinets, ne sont pas ouverts pour tout le monde ; on les voit en suivant la cour dans les jours solemnels, ou à l'arrivée de quelques illustres étrangers. Ils sont fermés le reste du tems ; il y a des personnes à qui, par grace, on en confie la clef ; j'étois assez heureux pour en avoir une, et je pouvois les parcourir à mon aise, et en faire jouir mes amis.

Les bosquets sont au nombre de douze. La

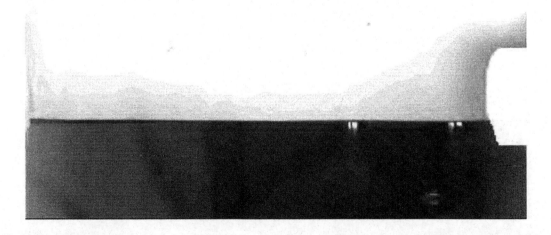

et choisit l'ordre le plus humble et le plus austere.

C'est aux carmelites de saint Denis, que cette pieuse princesse prit l'habit de sainte Thérese; elle ne craignoit pas que le séjour royal l'empêchât dexercer sa piété et ses vertus, mais la corruption de notre siècle avoit besoin d'un exemple imposant pour ramener les ames timides à la voie de perfection, et Dieu choisit une princesse du sang des Bourbons pour les encourager.

On appelle à Paris les petits spectacles ceux qui suivent les différentes foires de cette ville, et jouent pendant le reste de l'année sur les Boulevarts.

Je n'entrerai pas dans le détail de leur origine; je dirai comment je les ai trouvés en arrivant à Paris, et je parlerai de leurs progrès depuis mon arrivée.

La salle de Nicolet tenoit alors la première place aux foires et sur le Boulevart du Temple: c'étoit des danseurs de cordes brévetés du roi, qui, après leurs exercices, donnoient de petites pièces dialoguées.

Les Boulevarts étoient ma promenade favorite; je les regardois comme une ressource agréable et salutaire dans une ville très vaste, très peuplée, dont les rues ne sont pas larges, et où la hauteur des bâtimens empêche la jouissance de l'air.

Ce sont des bastions très étendus qui environnent la ville: quatre rangées de gros arbres forment

place ; c'étoit un acteur de la troupe de Nicolet qui devoit jouer le rôle de Coriolan, et n'ayant pas en son pouvoir une épée décente, venoit me prier de vouloir bien lui prêter la mienne.

Ne le connoissant pas, j'hésitai quelques instans, et je lui fis des questions pour m'assurer s'il étoit attaché à ce spectacle : je lui demandai si le Coriolan que l'on avoit affiché étoit une tragédie ou une parodie ; il m'assura que c'étoit un ouvrage très sérieux, très bien fait ; il m'en dit assez pour me rassurer ; et je lui donnai mon épée, enchanté de la voir briller entre les mains de ce valeureux capitaine.

J'attendis pendant long tems et avec beaucoup d'impatience la pièce qui m'avoit attiré à ce spectacle : les danseurs de cordes me faisoient frémir ; les deux premières pièces dialoguées me faisoient dormir : enfin voilà le tour de Coriolan arrivé.

Je vois des acteurs mal habillés, j'entends des vers mal débités, mais je m'apperçois que l'ouvrage n'étoit pas sans mérite, et que l'auteur avoit traité fort adroitement son sujet ; il n'y a dans l'histoire de Coriolan qu'un seul instant qui intéresse ; c'est lorsque ce capitaine Romain vient se venger de l'ingratitude de sa patrie, et se laisse désarmer par les larmes de Volumnia sa mère, et de Véturia sa femme.

Nous avons sept ou huit tragédies en cinq actes sur ce même sujet, et elles ont presque

je ne sais pas si le directeur est riche, mais il a eu le tems et les moyens de le devenir.

Quelques années après, un troisième spectacle s'ouvrit.sur le Boulevart Saint Martin, sous le titre de Variétés Amusantes; celui-ci, mieux monté en acteurs, et mieux fourni de pièces co-miques l'emporta sur les autres, et fut transporté par la suite au palais royal, jouissant toujours du même crédit et du même bonheur.

La salle des Petits Comédiens établie dans ce même endroit, n'est pas moins fréquentée; ce sont des enfans qui accompagnent si adroitement avec leurs gestes la voix des hommes et des femmes qui chantent dans la coulisse, que l'on a cru d'abord, et l'on a parié que c'étoit les enfans eux-mêmes qui chantoient.

Les deux derniers spectacles et quelques autres curiosités que l'on fait voir au palais-royal jouis-sent du privilege de ne pas être forcés de courir les foires de la ville ; car ces foires sont soutenues plus pour intérèt des propriétaires du terrain que pour celui du commerce.

Torré, artificier Italien, est le premier qui ait ouvert un *Vauxhall* d'été sur les Boulevards ; il n'y a pas duré long-tems. On a élevé un bâti-ment immense près des Champs Elisées, sous le titre de Colisée, et les entrepreneurs s'y sont ruinés. Faire payer l'entrée dans une promenade clause, bornée et sans agrémens, dans un pays où il y a tant de promenades publiques, spacieuses,

R 2

nommé à cet emploi en survivance, donne actuellement des preuves de son mérite et de ses connoissances dans la charge qu'il occupe de directeur et ordonnateur général des bâtimens du roi, et des académies royales. J'eus l'honneur de le connoître à Versailles, il m'a toujours honoré de ses bontés ; je suis bien aise d'avoir trouvé l'occasion de lui marquer ma reconnoissance.

Mais il me reste encore quelques mots à dire sur les promenades de cette capitale et de ses environs. Les Champs Elisées, par exemple, méritent bien que l'on en fasse mention ; c'est un endroit immense, ombragé par des arbres distribués en quinconces, où la foule qui le fréquente, semble avoir dépeuplé la ville. Cependant il y a du monde par-tout ; on en trouve en affluence au Bois de Boulogne, au parc de Saint Cloud, à Belleville, au Pré Saint Gervais, et on reconnoît partout le goût et la gaieté nationales.

Paris est beau, ses environs sont délicieux, ses habitans sont aimables ; cependant il y a du monde qui ne s'y plaît pas. On dit que pour en jouir, il faut beaucoup de dépense : cela est faux ; personne n'a moins d'argent que moi, et j'en jouis, je m'amuse et je suis content. Il y a des plaisirs pour tous les états : bornez vos desirs, mesurez vos forces, vous serez bien ici, ou vous serez mal par-tout.

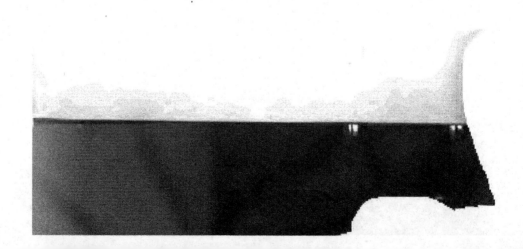

je jettai les yeux sur l'Avare fastueux ; [...]
caractère est si bien dans la nature, que je n'av[...]
à craindre que la trop grande quantité d'originau[...]
et je pris mon protagoniste, dans la classe de ge[...]
parvenus pour éviter le danger de choquer l[...]
grands.

Cette pièce très peu connue, et que beauco[...]
de monde voudroit connoître, a essuyé des av[...]
tures singulières.

La première personne à qui je la fis voir qua[...]
je la crus en état de paroître, ce fut M. Prévil[...]
je lui avois destiné le rôle du marquis, j'étois b[...]
aise d'avoir son avis sur ce personnage, et sur [...]
totalité de ma comédie.

Il me parut content de l'un et de l'autre ; je [...]
fis observer la difficulté de rendre au naturel [...]
rôle dont il alloit se charger ; je connois, me [...]
il, cette belle nature-là.

D'après l'encouragement de cet acteur e[...]
mable, je fis faire la lecteur de la pièce à l'ass[...]
blée de la comédie Françoise, elle eut des bil[...]
pour et contre, et elle fut reçue à correction [...]
n'étois pas accoutumé à cette espece de réc[...]
tion ; mais allons, me dis-je à moi-même, p[...]
d'orgueil, point d'entêtement ; je retran[...]
quelque chose, j'en ajoute quelqu'autre, je [...]
rige, je polis, j'embellis mon ouvrage ; on en [...]
une seconde lecture, la pièce est reçue et o[...]
met sur le répertoire pour le voyage de Fonta[...]
bleau.

À l'égard de M. Préville, je n'ai rien à dire, son rôle étoit d'une difficulté extraordinaire, il n'avoit pas eu le tems de se familiariser avec ces phrases coupées qui demandoient beaucoup de finesse pour faire comprendre ce que l'acteur n'achevoit pas de prononcer. C'est ma grande faute, j'aurois dû faire des remontrances, et employer mes protections pour que ma pièce ne fût pas donnée à Fontainebleau ; ainsi, faisant la récapitulation de mes torts, j'écrivis aux comédiens en arrivant à Paris, et je retirai ma pièce sur le champ.

Mes amis desiroient avec impatience de voir l'Avare fasteux sur la scène à Paris ; ils furent tous fâchés en apprenant que je l'avois retirée ; on me grondoit, on m'en vouloit, on me tourmentoit pour que j'en permisse la représentation ; et on me rappelloit, pour m'encourager, combien de pièces tombées à la première représentation, s'étoient rélevées depuis. Ils n'avoient pas tort, peut-être ; j'aurois suivi leurs conseils, et j'aurois satisfait leurs desirs, si les comédiens m'eussent fait connoître qu'ils avoient envie de la rejouer, mais apparemment ils en étoient dégoûtés autant que moi ; elle étoit née sous une mauvaise étoile, il falloit en craindre les influences, il falloit la condamner à l'oubli, et ma rigueur alla si loin, que je la refusai à des personnes qui me la demandoient pour la lire.

Je ne pus cependant pas résister à la demande

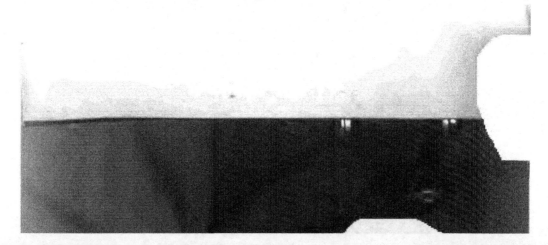

valier Jean Mocenigo, ambassadeur de Venise, vint relever le Chevalier Sébastien Mocenigo son frère cadet, qui terminoit ses quatre années d'ambassade.

Ce nouveau ministre de la république étoit un de mes anciens protecteurs ; il m'avoit donné des preuves essentielles de sa bienveillance ; il m'avoit logé chez lui pendant long-tems avec ma famille ; il protégea, avec les Balbi, les Querini, les Valier, les Berengan, les Barbarigo, ma première édition de Florence, et en facilita l'entrée dans la ville de Venise, malgré la guerre barbare que me faisoient les libraires.

Voici une nouvelle marque de sa bonté pour moi ; à l'occasion de son mariage avec la niece du Doge Loredan, il m'écrivit ce billet : " le Doge Sérénissime m'a permis d'inviter à la noce quelques-uns de mes amis : vous êtes du nombre, je vous prie d'y venir, vous y trouverez votre couvert."

Je n'y manquai pas. Il y avoit une table de cent couverts dans la salle appellée des banquets, il y en avoit une autre de vingt quatre, dont le neveu du doge faisoit les honneurs ; j'étois de cette dernière ; mais au second service tout le monde quitta sa place, et nous allâmes tous dans la grande salle, faisant le tour de cette pièce immense, nous arrêtant derrière les uns, et les autres, et jouissant moi en mon particulier des honnêtetés, que l'on prodiguoit à un auteur qui avoit le bonheur de plaire.

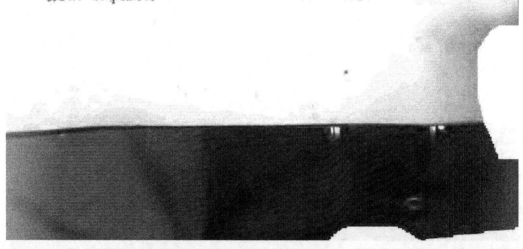

personne qui jusqu'à ce moment-là avoit parlé parfaitement François.

C'étoit la femme de M. de la Borde, administrateur général des domaines du roi, et sœur de M. le Blond, qui à succédé à son père dans le consultat de France à Venise. J'avois connu cette dame dans sa première jeunesse : elle étoit la cadette des trois sœurs qu'on appelloit les trois beautés de Venise.

Après le dialecte Toscan, et le Vénitien, c'est le Génois qui m'amuse plus que les autres. Dieu (disent les Italiens) avoit assigné à chaque nation son langage ; il avoit oublié les Génois ; ils en composèrent un à leur fantaisie, qui sent encore la confusion des langues de la Tour de Babel ; mais c'est celui de ma femme, et je l'entends et je le parle assez bien.

J'avois occasion autrefois de le parler fréquemment avec un Génois de mes amis, que des circonstances ont éloigné de Paris ; je n'ai plus de plaisir de m'entretenir avec lui, mais j'ai celui de dîner très souvent chez son épouse.

On trouve chez elle une petite société charmante ; M. Valmont de Bomare le naturaliste qui ne refuse pas d'instruire et d'amuser en même tems les convives, si on le questionne sur l'étendue de ses connoissances. M. Coqueley de Chaussepierre, avocat au parlement, qui met toujours de l'agrément et de la gaieté dans les propos sérieux

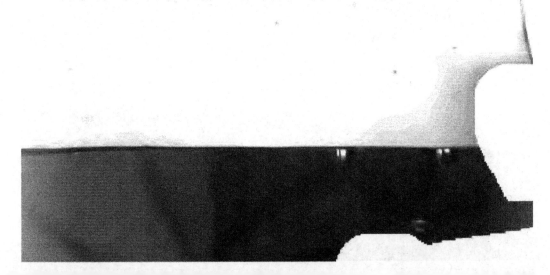

aussi bien que dans les propos galans, et quelques autres personnes aussi aimables que respectables.

On cause à table, on passe en revue les nouvelles du jour, les spectacles, les découvertes, les projets, les événemens, chacun dit son mot ; et s'il s'élève quelque discussion, la maitresse de la maison, pleine d'esprit et de connoissances, fait les frais de la conciliation.

Si mes Mémoires ont le bonheur de traverser les mers, mon ami * * * verra que je ne l'ai pas oublié ; d'ailleurs je rends justice à la vérité, et rien ne me flatte davantage que l'occasion de parler de mes amis, que j'aime bien, que j'aime constamment, soit Italiens, soit François.

La nation Françoise m'est aussi chère aujourd'hui que la mienne, et c'est un délice de plus pour moi quand je rencontre des François qui parlent l'Italien ; j'en citerai quelques-uns qui, à ma connoissance, le parlent et l'écrivent mieux que les autres. Madame Pothouin, veuve depuis peu de M. Pothouin célèbre avocat au parlement de Paris, femme aussi aimable, aussi respectable par son esprit et ses talens, que son époux l'étoit par sa science et sa probité.

Sans avoir été en Italie, ayant commencé l'étude de la langue Italienne fort tard, et ne l'ayant suivie que pendant deux ans, Madame Pothouin est en état de soutenir des longues conversations avec les Italiens en y employant les meilleurs termes,

les phrases les mieux composées et les tournures
les plus usitées.

M. le Président Tachar ajoute à ses connoissances
très étendues et au goût de la littérature Françoise,
celui de la langue et de la littérature Italienne.

Pendant qu'il occupoit la place très importante,
et très laborieuse d'intendant des Isles du vent de
l'Amérique, il trouvoit le tems de m'écrire, et notre
correspondance étoit toujours en langue Italienne.

Il tâtonnoit alors dans le dialecte Toscan, et se
trompoit rarement. Après son retour de l'Amérique, il fit un voyage en Italie ; ce n'est plus un
François qui imite les Italiens, il semble dans ses
conversations et dans ses lettres, appartenir à ces
deux nations.

Madame la Baronne de Bordic a beaucoup de
goût et beaucoup de facilité pour la langue Italienne ; j'eus l'honneur de la voir et de faire sa
connoissance à Paris, dont elle fit les délices pendant quelques mois ; estimée pour ses qualités,
admirée pour son esprit, chérie pour le charme de
ses vers, elle y étoit adorée.

Madame de Bordic fait à Nîmes sa résidence ;
je regrette la privation de sa société, mais sa correspondance me dédommage, et les lettres dont
elle m'honore de tems en tems, prouvent l'étude
qu'elle a faite de notre langue et de nos auteurs.

M. Cousin, avocat du roi au bailliage de Caux,
en est aussi un grand amateur ; je n'ai jamais eu

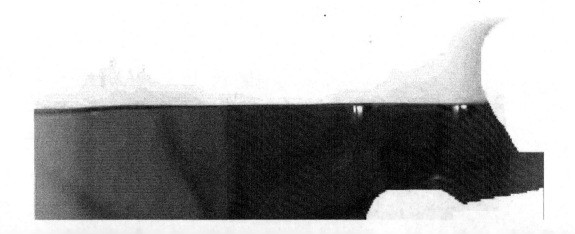

tendre, le maître le plus doux ; il avoit les qualités du cœur excellentes, et celles de l'esprit très heureuses.

Mais la Providence lui a donné un successeur dont les vertus sont nombreuses. La bonté, la justice, la clémence, la bienfaisance sont des devoirs pour tous ceux que Dieu a destinés à gouverner les hommes ; c'est d'après ses qualités personnelles qu'il faut choisir : ses mœurs, sa conduite, son zèle pour le bien public, pour la paix, pour la tranquillité de l'Europe ; sa religion, sa modération, la probité qu'il exige, l'exemple qu'il en donne.... Voilà des vertus rares, des vertus essentielles bien plus utiles à l'état que l'esprit de conquêtes ; voilà des sources inépuisables d'éloges, et de monumens immortels.

Hélas ! que de vicissitudes dans l'humanité ; je suis forcé de rappeller ici un nouveau sujet de crainte et de douleur. Les trois filles de Louis XV., qui n'avoient pas quitté le lit de leur père pendant le cours de sa maladie, furent affectées des mêmes symptômes, et coururent le même danger.

Ces princesses étoient trop intéressantes pour ne pas allarmer tout le monde sur leur état ; Dieu nous les préserva ; Dieu arracha des bras de la mort cet exemple héroïque de l'amour filial.

Mesdames allerent passer le tems de leur convalescence a Choisi. Je n'avois pas moins souffert que les autres dans cette circonstance effray-

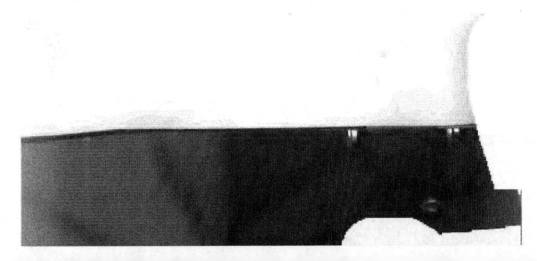

lecture, valoient mieux, à mon avis, que la longue et ennuyeuse kirielle des règles et des difficultés scholastiques.

Mes lectures tendoient à un but encore plus intéressant : je lui faisois connoître les auteurs classiques Italiens par leurs noms, par quelques-unes de leurs anecdotes, et par les titres de leurs ouvrages ; et je tàchois de l'instruire des mœurs et des usages Italiens.

Cette princesse très douce, très complaisante avoit une facilité prodigieuse pour apprendre et une mémoire très heureuse ; j'y allois tous les jours, et elle faisoit des progrès admirables ; mais nos conférences étoient souvent interrompues par des bijoutiers, par des joyaliers, par des peintres, par des marchands ; j'entrois quelquefois dans sa chambre pour être témoin du choix des étoffes, du prix des bijoux, et de la ressemblance des portraits.

Je tàchois de tirer parti de ces mêmes incon-véniens ; je lui faisois répéter en Italien les noms des choses qu'elle avoit vues, qu'on avoit mar-chandées pour elle, et qu'on avoit achetées ou refusées.

Nous eûmes d'autres distractions ; un voyage à Reims pour le sacre du roi, et la naissance de Monsieur le Duc d'Angoulême ; ce prince, fils de Monsieur le Comte d'Artois étant le premier fruit des trois mariages des enfans de France, devoit être

pensé pour avoir enseigné l'Italien à Mesdames, et ceux qui étoient chargés des dépenses pour Madame de Piémont, furent convaincus que je devois être recompensé ; mais les affaires qui regardoient cette princesse étoient terminées ; je n'avois qu'à attendre ; on devoit m'employer pour Madame Elisabeth, autre sœur du roi ; c'étoit à cette occasion que je devois réserver mes demandes.

J'attendis long-tems, et je gardai toujours mon appartement à Versailles ; le jour enfin arriva, j'eus ordre de me rendre chez Madame Elisabeth.

Cette jeune princesse, vive, gaie, aimable, étoit plus dans l'âge de s'amuser que de s'occuper ; j'avois assisté à des leçons de Latin qu'on lui donnoit, et je m'étois apperçu qu'elle avoit beaucoup de dispositions pour apprendre, mais qu'elle n'aimois pas à s'appesantir sur des difficultés vétilleuses.

Je suivis à-peu-près la méthode que j'avois adoptée pour Madame la princesse de Piémont ; je ne la tourmentai pas avec des déclinaisons et des conjugaisons qui l'auroient ennuyée ; elle vouloit faire de son occupation un amusement, et je tâchai de rendre mes leçons des conversations agréables.

On faisoit lecture de mes comédies ; dans les scènes a deux personnages, c'étoit la princesse et sa dame d'honneur qui lisoient et traduisoient chacune son rôle ; s'il y avoit trois personnages,

c'étoit une dame de compagnie qui se chargeoit du troisième, et je rendois les autres, s'il y en avoit davantage.

Cet exercice étoit utile et amusant ; mais peut-on se flatter que la jeunesse s'amuse pendant long-tems de la même chose ? Nous passâmes de la prose aux vers ; Métastase occupa mon auguste écolière pendant quelque tems ; je ne cherchois qu'à la contenter, et elle le méritoit bien ; c'étoit le service le plus doux, le plus agréable du monde.

Mais je vieillissois ; l'air de Versailles ne m'étoit pas favorable ; les vents qui y dominent et qui soufflent presque perpétuellement attaquoient mes nerfs, réveilloient mes anciennes vapeurs, et me causoient des palpitations ; je fus forcé de quitter la cour, et de me retirer à Paris, où l'on respire un air moins vif et plus analogue à mon tempérament.

Mon neveu, quoiqu'employé au bureau de la guerre, pouvoit me remplacer ; il l'avoit fait auprès de mesdames, et j'étois sûr des bontés de Madame Elisabeth. C'étoit-là le moment d'arranger mes affaires, et je ne m'oubliai pas dans cette circonstance.

Je présentai un mémoire au roi ; il fut protégé par mesdames ; la reine elle-même eut la bonté de s'intéresser à moi, le roi eut celle de m'accorder 6000 livres de gratification extraordinaire, et un traitement de 1200 livres annuelles sur la tête de mon neveu.

CHAPITRE XIX.

Départ du Chevalier Jean Mocenigo, Ambassadeur de Venise—Le Chevalier Zeno le remplace—Défense des jeux de Hasard à Paris—Les Renards, Opéra-Comique, en trois Actes—Arrivée des Acteurs de l'Opéra-Comique Italien à Paris, pour jouer sur le Théâtre de l'Opéra—Naissance du Duc de Berry, Naissance de Marie-Thérèse-Charlotte de France—Roland, Opéra, Musique de M. Piccini—Ce Chapitre est interrompu par une Indisposition à laquelle je suis sujet—Singularité de cette Incommodité—Conduite sage de mon Médecin, et Soulagement que j'en ai obtenu—Le genre Italien supprimé à la Comédie Italienne—Quelques Mots sur la Femme Jalouse et sur son Auteur—Arrivée en France du Chevalier Dolfino, Ambassadeur de Vénise.

Tout ce que je viens de dire dans le chapitre précédent, n'est pas de la même année : la continuation des matières m'engage quelquefois à déranger l'ordre chronologique, mais je ne tarde pas à y revenir, et me voilà à l'année 1776.

C'est dans cette année que Madame la Com-

M. du Saulx ne laisse pas de fronder, quoique légèrement, les jeux qu'on appelle de Commerce ou de Société ; il n'entend pas les proscrire, mais il conseille de les modérer.

Les petits jeux paroissent devenus nécessaires ; on ne peut pas passer une soirée sans rien faire ; après la nouvelle du jour, après la critique de son prochain et même de ses amis, de toute nécessité il faut jouer.

C'est un amusement honnête, une occupation agréable, mais tout le monde ne s'y amuse pas de la même manière ; cela dépend de la différence des tempéramens ; il y a des personnes très douces, très polies, très agréables qui changent de ton, de caractère, et même de physionomie à une table de jeu.

Un homme généreux devient furieux quelquefois pour une perte modique ; ce n'est pas pour la perte de l'argent dit-il, c'est par amour-propre ; cela peut-être : mais je joue aussi, et je suis de bonne-foi ; j'aime mieux gagner six francs que de les perdre : je marque exactement ma perte et mon gain, et je suis bien aise, quand à la fin du mois j'ai quelques écus de profit.

Ce n'est pas l'amour-propre qui me flatte dans ce moment-là, c'est qu'un louis de plus ou un louis de moins dans ma petite bourse, fait une petite différence qui me cause un petit plaisir ou un petit chagrin ; je parle de moi ; personne ne

Le Lotto est un jeu fort commode pour éviter ces inconvéniens ; on rassemble beaucoup de personnes à la même table ; la femme qui en fait les honneurs s'y trouve, et tout le monde est content ; mais c'est aussi à mon avis le jeu le plus insipide, le plus ennuyeux qu'on ait jamais imaginé ; c'est le hasard qui domine dans tous les jeux, mais quand j'ai des cartes en main, je fais au moins quelque chose, et au Lotto je ne fais rien : si je gagne aux autres jeux, je puis me flatter d'y avoir contribué par mes combinaisons ; si je perds, je me flatte encore d'avoir évité de mauvais coups qu'un autre auroit essuyé ; mon amour-propre est en quelque façon satisfait, mais dans ce vilain jeu de boules, je suis toujours le patient.

On a imaginé le Lotto Dauphin ; c'est encore pis, car il faut déterminer les numéros, et j'ai le chagrin d'avoir mal choisi ; j'entends autour de moi demander des ternes, des quaternes, des quines ; je n'ai que des extraits et quelques ambes, je deviens mauvais joueur sans le savoir ; j'en veux à ceux qui gagnent, parceque le gain des autres doit nécessairement augmenter ma perte, et mon amour-propre en est piqué, l'intérêt de ma bourse ne l'est pas moins, et l'ennui s'en mêle, et c'est un mauvais présent pour moi que de me faire l'honneur de me présenter un tableau.

J'en fais la confidence à mon lecteur ; je me garderois bien de le dire dans les sociétés où je suis trop heureux d'être admis ; et si les aimables

sonne ne connoissoit l'opéra-comique Italien mieux que moi, je savois que depuis quelques années on ne donnoit plus en Italie que des farces dont la musique étoit excellente, et la poésie détestable.

Je voyois de loin ce qu'il falloit faire pour rendre ce spectacle agréable pour Paris ; il falloit faire de nouvelles paroles ; il falloit composer de nouveaux drames dans le goût François.

J'avois fait plus d'une fois cette opération pour Londres, j'étois sûr de mon fait ; personne ne pouvoit mieux que moi se rendre utile dans une pareille occasion.

Je savois par expérience, combien ce travail étoit difficile et pénible, mais je m'y serois livré avec un plaisir infini pour le bien de la chose, et pour l'honneur de ma nation.

D'ailleurs, il y avoit à parier que l'opéra de Paris, en faisant venir des acteurs étrangers, ne se contenteroit pas de leur vieille musique, et en feroit faire de nouvelle par M. Piccini qui étoit ici, ou par M. Sacchini qui étoit à Londres.

Je tenois mon opéra-comique tout prêt, et j'étois presque sûr qu'on m'en auroit ordonné d'autres, car je ne croyois pas de la dignité du premier spectacle de la nation, d'entretenir le public pendant long-tems avec de la musique qu'on avoit chantée dans les concerts et dans les sociétés de Paris.

J'attendois donc qu'on vînt me parler, qu'on

décrié. J'aurois pu le soutenir dans son début, je crus ne pouvoir pas le relever après la crise qu'il avoit essuyée.

Il faut encore dire que j'étois piqué d'avoir été oublié au moment nécessaire. Je ne me souviens pas d'avoir éprouvé depuis long-tems un chagrin pareil à celui-là. Les uns disoient pour me consoler, que les directeurs de l'opéra croyoient l'emploi qu'ils auroient pu m'offrir au-dessous de moi; messieurs les directeurs ne savoient pas de quoi il s'agissoit; s'ils eussent eu la bonté de me consulter, ils auroient vu qu'il leur falloit un auteur, et non pas un ravaudeur.

D'autres me disoient (sans fondement, peut-être) qu'on craignoit que Goldoni ne fût trop cher.

J'aurois travaillé pour l'honneur, si on avoit su me prendre; j'aurois été cher, si on m'avoit marchandé; mais mon travail les auroit bien dédommagés; j'ose dire que ce spectacle existeroit encore à Paris.

Au mois de Janvier de l'année 1778, il y eut des réjouissances à la cour, et à la ville pour la naissance du Duc de Berry, fils de Monsieur le Comte d'Artois.

Mais quelle fut la joie des François, lorsqu'on déclara dans la même année la grossesse de la reine! Elle accoucha dans le mois de Décembre, d'une princesse qui fut nommée sur le champ

Il y avoit d'ailleurs une guerre ouverte à Paris, entre les partisans de M. Gluck, et ceux de M. Piccini, et ces deux partis étoient combattus par les amateurs de la musique Françoise....

Hélas! une violente palpitation me prend dans ce moment-ci....c'est chez-moi une incommodité habituelle; je ne puis continuer....

Je reprends le chapitre que j'ai quitté hier. Ma palpitation a été plus véhémente et a duré plus long-tems cette fois-ci qu'à l'ordinaire, elle m'a attaqué à quatre heures du soir, et n'a cessé qu'à deux heures du matin.

Cette palpitation n'est pas périodique; elle me surprend plusieurs fois dans l'année, dans toutes les saisons, dans tous les tems, tantôt à jeun, tantôt à mon dîner, tantôt après, rarement la nuit; mais voici ce qu'il y a de plus singulier dans ses symptomes.

Je sens, quand elle veut m'attaquer, un mouvement dans les entrailles, mon pouls s'élève et marche d'une violence effrayante, mes muscles sont en convulsions et mon cœur oppressé.

Je sens, quand elle veut cesser, un choc dans la tête, et mon pouls revient tout d'un coup dans son état naturel; il n'y a pas de gradation dans ses accès, il n'y en a pas dans sa cessation; c'est un phénomène inconcevable, qui ne peut s'expliquer que par la comparaison des syncopes.

Habitué à cette incommodité plus inquiétante que douloureuse, j'avois appris à la soutenir sans

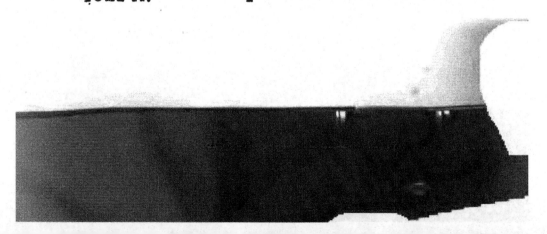

crainte, et cherchant les moyens de me dissiper, je continuois mon dîner, si elle m'attaquoit à table ; je faisois ma partie, si elle me surprenoit dans la société ; personne ne s'appercevoit de mon état, et comme il faut vivre à mon âge avec ses ennemis, je ne cherchois pas les moyens d'en guérir, crainte de tomber dans le gouffre de Scylla pour éviter celui de Carybde.

Mais une palpitation que j'eus il y a quatre ans, de trente-six heures sans discontinuer, me parut sérieuse, et j'eus recours à mon médecin. M. Guilbert de Préval, docteur-régent de la faculté de Paris, me la fit cesser sur le champ, et sans rien hasarder qui pût déranger l'économie animale de mon individu, il ne fit par la suite qu'en retarder les accès et en diminuer la durée.

Ce médecin m'avoit guéri radicalement de deux dartres qui étoient fort incommodes, et qui commençoient à devenir dangereuses. Il n'en est résulté aucun inconvénient ; je me suis toujours bien porté depuis, et c'est avec son eau fondante qu'il conduisit cette cure à sa perfection.

M. Préval s'est fait des ennemis dans le corps de la faculté ; on dit qu'il existe une loi parmi eux, qu'aucun membre de leur société ne puisse débiter des remèdes nouveaux, sans les communiquer à ses confrères. M. Préval ne l'a pas fait, il a craint, peut-être, que son remède ne devînt inutile comme bien d'autres, s'il étoit entre les mains de tout le monde : il le débite chez lui.

Le pauvre y trouve son soulagement, et le riche n'est pas écorché. Heureux l'homme, dit-on, qui trouve son ami dans son médecin. M. Préval est l'ami de tous ses malades, puisqu'il est celui de l'humanité.

Il arriva dans l'année 1780, une catastrophe fâcheuse pour les comédiens mes compatriotes. Ils avoient reçu dans leur société l'opéra-comique, et les nouveaux camarades chassèrent les anciens.

Mais il faut être vrai. Les Italiens se négligeoient un peu ; la comédie chantante faisoit tout ; la comédie parlante ne faisoit rien. Elle étoit réduite à jouer les mardis et les vendredis, que l'on appelle à ce spectacle les mauvais jours ; et si elle étoit admise à paroître dans les beaux jours, c'étoit pour remplir le vuide entre les deux pièces qui intéressoient le public.

Quelques uns de ces acteurs Italiens voyant de loin le sort qui les menaçoit, se cotisèrent pour me faire travailler. Je m'y prêtai avec plaisir, avec zèle ; je composai six pièces, trois grandes et trois petites ; ils en étoient contens, ils les avoient payées ; ils n'eurent pas le tems apparemment de les étudier, de les jouer ; pas une ne parut sur la scène.

La comédie Italienne fut supprimée ; les acteurs reçus furent renvoyés avec des pensions proportionnées à la part dont ils jouissoient. Ceux qui n'avoient pas fini leur tems, furent dédommagés,

T 2

mique, et fut gardé aux mêmes appointemens dont il jouissoit auparavant.

M. Camerani qui jouoit les rôles de Scapin dans la comédie supprimée, eut sa retraite et sa pension comme ses camarades ; mais il fut reçu quelques jours après comme acteur, et avec le titre de Semainier perpétuel de la troupe.

Cet homme très actif, plein d'intelligence et de probité, chargé des commissions épineuses, sait si bien concilier les intérêts de la société et ceux des particuliers, qu'il est l'intermédiaire des querelles, l'arbitre des reconciliations, et l'ami de tout le monde.

L'opéra-comique dégagée de la comedie Italienne, ne pouvoit pas fournir lui tout seul deux ou trois pièces par jour dans le courant de l'année.

Il y avoit autrefois sur ce théâtre une comédie François qui faisoit corps avec les Italiens. Ceux-ci l'avoient renvoyée ; l'opéra-comique la fit revenir. Elle est assez bien composée, il y a des acteurs excellens qui seroient très utiles au théâtre François ; ils ont donné des pièces charmantes, je ne parlerai que de la Femme Jalouse et de son auteur.

Cette pièce en cinq actes et en vers, est à mon avis, un ouvrage achevé ; le sujet qui paroît usé, y est traité d'une manière qui le rend nouveau. L'auteur eut l'esprit de rendre raisonnable une jalousie mal fondée ; la femme est intéressante par ses craintes motivées, et le mari l'est aussi par la

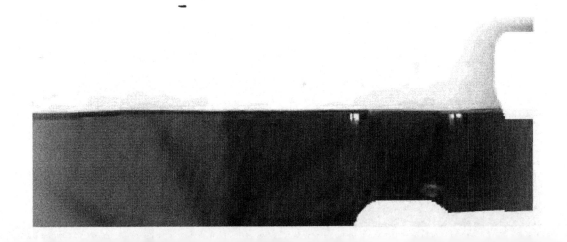

restoit pour la consolation du père mourut aussi.
Voilà le père désolé ; il alla à Venise pour mêler
ses larmes avec celle de la mère affligée ; il revint
dans la tristesse. M. Dolfino n'étoit plus le même,
on le voyoit peu ; je le voyois rarement, j'étois
aussi pénétré de douleur ; le père et le fils avoient
tant de bonté, tant d'amitié pour moi, pouvois-je
m'empêcher de pleurer ?

Miromesnil, frère du garde des sceaux et chancelier en survivance, faisant les fonctions de la charge : les cris du peuple, et le son des cloches nous avertirent de ce désastre ; nous vîmes une pluie de feu tomber sur le toit de la bibliothèque du roi ; on trembloit pour ce monument précieux, on craignoit pour l'hôtel où nous étions et pour tout le quartier.

M. le Comte de Miromesnil envoyoit à chaque instant au palais royal ; il ordonnoit, il présidoit lui-même aux précautions qu'il croyoit nécessaires pour le bien public et pour celui des particuliers ; il étoit en cette occasion ce qu'il est toujours pour les affaires et pour les personnes qui l'intéressent. Il n'y a pas d'homme plus actif, il n'y a pas d'ami plus chaud, de protecteur plus zélé que lui.

L'opéra ne trouva pas cette fois-ci à se placer aussi commodément qu'il le fut à l'occasion de l'incendie précedent ; la salle des Tuileries étoit toujours occupée par la comédie Françoise, et les acteurs chantans furent obligés de donner leurs représentations le petit théâtre des menus-plaisirs du roi, en attendant que l'on bâtit une nouvelle salle.

Il y avoit différens projets pour ce nouveau bâtiment ; tantôt c'étoit au palais royal qu'on devoit le reconstruire, tantôt c'étoit au carousel, tantôt dans l'emplacement des halles, et tantôt ailleurs.

Tous les jours il y avoit un projet nouveau,

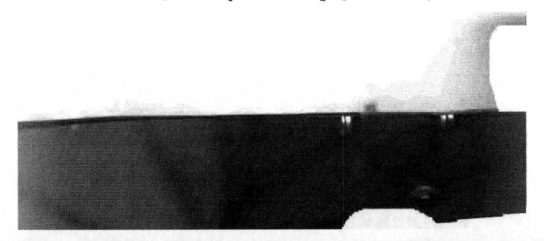

Ils donnèrent un bal dans la grande salle
spectacle à Versailles ; on en choisit trois (
chacune des quatre compagnies pour danser, e
fut un de ces messieurs qui ouvrit le bal ave
reine ; la salle étoit richement ornée, parfaiten
éclairée, les rafraîchissemens en profusion,
l'ordre d'une exactitude admirable.

Je partageois la joie publique ; j'étois, soit
inclination, soit par habitude, soit par reconn
sance ; j'étois, dis-je, François comme les
tionaux. Une affaire de famille ne tarda p
me rappeller que j'étois né sous un autre cie
un événement agréable qui m'intéressoit part
lièrement ne fit que redoubler les plaisirs
j'éprouvois à Paris.

J'avois laissé en partant de Venise une nièc
couvent ; elle étoit parvenue au bout de ving
à l'âge où il falloit qu'elle se décidât pour le m
où pour le cloître ; je la questionnois de tems
tems dans mes lettres pour savoir son desir e
vocation ; elle n'avoit d'autres volontés que
miennes ; je ne desirois que de la satisfaire, (
croyois entrevoir du mystère caché sous le v
de la modestie ; je priai un de mes protecteur
vouloir bien la sonder finement ; voici ce qu'il
en tirer : tant que je serai dans les fers, je ne
jamais ma façon de penser. J'augurai p
qu'elle n'aimoit pas le couvent : tant mieux
n'avois que des biens substitues qu'on peut

de voir ma nièce établie ; j'aurois été au comble de ma satisfaction, si j'avois pu assister à ses noces, mais j'étois trop vieux pour entreprendre un voyage de trois cents lieues.

Je me porte bien, Dieu merci, mais j'ai besoin de précautions pour soutenir mes forces et ma santé : je lis tous les jours, et je consulte attentivement le traité de la Vieillesse de M. Robert, docteur regent de la faculté de Paris.

Nos médecins ordinaires nous soignent quand nous sommes malades, et tâchent de nous guérir, mais ils ne s'embarassent pas ne notre régime, quand nous nous portons bien : ce livre m'instruit, me conduit, me corrige ; il me fait connoître les degrés de vigueur qui peuvent encore me rester, et la nécessité de les ménager ; cet ouvrage est composé en forme de lettres ; quand je le lis, je crois qu'il me parle ; à chaque page je me rencontre, je me reconnois : les avis sont salutaires sans être gênans : il n'est pas aussi sévère que l'école de Salerne, et ne conseille pas le régime de Louis Cornaro qui vécut cent ans en malade pour mourir en bonne santé.

M. Robert est un homme très sage, très instruit ; il est un de ceux qui ont le plus étudié la nature, et qui en connoissent les effets ; je fis sa connoissance chez M. Fagnan, premier commis du trésor royal, nous nous y rencontrions souvent ; et Madame Fagnan sa veuve, remplie de talens, de graces et de bon sens, voit toujours

Les comédiens Italiens à leur tour, l'année suivante, changèrent d'emplacement ; ils en avoient plus besoin que les autres ; la position de leur ancien hôtel de Bourgogne étoit très incommode pour le public, et encore plus pour les habitans du quartier ; j'en étois un, et j'ai couru des risques pour rentrer chez moi, au moment de la défilée des voitures.

Au milieu d'une foule de projets que les architectes proposoient tous les jours, les comédiens s'arrêtèrent à celui de l'hôtel et jardin de M. le Duc de Choiseul, dont on alloit faire un nouveau quartier, avec des rues, des maisons, et des établissemens de toute espece.

Les entrepreneurs de ces bâtimens donnèrent aux comédiens la salle construite, ornée, achevée, et sauf les décorations du théâtre, prête à servir à l'usage des acquéreurs, pour le prix convenu de cent mille écus ; les comédiens signèrent le contrat, payèrent la somme, et la salle est à eux.

Ils y firent quelques changemens l'année suivante, pour la commodité du public ; ces changemens lui donnèrent un relief considérable ; c'est une des belles salles de Paris, elle est très agréable, et elle est très frequentée.

Voilà les trois grands spectacles renouvellés presqu'en même tems, voilà ce que les François voudroient voir tous les jours : le public ne s'amuse que de nouveautés ; l'une efface l'autre, et dans un grand pays, elles se succèdent rapidement.

Une découverte intéressante parut dans ce tems. M. de Montgolfier fut le premier qui lança une globe dans les airs : ce globe monta à perte de vue, vola au gré des vents et se soutint jusqu'à l'extinction de la flamme et de la fumée qui l'alimentoient.

Cette première expérience donna lieu à d'autres spéculations ; M. Charles, physicien très savant, employa l'air inflammable les globes remplis de ce gas, n'ont pas besoin de la main-d'œuvre pour durer plus long-tems, et sont à l'abri de la flamme.

Il y eut des hommes assez courageux pour confier leur vie à des cordes qui soutenoient une espèce de bateau, et étoient attachées à ce ballon fragile, sujet à des dangers évidens et à des événemens qu'il n'est pas possible de prévoir.

M. le Marquis d'Arlande et M. Pilastre de Rosier, firent le premier essai, d'après la méthode de M. de Montgolfier : et M. Charles, peu de tems après, vola lui-même à l'aide de son air inflammable.

Je ne pus les voir sans frémir ; d'ailleurs à quoi bon ce risque, ce courage ? si on est obligé de voler au gré du vent, si on ne peut pas parvenir à se diriger, la découverte sera toujours admirable ; mais sans l'utilité, elle ne sera jamais qu'un jeu.

On à tant parlé, on a tant écrit sur cette matière,

d'autant plus que je n'ai nulle connoissance en physique expérimentale.

. Je finirai cet article en déplorant le sort funeste de M. Pilastre de Rosier, qui a été la victime de son dernier voyage aérostatique, et en souhaitant du courage et du bonheur à M. Blanchard, qui est l'aréostate le plus constant et le plus intrépide.

La fureur des découvertes s'étoit si violemment emparé de l'esprit des Parisiens, qu'ils allèrent en chercher dans la classe des prestiges; on a imaginé des somnambules qui parlent sensément et a propos avec les personnes éveillées, en leur attribuant la faculté de deviner le passé et de prévoir l'avenir.

Cette illusion ne fit pas beaucoup de progrès; mais il y en eut une autre presqu'en même-tems, qui en imposa à tout Paris.

Une lettre datée de Lyon, annonça un homme qui avoit trouvé le moyen de marcher sur l'eau à pied sec, et se proposoit de venir en faire l'expérience dans la capitale. Il demandoit une souscription pour le dédommager de ses frais et de sa peine; la souscription fut remplie sur le champ, et le jour fut fixé pour le voir traverser la Seine.

Cet homme ne parut point le jour indiqué, on trouva des prétextes pour prolonger la farce; et on découvrit enfin qu'un plaisant Lyonnois s'étoit amusé de la crédulité des habitans de Paris. Son intention n'étoit pas apparemment d'insulter une ville de huit cens mille ames; il faut croire qu'il

plaisanterie, puisque rien de fâcheux ne lui est arrivé.

Ce qui engagea les Parisiens à prêter croyance à cette invention, ce fut le Journal de Paris qui l'annonça comme une vérité constatée par des expériences. Les auteurs de cette feuille périodique furent trompés eux mêmes, et se justifièrent amplement, en faisant imprimer les lettres qui leur en avoient imposé, avec les noms de ceux qui les avoient écrites et adressées à leurs bureaux.

Trois ans après, vint à Paris un étranger, qui, effectivement, et à la vue d'un peuple infini, traversa la rivière à pied sec.

Cet homme fit un mystère des moyens qu'il avoit employés dans son expérience. Il eut grand soin de cacher la chaussure dont il s'étoit servi dans sa traversée ; il vouloit apparemment vendre cher son secret ; mais le peu d'utilité qu'on pouvoit en tirer, n'en méritoit pas la peine. C'étoit, sans doute, des espèces de scaphes, où des scaphandres appliqués aux deux pieds.

On trouve dans toutes les rivières des bacs ou des bateaux pour les traverser. Il est rare qu'on ait besoin de secours extraordinaire pour passer l'eau : et en ce cas, on ne pourroit pas toujours avoir sur soi ces machines qui ne peuvent pas être ni légères ni commodes à porter.

Cette expérience a cependant fourni une nouvelle justification aux auteurs du Journal de Paris,

verte.

Cette Journal me rappelle à la mémoir
quantité immense de feuilles qui se débite
les jours à Paris.

L'homme du monde le plus curieux et
désœuvré, n'en pourroit pas lire la totalit
employant même tout son tems ; je parl
celles que je connois davantage.

La Gazette de France qui paroît deux f
semain ne donne pas les nouvelles les plus fi
mais les plus sûres : l'article de Versailles
téressant à cause des nominations et des pr
tions ; c'est une texte sûr et perpétuel p
titres, pour les dignités et pour les charges.

Le Courier de l'Europe est une gazette A
traduite en François ; elle donne des déta
étendus des débats et des harangues des par
taires, et ne traite pas mieux le parti des ro;
que celui de l'opposition. Cette feuille a
courue et très intéressante pendant la d
guerre, et elle entretient toujours la curio;
public sur les démarches du gouvernemer
tannique.

Les Gazettes de Hollande, celles d'Alle
et quelques-unes d'Italie, qui s'imprim
France, sont utiles pour confronter les nou
les gazettiers s'empressent d'en donner ; il
pas le tems de les vérifier ; ils se trompent

immédiatement après sur les pièces nouvelles de ce même genre : ils les étudient, ils passent des journées entières dans cette occupation, qui devient pour eux sérieuse et piquante.

Une dame de ma connoissance qui avoit le don de deviner très souvent au premier coup-d'œil, trouve un jour une enigme diabolique qui la met au désespoir ; elle devine enfin ou croit avoir deviné ; elle est couchée, elle sonne, elle se leve, elle écrit, elle envoye faire part à ses amis de sa découverte ; on trouve le lendemain qu'elle s'est trompée : je ne puis pas peindre l'état de désolation dans lequel je l'ai vue.

L'Année Littéraire est aussi une feuille périodique qui paroît tous les mois, et dont Monsieur Fréron étoit l'auteur à mon arrivée à Paris ; c'étoit un homme très instruit, et très sensé ; personne ne faisoit l'extrait d'un livre, ou d'une pièce de théâtre mieux que lui ; il étoit méchant quelquefois, mais c'étoit la faute du métier.

Ce qui rendoit ce journal plus piquant, c'étoit la guerre qu'il avoit déclarée au philosophe de Ferney, l'homme célèbre eut la foiblesse de s'en fâcher : Fréron étoit sa bête noire ; il le fourroit par-tout, il le chargeoit de sarcasmes, de ridicules, et cela fournissoit au Journaliste de nouveaux matériaux pour remplir ses feuilles et pour amuser le public ; cet ouvrage périodique est passé entre les mains d'un homme de mérite

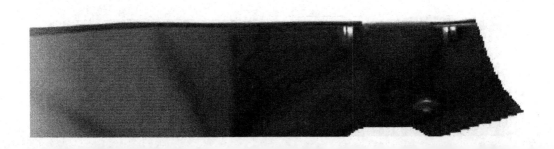

dont la plume est heureuse, et le jugement estimable.

Le Journal des Savans n'est pas fait pour tout le monde ; il répond bien à son titre ; mais en général on aime mieux s'amuser que s'instruire.

La Gazette des Tribunaux est utile aux gens de robe et aux plaideurs, et le Journal d'Agriculture intéresse les cultivateurs, mais ils sont très bien faits l'un et l'autre, et ils trouvent assez de lecteurs pour récompenser la peine de leurs auteurs.

Une feuille périodique qui a été très heureuse, et qu'on lit encore avec un certain plaisir, c'est celle qui paroît chaque mois sous le titre de Bibliothèque de Romans.

Un François aussi noble que riche, possede une bibliothèque à Paris, que j'ose croire la plus ample et la mieux assortie de toutes celles des particuliers de l'Europe.

Son catalogue est immense ; mais ce qui ne paroît pas croyable, et que j'ai vu de mes propres yeux, c'est qu'à chaque article on trouve en marge une note de la main du possesseur de ce recueil précieux ; cela prouve que ce n'est pas le faste, mais le goût et la connoissance qui y ont présidé. .

Parmi sescollections les plus rares et les plus complettes, on y trouve celle des anciens romans ; c'est le tableau le plus fidelle des mœurs, des

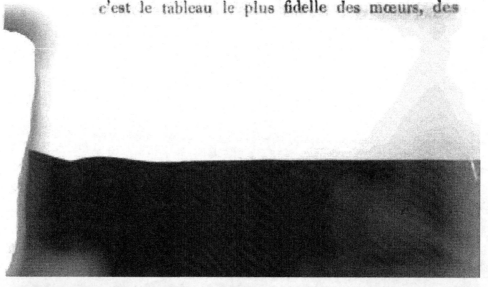

usages et des caractères de tous les siècles ;
gens de lettres protégés et encouragés par le sa~
et généreux bibliophile, donnèrent sous sa di
tion des extraits très curieux, très intéressa
ces ecrivains furent forcés au bout de quel
tems et par des raisons particulières de p~
ailleurs ; ce journal ne laisse pas cependant d'
intéressant, et ne manque pas d'abonnés et de
teurs.

Mais il sort de la même bibliothèque actu
ment un nouveau recueil qui n'est pas m
utile et pas moins intéressant ; c'est une es
d'histoire universelle de la littérature de t~
les nations policées ; et c'est M. Content Do
qui en est l'auteur.

Le Journal de Littérature mérite certaine
d'être lu. Il est très bien écrit, et ses crit
sont très bien faites.

Je ne parle point du Journal de Bouillo
des Affiches de Province, ni de bien d'a
parcequ'on ne peut pas tout lire et tout conn
et je finirai cet article par les deux feuille
paroissent tous les jours, l'une sous le tit
Journal de Paris, l'autre sous celui de Journ
France ou de Petites Affiches.

L'objet principal de la dernière est d'ann
les meubles et les immeubles qui sont à ven
à louer ; les charges dont les possesseurs
droient se défaire, les demandes des partic

Journal de France s'en est emparé aussi, mais il n'y a pas de mal de voir les ouvrages dramatiques, criblés par deux auteurs différens.

Le lendemain de la nouvelle représentation d'une pièce, vous en voyez dans ces deux Journaux l'exposition, le succès et la critique ; quelquefois les Journaux sont d'accord, quelquefois ils diffèrent dans leurs avis : il en est un plus sévère ; l'autre est beaucoup plus indulgent ; je ne les nommerai pas : le public les connoît.

Ces expositions, ces critiques sont des leçons très utiles pour les jeunes auteurs ; d'autres feuilles donnent au bout de quelques tems des extraits et des remarques sur les mêmes pièces ; mais les secours tardifs sont inutiles ; la promptitude des journaux dont je viens de parler éclaire les auteurs sur le champ, et une pièce tombée à la première représentation se releve quelquefois à la deuxième, et fait autant de plaisir qu'elle avoit causé de dégoût.

C'est le public, me dira-t-on, peut-être qui indique l'endroit qui le choque ou qui l'ennuie ; mais les auteurs et les comédiens peuvent-ils démêler au juste la cause de la mauvaise humeur de l'assemblée ?

Ce sont les auteurs des journaux qui, d'après leur propre jugement, et d'après celui des spectateurs qu'ils ont eu le tems d'examiner attentivement et de sang froid, rendent compte des

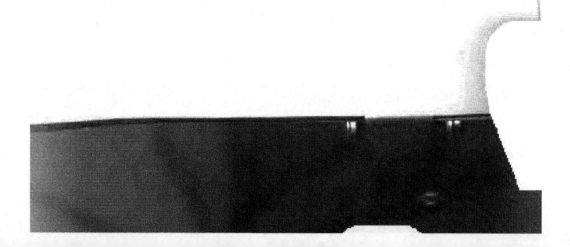

bons et des mauvais effets, et donnent des avis salutaires.

Voilà ma façon de penser sur l'utilité de ces ouvrages périodiques que j'estime beaucoup, mais pour lesquels je ne voudrois pas pour tout l'or du monde me voir occupé. Il n'y a rien de si dur que d'être obligé de travailler bon gré, malgré, tous les jours. On a beau se partager la besogne entre plusieurs écrivains, les engagemens avec le public sont terribles, et la difficulté de plaire à tout le monde est désespérante.

CHAPITRE XXI.

Mort de Madame Sophie de France—Projet d'un nouveau Journal—Aventure d'un Américain et d'une Femme Napolitaine—Didon, Tragédie Lyrique, en trois Actes—Nouveau Genre de Drames sur le Théâtre de l'Opéra de Paris—Le Barbier de Séville et le Mariage de Figaro, à la Comédie Françoise—Quelques Mots sur d'autres Auteurs et sur des Personnes de ma Connoissance—Traduction d'une de mes Pièces en François—Sa Chûte au Théâtre Italien—Naissance du Duc de Normandie—Nouvelle Manière d'Illuminations—Quelques Observations sur les Modes—Quelques Mots sur une Procédure réglée à l'Extraordinaire—Le Goût des François pour le Vaudeville.

Je touche à la fin de mes Mémoires, et je soutiens avec courage la peine d'un travail qui commence à me fatiguer ; mais un événement funeste dont je suis au moment de parler, me fait sentir le désagrément de la charge que je me suis imposée.

C'est dans l'année 1783, que Madame Sophie de France cessa de vivre ; quelle perte pour la cour ! quelle affliction pour ses tendres sœurs ! Ses vertus la rendoient respectable, sa douceur

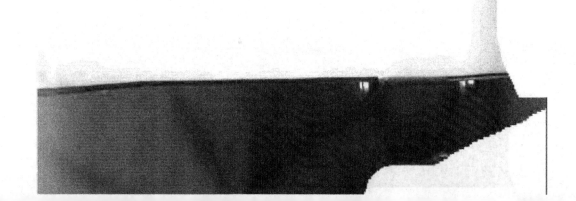

inspiroit l'amour et la confiance ; son âme bien-
faisante prévenoit l'indigence, et son esprit faisoit
des efforts inutiles pour se cacher sous le voile de
la piété et de la modestie ; cette princesse a été
pleurée, a été regrettée de tous ceux qui avoient
l'honneur de l'approcher ; je n'en ai pas moins
été pénétré que les autres ; je trouvois quelque
consolation chez Madame Tacher, et chez Madame la Marquise de Chabert sa fille ; nous étions
affligés par la même cause ; la conversation de
ces dames me faisoit ressouvenir de ma perte, et
leurs bontés pour moi soulageoient ma douleur.

Ce n'est pas cependant la mort de mes protecteurs, de mes amis, ni de mes parens dont je me
sens, par mon naturel, le plus vivement pénétré :
je suis né sensible ; le moindre mal, le moindre
inconvénient qui leur arrivent, m'affecte, me
désole, et je regarde la mort de sang-froid, comme
le tribut de la nature dont la raison doit nous consoler.

D'où vient donc que la perte de mon auguste
ecolière m'afflige encore aujourd'hui comme le
premier jour ? Dans la justice que je rends au
mérite, pourroit-on me soupçonner d'amour-propre
ou de vanité ? Hélas ! mes amis, faites-moi la
grace de croire que c'est plutôt de la reconnoissance.

En parcourant mes tablettes, je trouve le plan
d'un journal de mon imagination ; ce projet doit
paroître contradictoire à l'aversion que j'ai mar-

quée dans le Chapitre XX., pour l'assiduité qu'exige un ouvrage périodique ; mais ce n'étoit pas moi qui aurois dû m'en charger.

Un jeune homme, François d'origine et habitant de l'Amérique, avoit été envoyé par ses parens dans cette capitale pour y faire ses études ; il étoit bien avancé, il avoit profité des moyens de s'instruire plus que des occasions de s'amuser ; mais il avoit tant souffert dans sa traversée, et il craignoit tant la mer, qu'il ne vouloit plus s'y exposer.

En attendant le consentement de sa famille pour rester en France, il cherchoit de l'occupation : il venoit chez moi ; il avoit appris assez bien la langue Italienne, il vouloit traduire mes œuvres en François ; je lui en fis voir les difficultés. Il étoit raisonnable, il y renonça ; mais il aimoit la littérature, et il vouloit tirer parti de l'Italien qu'il avoit appris. J'ai formé pour le contenter le projet d'une feuille périodique, et en voici le titre et le plan.

" *Journal de Correspondance Italienne et Françoise.*

" Un Italien établi depuis quelque tems à Paris, est en correspondance de lettres avec plusieurs personnes de son pays. Ces lettres roulent sur toutes les matières susceptibles de remarques, d'observations, de critique. L'histoire, les sciences, les arts, les découvertes, les projets, la typographie, les spectacles, la musique, les loix,

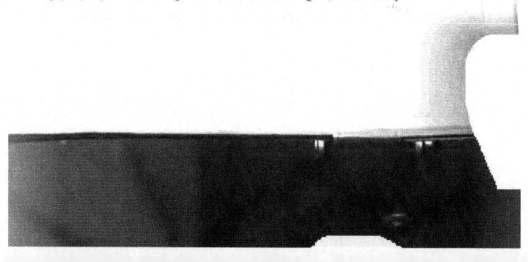

jamais. Le goût de la nouvelle musique y a beaucoup contribué ; les bibliothèques à Paris abondent en livres Italiens, on les lit, on les goûte, on
les traduit, et les voyages des François en Italie
sont devenus plus fréquens.

"Tant d'objets paroissent justes, raisonnables
et engageans ; si les auteurs de ce journal se trompent, ce ne sera pas la faute du projet, mais de
l'exécution. Cependant les personnes qui doivent
s'en occuper, ne manqueront pas de matériaux
intéressans, de notices sûres, de correspondances
bien établies, de zèle pour le public et d'attention pour leur propre intérêt. Car on a beau dire,
je me sacrifie pour l'honneur, pour le bien de la
société, l'homme riche ne travaille gueres, et celui
qui ne l'est pas ne s'oublie point, &c."

Mon jeune homme, enchanté du programme,
avoit trouvé quatre associés qui l'auroient secondé.
Je leur avois procuré des connoissances à Rome,
à Naples, à Florence, à Bologne, à Milan, à Venise,
et on attendoit d'avoir apprêté assez de matière
pour le travail de six mois, avant que de publier
le prospectus.

Dans ces entrefaites, une femme Napolitaine
vint à Paris. C'étoit une actrice de l'opéra-
comique Italien ; elle venoit de Londres, où le
directeur qui l'avoit engagée, avoit fait banqueroute, et elle venoit chercher des ressources en
France. Elle n'étoit ni jeune, ni jolie ; mais elle

après : voilà le journal fini avant que de commencer.

On se plaint des femmes qui enchantent par leurs graces, qui enchaînent les hommes par leurs agrémens, qui les ruinent quelquefois par leurs caprices ; mais leurs charmes sont connus, et c'est l'homme lui-même qui leur prête les armes pour le soumettre.

Il n'y a que l'hypocrisie qui trompe, et cet artifice est aussi rare en France que l'imbécillité de ceux qui se laissent tromper.

Les femmes sages ont en France plus d'amabilité que par-tout ailleurs, et les femmes adroites y sont moins méprisables.

Dans l'année 1783, on donna à Paris la première représentation de l'opéra de Didon, paroles de M. Marmontel, musique de M. Piccini ; c'est à mon avis le chef-d'œuvre de l'un, et le triomphe de l'autre.

Il n'y a pas de drame musical qui s'approche plus de la véritable tragédie que celui-ci ; M. Marmontel n'a imité personne, il s'est rendu maître de la fable, et il lui a donné toute la vraisemblance, et toute la régularité dont un opéra est susceptible.

Quelques-uns disent que M. Marmontel a travaillé son drame d'après Métastase ; ils ont tort. Didon a été le premier ouvrage du poëte Italien ; on y reconnoît un génie supérieur, mais on y remarque en même tems les écarts de la jeunesse,

mérite à l'ensemble et du plaisir au public ; c'est bien-là le cas de dire, que la sausse vaut mieux que le poisson.

Je n'entends pas porter atteinte au mérite des auteurs qui ont travaillé dans ces bagatelles, ils se sont conformé à la singularité des ouvrages qu'on leur avoit demandés ; ils ont réussi à bien servir les autres parties du spectacle qui en faisoient l'objet principal, et il paroît que le public en a été satisfait.

Ce public que l'on accuse d'être si difficile, si rigide, est par fois très docile, très indulgent ; vous n'avez qu'à lui présenter les choses pour ce qu'elles sont, sans morgue et sans prétention, il applaudit aux endroits qui l'amusent sans examiner le fond du sujet.

Le Mariage de Figaro a eu le plus grand succès à la comédie Françoise, parceque l'auteur avoit fait précéder ce titre par celui de la Folle-Journée.

Personne ne connoît mieux que M. de Beaumarchais, les défauts de sa pièce ; il a donné des preuves de son talent dans ce genre, et s'il avoit voulu faire de son Figaro une comédie dans les regles de l'art, il l'auroit faite aussi-bien qu'un autre ; mais il n'a voulu qu'égayer le public, et il y a parfaitement réussi.

Le succès de cette comédie a été extraordinaire en tout. On donne régulièrement aux théâtres-comiques à Paris, deux ou trois pièces par jour ; Figaro remplissoit tout seul le spectacle ; il faisoit

x 2

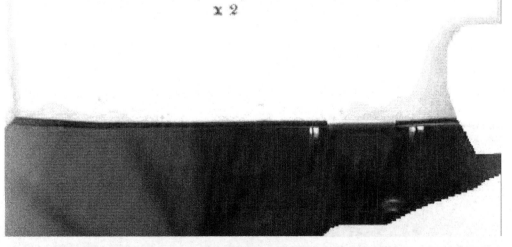

Les connoisseurs et les amateurs du bon genre faisoient retentir leurs plaintes contre ces ouvrages qui, à leur avis, étoient faits pour dégrader le théâtre François ; ils voyoient une espece de fanatisme qui entraînoit leurs compatriotes ; et craignoient que la maladie ne devînt contagieuse.

L'expérience leur fit voir le contraire. On donna en même tems à la comédie Françoise des nouveautés qui n'eurent pas moins tout le succès qu'elles pouvoient mériter ; Coriolan, par exemple, de M. de la Harpe, le Séducteur, de M. de Bievre, les Aveux difficiles, et la Fausse Coquette, de M. Vigé : ce dernier auteur a été même encouragé par le public ; on a trouvé les premiers essais de son talent du meilleur goût, du meilleur ton, du meilleur style ; et on a lieu d'espérer en lui, un soutien de la bonne comédie.

Je m'intéresse beaucoup à ce jeune autéur, parce que j'ai l'honneur de le connoître particulièrement, c'est le frère de Madame le Brun de l'académie royale de peinture, et dont les ouvrages font honneur à son sexe, à son pays et à notre siècle ; c'est le gendre de M. Riviere, conseiller et sécrétaire de légation de la cour de Saxe ; c'est le mari d'une dame que j'ai vu naître, remplie de vertus, et de talens qui prouvent l'éducation d'une mère incomparable, d'une mère de neuf enfans, dont il n'y en a pas un qui ne réponde aux soins de sa vigilance et ne promette la consolation de ses parens.

J'ai fait cette heureuse connoissance chez Madame Bertinazzi, veuve de M. Carlin ; je fréquentois cette maison du vivant du mari, je ne l'ai pas quittée depuis.

On ne peut pas être plus aimable que Madame Carlin ; beaucoup d'esprit, beaucoup de gaieté, toujours égale, toujours honnête, toujours prévenante ; sa société n'est pas nombreuse, mais bien choisie ; ses anciens amis sont toujours les mêmes, elle aime le jeu, et moi aussi ; elle est belle joueuse, et je tâche de l'imiter.

Il n'y a que le Reversi qui donne des convulsions aux joueurs les plus flegmatiques. Madame Carlin est fort vive, elle ne peut pas se contenir plus qu'un autre, mais elle met tant de graces dans ses transports, et tant d'agrément dans ses reproches, qu'on peut dire qu'elle est belle dans sa colère.

Vers la fin de l'année 1784, pendant que je travaillois à la deuxième partie de mes Mémoires, un de mes amis vint me parler d'une affaire qui étoit on ne peut pas plus analogue au travail dont j'étois occupé.

Une homme de lettres que je n'ai pas l'honneur de connoître, avoit envoyé à M. Courcelle de la comédie Italienne, une de mes comédies qu'il avoit traduite en François ; il prioit l'acteur de me la présenter, et de la faire jouer si j'étois content de sa traduction ; bien entendu, disoit-il très honnêtement, que l'honneur et le profit devoient appartenir à l'auteur.

La pièce en question est intitulée en Itali[e]
un Curioso Accidente, (une Plaisante Aventur[e]
vous en trouverez dans la deuxième partie de me[s]
Mémoires, des notices historiques qui regardent l[e]
fond du sujet.

Je trouvai la traduction exacte, le style n'éto[it]
pas coupé à manière, mais chacun a la sienne ; l[e]
traducteur avoit changé le titre en celui de l[a]
Dupe de soi-même, je n'en étois pas mécontent[,]
je donnai mon consentement pour qu'elle fût joué[e]
les comédiens la reçurent à la lecture avec accl[a]
mation ; elle fut donnée l'année suivante, et ell[e]
tomba net.

Un endroit de la pièce qui avoit fait le pl[us]
grand plaisir en Italie, révolta le public à Par[is]
je connois la délicatesse Françoise, et j'aurois [dû]
le prévoir ; mais comme c'étoit un François q[ui]
en avoit fait la traduction, et que les comédie[ns]
l'avoient trouvée charmante, je me suis lais[sé]
conduire.

Je me serois peut-être apperçu du danger [si]
j'avois pu assister aux répétitions ; mais j'éto[is]
malade, et les comédiens étoient pressés de la fa[ire]
paroître.

J'avois donné quelques billets d'amphithéâtre [et]
de parterre pour la première représentation ; p[er]
sonne ne vint chez moi m'en donner des nouvell[es]
c'étoit mauvais signe ; je me couchai cepend[ant]
sans m'informer de l'événement, et ce fut m[on]
perruquier qui, les larmes aux yeux, me fit l[e]

voudra dorénavant avoir une illumination à la mode.

La mode a toujours été le mobile des François, et ce sont eux qui donnent le ton à l'Europe entière, soit en spectacles, soit en décorations, en habillemens, en parure, en bijouterie, en coëffure, en toute espèce d'agrémens ; ce sont les François que l'on cherche par-tout à imiter.

A l'entrée de chaque saison, on voit à Venise dans la rue de la Mercerie une figure habillée, que l'on appelle la Poupée de France ; c'est le proto-type auquel les femmes doivent se conformer, et toute extravagance est belle d'après cet original ; les femmes Vénitiennes n'aiment pas moins le changement que celles de France ; les tailleurs, les couturières, les marchandes de modes en profi-tent ; et si la France ne fournit pas assez de modes, les ouvriers de Venise ont l'adresse de donner du changement à la poupée, et de faire passer leurs inventions pour des idées transalpines.

Quand j'ai donné à Venise ma comédie intitulée la Manie de la Campagne, j'ai beaucoup parlé d'un habillement de femme qu'on nommoit le Mariage ; c'étoit une robe d'une étoffe toute unie, avec une garniture de deux rubans de différentes couleurs, et c'étoit la poupée qui en avoit donné le modèle ; je demandai en arrivant en France, si cette mode existoit encore ; personne ne la con-noissoit, elle n'avoit jamais existée, on la trouvoit même ridicule, et on se moquoit de moi.

grandeur des boucles, on rognera les chapeaux, on donnera plus de noblesse aux habillemens des femmes, et plus d'ampleur aux culottes des hommes.

Il y eut une grande affaire à Paris dans cette même année 1785 : des prisonniers d'état furent enfermés à la bastille ; le roi ordonna à son parlement de les juger, et l'arrêt fut prononcé le 30 Mai de l'année suivante.

Je ne parlerai pas du fond de ce procès que personne ne doit ignorer ; les gazettes en ont assez dit, et les mémoires des accusés ont été répandus par-tout.

Un personnage illustre, victime, d'une duperie inconcevable, fut déchargé de toute accusation.

Un étranger impliqué mal-à-propos dans cette affaire, fut blanchi de même.

Une femme intriguante, méchante, criminelle, fut punie ; le nom de son mari contumace fut affiché et flétri.

Un homme qui avoit prêté sa plume aux escroqueries fut banni à perpétuité, et une jeune étourdie, complice sans le savoir, fut mise hors de cour par commisération de son ignorance.

Cette cause singulièrement compliquée, occupa le public pendant dix mois : elle faisoit le sujet journalier des cercles et des sociétés de Paris ; les personnes qui par leurs adhérences y étoient intéressées, vivoient dans l'inquiétude et les beaux esprits faisoient des couplets.

CHAPITRE XVII.

Saint-Germain-en-Laye — Traité de Reconnois-
sance envers quelques un de mes Amis — Ma Vie
ordinaire — Mon Secret pour m'endormir — Mon
Tempérament — Arrivée à Paris de M. le Che-
valier Cappello, Ambassadeur de Venise —
Nouvelle Représentation de mon Bourru Bien-
faisant à Versailles — Retraite de quatre Acteurs
de la Comédie Françoise — Pièces jouées sur ce
Théâtre dans ces derniers tems — Autres Pièces
jouées à la Comédie Italienne — Compliment de
l'Auteur — Ses Excuses — Quelques Mots sur
deux Auteurs Italiens — Conclusion de l'Ouvrage.

J'avois oubliée de faire mention dan ces Mémoires de la ville de St. Germain. C'est un séjour royal, a quatre lieues de Paris, et aujourd'hui
une retraite agréable pour bien du monde : les uns
y vont chercher la tranquillité, les autres l'économie ; chacun y trouve la société qui lui convient ;
si mes affaires ne me retenoient à Paris, j'irois
certainement profiter de ce séjour agréable pour le
reste de mes jours.

Ce qui m'engageroit encore davantage, ce seroit l'occasion de me raprocher d'un ami respec-

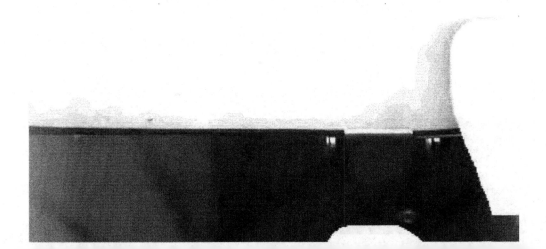

jeunesse son père, sa mère, son oncle paternel; ces pertes entraînèrent celle d'une partie de son bien.

M. de la Bergerie, jeune homme d'une conduite peu commune, avec un esprit solide et un cœur excellent, rendit justice au mérite de la jeune personne, la fit demander en mariage, l'épousa ; il prit soin des affaires de sa femme, il la fit rentrer dans les droits de sa terre de Bléneau; c'est un ménage charmant dont je jouis en hiver, et que je regrette en été.

Beaucoup de mes connoissances vont à la campagne dans la belle saison, et je reste à Paris ; j'irois bien m'établir pour quelques jours chez les uns et chez les autres de mes amis, mais la petite santé de ma femme m'empêche de m'éloigner.

Elle a eu une maladie considérable cette même année : M. de Longlois, son médecin, l'a tirée d'affaire ; c'est un homme qui, indépendamment de sa science, à l'exactitude et la douceur qui consolent les malades et les tranquillisent ; mais les pleurésies laissent toujours des vestiges dangereux, et je n'ose pas la quitter ; ma pauvre femme a tant d'attention pour moi, il faut bien que j'en aye pour elle.

Je vais, pour changer d'air, passer quelques journées dans les environs de Paris ; tantôt à Belleville, chez Madame Bouchard et Madame Legendre sa fille ; maison charmante où l'on

trouve les talens réunis, et tous les agrèmens possibles de la société.

Tantôt à Passy, chez Madame Alphand ou chez Mademoiselle Desglands, deux aimables voisines dont la douceur de l'une et la vivacité de l'autre sont toujours dans la plus parfaite harmonie, parceque leurs esprits sont raisonnables, et *leurs cœurs excellens*.

Je vais aussi quelquefois à Clignancour me promener dans le superbe jardin de M. Agironi ; ce dernier est un honnête Vénitien *privilégié* par lettres-patentes du roi pour la vente d'une eau médicinale de sa composition ; il faut que son remede soit bon ; car c'est depuis vingt ans qu'il le débite à Paris, et il lui a produit une fortune considérable.

Pour le reste du tems, je mene ma vie ordinaire à la ville ; je me leve à neuf heures du matin, je déjeûne avec du chocolat de santé ; *je travaille jusqu'à* midi, je me promene *jusqu'à deux heures* ; j'aime la société, je vais la chercher, je dîne en ville très souvent, ou chez moi avec la société de ma femme.

Madame et Mademoiselle Farinelli sont de ce nombre ; la mère a été une des premières actrices de l'opéra en Italie, la fille enseigne à toucher du forte-piano, et la musique Italienne et Françoise à Paris ; elle a beaucoup d'ecolières, ses talens et ses mœurs lui font honneur également.

Madame Rinaldi est aussi une de nos
patriotes qui viennent quelquefois nous vo
M. Rinaldi a bien voulu, par amitié, être le c
de mon ouvrage ; c'est un maître de la l
Italienne très accrédité : il y en a plusieurs
cette ville, je les crois tous excellens, mais
ci est mon ami, je l'estime beaucoup, et
ceux à qui je l'ai proposé m'en ont remercié

Que de digressions ! que de bavardage
Pardonnez-moi, messieurs, ce n'est pas du l
dage : je suis à Paris ; j'annonce aux Pa
des personnes utiles, et je serois bien aise de
voir contribuer aux avantages des uns, et à la
faction des autres.

Je reviens à mon régime....Direz-vous
que je pourrois m'en passer ? Vous avez r
mais tout cela est dans ma tête, il faut que c
sorte peu-à-peu, et je ne vous ferai pas grace
virgule.

Après mon dîner, je n'aime ni le travail
promenade ; je vais aux spectacles quelque
le plus souvent je fais partie jusqu'à neuf
du soir ; je rentre toujours avant les di
prends deux ou trois diablotins, avec un
d'eau et de vin, et voilà tout mon souper ;
la conversation avec ma femme jusqu'à m
nous nous couchons maritalement en hiver,
deux lits jumeaux dans la même chambre e
je m'endors bien vien vîte, et je passe le
tranquillement.

TOME II.   Y

me laisse ni enflammer par la colère, ni enivrer par la joie.

En m'approchant de la fin de mes Mémoires, je rencontre de plus en plus des sujets agréables à traiter.

M. le Chevalier Cappello, ambassadeur de Venise à cette cour, arriva à Paris dans le mois de Decembre, 1785 : c'est le septième ministre de ma nation que je vois en France.

J'ai vu les autres, je leur ai fait ma cour ; ils ont eu tous des bontés pour moi, mais celui-ci m'a fait au premier abord un accueil si gracieux, si tendre, si intéressant, que je me suis senti ravir de joie, de respect, de reconnoissance.

Je n'avois pas eu l'honneur de le connoître à Venise ; je connoissois bien la famille Cappello, qui est une des plus anciennes et des plus respectables de la république, mais M. le Chevalier étoit jeune, quand j'ai quitté mon pays ; et c'est une raison de plus qui augmente ma surprise, en trouvant dans ce patricien un de mes plus zélés protecteurs.

Je ne ferai pas son éloge ; je connois sa modestie, il ne le souffriroit pas ; d'ailleurs, s'il est sage, s'il est juste, il s'acquitte des devoirs de l'homme ; s'il est grand, honnête, généreux, il remplit les charges de son état, mais les qualités de son cœur ne sont pas communes ; il y a peu d'hommes qui s'intéressent à l'humanité indigente comme lui :

Y 2

La critique de mes pièces pourroit avoir en vue la correction et la perfection de la comédie, et la critique de mes Mémoires ne produiroit rien en faveur de la littérature.

S'il y avoit cependant quelqu'ecrivain qui voulût s'occuper de moi, rien que pour me donner du chagrin, il perdroit son tems. Je suis né pacifique ; j'ai toujours conservé mon sang-froid, à mon âge je lis peu, et je ne lis que des livres amusans.

FIN DU SECOND ET DERNIER VOLUME.

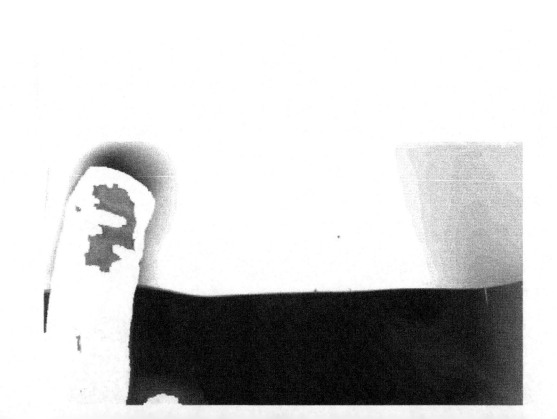

CPSIA information can be obtained
at www.ICGtesting.com
Printed in the USA
LVOW05s0520200717
541971LV00025B/922/P